현상학과 질적 연구

Phenomenology and Qualitative Research

By Nam-In Lee

Published by Hangilsa Publishing Co., Ltd., Korea, 2014

현상학과 질적 연구

응용현상학의 한 지평

이남인 지음

한길사

현상학과 질적 연구

지은이 이남인
펴낸이 김언호

펴낸곳 (주)도서출판 한길사
등록 1976년 12월 24일 제74호
주소 10881 경기도 파주시 광인사길 37
홈페이지 www.hangilsa.co.kr
전자우편 hangilsa@hangilsa.co.kr
전화 031-955-2000~3 **팩스** 031-955-2005

부사장 박관순 **총괄이사** 김서영 **관리이사** 곽명호
영업이사 이경호 **경영이사** 김관영 **편집주간** 백은숙
편집 박희진 노유연 이한민 박홍민 배소현 임진영
마케팅 정아린 **관리** 이주환 문주상 이희문 원선아 이진아
디자인 창포 **인쇄** 예림 **제본** 경일제책사

제1판 제1쇄 2005년 12월 30일
제1판 제7쇄 2023년 11월 24일

값 30,000원
ISBN 978-89-356-6894-6 93160

활발한 현상학적 질적 연구를 기대하며

• 책을 내면서

지난 10여 년 동안 필자가 관심을 기울여 연구해온 분야 중의 하나는 응용현상학이다. 응용현상학은 후설(E. Husserl), 하이데거(M. Heidegger), 메를로-퐁티(M. Merleau-Ponty) 등 전통적 현상학자들이 발전시킨 철학적 현상학의 여러 통찰들이 경험과학적 연구와 현실 문제의 해결을 위해 어떻게 응용될 수 있는지 하는 점을 연구하는 현상학의 한 분야이다. 실제로 지향성, 의식, 구성, 의미, 초월론적 주관, 신체, 지평, 생활세계, 현상학적 환원 등 철학적 현상학의 여러 주제와 관련된 다양한 현상학적 통찰들은 경험과학적 연구와 현실 문제의 해결을 위해 다방면으로 응용될 수 있다. 경험과학적 연구가 무한히 다양하게 전개될 수 있고 현실 문제 또한 수없이 많기 때문에 응용현상학의 지평은 무한하다. 이 책은 현상학과 질적 연구의 관계를 해명하면서 응용현상학의 한 지평을 개척하고 있다.

이 책의 가장 중요한 의의는 현상학과 질적 연구의 관계를 처음 체계적으로 해명하고 있다는 데 있다. 그동안 후설, 하이데거, 메를로-퐁티 등 대부분의 전통적 철학자들은 주로 철학으로서 현상학의 정립을 위해 노력해왔으며 그 누구도 현상학과 질적 연구의 관계를 체계적으로 해명한 적이 없다. 이 점에서는 현상학과 사회학의 관계 연구에 천착한 슈츠(A. Schütz)도 예외가 아니다.

한편, 현상학적 질적 연구를 수행하는 학자들 가운데는 현상학과 질적 연구의 관계를 해명하고자 시도한 이들이 다수 있다. 그러나 양자의 관계에 대한 그들의 해명은 많은 문제를 안고 있다. 가장 큰 문제는 그것이 일면적이며 체계적이지 못하다는 데 있다. 이런 결정적인 문제를 안게 된 근본 이유는, 그들이 후설, 하이데거, 메를로-퐁티 등이 전개한 철학적 현상학 및 현상학의 전체적인 구도를 충분히 이해하지 못했기 때문이다.

이 책은 후설, 하이데거, 메를로-퐁티 등이 발전시킨 전통적 현상학에 대한 그동안의 연구를 토대 삼아서, 현상학과 질적 연구의 관계에 대한 기존의 여러 견해들을 검토하면서 그에 대한 필자의 구상을 전개한 연구서이다.

필자가 현상학과 질적 연구의 관계에 대해 처음으로 관심을 가진 때는 서울대학교 철학과 대학원에서 현상학을 공부하기 시작하던 1980년대 초반이다. 당시 후설의 현상학을 공부하며 후설이 철학으로서 현상학의 가장 중요한 과제 가운데 하나가 분과학문을 철학적으로 정초해주는 일이라는 사실을 도처에서 강조하는 것을 보고, 도대체 그것이 무엇을 뜻하는지에 대해 의문을 가지게 되었다. 그러던 중 우연히 '한국인의 의식구조'에 대한 기존의 연구들을 수합하여 그 내용을 분석하는 작업을 하게 되었다. 이 작업을 하면서 많이 놀라고 당황했다. 그 이유는 대부분의 연구가 이른바 '경험적 연구'를 자처하는 설문조사를 토대로 한 양적 연구였는데, 그 가운데에는 많은 인력과 연구비가 투입되었음에도 불구하고 중요한 의미를 갖지 못한 연구들도 많았기 때문이다. 필자는 이때부터 현상학적 관점에서 경험과학의 토대를 검토하는 일이 여러 가지로 중요한 의미가 있다는 사실을 확신하였다.

이러한 이유에서 필자는 박사과정에 들어가면 '분과학문에 대한 현상학적 정초의 문제'를 주제로 학위 논문을 작성하면서 '현상학과 질적 연구'에 대해 연구해보고 싶다는 생각을 하였다. 실제로 독일 유학 초기에 염두에 두었던 박사학위 논문 주제 가운데 하나가 '분과학문에 대한 현상학적 정초의 문제'였다. 그러나 그 당시 더 많은 관심을 끌고 있던 주제는 '본능'이었고, 결국 그 주제로 박사학위 논문을 작성하기로 하였다. 박사과정을 마치고 귀국한 후에도 '현상학과 질적 연구'는 계속해서 필자의 마음을 사로잡고 있었으나, 다른 주제들에 밀려 연구할 시간을 갖지 못했다. 그러나 2000년이 지나면서 더 이상 미룰 수 없다는 절박함을 느꼈고 하루빨리 이 주제의 연구를 시작해야겠다고 결심했다.

때마침 당시 한국에서도 다양한 학문 분야에서 현상학적 질적 연구에 대해 관심을 가지고 활발하게 연구하고 있는 분들이 많이 있었다. 고맙게도 그분들이 여러 형태의 공동연구를 필자에게 제안해주었으며, 이를 계기로 여러 형태의 학제적 연구를 수행하면서 본격적으로 현상학과 질적 연구에 천착하기 시작하였다. 필자는 지난 10여 년 동안 간호학·교육학·종교학·미학·음악학·언어학·정치학·인류학·사회학·심리학·건축학·사회복지학·체육학·고고학·아동학·의학·법학·행정학·언론정보학·공연학 등 다양한 학문에 종사하는 여러 연구자들과 질적 연구에 대해 토론할 기회를 가졌다. 이 책은 바로 그런 학제적 연구활동의 산물이다. 이 책을 출간할 수 있도록 그동안 도움을 주신 국내외의 연구자들에게 감사의 뜻을 전한다.

이 책이 현상학적 질적 연구를 수행하고자 하는 많은 연구자들에게 실질적인 도움을 줄 수 있기를 기대한다. 이와 관련해 독자들에게 당부하고 싶은 것이 하나 있다. 일선 현장에서 질적 연구를 수행하는 연구자들은 이를 위한 구체적인 매뉴얼을 기대한다. 실제로 그동안 여러 연구자들이 그런 매뉴얼을 제시해왔다. 그러나 이 책을 통해 밝혀지겠지만, 현상학적 체험연구를 비롯해 현상학적 질적 연구는 무수히 다양한 방식으로 설계될 수 있으며, 이와 같은 현상학적 질적 연구를 위해서는 무수히 다양한 유형의 매뉴얼이 필요한데, 이런 매뉴얼을 모두 만드는 일은 불가능하며 또 필요하지도 않다. 따라서 현상학적 질적 연구자들은 자신의 학문적 관심에 따라 필요한 매뉴얼을 스스로 만들 수 있는 능력을 갖추어야 한다. 그때그때 상황에 따라 필요한 매뉴얼을 만들어 스스로 연구를 수행할 수 있는 능력을 가지고 있을 때, 연구자는 아무런 반성능력과 비판정신 없이 남들이 만들어놓은 매뉴얼에 따라 기계적으로 연구를 수행하는 '연구기술자'가 아니라 진정한 의미의 연구자, 즉 이론가가 될 수 있다.

이 책의 가장 중요한 목표는 현상학적 질적 연구에 관심 있는 모든 연구자가 현상학적 반성능력과 비판정신을 함양하여 단순한 연구기술자가 아니라 진정한 의미의 연구자, 즉 이론가가 될 수 있도록 하는 데 있다. 물론 이 책에서는 현상학적 질적 연구를 수행하기 위한 매뉴얼과 관련된 논의도 중요한 위치를 차지하는데, 이러한 논의 역시 현상학적 질적 연구자들이 현상학적 반성능력과 비판정신을 토대로 진정한 의미의 이론가가 될 수 있도록 도움을 주는 데 초점을 맞추고 있다.

필자는 이미 발표한 책, 논문 또는 다른 글을 이 책에서 부분적으로 사용하였다. 경우에 따라 출처를 밝히기도 했지만 일일이 다 표시하지는 않았다. 집필을 위해 사용한 필자의 책, 논문 및 글은 다음과 같다.

『현상학과 해석학』, 서울: 서울대학교출판부, 2004.

「경제적 합리성 개념에 대한 철학적 반성」, 서울대학교 인문학연구원, 『인문논총』 53(2005).

「현상학과 질적 연구방법」, 『철학과 현상학 연구』 24(2005).

「현상학적 사회학」, 『철학과 현상학 연구』 33(2007).

「인문학과 자연과학은 어떻게 만날 수 있는가? 통섭개념에 대한 비판적 검토를 토대로 삼아」, 『철학연구』 87(2009).

"Phenomenology and Qualitative Research Method", in Jung-Sun Han Heuer and Seongha Hong(eds.), *Grenzgänge. Studien zur*

interdisziplinären und interkulturellen Phänomenologie, Würzburg:
Königshausen & Neumann, 2011.

「후설의 현상학에서 마음의 문제」, 서울대학교 철학사상연구소 엮음,『마음과 철학—서양편 하』, 서울: 서울대학교 출판문화원, 2012.

「현상학적 환원과 현상학의 미래」,『철학과 현상학 연구』54(2012).

「양적 연구와 질적 연구의 구별에 대한 현상학적 해명—Aristoteles, Descartes, Husserl을 중심으로」,『철학과 현상학 연구』55(2012).

「현상학의 창시자 후설」, 철학아카데미 엮음,『처음 읽는 독일 현대 철학』, 파주: 도서출판 동녘, 2013

현상학에 대한 예비적인 지식을 가지고 있지 않은 독자들은 이 책을 이해하는 데 다소 어려움을 느낄 수도 있다. 이 책을 읽어나가면서 어려움을 느끼는 독자들이 있다면 필자의『현상학과 해석학』(서울: 서울대학교 출판부, 2004)을 함께 읽어보기를 권한다.

2004년경부터 이 책의 집필을 준비하였다. 오랫동안 기다려준 많은 분들께 미안한 마음을 전한다. 이 책을 읽으면서 의문이 생기거나 토론하고 싶은 문제들이 있을 경우 주저하지 말고 이메일(naminleemil@naver.com)을 통해 알려주시기 바란다. 독자와의 활발한 대화를 통해 이 책의 후속편을 출간할 수 있게 되기를 기대한다.

2014년 1월
관악산 연구실에서
이남인

현상학과 질적 연구

현상학과 질적 연구의 철학적 정초

• 들어가는 말

전 세계적으로 지난 몇 십 년 사이 지성계의 가장 중요한 변화 가운데 한 가지를 들라면 주저하지 않고 질적 연구(qualitative research)의 대두를 지적하고 싶다. 질적 연구는 르네상스 시대 이후 지난 수백 년 동안 성장한 양적 연구의 한계가 드러나면서 등장하였다. 학문체계 전체에 지각변동을 몰고 올 질적 연구에 대한 논의는 현재 국내외 학계에서 광범위하게 전개되고 있다. 관련 학술단체 및 학회지는 그 수를 일일이 다 헤아릴 수 없을 만큼 많다. 다양한 학술지 및 연구서를 통해 수없이 많은 연구결과들도 계속 발표되고 있다. 한국에서도 질적 연구의 논의는 활발하게 진행되고 있다.

그러면 이처럼 질적 연구에 대한 관심이 고조되고 이러한 연구가 활발하게 수행되고 있는 이유는 무엇인가? 이 점을 이해하기 위하여 우리는 르네상스 이후 근대자연과학의 성립과정 및 그 뒤를 이어 나타난 인문사회과학의 성립과정을 간단히 살펴볼 필요가 있다.

르네상스 이후 과학혁명을 거치면서 물리학은 뉴턴의 『자연철학의 수학적 원리』(Newton 1960)라는 저서에서 하나의 체계적인 과학으로 정립되었으며, 그 후 오늘에 이르기까지 비약적인 발전을 거듭해오고 있다. 이처럼 체계적인 과학으로 정립된 물리학은 물리현상을 설명함에 있어 커다란 성공을 거두었다. 그 성공의 가장 중요한 이유는 그것이 자신의 고유한 합리적인 방법에 토대를 두고 있기 때문이다. 물리학적 방법의 핵심을 요약하자면 ① 자연인과적 설명, ② 관찰 및 실험, ③ 수학적인 양적 분석이라고 할 수 있다.

물리학이 양적 분석의 방법을 사용해 양적 과학으로 정립되면서 지성계 전체에 커다란 변화가 나타나게 되었다. 철학자들과 과학자들은 양적 분석의 방법을 물리적인 대상 영역을 넘어서 자연현상 전반으로 확대하여 적용할 수 있는 가능성을 모색하였으며, 물리학 이외의 여타의 다양한 자연과학들, 예를 들어 화학이나 생물학 역시 양적 과학으로 탈바꿈하게 되었다.

변화의 움직임은 여기서 멈추지 않았다. 자연과학 전반이 양적 분석의 방법을 사용하여 양적 과학으로 정립됨에 따라 보다 더 과감한 시도가 이루어졌다. 일군의 철학자들과 과학자들은 자연현상뿐 아니라 우리가 경험할 수 있는 일체의 현상을 수학적인 양적 분석의 방법으로 해명할 수 있는 가능성을 모색하기 시작하였다. 실제로 양적 분석의 방법을 사용하여 모든 경험과학을 물리학을 모범으로 삼는 과학으로 탈바꿈시키려는 시도가 19세기 이후 급속히 진행되어왔으며, 인문사회과학의 영역에서도 커다란 변화가 일어났다.

양적 분석의 방법을 사용하여 학문의 모습이 획기적으로 변화한 가장 전형적인 예는 경제학이다. 지난 2~3세기 동안 경제학은 경제적 합리성 개념을 토대로 다양한 경제현상을 설명하면서 비약적인 발전을 거듭해왔다. 무엇보다도 19세기 중·후반 한계효용학파의 등장 이후 주류 경제학은 경제적 합리성에 대한 수학적 모델을 개발하면서 물리학을 모범으로 삼는 양적 과학, 즉 수리경제학으로 전개되었다.[1]

19세기 이후 과학의 전개과정을 살펴보면 우리는 단지 경제학만이 양

---

1) 이에 대해서는 제3장 2절에서 자세하게 살펴볼 것이다.

적 분석의 방법을 사용하여 수리물리학을 닮은 과학으로 탈바꿈했던 것이 아님을 확인할 수 있다. 양적 분석은 경제학뿐 아니라 심리학·사회학·정치학·교육학·간호학 등 인문사회과학 전반에 광범위하게 적용되면서 이들 다양한 학문을 일종의 양적 과학으로 바꾸어놓았다. 이러한 변화로 인해 몇몇 분과학문에서는 이전에 전혀 들어본 적이 없는 새로운 명칭이 등장하기도 했는데, 사회공학·정치공학·교육공학 등이 그 대표적인 예라 할 수 있다.

양적 분석의 방법이 인문사회과학 전반에 적용되면서 이들 분야의 사태 해명에서 나름대로 커다란 진전이 있었음은 두말할 필요도 없다. 수리경제학이 경제현상을 해명함에 있어 이룩한 괄목할 만한 업적을 부정할 사람은 아무도 없을 것이다. 그뿐 아니라 자연과학을 모범으로 하여 등장한 실험심리학은 양적 분석의 방법을 사용하면서 심리현상에 대한 자연인과적 설명에서 큰 업적을 남겼고, 사회학·정치학·교육학·간호학 등에서도 사태 해명에 진전을 보았다.

그럼에도 불구하고 자연과학과는 달리 인문사회과학의 경우 일차적으로 자연현상을 해명하기 위하여 고안된 양적 분석의 방법이 사태 해명에 한계를 지니고 있는 것도 사실이다. 예를 들면 수리경제학이 아무리 물리학을 모범으로 하여 정밀과학으로 발전해왔다고 하지만 수리경제학은 경제현상에 대한 설명·기술·예측이라는 점에서 볼 때 물리학과 비교할 수 없을 정도로 후진적인 상태에 머물러 있다. 지난 10여 년 사이에 전 세계적으로 몇 차례 경제위기가 닥쳤지만 이러한 위기를 사전에 예측할 수 있었던 경제학자들이 과연 몇이나 되었는지 돌이켜보면, 우리는 그처럼 고도로 복잡한 수학을 방법적 도구로 사용하면서 비약적으로 발전해온 수리경제학이 얼마나 초라한 것인지 실감할 수 있다. 이러한 이유로 경제학자를 선수들이 공을 찬 후에야 비로소 해설할 수 있는 축구해설자에 비유하기도 하고, 노벨경제학상이라는 제도가 과연 필요한지에 대해 냉

소적인 비판이 제기되는 것일지도 모른다.

인문사회과학의 영역에서 양적 분석의 방법이 지니고 있는 한계는 그동안 철학자들을 비롯해 이 분야 연구자들에 의해서 다양한 방식으로 지적되어왔다. 지적의 핵심은 양적 분석의 방법을 통해서는 인문사회현상의 자연적인 측면, 다시 말해 양으로 환원가능한 측면만이 파악될 수 있을 뿐 양으로 환원될 수 없는, 고유한 질적 측면은 파악될 수 없다는 것이다. 더 나아가 이러한 지적에 따르면, 인문사회과학이 다루는 현상의 경우 양적 측면이 아니라 질적 측면이 핵심적인 요소이며, 질적 측면을 파악하기 위해서는 양적 분석의 방법과는 구별되는 질적 연구방법을 사용하여야 한다.

인문사회과학의 영역에서 수학적인 양적 분석의 방법이 지니는 한계 및 문제점을 지적하면서 지난 수십 년 사이에 많은 연구자들은 다양한 질적 연구방법을 개발해 왔다. 그와 더불어 많은 연구자들은 질적 연구방법의 철학적 정초 문제와 관련한 논의도 활발하게 진행해왔는데, 이 경우 중요한 역할을 한 것 중의 하나가 후설, 하이데거, 메를로-퐁티, 사르트르(J. P. Sartre), 레비나스(E. Levinas), 슈츠 등 많은 현상학자들이 발전시킨 다양한 유형의 현상학이다. 실제로 그동안 현상학과 질적 연구의 관계는 다양한 학문분야에서 다양한 방식으로 논의되어왔다.

그럼에도 불구하고 그동안의 논의를 살펴보면 우리는 연구자들 사이에 다양한 형태로 의견의 대립이 존재한다는 사실을 확인할 수 있다. 현상학과 질적 연구를 둘러싼 쟁점은 수없이 많은데, 이 각각의 쟁점에 대해서 연구자들이 서로 의견을 달리하는 경우가 많다. 의견대립이 현상학적 질적 연구를 수행함에 있어서 커다란 걸림돌이 되고 있음은 두말할 필요도 없다. 이 책의 목표는 현상학과 질적 연구의 관계를 올바로 해명함으로써 현상학적 토대 위에서 질적 연구가 다양한 방면으로 보다 더 활발하게 수행될 수 있는 환경을 마련하는 데 있다.

이 책의 논의는 다음과 같은 순서로 진행될 것이다. 우선 제1장에서 이 책 전체의 논의를 위한 출발점을 마련하기 위하여 기존의 현상학적 체험연구 방법 가운데 ① 반 캄의 현상학적 체험연구, ② 지오르지의 현상학적 체험연구, ③ 콜레지의 현상학적 체험연구, ④ 해석학적 현상학적 체험연구, ⑤ 반 매넌의 현상학적 체험연구 등 다섯 가지 방법을 소개할 것이며, 이어 제2장에서는 팰리와 크로티의 비판을 중심으로 이러한 기존의 체험연구 방법에 대한 비판을 살펴볼 것이다. 팰리와 크로티에 따르면 기존의 것은 진정한 의미에서 현상학적 체험연구라 불릴 수 없는데, 그 이유는 그 이념·사태·방법 등에서 볼 때 후설, 하이데거, 메를로-퐁티 등에 의해 전개된 전통적 현상학과 다르기 때문이다.

필자의 견해에 따르면 기존의 현상학적 체험연구들이 여러 문제점을 가지고 있는 것이 사실이지만, 그 이념·사태·방법 등에서 볼 때 후설, 하이데거, 메를로-퐁티 등에 의해 전개된 전통적 현상학과 대체적으로 조화를 이루고 있으며, 따라서 정당한 현상학적 체험연구라 불릴 수 있다. 이러한 사실과 더불어 진정한 의미의 현상학적 체험연구의 정체를 해명하기 위하여 제3장에서는 양적 연구의 대상으로서의 체험과 구별되는 현상학적 체험연구가 대상으로 삼고 있는 체험의 정체가 무엇인지 해명할 것이다. 그리고 제4장에서는 ①사실적 현상학적 심리학적 체험연구, ②본질적 현상학적 심리학적 체험연구, ③사실적 초월론적 현상학적 체험연구, ④본질적 초월론적 현상학적 체험연구 등으로 나누어 이처럼 다양한 유형의 현상학적 체험연구의 사태가 무엇인지 해명한 후, 현상학적 체험연구의 사태에 대한 기존의 논의를 비판적으로 검토할 것이다.

모든 현상학적 체험연구는 현상학적 환원의 방법을 비롯해 다양한 현상학적 방법을 사용하는데, 우리는 제5장에서 이처럼 다양한 현상학적 방법들 가운데 현상학적 환원의 방법을 ①사실적 현상학적 심리학적 체험연구의 방법으로서의 현상학적 환원, ②본질적 현상학적 심리학적 체험연구의 방법으로서의 현상학적 환원, ③사실적 초월론적 현상학적 체험연구의 방법으로서의 현상학적 환원, ④본질적 초월론적 현상학적 체험연구의 방법으로서의 현상학적 환원 등 네 가지로 나누어 살펴볼 것이다.

제6장에서 다양한 현상학적 체험연구 가운데 사실적 현상학적 심리학적 체험연구의 철학적 정초 문제를 검토하면서 그러한 체험연구의 구체적인 절차와 방법을 살펴보고, 사실적 현상학적 심리학적 체험연구를 설계할 수 있는 가능성이 무수히 다양하다는 사실을 검토할 것이다. 이러한 논의를 토대로 제7장에서 현상학적 체험연구의 지평이 아주 넓다는 사실을 논의하면서 현상학적 체험연구가 해석학적 체험연구, 사례연구, 생애사연구, 민속지적 연구, 근거이론 등과 조화될 수 있으며, 실제로 그것이 이처럼 다양한 유형으로 전개될 수 있다는 사실을 해명할 것이다.

제3장에서 제7장 사이에 걸친 이러한 논의를 바탕으로 제8장에서 팰리와 크로티의 견해를 비판적으로 검토하면서 기존의 현상학적 체험연구의 이념과 후설, 하이데거, 메를로-퐁티 등에 의해 전개된 현상학의 이념이 서로 조화될 수 있다는 사실을 해명할 것이다.

현상학적 질적 연구는 현상학적 체험연구에만 국한되는 것이 아니다. 현상학적 질적 연구의 지평은 무한히 넓으며, 현상학적 체험연구는 그것의 한 유형에 불과하다. 현상학적 질적 연구의 지평이 무한히 넓다는 사실을 확인하기 위하여 우리는 우선 제9장에서 데카르트의 양적 연구 프로그램과 비교하면서 아리스토텔레스의 질적 연구 프로그램을 살펴보고, 더 나아가 아리스토텔레스의 질적 연구 프로그램을 비판적으로 검토하면서 현상학적 질적 연구의 정체에 대해 현상학적으로 해명할 것이다. 마지막 제10장에서는 현상학적 사회학을 예로 들어 현상학적 질적 연구의 지평이 얼마나 광활한지 살펴보면서 이 책 전체의 논의를 마무리할 것이다.

1

기존의 현상학적 체험연구 방법

그동안 간호학·교육학·심리학·사회학·사회복지학·체육학·행정학·인류학 등 인문사회과학의 다양한 분야에서 현상학적 체험연구 방법이 개발되어 사용되어왔다. 그런데 현상학적 체험연구 방법은 모두 그 절차라는 관점에서 볼 때 크게 ①연구준비과정, ②인터뷰 등을 통해 참여자(피연구자)의 체험을 채집하는 연구자료 수집과정, ③수집된 연구자료를 분석하는 과정, ④연구자료 수집과 분석을 통해 연구보고서를 작성하는 과정 등으로 구성되어 있다. 전반적인 연구절차의 관점에서 볼 때 현상학적 체험연구 방법은 그동안 현상학적 체험연구로 분류되지 않았던 여타 유형의 체험연구, 예를 들면 생애사 연구(biography), 사례연구(case study), 민속지적 연구, 근거이론, 해석학적 연구 등과 다르지 않다.[1] 그것이 어떤 유형의 연구이든 체험을 연구하기 위해서는 모두 이러한 일반적인 절차를 준수하지 않을 수 없기 때문이다.

이처럼 현상학적 체험연구 방법이 여타의 체험연구 방법과 공통점을 가지고 있음에도 불구하고 그 나름의 고유한 특성을 가지고 있으며 그러한 점에서 다른 체험연구 방법과 구별된다. 현상학적 체험연구 방법이 여타의 체험연구 방법과 구별되는 결정적인 징표는 바로 현상학의 창시자인 후설을 비롯하여 여러 현상학자들이 전개해나간 현상학적 철학에 토대를 두고 있으며 현상학적 방법을 사용한다는 데 있다.

그러나 단 하나의 현상학적 체험연구 방법이 아니라 다양한 유형의 현상학적 체험연구 방법들이 존재한다. 따라서 그것들을 유형별로 분류하여 이해하려는 시도도 존재한다. 예를 들면 코헨(M.Z. Cohen)과 오메리(A. Omery)는 그동안 현상학적 체험연구를 수행한 연구자들이 많이 사용

---

1) 제7장에서 자세히 논의하겠지만, 많은 연구자들이 생각하는 것과는 달리 생애사 연구, 사례연구, 민속지적 연구, 근거이론, 해석학적 연구 등이 현상학적 체험연구와 대립하는 것은 아니다.

해온 여러 현상학적 체험연구 방법을 크게 ① 후설의 현상학에 기초한 현상학적 체험연구 방법, ② 하이데거의 현상학에 기초한 체험연구 방법, ③ 네덜란드의 위트레히트 학파의 현상학에 기초한 체험연구 방법 등으로 나누고 있다.(Cohen and Omery 1994, 149-150)[2]

그러나 뒤에서 논의하겠지만, 이처럼 현상학적 체험연구 방법들을 그것들이 토대를 두고 있다고 생각하는 현상학을 기준으로 하여 분류하려는 시도는 심각한 문제점을 가지고 있다. 우선 이러한 시도가 전제하고 있듯이 후설의 현상학, 하이데거의 현상학 등이 그 특성이 단일한 하나의 현상학으로 이루어진 것이 아니라는 사실이다. 예를 들어 후설의 현상학은 현상학적 심리학을 비롯한 영역적 존재론·형식적 존재론·초월론적 현상학 등으로 나누어지며, 그중에서도 초월론적 현상학은 정적 현상학과 발생적 현상학으로 나누어진다. 또 하나의 문제점은 후설의 현상학, 하이데거의 현상학, 위트레히트 학파의 현상학 등이 서로 전혀 다른 것이 아니라는 점이다. 후설의 현상학과 하이데거의 현상학의 관계에 대해서만 언급하자면, 정적 현상학과 발생적 현상학으로 나누어지는 후설의 초월론적 현상학 가운데 정적 현상학은 하이데거의 해석학적 현상학과 전혀 다른 유형의 현상학이지만 발생적 현상학은 후자와 여러 면에서 유사성을 가지고 있다.[3]

이처럼 그동안 개발된 현상학적 체험연구 방법을 후설의 현상학, 하이데거의 현상학, 위트레히트 학파의 현상학에 각각 토대를 두고 있는 체험연구 방법들로 나누는 일에 문제점이 있기 때문에 우리는 이 책에서 이러한 구별에 기초해 기존의 현상학적 체험연구 방법을 소개하지 않을 것

---

2) 이러한 구별을 정당한 것으로 간주하는 연구자들도 있는데, 그에 대해서는 Cohen, Kahn and Steeves 2000, 참조.
3) 필자는 이 점을 이남인 2004에서 자세히 다루었는데, 뒤에서도 이를 다시 살펴볼 것이다.

이다. 그 대신 그동안 개발되어온 다양한 유형의 현상학적 체험연구 방법 가운데, 특히 영향력이 크고 이 책의 논의를 위하여 중요한 의미를 지니는 다섯 가지 유형의 현상학적 체험연구 방법을 선택해서 소개하고자 한다. 그것은 ① 반 캄의 현상학적 체험연구 방법, ② 지오르지의 현상학적 체험연구 방법, ③ 콜레지의 현상학적 체험연구 방법, ④ 디켈만의 현상학적 체험연구 방법, ⑤ 반 매넌의 현상학적 체험연구 방법 등이다.

이제 그것들이 등장한 순서에 따라 살펴보고자 한다.

1 반 캄의 현상학적 체험연구 방법

현상학적 체험연구의 방법을 맨 처음 명시적으로 발전시킨 연구자는 반 캄(A. Van Kaam)이다. 그는 1966년에 출간된 『심리학의 실존론적 토대』(*Existential Foundations of Psychology* [van Kaam 1966])라는 저서에서 현상학적 체험연구 방법을 소개하고 있다. 그러나 그는 이 책에서 자신의 체험연구 방법이 어떤 현상학자가 발전시킨 현상학에 기초해 있는 것인지 하는 점을 분명하게 밝히지 않았다. 현상학적 체험연구 방법을 자세히 논하고 있는 이 책의 제10장 「현상학적 방법의 적용」(Application of the Phenomenological Method)에서도 그는 후설, 하이데거 등 현상학자들의 이름을 거론하지 않고 있다. 이러한 점에서 반 캄의 방법은 일군의 연구자들이 주장하는 것(Cohen, Kahn and Steeves 2000, 9)과는 달리 일의적으로 후설의 현상학에 토대를 두고 있는 현상학적 체험연구 방법이라고 할 수 없다. 실제로 이 책 전체를 통해서 후설의 이름은 단 한 차례 거명되고 있을 뿐이다. 그렇다고 해서 반 캄의 방법이 후설의 현상학과 무관한 것은 아니다. '심리학의 실존론적 토대'라는 제목에 암시되어 있듯이 이 책은 실존적 현상학적 통찰을 체험에 대한 심리학적 연구를 위해서 적용하고 있는 것이며, 그러한 점에서 반 캄의 방법은 생활세계의 현상학, 역사의 현상학 등 후설의 현상학 가운데서 실존적 현상학적 요소를 지니고 있는 현상학을 포함해 후설 이후 전개된 다양한 유형의 실존적 현상학의 토대 위에서 전개되고 있다고 할 수 있다.

반 캄은 이 저서에서 '타인으로부터 이해를 받음이라는 느낌'(feeling understood)을 연구하기 위해 사용된 현상학적 체험연구 방법을 소개하고 있다. 이 경우 이러한 방법의 목표는 '타인으로부터 이해를 받음'이라는 수없이 많은 개별적인 체험들을 동일한 하나의 명칭으로 부를 수 있는 토대가 되는바, 모든 개별적인 체험에 '공통적이며' '불변적인' 요소를 밝혀내는 데 있다. 반 캄은 이처럼 '타인으로부터 이해를 받음이라는 느낌'이라는 개별 체험들에 공통적이며 불변적인 요소를 이 체험들의 "필요하고도 충분한 구성요소들"(van Kamm 1966, 334)이라고 부른다. 두말할 것도 없이 이러한 체험연구 방법은 '타인으로부터 이해를 받음이라는 느낌'뿐 아니라, '사랑받음' '미움받음' '거부당함' 등 다양한 체험의 '필요하고도 충분한 구성요소들'을 연구하기 위해 사용될 수 있다.

반 캄에 따르면 다양한 체험을 현상학적으로 연구하기 위해서 연구자는 "경험적 관찰의 한계"(van Kaam 1966, 313) 안에 머물면서 경험적 자료에 충실하게 연구를 수행해야 한다. 이처럼 그가 '경험적 관찰'을 강조하는 이유는 "우리에게 현출하는바, 그대로의 사태들"(van Kaam 1966, 332)이 경험적 심리학의 옳고 그름을 판단할 수 있는 최종적인 심판대이기 때문이다. 그리고 이와 같이 '사태'에 충실하게 어떤 체험을 연구할 수 있기 위해서 연구자는 우선 그 체험에 대해 기존의 심리학 이론들이 가지고 있는 전제 혹은 선입견에서 해방되어야 한다. 그렇지 않을 경우 연구자는 문제가 되고 있는 체험의 정체를 해명하기보다는 앞서 주어진 전제를 토대로 이 체험을 '연역적으로' 설명하면서 그릇된 길로 빠질 수도 있다. 반 캄은 이러한 접근방식을 '주관주의적' 접근방식이라고 부르는데, 그 이유는 이 경우 연구자는 '객관적 실재에 대한 관찰'에 기초해서가 아니라, 그가 앞서 가지고 있는 주관적인 전제 혹은 '개념'에 기초해서 문제

가 되고 있는 체험을 연구하고자 하기 때문이다.(van Kaam 1966, 306)

그러면 다양한 유형의 체험에 대한 경험적이며 질적인 연구로서의 현상학적 체험연구는 구체적으로 어떻게 진행될 수 있을까? 이 점과 관련해 반 캄은 우리가 일상적으로 살아가면서 다양한 유형의 체험에 대한 '막연한 지식'(awareness)을 가지고 있다는 사실에 주목한다. 예를 들어 우리는 비록 막연한 양상이긴 하지만 '타인으로부터 이해받음', '사랑받음', '미움받음', '거부당함' 등 다양한 유형의 체험이 무엇을 의미하는지 알고 있다. 두말할 것도 없이 "다양한 유형의 체험에 대한 이러한 막연한 지식은 부정확하고 불완전하며 혼란스럽고 정돈되어 있지 않다."(van Kaam 1966, 316) 그러나 '막연한 지식'을 체계적으로 해명할 경우 우리는 그에 대한 명료한 유형의 지식을 획득할 수 있다. 이처럼 어떤 체험에 관한 막연한 지식에 대한 해명과정(explication)은 저 체험에 관한 명료한 지식을 얻을 수 있는 토대가 된다. 이러한 해명의 방법이 다름 아닌 반 캄이 제시하는 현상학적 체험연구 방법이다.

현상학적 체험연구가 객관적인 연구가 될 수 있기 위해서 막연한 지식에 대한 해명과정은 연구자의 주관적 편견을 극복한 상태에서 이루어져야 한다. 주관적 편견은 다양한 방식으로 나타날 수 있다. 예를 들어 연구자는 일상적인 삶 속에서 그가 가지고 있는 어떤 체험에 대한 막연한 지식을 해명한 후, 그것을 통해 획득한 명료한 지식을 토대로 과연 타인도 동일한 체험에 대해 자신과 동일한 지식을 가지고 있는지 확인하는 방식으로 연구를 진행시키고 싶어 할지도 모른다. 이 경우 연구자는 타인에게 어떤 체험에 대해 질문할 때 제시할 설문 내용을 자신의 체험에 따라 재단하기 때문에 주관적 편견을 벗어날 수 없다. 또는 연구자가 자신의 "이론적 선입견의 영향"(van Kaam 1966, 320) 때문에 주관적 편견을 벗어나지 못할 수도 있다. 이 경우 역시 설문 내용은 자신이 가지고 있는 이론적 선입견에 따라 왜곡될 수 있으며, 단지 자신이 앞서 가지고 들어가는 이론이 옳다는 사실을 확인해주는 역할만 하게 될 수도 있다.

이처럼 현상학적 체험연구가 주관적 선입견을 극복하고 객관적인 연구가 될 수 있으려면 연구자 자신의 체험에 대한 해명을 토대로 해서가 아니라 그 어떤 이론적 훈련을 받은 적이 없는, '오염되지 않은' 연구참여자들이 그들의 체험을 해명한 자료를 토대로 수행되어야 한다. 이 경우에만 연구자는 자신의 제한된 경험에 기초한 해명이 지닐 수도 있는 주관적 편견을 극복할 수 있다. 현상학적 체험연구자는 이처럼 그 어떤 이론적 훈련을 받지 않은 연구참여자들이 선과학적으로 해명한 다양한 체험을 토대로 그것들을 학적으로 해명하면서 그 필연적이며 충분한 구성요소들을 밝혀내야 한다. 이 점과 관련해 반 캄은 현상학적 체험연구 방법의 절차를 논하면서 다음과 같이 자료의 수집과 분석 절차를 구체적으로 제시하고 있다.(van Kaam 1966, 325 이하)

1) 자료수집 절차

현상학적 체험연구를 올바로 수행하기 위해서는 우선 연구참여자를 올바로 선택해야 한다. 연구참여자가 갖추어야 할 중요한 조건으로는 다음과 같은 것을 들 수 있다. 반 캄은 '타인으로부터 이해받음이라는 느낌'을 예로 들어 이러한 능력을 설명하고 있는데(van Kaam 1966, 328), 필자는 그 내용을 체험일반에 대한 연구에 적용될 수 있도록 부분적으로 수정해서 제시하고자 한다.

①해당 언어로 자신의 체험을 잘 표현할 수 있는 능력.
②수줍어하지 않으면서 스스럼없이 자신의 체험을 표현할 수 있는 능력.
③이 체험과 연결된 다른 체험들이 존재한다는 사실을 알고 그러한 체험들을 표현할 수 있는 능력.

④연구대상이 되고 있는 최근의 체험을 표현할 수 있는 능력.

⑤자신이 한 체험에 대해 나름대로 관심을 가질 수 있는 능력.

⑥자신이 체험한 것을 차분하게 기술할 수 있는 능력.

연구자는 이와 같은 조건을 갖추고 있는 다수의 연구참여자를 선택해서 그들에게 다음과 같은 설문지를 나누어준 후 답하도록 한다. 이 설문지는 '타인으로부터 이해받음이라는 느낌'이라는 체험을 연구하기 위한 것이다. 설문지 상단에는 다음과 같은 내용이 적혀 있으며, 그 이하는 여백으로 남아 있는데 연구참여자들은 자신의 체험 내용을 '선과학적으로 해명하면서' 그 결과를 이 여백에 적게 되어 있다.(van Kaam 1966, 331 이하)

나이 _____ 성별 _____

1. 이 설문지의 상단에 당신의 이름 혹은 기타 인적 사항을 적지 마시기 바랍니다.

2. 설문지 상단에는 나이와 성별만 표시해주십시오.

3. 누군가에 의해 진정으로 이해받았다고 느낄 때 당신의 느낌이 어떠했는지 기술해주십시오.

   a. 예를 들어 부모님·성직자·배우자·이성친구·선생님 등 누군가로부터 당신이 이해받았다는 느낌을 가졌던 적이 있는지 회상해보십시오.

   b. 그러한 상황에서 당신이 어떻게 느꼈는지 기술해보십시오.

   c. 그러한 당신의 느낌을 할 수 있는 한 가장 완벽하게 기술해보십시오.

2) 자료분석 절차

이처럼 자료의 수집이 끝나면 연구자는 분석을 하는데, 그 과정은 연구대상인 체험을 이론적으로 해명하는 과정이라고 할 수 있다. 이론적 해명과정으로서의 자료분석 과정은 분류작업 및 목록 만들기, 압축적인 표현들을 찾아가기, 부적절한 표현을 제거하기, 가설적 정의를 확보하기, 가설적 정의를 검증하기, 최종적인 정의를 확정하기 등 6단계로 나누어진다.

①분류작업 및 목록 만들기: 자료분석의 1단계에서 연구자들은 수집된 전체 자료들을 검토하면서 거기에 나타난 표현들을 분류하고 표현목록을 만든다. '타인으로부터 이해받음이라는 느낌'을 연구하면서 반 캄은 이 단계에서 365개의 자료를 검토하면서 모두 157개의 표현목록을 만들었다. 객관성을 확보하기 위해서 분류작업 및 목록 만들기는 다수의 연구자에 의해 중첩적으로 수행될 필요가 있다.

②압축적인 표현을 찾아가기: 연구자들은 표현목록에 등장하는 다양한 표현들 가운데 서로 유사하거나 중첩되는 것이 있을 경우 이들을 종합하면서 보다 더 압축적인 표현으로 바꾸어나가고, 더 나아가 이처럼 압축적인 표현이 연구하고자 하는 체험의 '필요하고도 충분한 구성요소'에 해당하는지 여부를 검토한다.

③부적절한 표현을 제거하기: 연구자들은 연구하는 체험의 '필요하고 충분한 구성요소'에 해당되지 않는 것처럼 보이는 표현들을 하나씩 목록에서 제거해나간다.

④가설적 정의를 확보하기: 앞선 과정을 통해 연구자는 연구하고자 하는 체험의 필요하고도 충분한 요소들을 가설적으로 확정하면서 그러한 체험의 가설적인 정의를 확보한다. 이러한 정의가 가설적이라고 불리는 이유는 그것이 실제로 수집된 자료의 세부내용을 모두 포괄할 수 있는지 불투명하기 때문이다.

⑤가설적 정의를 검증하기: 가설적 정의가 타당한지 검토하기 위해서 연구자들은 가설적 정의를 수집된 자료에 적용해본다. 만일 이 과정에서 가설적 정의의 어느 한 부분이라도 수집된 자료와 일치하지 않으면 연구자들은 가설적 정의를 수정해야 하며, 이처럼 수정된 정의를 여타의 자료들에 적용해본다.

⑥최종적인 정의를 확정하기: 이러한 과정을 통해 연구자들은 연구하고자 하는 체험의 '필요하고도 충분한 구성요소'를 포괄하는 최종적인 정의를 확정한다. 그러나 이러한 정의는 어디까지나 수집된 자료를 제공해준 집단에 대해서만 타당하며, 만일 이러한 정의와 부합하지 않는 새로운 자료가 출현하면 그것은 수정되어야 한다. 앞서 살펴보았듯이 "사실들, 그리고 사실들만이 경험적 과학자들의 최종적인 심판기준"(van Kaam 1966, 328)이기 때문이다.

반 캄이 현상학적 체험연구 방법을 논하면서 후설의 현상학을 직접적으로 언급하지 않음에도 불구하고 그가 제시한 것은 다음과 같은 이유에서 후설의 현상학에 기초한 방법이라고 불릴 수 있다. 반 캄은 현상학적 체험연구 방법을 논하면서 가장 경계해야 할 것으로 '주관주의'를 들고 있다. 그에 따르면 주관주의는 "앞서 주어진 범주·방법·도식을 객관적으로 주어진 자료들에 덮어씌우려는 연구자의 일면적인 시도"(van Kaam 1966, 305)를 의미한다. 반 캄은 이러한 주관주의의 위험을 극복하기 위해서 연구자는 '앞서 주어진 범주·방법·도식'에 현혹되지 말고 부단히 '사태 자체', 즉 현상으로 눈을 돌리려고 노력해야 함을 강조하고 있다. 이러한 반 캄의 태도는 후설이 자신의 현상학을 전개하면서 시종일관 견지하고자 하였던 현상학적 태도 이외의 것이 아니다. 후설이 발전시켰던 다양한 유형의 현상학적 환원은 바로 다양한 차원에서 자신의 모습을 드러내는 무수히 많은 현상들, 즉 사태 자체들을 포착하기 위한 방법적 절차이다.

2 지오르지의 현상학적 체험연구 방법

지오르지(A. Giorgi)는 반 캄의 방법과는 구별되는 또 다른 현상학적 체험연구 방법을 개발하였다. 반 캄과 달리 지오르지는 직접적으로 후설의 현상학을 언급하고 그 근본정신을 살려나갔다. 지오르지는 본래 양적 연구방법을 토대로 전개되는 정신물리학의 전문가였으나, 양적 연구방법 및 정신물리학의 한계를 깨닫고 현상학적 체험연구 방법을 개발하면서 현상학적 심리학의 영역을 개척하였다.(Giorgi 1985, vii 이하) 그는 1962년 뒤케인 대학으로 옮겨가면서 그곳에 있는 현상학자들의 도움을 받아 현상학적 체험연구 방법을 개발해왔다. 그 과정에서 가장 크게 의지하고 있는 것은 후설인데, 그는 바로 "사태 자체로 돌아가라!"(Giorgi 1985, viii)는 후설 현상학의 근본정신에 입각해 현상학적 체험연구 방법을 개발해나간 것이다.

현상학적 체험연구 방법을 통해 지오르지가 개척해나간 경험과학으로서의 현상학적 심리학은 전통적인 계량적 심리학과 구별된다. 일종의 자연과학적 심리학인 계량적 심리학은 물리학·화학 등 여타의 자연과학과 마찬가지로 자연적 인과관계라는 관점에서 심리현상의 정체를 해명하고자 한다. 심리현상이 계량적 심리학의 연구대상이 되면 그것은 모든 물리적 대상과 마찬가지로 인과관계의 틀 속에서 존재하는 대상으로 파악되며, 따라서 그것은 모든 물리적 대상과 마찬가지로 실험적 방법, 양적 방법, 측량적 방법 등을 통해 연구된다. 그러나 심리현상이 현상학적 심리학의 대상으로 파악되면 그것은 일상적인 삶 속에서 우리 '인간'에게 나름의 고유한 의미를 지닌 것으로 파악되며, 따라서 1970년에 출간된 지오르지의 저서 제목이 말해주듯이(Giorgi 1970) 현상학적 심리학은 '인문과학으로서의 심리학'(Psychology as a Human Science)이 된다.

지오르지는 후설 현상학의 근본 통찰을 사용한다. "사태 자체로"라는 현상학의 구호가 말해주듯이, 철학으로서의 후설 현상학은 앞서 주어진 어떤 선입견에도 구속받지 않고 탐구하고자 하는 사태 자체로 돌아가서 이론을 수립함을 목표로 한다. 실제로 후설은 다양한 차원의 철학적 사태를 분석하면서 이러한 사태에 부합하는 다양한 차원의 현상학적 철학을 정립하고자 하였다. 후설과 마찬가지로 지오르지 역시 '사태 자체'에 대한 경험을 토대로 인문과학으로서의 현상학적 심리학을 정립하고자 한다.

그러나 인문과학으로서의 현상학적 심리학이 철학으로서의 현상학과 근본정신을 공유하고는 있지만 전자가 후자와 동일한 것일 수는 없다. 그 이유는 일종의 경험과학인 현상학적 심리학이 해명하고자 하는 사태가 철학으로서의 현상학이 해명하고자 하는 사태와 동일할 수 없기 때문이다. 예를 들어 후설의 초월론적 현상학이 다루고자 하는 핵심적인 사태는 초월론적 주관이다.[4] 그러나 인문과학으로서의 현상학적 심리학이 연구하고자 하는 사태는 초월론적 주관이 아니다. 지오르지에 따르면 경험과학으로서의 현상학적 심리학에서 '사태 자체'로 돌아간다 함은 "사람들이 구체적인 실제 상황에서 다양한 현상들을 체험하면서 살아가고 있는 일상적인 세계"(Giorgi 1985, 8)로 돌아감을 의미한다. 그리고 경험과학으로서의 현상학적 심리학의 과제는 사람들이 일상적인 세계에서 살아가면서 겪는 다양한 '일상적인 경험'의 본질구조를 탐구하는 데 있다. 예를 들면 지오르지는 자신이 개발한 현상학적 체험연구 방법을 사용해 '배움'이라는 체험의 본질구조를 탐구하고자 한다. 이 경우 배움이라는 체험의 본질구조를 탐구한다 함은 "일상적인 활동을 하면서 살아가는 사람들에게 배움이라는 체험을 구성하는 요소는 정확히 무엇이며 이러한 배움이 어떻게 이루어지는가"(Giorgi 1975a, 84)를 탐구함을 의미한다.

그러나 여기서 유의해야 할 점은 현상학적 심리학이 해명하고자 하는

---

4) 제4장과 제5장에서 '초월론적 주관'에 대해 자세하게 살펴볼 것이다.

본질이 철학으로서의 현상학이 탐구하고자 하는 본질과 동일한 것은 아니라는 사실이다. 물론 이 두 유형의 본질을 탐구하기 위해서는 후설이 모든 본질탐구의 방법적 원리로 제시한 '자유변경의 방법'이 사용되어야 한다.[5] 그러나 지오르지에 따르면 철학으로서의 현상학이 탐구대상으로 삼는 본질이 "보편적인" 반면 인문과학으로서의 현상학적 심리학이 탐구대상으로 삼는 본질은 "보편적이라기보다는 유형적이요 일반적이다." (Giorgi 1985, 26) 여기서 본질이 "보편적이라기보다는 유형적이요 일반적이다"는 구절이 정확히 무엇을 뜻하는지는 불투명하다. 필자는 제5장 3절에서 이 구절이 무엇을 뜻하는지 해명하고자 하였다.

지오르지가 개발한 체험연구 방법이 '현상학적' 체험연구 방법이라고 불리는 이유는, 그것이 단지 후설의 현상학과 근본정신에서 일치해서가 아니라 다양한 차원에서 현상학적 방법을 사용하기 때문이다. 방금 전에도 지적하였듯이, 그것은 체험의 본질구조를 탐구하기 위해서 현상학적 환원의 구성요소인 자유변경의 방법을 필요로 한다. 더 나아가 지오르지에 의하면 인문과학으로서의 심리학적 현상학이 다루어야 할 사태는 '의미'이며, 따라서 그것은 자연과학으로서의 계량적 심리학이 다루는 사태인 '양'과 다르다. 이처럼 심리학적 현상학이 다루어야 할 고유한 사태인 의미에 접근하기 위해서는 지오르지가 명시적으로 언급하고 있듯이 자연과학적 방법의 타당성에 대한 현상학적 판단중지가 수행되어야 한다. 그 어떤 기존의 방법론이 가지고 있는 선입견으로부터 해방되어 일상적인 삶을 살아가는 우리에게 드러나는 그대로의 "현상과의 대화"(Giorgi 1985, 26)를 통해 인문과학으로서의 현상학적 심리학을 정립하기 위해서 일차적으로 필요한 것은 "판단중지라는 현상학적 절차"(Giorgi 1985, 26)이다.

---

5) 제5장 3절에서 '자유변경의 방법'에 대해 자세하게 살펴볼 것이다.

지오르지가 개발한 현상학적 체험연구 역시 자료의 수집과 분석 절차로 나누어지는데, 지오르지는 여기서 현상학적 환원의 방법과 자유변경의 방법을 사용한다. 그러면 이제 지오르지가 개발한 현상학적 체험연구 방법을 자료의 수집과 분석 절차로 나누어서 살펴보자.

1) 자료수집 절차

'배움'이라는 체험의 본질구조, 즉 "일상적인 활동을 하면서 살아가는 사람들에게 배움이라는 체험을 구성하는 요소는 정확히 무엇이며 이러한 배움이 어떻게 이루어지는가" 하는 점을 해명하기 위해서 현상학적 체험연구자는 우선 일상적인 활동을 하는 사람들을 연구참여자로 삼아서 그들로부터 연구자료를 수집해야 한다. 반 캄의 현상학적 체험연구의 경우 연구참여자들에게 설문지를 나누어주고 그들이 겪었던 특정 체험에 대해 기술하라고 한 후 이처럼 기술된 내용을 연구자료로 사용한다. 그와는 달리 지오르지의 현상학적 체험연구에서는 연구참여자들을 대상으로 심층면접을 실시하면서 면접내용을 녹음한 후 그 내용을 필사하여 연구자료로 삼는다.

반 캄의 경우 연구참여자의 수가 많지만 지오르지의 경우 자료수집이 심층면접을 통해 이루어지기 때문에 그 수가 많지 않은 것이 특징이다. 배움이라는 체험에 대한 현상학적 체험연구를 수행하면서 지오르지는 연구참여자에게 "당신이 배움이라는 현상을 체험한 상황이 있다면 그에 대해 가능하면 상세하게 말씀해주실 수 있겠습니까?"(Giorgi 1975a, 84)라는 질문을 시작으로 심층면접을 수행하고 그 결과를 녹음한 후 그것을 필사해서 연구자료로 삼고 있다.

2) 자료분석 절차

수집된 연구자료를 토대로 '배움'이라는 체험의 본질구조를 밝혀내기

위해 지오르지는 자료분석 절차를 따르고 있다. 그가 제시하는 절차는 다음과 같이 5단계로 나누어진다.[6]

①연구자는 우선 총체적인 의미를 파악하기 위해 자료 전체를 쭉 읽어본다. 그 이유는 자료 속에 어떤 단어들이 들어 있는지 확인하기 위해서가 아니라, 연구참여자(들)가 기술하고 있는 상황이 무엇인지 대략적으로 파악하기 위해서다. 자료가 1~2쪽밖에 되지 않을 때는 한번만 읽어도 충분하나 15~20쪽 정도 될 때는 전체의 대략적인 의미를 파악하기 위해 여러 차례 읽어볼 필요가 있다. 이 단계의 목표는 자료 전체가 지닌 대략의 의미를 파악하는 데 있는데, 이것은 다음 단계의 분석을 위한 토대가 된다.

②연구자는 연구자료 전체를 다시 천천히 읽어가면서 연구주제인 현상에 초점을 맞춰 현상학적 심리학의 관점에서 다양한 의미단위들을 구별해 나간다. 연구자료 전체의 의미는 구체적인 부분적 의미들로 구성되며, 이들을 포괄하는 전체적인 의미가 단번에 파악될 수 없기 때문에 자료를 천천히 읽어가면서 부분적인 의미단위들을 구별해 낼 필요가 있다. 그때 연구자가 유의해야 할 점은, 어떤 하나의 의미단위에서 또 하나의 새로운 의미단위로 이행하는 곳이 어딘지 정확히 파악하는 일이다. 이 경우 의미단위들은 자료 자체에 내재해 있는 것이 아니라 연구자와의 관계에서 규정되는 것이다. 동일한 자료도 문법학적 관점이냐 심리학적 관점이냐에 따라 서로 다른 방식으로 분석될 수 있기 때문이다. 이 점과 관련해 우리는 현상학적 심리학적 관점에서 수행되

---

6) Giorgi 1975b는 5단계의 자료분석 절차를 제시하고 있고 Giorgi 1985는 4단계의 자료분석 절차를 제시하고 있는데, 양자의 구체적인 내용은 유사하다. 필자는 이 책에서 이 두 문헌을 토대로 자료분석 절차를 5단계로 재구성했다.

는 의미단위의 구별은 일의적인 것도 아니요 임의적인 것도 아니라는 사실에 유의할 필요가 있다. 물론 한 번 설정된 의미단위가 최종적인 것은 아니며 그것은 문제가 있을 경우 언제나 수정이 가능하다.(Giorgi 1985, 15)

③ 다음 단계에서 연구자는 중첩되는 동일한 의미단위들이 있으면 그것을 하나의 의미단위로 바꿔나가면서 중첩되지 않는 의미단위들을 확인해나간다. 더 나아가 연구자는 이처럼 확정된 의미단위들 각각을 다른 의미단위들 및 전체적인 의미와 연관지으면서 그것들의 의미를 해명해나가고, 이를 통해 연구참여자의 언어로 표현된 의미단위들을 확보한다.

④ 연구자는 연구참여자의 언어로 표현된 의미단위들을 심리학적 언어, 즉 이론적 차원의 언어로 바꾸어나간다. 이를 통해 연구자는 "추상화나 형식화를 통해서가 아니라 구체적인 표현들을 차근차근 점검해가면서 일반적인 [의미]범주"(Giorgi 1985, 17)를 파악해야 한다. 이처럼 일반적인 의미범주를 파악하기 위해서는 "반성과 자유변경 과정"(Giorgi 1985, 18)이 필요하다. 예를 들어 연구참여자가 "나는 내 딸에게 선물로 인형을 주었다"라고 말할 경우 이는 연구참여자의 언어로 표현된 의미단위라 할 수 있는데, 이러한 의미단위는 '반성과 자유변경 과정'을 통해서 "그 누군가가 자기 딸에게 선물을 주었다"라는 이론적인 언어로 표현된 의미단위로 탈바꿈할 수 있다. 이 경우 '반성과 자유변경 과정'이란 다름 아닌 연구참여자의 언어로 구체적으로 표현된 의미단위를 어떻게 일반적인 이론적 언어로 표현된 의미단위로 바꿀 수 있는지 숙고하는 과정을 의미한다. 물론 우리는 이때 현상학적 심리학적 탐구과정에서 사용될 '심리학적 언어'가 정확히 무엇을 의미하는지 짚고 넘어갈 필요가 있다. 두말할 것도 없이 이 경우 심리학적 언어는 '행동주의', '정신분석' 등 기존의 심리학 언어일 수 없다. 그럼에도 불구

하고 우리는 언어를 사용해야 하는데, 이때 우리가 사용할 수 있는 언어는 '일상언어'밖에 없다. 이 경우 우리는 이 일상언어를 일상적인 의미가 아니라 현상학적 의미를 지닌 언어, 다시 말해 "현상학적 관점에서 계몽된 일상언어"(Giorgi 1985, 19)로 이해해야 한다.

⑤마지막 단계에서 연구자는 지금까지의 분석과정을 통해 드러난 의미단위들을 종합하면서 '배움'이라는 현상의 본질구조를 파악하여 일목요연하게 기술한다. 연구자는 이처럼 파악된 본질구조에 대한 기술을 다른 연구자들에게 보여주고 그들이 자신의 연구결과를 비판하고 검증할 수 있도록 한다.

3 콜레지의 현상학적 체험연구 방법

콜레지(P.F. Colaizzi)는 지오르지의 지도로 배움이라는 체험에 대한 경험적 현상학적 연구를 수행하면서 1966년에 석사논문, 1968년에 박사논문을 완성했으며, 이러한 연구결과를 종합해서 1973년에는 『심리학에서의 반성과 연구: 배움에 대한 현상학적 연구』(*Reflection and Research in Psychology: A Phenomenological Study of Learning*)라는 저서를 출간했다.(von Eckhartsberg 1998, 29-30 참조) 이 저서에서 그는 앞서 살펴본 반 캄을 비판하면서 나름의 현상학적 체험연구 방법을 개발하였다. 그에 따르면 반 캄의 연구는 경험적이며(empirical) 현상적인(phenomenal) 연구이긴 하나 아직 충분히 '현상학적인'(phenomenological) 연구라고 할 수 없다. 그 이유는 그것이 수집된 자료인 체험의 기술적이며 현상적인 차원은 파악하고 있으나 체험의 함축적인 구조의 차원은 파악하고 있지 못하기 때문이다. 반 캄의 방법이 지니고 있는 이러한 단점을 보완하면서 그는 자신의 현상학적 체험연구 방법을 개발하고, 이를 통해 배움이라는 현상에 대한 경험적 심리학적 연구를 수행하고 있다.

그러나 콜레지가 이 책에서 제시하는 현상학적 체험연구 방법이 반 캄의 방법이 지니고 있는 한계를 극복했다고 하는 점에서는 장점이 있다고 할지라도 역시 나름대로 단점을 지니고 있는데, 그것은 그 절차가 다소 복잡하다는 것이다. 이러한 이유 때문에 실제로 체험연구를 수행하는 많은 경험적 연구자들이 콜레지의 방법을 사용한다고 주장할 경우 그들은 이 책에서 제시된 것이 아니라 그가 1978년에 발표한 논문(Colaizzi 1978)에서 선보인 것을 주로 사용하고 있다. 필자 역시 이제 이 논문에 초점을 맞추어 콜레지의 현상학적 체험연구 방법을 검토하고자 한다.

이 논문에서 콜레지는 현상학적 심리학의 방법으로서 현상학적 체험연구 방법을 본격적으로 논의하기에 앞서 이러한 논의가 필요한 일반적인 배경을 검토한다. 이 점과 관련해 그는 전통적인 실험심리학과 현상학적 심리학의 차이점을 해명하고 있다.

갈릴레이와 데카르트가 생활세계에서 일상적으로 경험하는 모든 물리적 대상들을 수학적 방법을 사용해 연구할 수 있다는 사실을 발견하면서 물리학은 수리물리학으로 전개되었다. 수리물리학의 근본 특징은 그것이 실험적인 방법을 사용하고, 필연적인 인과법칙에 따른 대상에 대한 인과적 설명을 시도하며, 계산행위를 통해 기술적으로 자연을 조작하려 한다는 데 있다. 그런데 19세기 후반에 자연과학적 방법을 사용해 심리현상까지도 탐구하고자 하는 시도가 나타났는데, 이것이 분트(W. Wundt)가 개척한 실험심리학이다. 실험심리학은 심리현상에 대한 "조작적 정의"(Colaizzi 1978, 51 이하)를 통해서 가능한 한 자연과학적 의미의 객관성이라는 이념에 충실하게 심리현상을 연구하고자 한다.

그러나 실험심리학이 이처럼 일종의 자연과학으로 전개되면서 결정적인 난관에 봉착하게 되었다. 물리학이 수리물리학으로 전개되면서 우리가 일상의 생활세계에서 경험하는 대상들이 철저하게 망각되고 말았듯이, 심리학이 일종의 실험심리학으로 전개되면서 우리가 일상의 생활세계에서 경험하는 다양한 체험들 역시 조작적 정의를 통해 파악된 물리적 대상으로서의 심리현상의 그늘에 가려 철저하게 망각되고 말았던 것이다. 그러나 심리학이 다루어야 할 본래 대상은 실험심리학적인 조작이 가해지기 이전 우리가 일상 생활세계에서 경험하는 생생하게 살아 움직이는 구체적인 체험이다. 이처럼 구체적인 체험을 우리에게 경험되는 그대로 파악함을 목표로 하는 것이 바로 현상학적 심리학이다.

모든 여타의 과학과 마찬가지로 현상학적 심리학이 일종의 과학인 한 '객관성'을 확보해야 한다. '객관성'은 형식적인 의미에서 볼 때 "사태 자체로 돌아가라"(Colaizzi 1978, 56)는 현상학의 구호가 말해주듯이 "현상에의 충실성"(fidelity to phenomena[Colaizzi 1978, 52])을 의미한다. 그러나 그 구체적인 내용에서 볼 때 현상학적 심리학적 의미의 객관성은 조작적 정의와 연관된 실험심리학적 의미의 객관성을 의미하는 것은 아니다. 조작적 정의를 통해서는 우리가 일상의 생활세계에서 경험하는 체험현상이 일종의 자연과학적 대상으로 탈바꿈하며, 따라서 '현상들에 대한 충실성'은 사라지고 말기 때문이다. 우리가 일상의 생활세계에서 경험하는 체험현상을 그 현상의 본성에 충실하게 객관적으로 파악하기 위해서는 실험심리학적 방법 이외의 방법이 필요하다. 콜레지는 현상학적 심리학의 방법으로서 "현상학적 기술의 방법"(Colaizzi 1978, 53)을 제시한다.[7] 현상학적 기술의 방법이란 바로 우리가 생활세계에서 일상적으로 경험하는 체험을 실험 등의 조작적 방법을 통해 다른 것으로 탈바꿈시키지 않고 드러나는 그대로 그것과의 원초적인 접촉을 유지하면서 그 정체를 파악하기 위한 방법이다.

따라서 현상학적 기술의 방법은 우리가 생활세계에서 일상적으로 경험하는 대상을 자연과학적 대상으로 탈바꿈시키는 조작적인 실험의 방

---

7) 콜레지는 현상학적 기술의 방법을 논하면서 하이데거를 원용하고 있다.(Colaizzi 1978, 53)

법과 대비되는 방법이라 할 수 있다. 이 방법을 통해 우리가 일상적으로 경험하는 대상을 현상학적 심리학적 의미에서 객관적으로 연구할 수 있기 위해서 연구자는 일차적으로 실험심리학의 추동력인 바, 대상에 대한 인과법칙적인 설명을 통해 대상을 통제하려는 관심을 버려야 한다. 이처럼 현상학적 심리학은 실험심리학적 탐구를 주도하며 실험심리학자들이 의식하고 있지 못한 실험심리학의 전제들을 당연한 것으로 간주하지 말아야 한다.(Colaizzi 1978, 55-56) 이러한 점에서 현상학적 심리학자가 일상적인 생활세계에서 "사람들이 경험하는 것처럼 저 [체험] 현상과 접촉을 통하여"(Colaizzi 1978, 57) 현상학적 심리학적 연구를 수행할 수 있기 위해서는 넓은 의미의 현상학적 환원이 필요하다. 현상학적 심리학은 이처럼 현상학적 환원을 통해 자신의 모습을 드러내는 다양한 체험현상의 정체를 현상학적 기술의 방법을 사용해 해명함을 목표로 한다.

표1에 나타나 있듯이 콜레지는 전통적인 실험심리학과 현상학적 심리학의 근본적인 차이점을 네 가지로 나누어서 설명하고 있다.(Colaizzi 1978, 69) 이처럼 양자를 구별하면서 콜레지는 현상학적 심리학의 방법으로서 현상학적 체험연구 방법을 제시하고 있다. 콜레지는 '개인의 실존적 변화를 가져온 독서체험의 구조'를 연구하기 위해서 자신이 제시하는 방법이 어떻게 적용될 수 있는지 설명하고 있는데, 이제 그의 현상학적 체험연구 방법을 자료의 수집과 분석 절차로 나누어 살펴보자.

표1 실험심리학과 현상학적 심리학의 차이점

	실험심리학	현상학적 심리학
방법	실험	기술
목표	인과적 분석	체험의 정체확인
사유방식	계산적	성찰적
지향하는 생활방식	기술	거주적 삶과 이해

1) 자료수집 절차

'개인의 실존적 변화를 가져온 독서체험의 구조'를 연구하기 위해서 연구자는 우선 연구참여자들로부터 자료를 수집해야 한다. 두말할 것도 없이 이 경우 연구자는 연구참여자에게 그들의 실존적 변화를 가져온 독서체험이 어떠했는지 질문함으로써 자료를 수집할 수 있다. 그런데 질문 내용과 관련해 유의해야 할 점은 연구자의 질문내용은 연구대상과 관련해 그가 가지고 있는 전제들에 의해 그 근본성격이 규정된다고 하는 사실이다. 콜레지에 따르면 현상학적 심리학자가 실험심리학의 전제들에 대해 현상학적 환원을 수행해야 함에도 불구하고 그가 모든 유형의 전제로부터 완전히 자유로운 것은 아니며, 결코 "절대적인 무관심의 상태" (Colaizzi 1978, 55)에 도달할 수 없다. 예를 들면 어떤 연구자가 '개인의 실존적 변화를 가져온 독서체험의 구조'를 연구할 경우 나름대로 이러한 독서체험에 대한 어떤 전제들을 가지고 들어가지 않을 수 없다. 이러한 전제들은 연구자의 질문내용을 결정해주는 핵심 요소이며, 따라서 연구자는 설문지를 만들기 전에 자신이 가지고 있는 이러한 전제의 내용을 반성적으로 검토하면서 문제가 되고 있는 독서체험에 대한 "형식적인 명제"(a formal statement[Colaizzi 1978, 58])를 확보해야 한다. 독서체험에 대한 콜레지의 형식적 명제의 대략적인 내용은 다음과 같다.(Colaizzi 1978, 58)

"진정으로 깊은 인상을 심어준 책을 읽으면 독자는 책의 주제를 다른 시각에서 바라보게 된다. 그리고 이처럼 다른 시각은 독자의 삶의 전 영역 혹은 몇몇 영역에 영향을 미치게 된다. 독서체험은 정서의 변화를 가져오며, 이러한 변화는 독자에게 여러 가지 새로운 통찰을 준다."

바로 이러한 형식적인 명제를 토대로 연구자는 설문지를 작성한다. 물론 그는 이 과정에서 과연 자신이 작성한 설문지가 타당한지를 확인하기 위해서 주위의 몇몇 사람들에게 그들의 독서체험이 어떠했는가를 물어볼 필요가 있다. 이때 자신이 미처 검토하지 못한 새로운 사실이 확인되면 그는 이러한 새로운 사실을 염두에 두면서 설문지의 내용을 수정, 보완해야 한다. 이러한 검토과정을 거쳐 콜레지가 작성한 설문지의 내용은 다음과 같다.(Colaizzi 1978, 58)

①당신이 읽은 책 가운데 깊은 인상을 심어준 책을 떠올려보고 그 인상을 기술해보십시오.

②그 책이 깊은 인상을 심어주었다고 느끼게 한 점은 무엇입니까?

③그 책을 막 읽기 시작했을 때 당신이 목표로 했던 것은 무엇입니까? 읽는 과정에서는 어떠했고, 읽고 난 후에는 어떠했습니까?

④읽기 전에는 당신의 삶의 경험이 어떠했고, 읽으면서, 또 읽고 난 후에는 어떠했습니까?

⑤읽기 전에, 읽으면서, 읽고 난 후에 누군가와 그에 대해 토론해보았습니까?

⑥그 책을 읽은 후 당신 안에서 어떤 변화를 감지할 수 있었습니까?

⑦책을 읽어가면서 쉬웠던 점, 힘들었던 점, 유쾌했던 점, 불쾌했던 점 등은 무엇입니까?

⑧더 첨가할 내용이 있습니까?

이처럼 설문지가 완성되면 연구참여자를 선정해야 하는데 콜레지가 수행한 연구의 경우 실존적 변화를 가져온 독서체험을 가지고 있고 그 체험의 내용을 타인에게 전달할 수 있는 능력을 가진 사람이면 누구든지 연구참여자가 될 수 있다. 여러 요인을 고려해서 콜레지는 12명의 연구참여자를 선정했다.

2) 자료분석 절차

연구자는 자료의 수집이 끝나면 분석을 시작하는데 대체적인 절차는 다음과 같다.(Colaizzi 1978, 50 이하) 물론 여기서 제시된 절차는 한 가지 가능한 유형일 뿐 결코 확정적인 것이 아니며, 따라서 연구목적에 따라 적절히 수정, 보완될 수 있다.

①연구자료 전체를 검토하는 단계: 자료 전체의 대략적인 의미를 파악한다.

②유의미한 진술을 추출하는 단계: 개별적인 자료를 하나씩 다시 검토하면서 연구하고자 하는 현상과 직접적으로 관계 있는 진술들을 추출해낸다.

③의미형성 단계: 각각의 유의미한 진술들을 토대로 그 의미를 발견해내는 단계이다. 연구자는 연구참여자가 명백하게 진술한 내용을 토대로 그들이 암묵적으로 의미하고 있는 것이 무엇인지 발견한다. 이 경우 그는 주어진 자료와 아무런 관계도 없는 의미를 제시해서는 안 된다.

④앞 단계의 작업을 한 차례 더 반복하면서 그것을 통해 드러난 의미들을 '주제묶음'(clusters of themes)으로 정리한다. 이 단계에서는 의미들을 통해 주어진 것을 토대로 그들과 더불어 주어지는 주제들을 파악해야 한다. 일단 주제들이 확정되면 그 타당성을 검토하기 위해서 연구자료를 보면서 그 내용을 수정, 보완해나간다. 물론 이 단계에서 주제들 사이에 불일치가 나타날 수도 있는데, 이 경우에 연구자는 주어진 특정한 자료를 무시하면서까지 이러한 불일치를 극복하려는 유혹을 버리고 '애매성에 대한 관용의 원칙'에 따라 논리적으로 해명할 수 없는 것이 실존적으로는 현실적이며 타당할 수도 있으리라는 확신을 가지고 연구에 임해야 한다.

⑤이러한 결과를 토대로 연구자는 연구주제에 대한 '포괄적인 기술'을 시도한다.

⑥이러한 '포괄적인 기술'을 연구주제의 근본구조를 확인할 수 있는 명료한 진술로 바꾼다.

⑦마지막으로 연구자는 연구참여자와의 인터뷰를 통해 연구결과에 대한 그들의 견해를 물어가면서 자신의 연구결과의 타당성을 검토한다. 이 과정에서 새로운 사실이 나타나면 연구자는 이러한 사실을 연구결과에 포함시킨다.

4 해석학적 현상학적 체험연구 방법

앞서 살펴본 현상학적 체험연구 방법은 주로 후설의 현상학에 의존하고 있다. 그런데 1980년대 중반 이후 일군의 연구자들은 하이데거의 해석학적 현상학에 토대를 둔 현상학적 체험연구 방법을 개발하였다. 이러한 새로운 현상학적 체험연구 방법의 특징은 그것이 하이데거의 해석학적 현상학에 등장하는 여러 방법적 요소를 사용한다는 데 있다. 따라서 이러한 현상학적 체험연구 방법을 이해하기 위해서는 우리는 우선 하이데거의 해석학적 현상학의 몇 가지 중요한 특징을 간단히 검토할 필요가 있다.

하이데거는 존재의미의 해명을 철학적 과제로 삼고 있으며, 그것을 위해서 '존재이해'를 가지고 있는 인간 현존재의 구조를 분석한다. 그는 인간 현존재의 구조를 분석하면서 현상학을 전개해나가며, 자신의 현상학을 '해석학'이라고 부르는데, 그 이유는 그것이 두 가지 점에서 '해석'이라는 현상과 밀접히 연결되어 있기 때문이다. 일차적인 이유는 그것이 다루는 사태 자체가 '해석'이라는 현상이기 때문이다. 그에 따르면 그의 현상학의 핵심 주제인 인간 현존재는 매 순간 막연하나마 세계 전체에 대한 이해를 지니고 있으며, 그 이해를 토대로 부단히 그가 만나는 다양한 유형의 존재자를 해석해나간다. 이러한 점에서 현존재는 처음부터 끝까지 부단히 해석작용을 수행하는 주체이다. 이처럼 하이데거의 현상학의 일차적인 분석주제, 즉 사태 자체는 현존재의 해석작용이다.

또 다른 이유는 하이데거가 현존재의 해석작용의 구조를 해명하기 위해서 해석의 방법을 동원하기 때문이다. 그 방법은 '전체와 부분 사이의 해석학적 순환의 법칙'에 따라 해석자가 현존재의 존재구조 전체에 대해서 가지고 있는 막연한 선이해를 토대로 현존재의 존재구조에 대한 구체적인 해석을 수행해나가는 것을 의미한다. 하이데거는 1927년에 출간된 그의 주저 『존재와 시간』(Heidegger 1972)에서 이러한 해석의 방법을 적용하면서 현존재의 존재구조가 지닌 구체적인 다양한 측면을 해석해내고 있다.(상세한 내용은 이남인 2004, 115 이하 참조)

일군의 체험연구자들은 하이데거의 해석학적 현상학이 질적 연구에 대해 몇 가지 중요한 방법적 함축을 지니고 있다고 생각한다. 무엇보다도 방금 언급한 '전체와 부분 사이의 해석학적 순환의 법칙'이 그러하다. 그러면 해석학적 순환의 법칙이 질적 연구에 대해 지닐 수 있는 방법적 함축을 살펴보기에 앞서 그것의 몇 가지 측면을 검토해보자.

우선 해석학적 순환의 법칙은 그 무엇에 대한 의미해석은 단숨에 일어나는 것이 아니라 해석될 대상의 전체적인 의미에 대한 이해와 그 구체적인 의미 사이의 해석학적 순환을 통해 이루어지는 과정이라는 사실을 지칭한다. 전체와 부분 사이의 순환이 없이는 어떤 유형의 해석도 불가능하다. 더 나아가 이러한 순환의 법칙에 따르면 해석자는 아무런 전제도 없이 그 무엇의 의미를 해석할 수 있는 것이 아니다. 모든 해석자는 나름의 전제 혹은 선입견을 가지고 출발하면서 그 무엇의 의미를 해석할 수밖에 없다. 말하자면 아무런 전제 내지 선입견도 없이 이루어지는 해석은 애당초 불가능하다. 그 무엇의 의미를 해석함에 있어 해석자가 나름대로의 전제를 가지고 들어갈 수밖에 없음은 인간의 유한성에서 유래하는 필연적인 귀결이다. 그리고 해석과정은 이처럼 해석자가 가지고 들어갈 수밖에 없는 전제를 제공해주는 해석자의 삶의 지평과 해석될 대상이 놓여 있는 삶의 지평 사이의 대화과정으로 이해될 수 있다. 가다머(H.-G. Gadamer)는 이처럼 서로 다른 두 가지 지평 사이의 대화의 과정을 "지평 융합의 과정"(Gadamer 1986, 312)이라고 불렀다. 따라서 전체와 부분 사이의 순환의 법칙에 따르면 어떤 해석자도 대상의 의미를 수동적으로 받아들이는 주체가 아니다. 해석자는 자신이 가질 수밖에 없는 전제나 선입견을 사용하면서 대상의 의미해석 과정에 적극 참여하는, 해석될 의미의 산출자로서 능동의 주체이다.

일군의 연구자들은 해석학적 현상학의 이러한 몇 가지 측면이 지닌 방법적 함축을 고려하면서 현상학적 체험연구 방법을 개발해나갔다. 벤너는 해석학적 현상학적 질적 연구방법을 간호연구에 맨 처음으로 도입했으며(Benner 1984), 디켈만은 해석학적 현상학적 질적 연구방법의 절차를 7단계로 나누어 체계화했다.(Diekelmann et alter 1989) 이제 벤너와 디켈만을 중심으로 해석학적 현상학적 체험연구 방법에 대해 살펴보자.

벤너는 환자를 간호함에 있어 초보간호사와 숙련간호사 사이에 존재하는 숙련도의 차이를 해명하기 위해 해석학적 현상학적 질적 연구방법을 사용하고 있다.(Benner 1984) 드라이퍼스 형제(H. Dreyfus/S. Dreyfus)는 초보자가 어떤 기술을 배워 숙련자가 되기 위해서는 5단계를 거쳐야 한다는 이론을 제시했는데(Dreyfus and Dreyfus 1980), 벤너는 이러한 5단계 이론이 간호기술의 경우에도 적용될 수 있음을 보여주기 위해 해석학적 현상학적 체험연구를 수행했다.

벤너의 연구 방법의 특징은 현상학적 체험연구가 개인이 아니라 연구팀에 의해 수행된다는 점이다. 그는 해석학적 현상학적 체험연구 방법의 절차 가운데 중요한 두 단계로서 자료의 수집과정과 분석 절차에 대해 논하고 있다.(Benner 1984, 14 이하) 자료수집을 위해 우선 초보간호사와 숙련간호사를 한 쌍으로 묶어서 3개 병원에서 21쌍을 추출해 환자간호 상황에 대해 심층면접을 실시했다. 그다음으로 6개 병원에서 51명의 숙련간호사, 갓 대학을 졸업한 11명의 간호사, 그리고 5명의 간호대학 상급반 학생들을 대상으로 참여관찰을 동반한 심층면접을 실시했다. 그 전에 연구자들은 연구참여자들의 간호행위 가운데 그들이 관심을 가지고 있는 점이 무엇인지를 기술한 내용을 연구참여자들에게 나누어주었다. 연구책임자, 간호연구행정가(a nurse researcher-administrator), 인류학 전공 대학원생, 심리학자 등 4명이 심층면접을 진행했고(Benner 1984, 16), 그 내용을 녹취한 것을 그대로 필사해 연구자료로 사용할 수 있도록 했다.

연구자료가 수집된 후 그에 대한 분석작업이 수행되었다. 연구팀에 소속된 연구자들은 독자적으로 연구자료를 검토하고 읽어가면서 나름대로 해석해나갔다. 다음으로 연구자들은 한자리에 모여 이처럼 개별적으로 이루어진 연구자료에 대한 다양한 해석들을 검토하면서 어떤 해석이 정당한 것인지 확인해나갔다. 이러한 자료분석 과정의 목표는 심층면접 자료의 "의미와 내용"(Benner 1984, 16)을 확인하는 데 있다. 벤너가 자료분석 과정을 자료해석 과정이라고 부르는 데서 알 수 있듯이 자료분석 과정에서는 해석학적 현상학의 근본통찰이 적용되고 있다.

벤너는 해석학적 현상학의 근본통찰을 사용한 자신의 자료분석 과정이 문헌에 대한 해석과정과 유사하다는 사실을 강조한다.(Benner 1984, 39) 어떤 문헌을 해석하고자 할 경우 해석자가 염두에 두어야 할 점은, 앞서 전체와 부분 사이의 해석학적 순환을 논하면서 지적했듯이 그 문헌의 어떤 한 부분에 대한 해석은 문헌 전체에 대한 이해 없이는 불가능하다는 사실이다. 예를 들면 어떤 문헌에 있는 어떤 문장의 의미를 해석하기 위해서는 그 문장을 구성하는 단어들의 의미를 분석하는 것만으로는 불가능하다. 즉 그 문장이 놓여 있는 맥락을 이해해야 하며, 더 나아가서는 막연하나마 문헌 전체의 막연한 의미를 앞서 이해하고 있어야 한다. 이처럼 어떤 부분에 대한 이해는 그것이 놓여 있는 맥락에 대한 이해 없이는 불가능하다. 사정은 인간의 행위가 지닌 의미를 해석하고자 할 경우에도 마찬가지다. 인간의 행위, 무엇보다도 어떤 숙련된 행위 혹은 체험의 의미는 그것이 놓인 전체 맥락 속에서만 이해될 수 있다. 이러한 해석학적 통찰을 토대로 벤너는 자료분석 과정에서 간호사들이 진술하는 내용을 그들이 처한 특수한 상황을 토대로 해석하면서 이해하려 하고 있다.

벤너는 자료분석을 통해 초보간호사가 숙련간호사가 되려면 다음 5가지 단계를 거쳐야 함을 확인했다.(Benner 1984, 20 이하)

①초보간호사는 맥락으로부터 분리된 규칙을 숙지하고 이러한 규칙을 구체적인 상황에 적용하는 방식으로 행위한다. 따라서 이 단계의 간호사의 행위는 구체적인 상황에 대한 이해가 결여된 상태에서 이루어지기 때문에 한정적일 수밖에 없으며 유연하지 못하다.

②약간 진보한 단계의 간호사는 구체적인 상황에 대한 다수의 경험을 통해 반복되는 유의미한 상황적 요소를 파악하면서 다소 유연하게 행위한다.

③2~3년의 경험을 가진 간호사는 어떤 상황이 주어졌을 때 장기적인 관점에서 그 상황과 관련해 핵심 요소들과 그렇지 못한 요소들을 구별할 줄 아는 능력을 습득하게 된다.

④원숙한 간호사는 어떤 상황에 처할 경우 장기적인 관점에서 그 상황이 지닌 의미를 총체적으로 파악할 수 있는 능력이 있기 때문에 주어진 상황을 전체로서 파악하며 행위한다.

⑤숙련간호사는 어떤 상황이 주어지면 그에 대한 엄청난 양의 배경 지식을 가지고 있기 때문에 어떤 분석적 원리에 따라 행위하지 않고 상황 자체를 단숨에 파악하면서 행위한다.

그런데 벤너는 해석학적 현상학적 자료분석 방법의 중요한 특징을 전반적으로 지적하고 있긴 하지만 그러한 방법의 구체적인 절차에 대해서는 체계적으로 논의하고 있지 않다. 반면 디켈만과 그의 동료 연구자들(Diekelmann et alter 1989)은 그 절차에 대해 구체적으로 논하고 있다. 그들은 미국간호학국립연맹(NLN)이 제시한 간호대학 및 간호교과과정 평가기준에 대한 몇 가지 문헌을 연구하면서 7단계 분석절차를 제시하고 있다.

이들의 목표는 미국간호학국립연맹이 제시한 평가기준의 문제점을 비판하면서 보다 더 유연하고 합리적인 새로운 평가기준의 가능성을 모색하는 데 있다. 이들의 목표는 무엇보다도 미국간호학국립연맹의 평가기준이 지니고 있는 이데올로기적 성격을 비판적으로 들춰내는 데 있으며, 이러한 이유에서 이들은 자신들의 해석학을 '비판적 해석학'(critical hermeneutics)이라 부른다. 이 명칭에서 알 수 있듯이 이들이 전개하는 해석학의 이론적 토대는 부분적으로 "비판적 사회이론"(Diekelmann et alter 1989, 4)에 있다. 그러나 그들의 해석학의 본래 뿌리는 하이데거의 해석학적 현상학이다. 실제로 이들은 자신들의 분석방법이 하이데거의 해석학적 현상학에 토대를 두고 있다고 생각하며, 바로 이러한 이유에서 자신들의 분석을 "해석학적 분석"(hermeneutic analysis [Diekelmann et alter 1989, 11])이라고 부른다.

이들의 견해에 따르면 이러한 의미의 해석학적 분석방법은 성서 해석, 고전적인 문헌 해석, 법전 해석 등을 위해 전통적으로 사용되어온 방법이다. 이러한 방법의 핵심 요소는 "문헌의 부분으로부터 전체로 나아가고 다시 전체에서 부분으로 움직이는 과정"(Diekelmann et alter 1989, 13), 다시 말해 해석학적 순환의 방법에 있으며, 이 과정을 통해 반복적으로 문헌을 분석해 들어갈 경우 문헌의 정당한 해석이 가능하다. 그리고 해석의 타당성을 높이기 위해서 이들의 경우 벤너의 경우와 마찬가지로 자료분석 작업은 개별 연구자에 의해서가 아니라 연구팀에 의해 수행된다. 이들의 해석학적 분석이 이미 존재하는 문헌들을 분석자료로 삼고 있기 때문에 이들은 자료수집 절차에 대해 논의하고 있지 않으나, 필요할 경우 벤너가 제시한 절차를 따르면 될 것으로 생각한다.

그들은 해석학적 분석의 목표를 "어떤 문헌 속에 들어 있는 의미를 발견하고 이해하는 일"(Diekelmann et alter 1989, 13)로 삼고 있다. 문헌 속의 의미 이해는 우선 문헌을 구성하는 개별 의미단위라 할 수 있는 '범주'(categories)를 밝혀내고, 더 나아가 범주들 사이에 존재하며 모든 문헌을 관통해서 흐르고 있는 '관련주제'(relational themes)를 확인하고, 최종적으로 '관련주제들 사이의 관계'라 할 수 있는 '구성유형'(constitutive pattern)을 발견하는 과정을 통해 이루어진다. 그들이 7단계로 나누어 제시하는 해석학적 현상학적 자료분석 절차는 다음과 같다. (Diekelmann et alter 1989, 11 이하)

① 제1단계의 목표는 막연하나마 문헌 전체의 의미를 파악하는 것이다. 연구팀에 소속된 개별연구자들은 문헌 전체의 의미를 대충 파악하기 위해서 각각의 문헌을 읽어보았다.

② 제2단계에서 개별 연구자들은 각각의 문헌의 부분을 요약해가면서 다양한 범주들을 확정해나갔다. 연구자들은 매주 한 번씩 모임을 가졌는데, 이 모임에서는 연구자들이 돌아가면서 각자 문헌해석 작업을 통해 확정한 범주를 발표하고 그 범주를 뒷받침하는 문헌의 부분을 제시했다. 이러한 작업에 이어 대화를 통해 각각의 범주에 대해 연구자들 사이의 합의를 도출해 보려고 시도했다.

③ 제3단계에서는 제2단계에서 이루어진 작업을 다시 한 번 반복했다. 모든 연구자들이 독자적인 해석을 통해 발견한 범주를 서로 비교하면서 만일 연구자들 사이에 해석의 차이가 나타나면 그 배경을 해명했다. 이러한 작업을 통해 '간호교육의 의미', '교수의 역할', '학생의 역

할', '배움과 가르침의 과정' 등 여러 가지 범주들을 확인할 수 있었다.

④ 제4단계의 목표는 '관련주제들'을 확정하는 데 있다. 관련주제란 모든 문헌을 관통해서 나타나는 주제를 뜻한다. 이전 단계들을 통해 새롭게 편집된 문헌들을 다시 읽어가면서 여러 문헌에서 확인할 수 있는 다양한 의미들 사이에 모순이 있는지 검토했다. 만일 모순이 존재할 경우 전거를 폭넓게 제시해가면서 관련주제들 가운데 어느 것이 타당한지 확인해나갔다. 이들은 이러한 해석작업을 통해 문헌 전체를 관통해 흐르는 다음의 두 가지 관련주제를 확인할 수 있었다. 첫 번째는 간호학 교과에 대한 행동주의적 이해로서, 이에 따르면 간호학 교과는 간호에 대한 지식을 손쉽게, 직접적으로 특정한 행위로 전환할 수 있는 수단이다. 두 번째는 교과에 대한 수직적 이해인데, 그에 따르면 교과조직 과정은 간호행정가와 간호학 교수들로부터 학생들에게 일방적으로 강요된다.

⑤ 제5단계의 목표는 구성유형을 확정하는 데 있다. 구성유형은 모든 문헌에 나타나는 것으로서 관련주제들 사이의 관계를 표현하고 있으며, 해석학적 분석을 통해 확인하고자 하는 가장 높은 단계의 의미단위이다. 이러한 작업을 통해 연구팀은 자신들이 분석한 세 가지 문헌을 관통하는 가장 높은 의미단위는 '교과과정에 대한 도구주의적 이해'라는 사실을 확인할 수 있었다. 이러한 도구주의적 이해에 따르면 교과과정은 효율성을 목표로 하고, 목적지향적인 구조를 지니고 있으며, 학생중심적이 아니라 교수중심적인 특성을 지닌다. 이러한 분석을 통해 연구팀은 미국간호학국립연맹이 제시한 평가기준이 도구주의적 교육관과 과학주의라는 이데올로기에 기초해 있다는 사실을 확인할 수 있었다.

⑥ 이 단계의 목표는 지금까지의 분석과정에 참여하지 않은 사람 가운데 연구의 내용과 방법을 잘 알고 있는 사람을 선택해서 그들 역시 지금까지 수행된 해석학적 분석이 타당한지 확인해보게 하는 데 있다.

⑦이 단계는 최종보고서를 작성하기 이전 단계로서 심층면접을 통해 보고서를 읽은 독자들의 견해를 물어본 후, 그를 토대로 연구결과가 타당한지 검증해나가는 단계이다. 전문가들의 자문을 통해 연구결과가 타당한지 확인하는 작업도 이루어진다. 이러한 다단계의 작업을 통해 연구자들이 가질 '편견'을 줄여나갈 수 있다.

5 반 매넌의 현상학적 체험연구 방법

반 매넌은 1990년에 출간된 그의 저서(van Manen 1990)에서 또 하나의 현상학적 체험연구 방법을 제시하였다. 이 책의 부제 '행위에 민감한 교육학을 위한 인간과학'(Human Science for An Action Sensitive Pedagogy)이 보여주듯이 이 책은 일차적으로 교육학을 올바른 학으로 정립하기 위해 체험연구 방법을 개발하고 있다. 반 매넌은 이 책에서 네덜란드의 위트레히트 학파의 교육현상학적 전통에서 출발해 현상학적 체험연구 방법을 개발하였다. 그러나 그가 단지 위트레히트 학파의 교육현상학적 전통을 그대로 답습하고 있는 것은 아니다. 그는 딜타이(W. Dilthey)에서 시작하는 독일의 정신과학적 교육학(geisteswissenschaftliche Pädagogik)의 전통과 더불어 자신이 몸담은 위트레히트 학파의 교육현상학적 전통까지도 비판하면서 자신의 현상학적 체험연구 방법을 개발하였다.

독일의 정신과학적 교육학의 전통과 위트레히트 학파의 교육현상학적 전통은 당시 지배적이었던 교육공학의 전통을 뒷받침하고 있는 양적 연구방법의 한계를 비판하면서 교육학에서의 질적 연구의 지평을 개척하였다는 점에서 큰 의의를 지닌다. 그럼에도 불구하고 이 두 전통은 질적 연구와 관련해 나름대로 결정적인 한계를 지니고 있는데, 그 한계란 이 두 전통이 인식정당화와 관련된 인식론적 문제와 더불어 "연구방법의 문제"(van Manen 1990, ix)에 대한 논의를 전혀 하지 않는다는 데 있다. 이처럼 연구방법의 문제에 대한 논의가 전혀 이루어지지 않았기 때문에 이들이 사용하는 연구방법은 도제적인 방식으로 사제지간에 전달될 수 있을 뿐이며, 이 경우 스승이 사용하는 방법을 우연히 잘 터득한 제자만이 훌륭한 연구자로 성장할 수 있다. 한마디로 말해 이러한 전통이 가지고 있는 결정적인 문제점은 거기서 사용되는 연구방법이 누구나 손쉽게 사용할 수 있는 객관적인 연구방법이 될 수 없다는 데 있다. 반 매넌은 독일의 정신과학적 교육학의 전통과 위트레히트 학파의 교육현상학적 전통이 지닌 이러한 한계를 극복하고 교육학에서 누구나 손쉽게 사용할 수 있는 현상학적 체험연구 방법을 개발하였다.

반 매넌의 방법이 '현상학적'이라고 불리는 이유는 철학으로서의 '현상학'에 토대를 두고 있기 때문이다. 그런데 그는 그 토대가 되는 현상학을 구체적으로 '해석학적 현상학'(hermeneutic phenomenology [van Manen 1990, 8])이라고 부르고 있다. 여기서 우리는 반 매넌이 '해석학적 현상학'이라고 부르는 것이 무엇을 의미하는지 정확하게 이해할 필요가 있다. 우리는 그의 해석학적 현상학이 다양한 현상학의 한 유형에 해당하는 것이 아니라는 사실에 유의해야 한다. 이 점과 관련해 우리는 현상학이 기술적 현상학, 초월론적 현상학, 존재론적 현상학, 실존적 현상학 등 다양한 유형의 현상학으로 분류될 수 있다는 사실을 짚고 넘어갈 필요가 있다. 그리고 해석학적 현상학 역시 현상학의 한 유형에 해당함은 두말할 필요도 없다. 이러한 의미의 해석학적 현상학의 대표적인 예는『존재와 시간』에서 전개된 하이데거의 기초적 존재론으로서의 현상학이라 할 수 있다. 실제로 하이데거는 자신의 기초적 존재론으로서의 현상학을 '해석학'이라고 부르고 있다.

그러나 반 매넌이 자신의 방법이 토대를 두고 있다고 말하는 '해석학적 현상학'은 하이데거식의 해석학적 현상학을 의미하는 것이 아니다. 반 매넌의 해석학적 현상학은 다양한 유형의 현상학을 아우르는 '현상학적 전통'뿐 아니라 다양한 유형의 해석학을 아우르는 '해석학적 전통'도 포괄하는 개념이다. 말하자면 그는 자신의 체험연구 방법을 개발하기 위해서 현상학과 해석학적 전통을 철학적 배경으로 사용하면서 그것을 한마디로 '현상학'이라고 부르고 있다. 따라서 그는 후설의 초월론적 현상학뿐 아니라 하이데거의 해석학적 현상학, 메를로-퐁티의 신체의 현상학 등 다양한 유형의 현상학, 그리고 딜타이, 가다머, 볼노(O.F. Bollnow), 리쾨르(P. Ricoeur) 등의 해석학의 여러 동기들도 사용하고 있다.

반 매넌은 '현상학적 기술'(phenomenological description)을 현상학적 방법의 핵심 요소로 간주한다. 현상학은 한편으로는 '체험의 성질'에 대한 기술을 시도하며 다른 한편으로는 "체험의 표현의 의미에 대한 기술"(van Manen 1990, 25)을 시도한다. 물론 우리는 기술이 지니고 있는 의미를 정확히 이해해야 한다. 현상학적 동기와 해석학적 동기를 모두 사용하는 반 매넌의 기술은 해석(interpretation)과 대립되는 의미의 기술을 뜻하는 것이 아니다. 그가 현상학적 체험연구의 핵심 요소로 간주하는 기술은 현상학의 핵심 요소인 '기술'뿐 아니라 해석학의 핵심 요소인 '해석'도 포괄하는 개념이다.(van Manen 1990, 26) 그에 따르면 현상학의 가장 중요한 특징은 '기술'(description), 즉 "체험에 대한 순수기술"(van Manen 1990, 25)에 있으며 해석학의 가장 중요한 특징은 '해석'(interpretation)에 있다. 그는 말하자면 현상학의 방법적 특징인 기술과 해석학의 방법적 특징인 해석을 모두 기술이라고 부르면서 이러한 기술의 방법을 체험연구 방법의 핵심 요소로 간주하고 있다.

따라서 '기술'의 방법과 '해석'의 방법을 모두 사용하는 반 매넌은 순수하게 기술의 방법만을 사용하는 지오르지와는 구별된다. 그에 따르면 후설의 초월론적 방법을 철저하게 따르는 연구자들은 현상학적 연구방법을 순수기술의 방법과 동일시하면서 해석을 현상학적 연구범위를 벗어나는 것으로 간주하는데, 그 대표적인 예가 지오르지다. 지오르지는 현상학적 기술이 목표로 하는 것은 현상의 본질구조에 대한 직접적 파악을 의미하는 직관을 통해서 달성될 수 있는 것으로 간주한다. 이러한 입장에 따르면 해석의 방법을 사용한다 함은 다름 아닌 왜곡, 즉 불완전한 직관을 인정함을 의미한다.(van Manen 1990, 25-26)

반 매넌의 현상학적 체험연구 방법의 목표는 다양한 유형의 체험의 본질 구조를 해명하는 데 있다. 그런데 이러한 방법은 ①관심이 있는 연구주제인 특정의 체험으로 시선 돌리기, ②연구자료 수집하기, ③체험의 본질적 주제에 대해 반성하기, ④본질적 주제에 대해 기술하기, ⑤연구대상인 체험과의 강력한 관계 유지하기, ⑥연구대상의 전체와 부분을 고려하면서 전체적인 탐구맥락의 균형을 유지하기 등 여섯 가지 요소로 구성되어 있다.(van Manen 1990, 30 이하) 그러면 이것이 각각 무엇을 의미하는지 간단히 살펴보자.

1) 관심이 있는 연구주제인 특정의 체험으로 시선 돌리기

연구자는 우선 연구하고자 하는 체험을 선택해서 그쪽으로 시선을 돌려야 한다. 그러나 현상학적 체험연구의 경우 가장 커다란 문젯거리로 등장하는 것은 일반적으로 연구자가 연구대상인 체험에 대해 너무 많이 알고 있다는 사실이다. 예를 들면 연구자는 연구에 착수하기 전에 이미 상식·과학 등을 통해 연구대상에 대한 다양한 유형의 전제를 가지며, 이러한 전제 때문에 어떤 체험을 우리에게 주어지는 그대로 경험할 수 없는 경우가 많다. 따라서 연구대상인 체험을 그것이 일상적인 삶 속에서 주어지는 그대로 파악하기 위해 우리는 이러한 전제에서 해방되어야 하며, 그 일을 가능하게 해주는 것이 후설이 제시한 '판단중지'의 방법이다.(van Manen 1990, 46 이하)

2) 연구자료 수집하기

현상학적 판단중지를 통해서 다양한 유형의 전제에서 해방된 후 연구자는 연구자료를 수집해야 한다. 현상학적 체험연구를 위한 자료는 다양하다. 이 가운데 방법론적 관점에서 볼 때 가장 중요하며 또한 가장 먼저 수집되어야 할 자료는 연구자 자신의 체험이다. 이것은 연구자에게 직접적으로 경험될 수 있으며, 그러한 점에서 연구자는 자신의 체험의 구조를 그 어떤 다른 체험의 구조보다 더 확실하게 알 수 있다. 자신의 체험에 대한 연구를 마치면 연구대상인 체험의 어원, 또 그러한 체험과 관련된 관용구 등을 검토하면서 그 체험의 본성에 대한 연구를 심화시키고 확장시켜나간다. 그다음 연구참여자들로부터 자료를 수집할 수 있는데, 그 방법으로는 설문조사·심층면담·참여관찰(설문조사나 심층면담이 불가능한 연구참여자의 경우) 등을 들 수 있다. 그 이외에도 문학작품·전기·일기·예술작품 등을 검토하면서 연구자료를 수집할 수 있다.

3) 체험의 본질적 주제에 대해 반성하기

현상학적 체험연구는 어떤 체험의 본질적인 의미를 해명하는 데 있다. 본질이란 그 무엇을 그 무엇이 되도록 해주는 요소이다. 일상을 살아가면서 우리는 그 무엇을 파악할 경우 그 무엇의 본질이 무엇인지 암묵적인 양상에서 이해하고 있다. 예를 들어 수없이 많은 개별 책상을 대하면서 책상의 본질이 무엇인지, 다시 말해 책상을 책상이 되도록 해주는 요소가 무엇인지 암묵적으로 이해하고 있다. 이는 체험 현상의 경우도 마찬가지다. 예를 들면 우리는 수없이 많은 '배움'이라는 개별 현상을 대하면서 배움의 본질이 무엇인지 암묵적으로 이해하고 있다. 그러나 현상학적 체험연구는 이 암묵적인 본질이해에 만족하지 않고 그것을 토대로 그에 대해 반성하면서 그와 같은 본질을 명료한 형태로 파악하고자 한다.

어떤 체험의 본질은 다양한 "의미단위들"(meaning units) 혹은 "의미구조"(structures of meaning[van Manen 1990, 78])를 가지고 있으며, 그러한 한 그것은 단선적이 아니라 복합적이다. 예를 들어 어린아이들이 경험할 수 있는 부모에게 '버림받음'이라는 체험의 본질은 ①버림받음이란 불안전함에 대한 체험이다, ②부모가 어린이를 버리게 될 경우 그 가정은 분위기가 바뀔 수 있다, ③버림받음이란 일종의 배신에 대한 체험이다 등 다양한 의미단위·의미구조들을 지닐 수 있다. 따라서 어떤 체험의 본질을 상세히 파악하기 위해서는 그것을 구성하고 있는 다양한 의미단위·의미구조를 파악해야 하는데, 반 매넌은 이러한 의미단위를 '주제'라고 부른다. 따라서 어떤 체험의 본질을 파악함을 목표로 하는 현상학적 체험연구는 본질에 대한 주제분석이라는 형태로 전개된다.

주제분석을 통해 어떤 체험의 본질을 파악하기 위해 현상학적 체험연구에서 사용되는 것은 "상상을 통한 자유변경의 방법"(the method of free imaginative variation [van Manen 1990, 107])이다. 이 방법은 특정의 주제가 실제로 그 체험의 본질적인 주제인가를 확정하기 위해서 상상 속에서 그 주제를 변경시키거나 생략해본 후, 과연 이때에도 그것이 동일한 체험이라고 불릴 수 있는지 확인해가는 과정을 의미한다. 이처럼 자유변경을 통해 본질적 주제를 발견하는 작업은 고립된 개인에 의해 개인적으로 이루어지는 것보다는 협동연구의 형태로 이루어지는 것이 바람직하다.(van Manen 1990, 100-101)

4) 본질적 주제에 대해 기술하기

주제분석을 통해 어떤 체험의 본질을 파악한 후 연구자는 그 체험의 본질적 주제에 대한 기술을 시작한다. 기존의 현상학적 체험연구 방법이 본질적 주제에 대한 글쓰기 과정을 비교적 소홀히 다루고 있는 것과는 달리 반 매넌은 글쓰기 과정에 커다란 비중을 두고 있다. 그 무엇에 대해 글쓰기를 한다 함은 그 무엇을 '보여주는' 작업이며, 체험이라는 사태의 본질적 구조를 독자들에게 '보여줌'을 목표로 하는 현상학적 체험연구에서 글쓰기가 제대로 이루어지지 않을 경우 그것은 올바로 된 연구라고 할 수 없다. 반 매넌에 따르면 현상학적 글쓰기는 현상학적 체험연구의 우연적이며 부차적인 요소가 아니라 본질이며 핵심 요소이다. 현상학적 체험연구에서 글쓰기가 지니고 있는 중요한 의미를 강조하면서 반 매넌은 현상학적 체험연구가 현상학적 요소와 해석학적 요소뿐 아니라 본질적으로 '언어에 정향된', 다시 말해 "기호학적"(van Manen 1990, 2) 요소를 지니고 있다는 사실을 강조한다.

5) 연구대상인 체험과의 강력한 관계 유지하기

연구대상인 체험의 본질을 올바로 파악하기 위해서 연구자는 연구주제에 대해 강한 애착을 가지고 있어야 한다. 그렇지 않을 경우, 그는 샛길로 빠지거나 선입견에 사로잡히거나 사변만을 즐기거나 개념분류의 차원에 머무는 등 다양한 유형의 유혹에 사로잡혀 연구대상을 올바로 파악하지 못할 수도 있다. "연구대상인 체험과 강력한 관계를 유지한다" 함은 적어도 연구주제에 관한 한 연구자가 "소위 학문적인 무관심"(van Manen 1990, 33)의 태도에 머물 수 없음을 의미한다. 현상학적 체험연구는 "행위에 민감한 지식"(action sensitive knowledge[van Manen 1990, 156])을 얻는 데 있으며 궁극적으로 현장개선을 목표로 한다.

6) 연구대상의 전체와 부분을 고려하면서 전체적인 탐구맥락의 균형 유지하기

연구자는 매 순간 자신의 연구가 지니는 전체적인 의미와 맥락, 또는 자신이 놓인 상황 등을 늘 고려해야 한다. 예를 들어 자신의 연구가 지니는 윤리적 측면 혹은 그 다양한 결과들을 염두에 두어야 한다. 구체적인 연구절차를 밟아나갈 경우 그는 매 순간 전체적인 연구계획이 무엇인지 고려하면서 지엽적인 문제에 매몰되어서는 안 된다. 연구자는 주어진 맥락·상황 등에 적절히 대처할 수 있는 열린 마음을 가질 필요가 있다.

2

기존의 현상학적 체험연구에 대한 비판들

지금까지 살펴본 다양한 현상학적 체험연구 방법들을 사용해 그동안 인문사회과학의 여러 영역에서 체험연구가 활발하게 진행되어왔다. 그럼에도 불구하고 그동안 진행되어온 현상학적 체험연구에 대한 비판들도 다각도로 제기되었다. 그 대표적인 예는 팰리(J. Paley)와 크로티(M. Crotty)이다. 그들 비판의 핵심 내용은 크게 세 가지로 요약될 수 있다. 첫째, 기존의 현상학적 체험연구는 그 근본이념에서 볼 때 후설, 하이데거, 메를로-퐁티 등이 발전시킨 철학적 현상학과 다르며, 따라서 전자는 후자에 토대를 두고 있는 것이라 할 수 없다. 둘째, 기존의 현상학적 체험연구가 다루고자 하는 사태는 철학적 현상학이 다루고 있는 사태와 다르다. 셋째, 기존의 현상학적 체험연구 방법은 철학적 현상학의 방법과 다르다. 이런 이유에서 기존의 연구는 진정한 의미에서 현상학적 체험연구라 불릴 수 없다.

이제 팰리와 크로티의 견해를 중심으로 기존의 현상학적 체험연구에 대한 비판을 ① 철학적 현상학의 이념과 현상학적 체험연구의 이념, ② 철학적 현상학의 사태와 현상학적 체험연구의 사태, ③ 철학적 현상학의 방법과 현상학적 체험연구의 방법 등으로 나누어 살펴보고자 한다.

1 철학적 현상학의 이념과 현상학적 체험연구의 이념

비판자들에 따르면 기존의 연구가 진정한 의미에서 현상학적 체험연구로 불릴 수 있기 위해서는 전통적 현상학과 동일한 이념을 추구해야 한다. 물론 비판자들이 기존의 체험연구가 추구하는 이념이 철학적 현상학의 이념과 다르다는 사실을 지적하면서도 그 구체적인 내용에서 볼 때 모두 동일한 견해를 피력하고 있는 것은 아니다. 예를 들면 크로티는 후설을 비롯해 하이데거, 메를로-퐁티, 사르트르의 현상학이 그 근본이념에서 차이가 없다고 생각하면서 기존의 현상학적 체험연구의 이념이 철학적 현상학의 이념과 다르다는 사실을 지적하는 반면 팰리는 후설과 하이데거의 현상학 사이에 그 근본이념의 근원적인 차이가 존재한다고 생각하면서, 기존의 현상학적 체험연구의 이념이 철학적 현상학의 이념과 다르다는 사실을 지적하고 있다.

1) 팰리의 비판

팰리의 견해를 먼저 살펴보자. 팰리에 따르면 후설과 하이데거의 현상학 사이에는 "근원적인 차이"(Paley 1997, 187)가 존재한다. 이 두 현상학은 상반되는 이념을 추구한다. 후설의 현상학이 추구하는 이념은 "초월론적 관념론"(transcendental idealism [Paley 1997, 187])이다. 후설의 현상학이 초월론적 관념론인 이유는 그 핵심 주제인 초월론적 주관이 초월론적 현상학적 판단중지를 통해 자연적 태도를 넘어선 상태에서 자신의 모습을 드러내는 것으로서, 자연적 태도에서 경험되는 '세계'와의 관련을 상실했기 때문이다. 그것은 타자와의 관련 역시 상실한 '유아론적 주관'이며, 따라서 후설의 현상학은 "유아론적"(Paley 1997, 190)이라 불릴 수 있다.

이와 달리 하이데거의 현상학이 추구하는 이념은 "실재론"(realism [Paley 1998, 822])이다. 하이데거의 현상학이 실재론인 이유는 그 핵심 주제인 현존재가 후설의 초월론적 주관과는 달리 자연적 태도에서 존재하며 언제나 세계와의 관련성을 지니고 있기 때문이다. 현존재가 이처럼 언제나 세계와의 관련성을 가지고 있다 함은 그것이 세계 속의 다른 현존재들과 부단한 교섭활동을 해나가면서 함께 살아가는 주체임을 의미한다. 따라서 하이데거의 현존재를 파악하기 위해서 우리는 후설의 경우처럼 초월론적 현상학적 판단중지를 수행할 필요가 없다.

그런데 기존의 현상학적 체험연구는 그 근본이념에서 볼 때 후설의 현상학과도, 하이데거의 현상학과도 조화를 이룰 수 없다. 우선 그것이 후설의 현상학과 조화될 수 없는 이유는 그것이 초월론적 관념론의 이념을 추구하는 것이 아니기 때문이다. 현상학적 체험연구는 다른 주체와 단절되어 고립적으로 존재하는 '유아론적' 주관을 탐구대상으로 삼는 것이 아니라, 다른 주체와 더불어 살고 있는 주체들의 체험 연구를 목표로 하고 있다. 초월론적 관념론의 이념을 추구하는 후설 현상학의 입장에서 보면 기존의 현상학적 체험연구는 불가능하다.

더 나아가 기존의 현상학적 체험연구는 다음 두 가지 점에서 하이데거의 현상학의 근본전제와도 모순된다. 첫째 그것은 "사람들의 체험, 그리고 그에 대한 그들의 설명은 틀릴 수 없다는 […] 암묵적인 전제"(Paley 1998, 821)에서 출발한다. 예를 들어 어떤 사람이 자신의 어떤 체험이 지닌 의미가 무엇이라고 주장할 경우 이러한 그의 주장은 오류 가능성이 없다. 이와는 달리 하이데거의 현상학은 현존재의 체험이 그 현존재에게 언제나 필증적인 명증의 양상에서 주어지는 것이 아니라는 사실에서 출발한다. 앞서 살펴보았듯이 팰리는 하이데거의 현상학이 실재론을 추구한다고 주장하는데, 그에 따르면 이 경우 실재론은 구체적으로 '인간행위가 자율적인 거대존재와 기제에 의해서 결정된다고 간주하는 사회이론'이 상정하는 유형의 '대상의 실재론'이 아니라, 개인이 타인과의 부단한 교섭활동 속에서 사회구조를 산출해나가고 그로부터 개인들이 다시 영향을 받는다는 사실을 인정하는 "실천의 실재론"(Paley 1998, 822)이다. 이러한 모델의 대표적인 예는 기든스(A. Giddens)의 '구조화 이론'(structuration theory)인데, 하이데거의 현상학은 이러한 구조화 이론의 철학적 토대가 될 수는 있으나(Paley 1998, 822) 기존의 현상학적 체험연구의 철학적 토대가 될 수 없다. 둘째 현상학적 체험연구는 주관적인 상태로서의 체험에 대해 연구하면서 외적 비판이 불가능한, 외부세계의 존재와 분리된 '주체라는 좁은 영역'만을 다루게 되었으며, 이를 통해 일종의 데카르트주의로 전락하게 되었다. 이처럼 데카르트주의를 특징으로 하는 현상학적 체험연구는 하이데거 철학의 근본이념과 모순 관계에 있다.(Paley 1998, 822-823)

2) 크로티의 비판

그러면 이제 크로티의 견해를 살펴보자. 팰리와는 달리 크로티는 후설의 현상학이 추구하는 이념과 하이데거의 현상학이 추구하는 이념 사이에 아무런 차이가 없다는 전제에서 출발해 기존의 현상학적 체험연구가 추구하는 이념과 전통적 현상학이 추구하는 이념이 서로 다르다고 비판한다. 그에 따르면 후설, 하이데거의 현상학뿐 아니라, 메를로-퐁티, 사르트르의 현상학이 추구하는 이념 사이에 아무런 차이점도 존재하지 않는다. 이러한 이유에서 그는 후설에서 시작해서 하이데거, 메를로-퐁티, 사르트르 등으로 이어지는 철학적 현상학의 전통을 '전통적 현상학' 혹은 '주류 현상학'이라 부르고, 이러한 전통적 현상학과 대비시키면서 기존의 현상학적 체험연구를 '새로운 현상학'이라 부른다.

그러나 크로티에 따르면 새로운 현상학이 추구하는 이념은 전통적 현상학이 추구하는 이념과 다르며, 따라서 그것은 진정한 의미에서 현상학적 체험연구라 불릴 수 없다. 전통적 현상학이 "객관성과 비판"(Crotty 1996, 3)의 이념을 추구하는 데 반해 새로운 현상학은 이와는 상반되는 이념을 추구한다. 그러면 '객관성'과 '비판'이라는 개념을 중심으로 크로티가 어떤 이유에서 전통적 현상학이 추구하는 이념과 새로운 현상학이 추구하는 이념이 다르다고 주장하는지 살펴보자.

전통적 현상학이 '객관성'의 이념을 추구한다 함은 그것이 "대상을 향한 정향"(Crotty 1996, 4), 즉 대상에 대한 열망을 강하게 지니고 있음을 의미한다. 이러한 맥락에서 크로티는 전통적 현상학을 "현상에 대한 연구"(Crotty 1996, 3)라고 규정하는데 이 경우 현상은 주체들이 주관적으로 의미를 부여하기 이전에 근원적으로 주어지는 대상이라 할 수 있다. 그런데 이처럼 주관이 의미부여를 하기 이전에 근원적으로 주어지는 대상이 지니고 있는 비주관적인 성격이 다름 아닌 객관성이다. 말하자면 현상학은 그 어떤 주관적인 의미로 채색되기 이전의 객관적인 대상을 파악함을 목표로 한다. 그리고 이처럼 주체들이 주관적인 의미를 부여하기에 앞서 원초적으로 주어진 현상이 참다운 의미의 근원적 실재이며, 이러한 근원적 실재가 전통적 현상학이 해명하고자 시도한 "사태 자체"(Crotty 1996, 3, 30)이다. 이러한 의미에서 전통적 현상학이 추구하는 '객관성'의 이념은 근원적인 "실재에 대한 열망"(Crotty 1996, 30)을 표현하고 있다. 전통적 현상학은 객관성의 이념을 실현시키기 위해 "사태 자체로!"라는 구호를 외치면서 원초적 체험, 근원적 체험이라 할 수 있는 "직접적인 체험"(Crotty 1996, 51)의 영역, 즉 "우리의 지각적인 체험의 사실들"(Crotty 1996, 3) 또는 "선술어적 과정들"(Crotty 1996, 53)로 귀환하고자 시도한다. 크로티는 이러한 원초적 체험의 영역을 '선반성적 체험, 선술어적 체험', 즉 "우리가 그에 대해 의미를 부여하기 이전에 우리에게 직접적으로 주어지는 우리의 체험"(Crotty 1996, 4)이라 부른다.

객관성을 지닌 근원적 실재, 근원적 사태인 원초적인 직접적 체험의 영역으로 귀환하고자 하는 전통적 현상학은 동시에 '비판'의 이념을 추구한다. 그 이유는 주관적 의미를 부여하면서 이루어지는 우리의 일상적 체험의 한계를 비판하고자 하기 때문이다. 말하자면 전통적 현상학은 이처럼 원초적·직접적 체험의 영역으로 귀환하면서, 우리가 일상의 삶 속에서 자명하고 당연한 것으로 여기는 의미체계 전체가 보다 더 원초적인 사태영역에서 파생된 것이라는 사실을 보여주고자 하는 것이다. 전통적 현상학은 우리가 타인과 공유하면서 자명한 것으로 받아들이는 의미들을 "확인하고 평가하고 설명함"(Crotty 1996, 5)을 목표로 하는 것이 아니라 이러한 의미들의 원천인 원초적·직접적 체험으로 돌아가 그것을 '비판함'을 목표로 한다.

그러나 새로운 현상학이 추구하는 이념은 전통적 현상학이 추구하는 이념과 근본적으로 상충한다. 우선 새로운 현상학은 전통적 현상학이 추구해온 '객관성'의 이념과 정반대되는 이념을 추구한다. 새로운 현상학은 사람들이 일상의 삶 속에서 '주관적인' 의미를 부여하며 경험하는 다양한 유형의 '주관적' 체험을 연구하면서 그것이 지닌 실재적인 측면 혹은 객관적인 측면을 철저하게 간과한다. 이러한 이유에서 크로티는 새로운 현상학의 근본특징을 "주관주의"(subjectivism[Crotty 1996, 3])로 간주한다. 따라서 새로운 현상학이 비판의 이념을 추구할 수 없음은 두말할 것도 없다. 그것은 사람들이 일상의 삶 속에서 주관적인 의미를 부여하면서 경험하는 주관적 체험을 '확인하고 평가하고 설명함'을 목표로 할 뿐 그 원천을 추적, 비판하는 연구를 수행할 수 없으며 이러한 점에서 '무비판적'이라고 할 수 있다.[1]

3) 정초 문제를 둘러싼 비판

기존의 현상학적 체험연구에 대한 비판자들에 따르면 기존의 현상학적 체험연구의 이념이 전통적 현상학의 이념과 무관하기 때문에 그것은 전통적 현상학에 정초되어 있다고 할 수 없다. 그들에 따르면 기존의 현상학적 체험연구가 전통적 현상학과 동일한 이념을 추구하고 동일한 사태를 해명하며 동일한 방법을 사용할 때 그것은 전통적 현상학에 정초되어 있다고 할 수 있다. 물론 그들이 '정초'(foundation, grounding)라는 개념에 대해 치밀한 분석을 수행하고 그에 대해 다방면으로 논하면서 비판하

---

1) 이처럼 그 근본이념에서 볼 때 새로운 현상학이 전통적 현상학과 상치되기 때문에 기존의 현상학적 체험연구가 전통적 현상학에 토대를 두고 있는 것이라 할 수 없다. 크로티에 따르면 기존의 현상학적 체험연구의 사상적 원천은 전통적 현상학이 아니라, 주관주의·개인주의 및 무비판주의를 특징으로 하는 미국의 속류 실용주의와 상징적 상호작용론이다.(Crotty 1996, 6) 물론 이러한 미국의 속류 실용주의와 상징적 상호작용론은 그 근본이념에서 퍼스(C.S. Peirce), 제임스(W. James), 듀이(J. Dewey), 미드(C.D. Mead) 등에 의해 주창된 전통적인 실용주의 및 상징적 상호작용론과 근본적으로 다르다. 이들 속류 실용주의와 상징적 상호작용론과는 달리 전통적인 실용주의와 상징적 상호작용론은 주관주의적이지도 않고 무비판적이지도 않기 때문이다.

고 있는 것은 아니다. 그럼에도 불구하고 그들은 기존의 현상학적 체험연구를 비판하면서 여기저기서 '정초' 또는 그와 유사한 표현들을 사용하고 있다. 예를 들면 코흐(T. Koch)는 "그것들이[현상학적 기술과 절차들이] 동일한 철학에 정초되어 있다는 그릇된 전제"(Koch 1995, 827), "후설적인 원리들이 이러한 기술과 절차들을 지지한다는 사실"(Koch 1995, 827)에 대해 언급하면서 전통적 현상학과 현상학적 체험연구의 관계를 일종의 정초관계로 파악하고 있다. 그리고 팰리는 "간호연구에서 현상학적 연구자들에 의해 받아들여지고 있는 기술들이 후설에 호소함으로써 정당화될 수 없다는 사실"(Paley 1997, 192)에 대해 언급하고 있는데, 이 경우 "저 기술들이 후설에 호소함으로써 정당화될 수 없다"는 말은 바로 "저 기술들이 후설의 현상학에 정초되어 있지 않다"는 뜻으로 이해될 수 있다. 크로티 역시 기존의 현상학적 체험연구가 전통적 현상학의 이념·사태·방법과 동일하지 않기 때문에 전통적 현상학과 아무런 관계도 없다거나 그에 토대를 두고 있는 것이 아니라고 주장하는데, 이 경우 관계는 정초관계를 뜻하며 토대는 정초 토대를 의미하는 것이라 할 수 있다.

2 철학적 현상학의 사태와 현상학적 체험연구의 사태

전통적 현상학이 추구하는 이념이 기존의 현상학적 체험연구가 추구하는 이념과 다르다고 주장하는 연구자들은 거기서 한 걸음 더 나아가 양자가 해명하고자 하는 사태가 다르다는 견해를 피력한다. 이 점과 관련해 팰리와 크로티의 견해를 살펴보고자 한다.

1) 팰리의 비판

팰리에 따르면 현상학적 체험연구가 해명하고자 하는 사태는 후설의 현상학이나 하이데거의 현상학이 해명하고자 하는 사태와 다르다. 팰리의 견해를 조금 더 자세하게 살펴보기로 하자.

팰리에 따르면 현상학적 체험연구가 다루는 사태는 우선 후설의 현상학이 다루는 사태와 다르다. 현상학적 체험연구에서 연구자들이 가지고 있는 선입견에 대한 판단중지를 통해서 확보되는 '사태 자체'는 사람들이 일상적인 세계 속에서 경험하는 사태로서의 체험이다. 그것은 그들 자신의 체험일 수도 있고 그들이 세계 속에서 만나는 타인의 체험일 수도 있다. 그러나 이러한 체험은 후설의 현상학에서 논의되고 있는 사태 자체와는 다르다. 체험연구자들이 자신들이 다루는 사태 자체로서의 체험을 후설의 현상학이 다루는 사태 자체와 동일한 것으로 간주하는 이유는 그들이 후설의 현상학을 올바로 이해하고 있지 못하기 때문이다. 후설의 현상학의 경우 초월론적 환원을 통해 자연적 태도의 일반정립에 대한 판단중지가 이루어지면서 연구자는 "원초적인 현상들", "원초적인 의식"(primordial consciousness [Paley 1997, 189])과 만나게 된다. 그런데 이러한 의식 영역은 세계의 일반정립이 배제된 후에 확보될 수 있는 영역이기 때문에 세계의 한 부분으로서 세계 속에 존재하는 것이 아니다. 후설은 이러한 원초적인 의식을 초월론적 주관이라고 부른다.

초월론적 현상학이 다루는 '사태 자체'인 원초적인 의식으로서의 초월론적 주관은 다음 몇 가지 점에서 현상학적 체험연구가 다루는 '사태 자체'인 체험과 본질적으로 구별된다. 첫째, 이미 앞서도 지적했듯이 초월론적 주관은 세계 속에 있는 그 무엇이 아닌 데 반해 현상학적 체험연구의 대상인 체험은 세계 속에 있는 그 무엇이다. 둘째, 초월론적 주관과 관련해서는 오직 기술적인 직관의 방법만이 가능한 데 반해 현상학적 체험연구의 대상인 체험과 관련해서는 "귀납적이며, 기술적인 연구 방법"(Paley 1997, 190)이 가능하다. 셋째, 세계에 대한 판단중지를 통해 확보될 수 있는 초월론적 주관이 세계 속에 있는 타인과의 관계가 단절된 상태에서 파악된 '유아론적' 주관이며, 따라서 초월론적 현상학에서 타인의 초월론적 주관은 논리적으로 불가능한 것인 데 반해 현상학적 체험연구의 탐구대상인 체험은 나와 타인의 체험일 수도 있다.

이러한 여러 가지 사실을 지적하면서 팰리는 후설의 현상학과 현상학적 체험연구가 각각 다루는 '사태 자체'가 아무런 관련이 없기 때문에 후자를 전자에 기초한 연구라고 말해서는 안 된다고 주장한다. 물론 그에 따르면 현상학적 체험연구자들이 체험을 연구하고자 하는 기획은 정당하다고 할 수 있으며, 이러한 기획을 '현상학적'이라고 부르는 것은 오해 가능성이 잠재해 있기는 하지만 가능한 일이라 할 수 있다. 그러나 이러한 연구를 후설의 현상학에 기초한 연구라고 불러서는 안 된다.

더 나아가 팰리에 따르면 현상학적 체험연구가 다루는 사태는 하이데거의 현상학이 다루는 사태와 다르다. 이와 관련해 그는 우선 하이데거의 현상학과 후설의 현상학이 각각 해명하고자 하는 사태도 다르다고 주장한다.(Paley 1998) 앞서 살펴보았듯이 후설의 현상학이 다루는 사태인 초월론적 주관이 세계 속에 존재하는 주관이 아닌 데 반해 하이데거의 현상학이 해명하고자 하는 사태는 세계-내-존재로서의 현존재이며, 현존재는 세계 없이 존재할 수 없고 세계 역시 현존재 없이는 존재할 수 없다.

이처럼 일상의 삶을 살아가면서 세계와 분리될 수 없는 현존재는 세계에 대해 이해하고 있는데, 하이데거는 이와 같이 세계에 대해 이해하고 있는 현존재의 존재방식을 '심려'(Sorge)라고 부른다. 심려는 현존재의 가장 근원적인 존재방식이다. 그리고 이러한 근원적인 존재방식과 비교해 볼 때 이론적 태도에서 수행되는 이론적 삶은 현존재의 파생적인 존재방식이라 할 수 있다. 일상의 삶을 살아가는 현존재에게 자신의 근원적인 모습을 드러내던 세계는 이론적 삶을 살아가는 주체에게는 사라지며 그 대신 객관화된 이론적 대상들이 등장하게 된다.

그런데 기존의 현상학적 체험연구가 해명하고자 하는 사태인 체험은 하이데거의 현상학의 핵심주제인 현존재의 심려와는 다르다. 그것은 이미 객관화된 체험이며, 따라서 그것은 하이데거적인 의미의 세계와 관계를 맺고 있는 체험이 아니라 "데카르트적 표상세계, 즉 연구자가 더 이상 심려해야 할 필요가 없는 외부세계에 대한 어떤 개인의 심상"(Paley 1998, 823)과 관계를 맺고 있는 체험이기 때문이다. 말하자면 세계와 분리될 수 없이 밀접하게 결합되어 있던 "체험은 체험연구 프로그램을 통해서 그것이 가지고 있던 '세계'를 박탈당했다"(Paley 1998, 823)고 할 수 있다. 앞서도 지적되었듯이 팰리는 이 점과 관련해 하이데거적인 의미의 심려와 결부된 체험은 체험하는 주체에 의해서 투명하게 인식될 수 없는 데 반해 현상학적 체험연구의 대상인 체험은 투명하게 인식될 수 있는 것으로 간주한다.

팰리에 따르면 이처럼 현상학적 체험연구가 해명하고자 하는 사태가 후설의 현상학이 해명하고자 하는 사태와 다르고 하이데거의 현상학이 해명하고자 하는 사태와도 다르기 때문에 현상학적 체험연구의 사태와 전통적 현상학이 해명하고자 하는 사태를 동일시해서는 안 된다. 전통적 현상학자들은 그들의 현상학이 탐구대상으로 삼는 것을 흔히 '사태 자체'라고 부르며, 이러한 관행에 따라 현상학적 체험연구자들 역시 종종 탐구의 대상을 '사태 자체'라고 부른다. 이처럼 양자 모두 '사태 자체'라고 불리기 때문에 팰리에 따르면(Paley 1997, 189) 어떤 연구자는 현상학적 체험연구가 다루는 '사태 자체'와 철학으로서의 현상학이 다루는 '사태 자체' 사이에 밀접한 연관이 있는 것처럼 생각한다. 그러나 지금까지 살펴보았듯이 양자 사이에는 아무런 연관도 없다.

2) 크로티의 비판

이제 크로티의 견해를 살펴보자. 그 역시 현상학적 체험연구의 사태인 체험이 전통적 현상학의 사태와 구별된다고 주장한다. 그는 1991년에서 1992년 사이에 발표된 간호연구에서의 현상학적 체험연구에 대한 30편의 논문을 분석하면서 양자의 차이점을 해명하고 있다.(Crotty 1996, 9 이하) 그에 따르면 30편의 논문 가운데 25편이 현상학적 체험연구의 사태를 '체험'으로 간주하고 있다. 그러나 그들이 연구하고자 하는 체험은 다음 두 가지 특징을 지니며, 따라서 전통적 현상학이 해명하고자 하는 체험과 구별된다.

첫째, 기존의 현상학적 체험연구가 해명하고자 하는 체험은 우선 현상학자들이 즐겨 사용하는 개념을 사용해서 말하자면 '세속적 체험'(mundane experience)을 뜻한다. 물론 그들이 이런 표현을 사용하는 것은 아니다. 그들은 그 대신에 '일상적 체험', '인간적 체험', '실존적 체험' 등의 표현을 사용한다.(Crotty 1996, 12) 이 경우 그들이 목표로 하는 것은 "일상적 체험에 대한 일상적 이해"(Crotty 1996, 12)라 할 수 있다. 그러나 전통적 현상학이 해명하고자 하는 체험은 세속적 체험으로서의 일상적 체험이 아니라 "직접적이고 근원적이며 원초적인 체험"이다.(Crotty 1996, 51 이하) 이것은 아직 자기의식적인 합리적 과정에 종속되지 않은 체험, 즉 우리가 그것을 이해하고 설명하기 위한 방법을 개발하거나 응용하기 이전에 주어지는 경험, 우리가 그에 대해 생각해보기 이전의 체험을 의미한다.(Crotty 1996, 53) 이러한 체험은 선술어적 체험이라 불릴 수도 있는데, 바로 그 토대 위에서 술어적 체험이 가능한 것이다.

둘째, 그들이 연구하고자 하는 체험은 연구참여자 개인의 관점에서 파악되고 이해된, 개인에게 고유한 체험, 다시 말해 일인칭적인 관점에서 기술된 주관적 개별 체험이다. 물론 그들은 이처럼 한편으로 주관성과 개별성을 강조하면서 다른 한편으로 '체험의 주제들', '공유된 체험', 즉 연구참여자들 모두에게 공통적인 요소들을 파악함을 목표로 한다고 하는데, 이는 납득하기 어려운 주장이라 할 수 있다.

그러나 전통적 현상학이 탐구하는 사태는 현상학적 체험연구가 탐구하는 사태와 구별된다. "사태 자체로!"라는 현상학의 구호가 말해주듯이 전통적 현상학은 '사태'만을 모든 철학적인 문제를 해명할 수 있는 토대로서 받아들인다. '사태'는 구체적으로 "객관적인 실재"를 뜻한다.(Crotty 1996, 29 이하) 이러한 점에서 전통적 현상학은 '실재에 대한 열망'(search for reality[Crotty 1996, 30])을 지니고 있다. 이때 사태 혹은 실재는 구체적이며 객관적으로 존재하는 대상을 뜻하며, 따라서 현상학의 구호인 "사태 자체로!"는 구체적으로 "대상을 향해 방향을 바꿈"(Wende zum Gegenstand[Crotty 1996, 30])을 뜻한다. 여기서 알 수 있듯이 전통적 현상학이 추구하는 것은 주관성·개별성을 특징으로 하는 현상학적 체험연구의 사태인 체험이 아니다. 크로티는 "후설의 기획은 주관성에 대한 객관성의 승리, 또는 보다 더 잘 표현하자면 주관성의 심장부에서 객관성을 수립하는 일로 특징지어질 수 있다"(Crotty 1996, 31)는 스피겔버그(H. Spiegelberg)의 견해를 인용하면서 전통적 현상학의 탐구대상인 사태가 지니고 있는 객관적 성격을 강조하고 있다. 이것은 그가 전통적 현상학이 추구하는 이념을 '객관성'으로 규정하는 것과 일맥상통한다.

전통적 현상학은 앞서 주어진 어떤 원리나 개념이 아니라 경험을 토대로 해서 객관적으로 실재하는 대상을 탐구해야 함을 강조한다. 이러한 이유에서 경험에 대한 분석은 전통적 현상학에서 결정적으로 중요한 위치를 차지한다. 객관적으로 실재하는 대상을 탐구함에 있어서 경험이 지니고 있는 이처럼 결정적인 의미 때문에 전통적 현상학은 일종의 경험론 또는 실증주의로 규정될 수 있다. 실제로 후설은 현상학자들을 "참다운 의미의 실증주의자들"로 간주하고 있고, 셸러(M. Scheler)는 전통적 현상학을 "지금까지 전개된 가장 근본적인 경험주의와 실증주의"로 규정하고 있으며, 메를로-퐁티 역시 현상학과 관련해 "현상학적 실증주의"라는 표현을 사용하고 있다.(Crotty 1996, 51)

그런데 기존의 현상학적 체험연구들이 가지고 있는 또 하나의 문제는 그들이 언급하고 있는 사태에 대한 일의적인 정의가 존재하지 않는다는 데 있다. 앞서 살펴보았듯이 현상학적 체험연구의 사태인 체험은 세속적 체험이요 또 주관적인 개별 체험이다. 그런데 어떤 연구자도 그들이 연구하고자 하는 체험이 무엇을 의미하는지 명확하게 정의하거나 설명하지 않은 채 연구를 진행시킨다. 따라서 독자들은 해당 논문의 맥락을 정확하게 읽어가면서 연구되고 있는 체험이 무엇인지 이해하도록 해야 한다. 그런데 기존의 현상학적 체험연구에서 연구주제로 등장한 체험을 살펴보면 그것은 ①감정 혹은 감정적 상태, ②감각·의미, ③감각·태도·감정(즉 ①항과 ②항의 복합체), ④사건들, ⑤사건들 및 그에 대한 사람들의 반응, ⑥어떤 기능 혹은 역할을 수행함(예를 들면 간호함·보살핌·가르침) 등 여섯 가지를 의미한다.(Crotty 1996, 14) 이처럼 현상학적 체험연구의 사태인 체험에 대한 일의적인 정의가 존재하지 않는다는 것은 새로운 현상학이 안고 있는 심각한 문제점이라고 할 수 있다.

그리고 체험이 지니고 있는 다양한 의미가 '현상'(phenomena)이라는 개념이 지니고 있는 불명료한 의미와 결합하면서 현상학적 체험연구의 사태가 무엇인지 파악하는 일은 보다 더 어려워진다. 크로티가 조사한 30편의 논문 가운데 10편의 논문은 현상학적 체험연구가 '현상'을 연구하는 데 있다고 주장하나, 현상이 무엇을 의미하는지 하는 점에 대해서는 연구자마다 견해를 달리한다. 예를 들어 많은 연구자들이 체험과 현상을 동일한 것으로 이해하지만 어떤 연구자는 인간에 의해 의식적으로 경험된 것, 즉 경험 대상을 현상이라 부르기도 하고, 어떤 연구자는 사건을 현상이라 부르기도 한다. 또 어떤 연구자는 본질 내지 의미를 현상과 동일한 것으로 이해하기도 하고, 양자를 서로 구별되는 것으로 이해하기도 한다.

3 철학적 현상학의 방법과 현상학적 체험연구의 방법

전통적 현상학과 현상학적 체험연구가 각각 그 이념 및 사태에서 다르다고 생각하는 연구자들은 더 나아가 양자의 방법 역시 다르다고 주장하

면서 현상학적 체험연구의 방법에 대해 비판하고 있다. 팰리와 크로티의
비판을 중심으로 이 점을 보다 더 자세하게 살펴보자.

1) 팰리의 비판

팰리에 따르면 전통적 현상학의 연구방법은 현상학적 환원의 방법과
본질직관의 방법인데, 현상학적 체험연구자들은 이러한 두 가지 방법을
사용하지 않는다. 일군의 현상학적 체험연구자들은 우선 후설이 철학적
현상학의 방법으로 간주한 현상학적 환원의 방법이 체험연구의 방법으
로 사용될 수 있을 것으로 간주하면서 그에 대해 언급하고 있다. 예를 들
어 팰리에 따르면(Paley 1997) 코흐는 현상학적 체험연구를 진행시키면서
후설의 현상학적 환원의 의미에 대해 다음과 같이 설명하고 있다.

> 후설은 일상생활에서 개인들에 의해 소박하게 파악된 것이든, 철학
> 자나 과학자에 의해 해석된 것이든 '외부세계'에 대한 시초적인 '판단
> 중지'를 수행할 것을 주장한다. 이러한 외부세계의 '실재'는 긍정되는
> 것도 아니요 부정되는 것도 아니다. 그것은 현상학적 환원의 작용 속에
> 서 '괄호쳐지는' 것이다.(Koch 1995, 829; Paley 1997, 188)

팰리는 이러한 코흐의 설명이 전체적으로 볼 때 타당하다고 평가한
다. 팰리는 '판단중지'를 현상학적 환원의 또 다른 명칭으로 간주하면서
(Paley 1997, 188) 그것을 수행하게 되면, 후설이 분명히 밝히고 있듯이,
자연적 태도의 일반정립이 배제되어 괄호쳐지기 때문에 그 주체는 시간
적·공간적 존재에 대한 그 어떤 판단도 내리지 않게 된다고 말한다. 더
나아가 코흐는 후설의 현상학은 괄호치기 과정을 통해 연구자 개인의 관
심이 개입하는 것을 막아주고 해석의 타당성 및 객관성을 보장해준다고
말하면서 현상학적 환원을 체험연구를 위해 사용할 수 있는 방법으로 간

주한다.(Koch 1995)

그러나 팰리에 따르면 후설의 현상학적 환원, 즉 초월론적 현상학적 환원에 대한 코흐의 이해가 정확함에도 불구하고 그가 생각하는 바와 달리 그것이 현상학적 체험연구 방법이 될 수 있는 것은 아니다. 이 점과 관련해 일차적으로 명심해야 할 점은 판단중지란 철학으로서의 현상학적 탐구를 위한 예비 작업으로서 단순히 자연적 태도를 무효화시키기 위한 철학적 방법이지 결코 자연적 태도에서 사용될 수 있는 방법이 아니라는 사실이다. 따라서 현상학에 대해 아무리 깊은 애정을 가지고 있다고 하더라도 어떤 사회과학자도 판단중지를 체험연구의 방법으로 사용할 수 없는데, 그 이유는 그가 판단중지를 수행하는 즉시 사회적 세계로부터 분리되고 말기 때문이다. 다시 말해 누구든 판단중지를 수행할 경우 사회적 세계 속에서 경험될 수 있는 '체험'에 접근할 가능성이 애당초 차단되고 말며, 그러한 이유에서 체험연구를 수행할 수 없게 되는 것이다.(Paley 1997, 188)

팰리에 따르면 많은 현상학적 체험연구자들은 실제로 현상학적 환원의 방법을 사용한다고 주장하고, 더 나아가 그것이 후설의 현상학적 환원의 방법과 동일한 것이라고 생각한다. 그러나 사실 동일한 것이 아니다. 예를 들면 그들은 현상학적 환원을 통해 "연구될 현상과 관련된 선입견이 확인되고 배제되면서 '괄호쳐진다'"고 말하기도 하고, 현상학적 환원을 "선개념·선입견 없이 체험을 소박하게 바라보는 과정"(Paley 1997, 188)으로 이해하기도 한다. 그러나 자연적 태도에서 체험연구를 수행하면서 선입견에 대해 판단중지하는 과정이 후설의 현상학적 환원을 의미하는 것은 아니다. 물론 이들 연구자들이 생각하듯이 체험연구를 수행하면서 자신의 선입견을 검토하고 배제하는 일은 가능할 수도 바람직할 수도 있다. 더 나아가 이러한 과정을 판단중지의 과정이라고 부를 수도 있을 것이다. 그리고 판단중지를 수행하면서 연구자가 자신의 견해를 유동적인 상태에 두고 타인의 견해를 경청할 수도 있을 것이다. 이 모든 일이 가능함에도 불구하고 주의해야 할 점은 자연적 태도에서 수행되는 이러한 방법적 절차를 후설의 현상학의 방법적 토대인 현상학적 환원의 과정이라고 불러서는 안 된다는 사실이다. 후설이 판단중지 혹은 현상학적 환원을 언급할 때 그는 체험연구자들의 생각과는 전혀 다른 것을 염두에 두고 있었다.

그러면 이제 현상학적 체험연구에서 사용되는 본질직관의 방법에 대한 팰리의 비판을 살펴보자. 제1장에서 살펴본 다양한 현상학적 체험연구 방법 가운데 몇몇의 유형은 체험의 '본질'을 해명함을 목표로 한다. 그리고 많은 연구자들 역시 실제 그 구조를 해명했다고 주장한다. 그러나 그동안 현상학적 체험연구에서 사용되어온 본질개념 및 본질을 파악하기 위한 방법은 후설의 현상학에 등장하는 본질개념 및 본질을 파악하기 위한 방법인 형상적 환원의 방법과 동일한 것이 아니며, 바로 그러한 이유에서 기존의 현상학적 체험연구 방법은 후설의 현상학에 기초했다고 할 수 없다.(Paley 1997, 190-192)

우선 기존의 현상학적 체험연구와 후설의 현상학 각각에서 논의되고 있는 본질의 차이점을 살펴보자. 후설의 경우 본질이란 일군의 대상을 어떤 하나의 이름으로 부를 수 있도록 해주는 것, 다시 말해 일군의 대상을 포괄하는 보편자(the universal)를 의미한다. 예를 들면 일군의 대상이 '책상'이라는 이름으로 불릴 경우 그것을 책상이라고 부를 수 있도록 해주는 요소, 다시 말해 이 모든 대상에 공통적인 보편적 요소, 즉 '책상임'이라는 요소가 다름 아닌 본질이다. 후설에 따르면 이러한 본질 역시 개별 대상과 마찬가지로 객관적으로 실재하는 것이다.

그러나 현상학적 체험연구에서 사용되고 있는 본질이 언제나 후설의 현상학에서 사용되는 본질과 동일한 것을 의미하지는 않는다. 이 점과 관련해 우선 지적해야 할 점은, 많은 경우 체험연구자들은 체험의 본질구조를 해명한다고 말하면서 본질구조가 무엇을 뜻하며 그것이 '주제나 범주'로부터 어떻게 형성되는지 하는 점에 대해서 거의 논의하고 있지 않다.(Paley 1997, 191) 그리고 그들이 언급하는 본질개념은 매우 혼란스럽다. 예를 들어 본질은 어떤 경우에는 '자료에 대한 대강의 요약'을 뜻하는 것처럼 보이기도 하고, 어떤 경우에는 '의미'·'구조' 등의 개념을 통해 설명되기도 한다.(Paley 1997, 191) 또 어떤 연구자의 경우 본질개념을 일의적인 의미로 사용하지 않기도 한다. 예를 들어 코헨(M.Z. Cohen)과 오메리(A. Omery)가 체험연구를 수행하면서 기술하는(Cohen and Omery 1994) 내용을 자세히 살펴보면 본질은 적어도 두 가지 서로 다른 뜻으로 사용되고 있다. 팰리가 인용하는 다음 구절을 살펴보자.

연구방법으로서의 형상적 방법은 모든 인간의 체험에는 본질구조가 있다는 명제에 의존해 있다. 이러한 본질구조는 어떤 경험을 구성하는 것이다. 각각의 개별적인 체험은 그것을 특유한 방식으로 구조지어주는 특징적인 구조로 이루어져 있다. 이러한 구조들이 의식 속에서 파악되면 그것들은 그 참여자에게 저 체험이 지니는 의미인바, 바로 그 의미(또는 진리)를 지니게 된다.(Cohen and Omery 1994, 147-148; Paley 1997, 191)

인용문에 나타나 있듯이 각각의 개별 체험은 그것을 그것이게 만드는 독특한 본질을 지니고 있다. 이때의 본질은 개별 체험 특유의 것을 의미하며, 따라서 어떤 체험을 파악한다 함은 그 체험의 본질을 파악함을 의미한다. 말하자면 체험과 체험의 본질 사이에는 일대일의 대응관계가 성립한다. 이러한 견해에 따르면 어떤 개인이 가지고 있는 결혼체험의 본질은 그 사람 특유의 것이며, 따라서 그것은 다른 개인이 가지고 있는 결혼

체험의 본질과 같을 수 없다. 각 개인의 결혼체험은 그 고유의 방식으로 구조화되어 있기 때문이다.

그러나 코헨과 오메리는 동일한 논문에서 본질에 대해 방금 살펴본 것과는 전혀 다른 방식으로 기술하고 있다. 팰리가 인용하는 다음의 구절이 그 대표적인 예에 해당될 것이다.

형상적 현상학의 목표는 [⋯] 어떤 체험을 가지고 있는 사람의 입장에서 그 체험의 의미를 기술하는 데 있다. [⋯] 그러나 이러한 형상적 기술은 의미체험에 [⋯] 대한 개인적·주관적 관점을 제시하는 것은 아니다. 그것은 형상적인 의미에 대한 기술, 다시 말해 그 어떤 개인이 저 체험을 하는가 하는 문제와 무관하게 저 체험의 근본적이며 본질적인 의미에 대한 기술을 의미한다.(Cohen and Omery 1994, 148; Paley 1997, 192)

이 구절에서 그들은 본질을 어떤 특정한 대상에 특유한 것으로 파악하지 않고 일군의 대상에 공통적인 속성, 다시 말해 일종의 보편자로 이해하고 있다. 이처럼 코헨과 오메리는 본질을 일의적인 것으로 이해하고 있지 않다. 팰리에 따르면 본질개념에 대한 이러한 상반적인 이해는 이 두 연구자들뿐만 아니라 많은 현상학적 체험연구자들에게서도 두루 발견할 수 있다. 그런데 이 점과 관련해 팰리는 다음 두 가지 문제점을 지적하고 있다.(Paley 1997, 192)

① 많은 현상학적 체험연구자들은 체험연구의 목표를 '체험의 의미에 대한 기술'(Paley 1997, 192)로 규정하며, 이 경우 의미를 종종 본질로 이해한다. 그러나 어떤 개별 체험에만 고유한 의미에 대한 기술이 어떻게 동시에 많은 사람들이 가지고 있는 동일한 유형의 체험에 공통된 보편적 속성으로서의 의미에 대한 기술이 될 수 있을까?

② 체험연구자들은 연구참여자들에게 "주관적으로 의미 있는 것" (that which is subjectively meaningful [Paley 1997, 192])을 단초로 삼아 연구를 시작하면서 본질의 탐구를 목표로 하고 있는데, 이 경우 '주관적으로 의미 있는 것'으로부터 본질로의 이행이 어떻게 정당화될 수 있는지 극히 의심스럽다. '주관적으로 의미 있는 것'이란 우연적인 요소에 불과하며 본질이란 ──그것이 앞서 살펴본 두 가지 의미 가운데 어떤 것으로 이해되든지 상관없이── 필연적인 요소라 할 수 있는데, 전자에 대한 파악으로부터 후자에 대한 파악으로의 이행이 어떻게 가능한지가 불투명하다.

그러면 이제 본질직관과 관련된 문제점을 살펴보자. 후설의 경우 본질이 개별 대상과 마찬가지로 객관적으로 실재하는 것이기 때문에 그 역시 나름의 방식으로 파악될 수 있다. 이러한 본질에 대한 파악이 다름 아닌 본질직관이다.[2] 개체직관을 통해 개별 경험적 대상이 파악되듯이 본질직관을 통해서 보편자인 본질이 파악될 수 있다. 그런데 후설의 경우 본질직관은 '자유변경'(free variation)의 과정을 포함한다. 자유변경의 과정이란 보편자로서의 어떤 본질, 예를 들면 책상의 본질을 파악하고자 할 때 내가 어떤 책상을 선택해서 그 책상을 구성하는 여러 요소들을 상상 속에서 자유롭게 임의로 변경해보는 것을 의미한다. 어떤 책상을 모범적인 예로 선택해서 그것을 자유롭게 변경시켜 가면서, 나는 책상을 구성하는 다양한 요소 가운데 어떤 것들이 바로 책상을 책상으로 만들어주는 본질적인 요소인지 확인하면서 책상의 본질을 파악할 수 있다.

팰리에 따르면 후설의 본질직관은 다음 세 가지 특징이 있다. 첫째. 그것은 상상을 통한 자유변경 속에서 진행되는 과정으로서 나는 나의 의식

---

2) 제5장 3절에서 '본질직관'에 대해 자세하게 살펴볼 것이다.

속에 주어진 자료 이외의 어떤 자료도 이용하지 않는다. 둘째, 개체직관이 개별 대상에 대한 직접적인 직관작용이듯이 본질직관은 본질에 대한 직접적인 직관작용이며, 거기에는 "그 어떤 추론과정, 추론과 유사한 활동"(Paley 1997, 191)도 들어 있지 않다. 본질직관을 올바른 방식으로 수행하면 보편자인 본질이 '단적으로'(simply) 나의 시야에 들어오게 된다. 셋째, 앞서 살펴본 판단중지 혹은 현상학적 환원과 마찬가지로 본질직관 역시 어떤 타인과의 교섭이 없이 나 홀로 수행하는 작용이다. 다시 말해 어떤 타인과의 관련도 없이 내가 유아론자로서(Paley 1997, 191) 수행하는 작용이다.

그러나 후설의 경우와는 달리 경험과학자로서의 현상학적 체험연구자들은 '선입견'에 대한 판단중지를 의미하는 그들 나름의 현상학적 환원을 통해 개별적인 체험에 대해서만 연구할 수 있을 뿐, 후설의 현상학이 목표로 하는 보편자로서의 본질을 파악할 수 없다. 어떤 경험적 연구도 보편자로서의 본질을 파악하고자 하는 것이 아니며, 파악할 수 있는 것도 아니다. 실제로 현상학적 체험연구자들이 파악함을 목표로 하는 본질은 후설의 용어로 말하자면 본질이 아니라 '사실'이라고 할 수 있으며, 따라서 그들이 말하는 본질직관은 단지 사실에 대한 파악을 의미할 뿐이다.

팰리에 따르면 후설의 본질직관과 현상학적 체험연구의 방법적 요소로 등장하는 본질직관의 차이는 다음 세 가지로 요약될 수 있다. 첫째, 후설의 본질직관이 어떤 타인과의 교섭 없이 나 홀로 수행하는 작용, 다시 말해 어떤 타인과의 관련도 없이 내가 유아론자로서(Paley 1997, 191) 수행하는 작용임에 반해 체험연구자들의 본질직관은 타인과 더불어 수행되는 상호주관적인 작용이다. 둘째, 후설의 본질직관이 상상을 통한 자유변경 속에서 진행되는 과정이기 때문에 나의 의식 속에 주어진 자료 이외의 어떤 자료도 이용하지 않는 것과는 달리, 현상학적 체험연구자들은 자신의 체험자료뿐 아니라 타인의 체험자료도 이용한다. 셋째, 후설의 본질직관은 본질에 대한 직접적인 직관작용이며, 거기에는 "그 어떤 추론 과정, 추론과 유사한 활동"(Paley 1997, 191)도 들어 있지 않은 반면에 체험연구자들의 본질직관은 직접적인 직관의 과정이 아니라 추론과정을 포함한다.

2) 크로티의 비판

크로티에 따르면 현상학적 체험연구의 방법은 ① 판단중지, ② 현상학적 자료수집, ③ 현상학적 자료분석 등의 요소로 구성된다. 판단중지란 연구자가 연구참여자의 주관적인 체험을 수집하기 위해서 그 체험에 대해서 가지고 있을 수도 있는 선입견이나 전제들을 제거하는 절차를 말한다. 현상학적 자료수집이란 판단중지를 수행한 상태에서 연구참여자들의 체험을 수집하는 과정이다. 그리고 현상학적 자료분석은 이처럼 수집된 자료를 나름의 절차에 따라 분석하는 과정을 말하는데, 그는 그 과정의 예로서 콜레지의 유형, 지오르지의 유형, 반 캄의 유형 등을 소개하고 있다. 그런데 현상학적 체험연구에서 사용되는 이러한 방법이 최종 목표로 하는 것은 연구참여자의 주관적 경험이 지닌 '주관인 성격'을 훼손하지 않고 올바로 해명하는 데 있다.

그러나 크로티에 따르면 전통적 현상학은 주관적이며 개인적인 체험의 구조를 분석함이 아니라 근원적인 경험 안에서 자신의 모습을 드러내는 현상인 '객관적 대상'의 구조를 해명함을 목표로 하며, 그러한 한 그것은 현상학적 체험연구와는 다른 방법적 절차를 사용한다. 이러한 자신의 주장을 뒷받침하기 위해서 그는 스피겔버그가 제시하는바 7단계로 구성된 현상학적 연구방법을 지적하면서 그것을 전통적 현상학의 방법으로 간주한다. 그 구체적인 내용은 다음과 같다.(Crotty 1996, 32-33; Spiegelberg 1975, 56-57; 1982, 681-719)

①개별적인 현상들을 탐구하는 단계: 직접적이고 근원적인 경험으로 돌아가서 거기서 주어지는 현상들을 직관하고 분석하고 기술한다.

②일반적 본질을 탐구하는 단계: 개별적 현상들을 직관한 후 그것을 토대로 그들 사이의 유사성에 주목하면서 개별적인 것을 관통해서 흐르는 본질을 파악한다.

③본질관계를 파악하는 단계: 하나의 본질 안에 존재하거나 또는 여러 본질 사이에 존재하는 관계를 파악한다.

④현출양상에 주목하는 단계: 대상이 경험을 통해서 어떤 방식으로 현출하는지에 주목한다.

⑤의식 속에서 현상이 구성되는 과정을 해명하는 단계: 어떻게 현상이 의식 속에서 자리를 잡아가면서 자신의 모습을 갖추어나가는지 해명한다.

⑥존재믿음을 배제하는 단계: 현상의 본질구조를 파악하기 위해서 현상의 존재에 대한 믿음을 배제한다.

⑦감추어진 의미를 해석하는 단계: 하이데거, 메를로-퐁티, 사르트르, 리쾨르 등의 해석학적 현상학에서 사용되는 방법으로 연구자가 그에게 직접 주어진 것을 넘어서 그 의미를 해석한다.

크로티에 따르면 이러한 방법적 절차 가운데 여섯 번째 '존재믿음을 배제하는 단계'는 현상학적 판단중지를 수행하는 것인데, 현상학적 체험연구에서 사용되는 판단중지와는 다른 것이다. 그 이유는 여기서 언급되고 있는 판단중지가 근원적이며 직접적인 체험의 영역으로 들어가 거기서 주어지는 현상의 존재에 대한 믿음을 배제하기 위한 방법인 데 반해 기존의 현상학적 체험연구의 방법적 요소인 현상학적 판단중지는 연구참여자들이 가지고 있는 주관적 체험과 관련해서 연구자가 가질 수 있는 '선입견'을 제거해주는 방법이기 때문이다.

이처럼 기존의 현상학적 체험연구의 방법은 전통적 현상학의 방법과 다르기 때문에 진정한 의미에서 현상학적 체험연구라 불릴 수 없다. 이러한 이유에서 그는 기존의 현상학적 체험연구 방법을 비판한 후 후설, 하이데거, 메를로-퐁티 등의 전통적 현상학의 방법과 조화될 수 있는 올바른 현상학적 체험연구 방법을 제시한다. 그는 '간호함이란 무엇인가'라는 연구를 수행할 경우를 예로 들면서 자신의 현상학적 체험연구 방법을 제시하는데, 이는 다음 5단계로 구성되어 있다.(Crotty 1996, 158 이하)

① 우리가 초점을 맞추어 연구할 현상을 가능한 한 정확하게 확정한 후 질문을 제기한다. 질문은 '간호함이란 무엇인가'이다.

② 연구하고자 하는 현상을 엄밀하게 현상으로서 고려한다. 우리는 간호함을 순수하게 현상으로, 다시 말해 그것이 그에 대한 우리의 체험 속에서 주어지는 그대로 취한다. 이러한 일이 가능하기 위해서 우선 일상적으로 이 현상을 대할 경우 갖게 되는 다양한 생각·판단·감정·전제·함축 등을 초월론적 현상학적 판단중지 및 환원을 통해 가능한 한 철저하게 배제한 후 이 현상이 원초적이고 직접적인 경험의 대상으로 드러날 수 있도록 우리 자신을 현상을 향해 열어놓아야 한다. 이 점과 관련해 크로티는 자신이 제시하는 현상학적 체험연구 방법의 필수불가결한 절차로서 "자연적 태도를 넘어섬"(Crotty 1996, 151)을 강조하고 있다.

③ 이때 원초적인 근원적인 경험 속에서 우리에게 드러나는 현상을 기술한다. 우리는 간호함에 대한 직접적인 경험 속에서 간호함이 우리에게 어떻게 드러나는지 기술한다.

④ 이러한 기술이 현상학적 성격을 지닐 수 있도록 노력한다. 이미 앞서 이루어진 현상학적 기술이 진정한 의미에서 현상학적 기술인지 확인하는 단계이다. 이러한 작업을 위해 우리는 그러한 기술이 참으로

간호함에 대한 원초적이고 직접적인 경험 이외의 원천, 예를 들면 간호함에 대한 우리의 일상적 견해, 간호함의 역사, 간호함에 관한 기존의 이론 등에서 유래하는 것은 아닌지 검토하면서, 만일 이처럼 다른 원천에서 유래한다면 그것을 배제한다.

⑤ 이러한 기술을 토대로 그 현상의 본질, 다시 말해 그 현상을 그 현상이게 만드는 요소를 확정한다. 이 단계에서 우리는 '간호함'에 대한 우리의 원초적이며 직접적인 경험 속에서 간호함을 간호함으로 만드는 요소, 즉 본질이 무엇인지 확정한다. 이 작업을 위해 '간호함'을 구성한다고 생각되는 여러 요소들 가운데 어떤 것들이 본질적인 요소인지 확정한다.

3

현상학적 체험연구의 정체

제2장에서 현상학적 체험연구의 이념·사태·방법의 순서로 기존의 현상학적 체험연구에 대한 비판자들의 견해를 살펴보았다. 이제 제3장에서 현상학적 체험연구의 사태가 무엇인지 검토하고자 한다. 현상학적 체험연구의 사태인 체험은 질적 관점에서 파악된 것을 의미하며 양적 관점에서 파악된 체험과 구별된다. 그런데 두 관점에서 파악된 체험의 차이점과 관련해서 우리는 양자가 전혀 무관한 그 무엇이 아니라는 사실에 유의해야 한다. '양적 관점', '질적 관점' 등의 표현이 보여주듯이 양자는 동일한 하나의 체험이 파악되는 관점 또는 태도의 차이에 따른 것일 뿐 실체적으로 구별되는 것은 아니다. 동일한 대상도 관점·태도가 다름에 따라 다양한 방식으로 모습을 드러내며, 이 점에서는 체험도 예외가 아니다. 모든 여타의 대상과 마찬가지로 체험 역시 양적인 태도와 질적인 태도에서 파악될 수 있다.

제3장의 목표는 양적 연구의 대상인 체험과 구별하면서 현상학적 체험연구의 사태인 질적 관점에서 파악된 체험의 정체를 해명하는 데 있다. 그런데 이 정체를 파악하기 위해서 우선 동일한 대상도 그것을 대하는 태도가 다름에 따라 다양한 방식으로 파악될 수 있다는 사실을 이해해야 하는데, 제1절에서 그에 대해 살펴볼 것이다. 제2절에서 양적 관점에서 파악될 경우 체험이 어떤 모습을 보이는지 뇌과학과 수리경제학을 예로 들어 살펴볼 것이다. 제3절과 제4절에서 양적 연구의 대상인 체험과 구별되는 현상학적 체험연구의 사태인 체험의 정체를 해명할 것이다.

1 다양한 태도에 따라 경험되는 대상의 여러 모습들

어떤 하나의 대상도 그것을 파악하는 태도에 따라 다양한 모습으로 경험된다. 그러면 이 점을 관악산 정상에 있는 어떤 바위를 연구할 경우를 예로 들어 살펴보자.[1]

우선 이 바위는 우리가 자연과학적 태도, 즉 양적인 태도를 취할 때 자연과학적 대상으로 경험된다. 예를 들어 물리학적 태도를 취하면 그것은 물리학적 대상으로 경험되며, 지질학적 태도를 취하면 지질학적 대상으로 경험된다. 이처럼 우리가 자연과학적 태도를 취할 경우 바위는 물리적 인과관계의 망 속에서 존재하며 그 속성이 양으로 환원되어 파악될 수 있는 대상으로 경험된다. 우리는 여타의 자연과학적 대상과 마찬가지로 이 바위를 조작적 실험·관찰 등의 방법을 통해 연구하면서 그것이 지닌 다양한 양적 속성을 밝혀낼 수 있다. 자연과학적 연구를 위해 일반적으로 망원경·현미경 등의 최첨단 장비가 사용될 수 있듯이, 저 바위를 자연과학적으로 연구할 경우에도 다양한 최첨단 연구장비가 사용될 수 있다.

그러나 물리학적 실증주의가 상정하듯이 바위가 자연과학적 대상으로만 연구될 수 있는 것은 아니다. 예를 들어 그것은 미적 대상, 경제적 대상, 종교적 대상 등으로도 경험될 수 있다. 이처럼 동일한 바위가 다양한 모습으로 경험될 수 있는 이유는 바로 연구자가 그 대상을 대하면서 취하는 관점이 다양할 수 있기 때문이다. 연구자가 어떤 대상을 연구함에 있어 취하는 관점을 우리는 '태도'라 부를 수 있다. 태도는 주체가 세계 전체를 어떻게 대하느냐 하는 방식을 뜻한다. 그러한 태도에 따라 세계는 나름의 고유한 방식으로 경험된다. 그리고 주체가 어느 하나의 태도로부터 다른 태도로 이행하게 되면 어떤 방식으로 경험되던 세계가 다른 방식으로 경험되게 된다. 즉 주체가 세계에 대해 다양한 태도를 취함에 따라 세계는 다양한 방식으로 주체에게 현출한다. 이에 따라 세계에 있는 개별적인 대상도 다양한 모습으로 우리에게 드러나게 되는데, 이 점에서는 저 바위도 예외가 아니다.

바위는 일차적으로 일상의 삶을 살아가는 사람들에게는 생활세계적

---

1) 필자는 이 예를 이남인 2009를 비롯해 다른 글들에서도 사용하였다.

대상으로 경험될 수 있다. 예를 들어 그것은 등산객이 등산을 하면서 피로를 풀기 위해 그 위에서 쉴 수 있는 대상으로 경험될 수 있다. 이러한 점에서 바위는 그 옆에 있는 나무·등산객의 모자·배낭·지팡이 등과 유사하게 경험되는 것이다. 등산객이 만나는 모든 대상은 등산에 유용한 대상으로 경험되는 것이다. 이처럼 어떤 바위가 등산을 비롯해 일상적인 삶을 위해 유용한 대상으로 경험될 수 있는 이유는 우리가 생활세계적 태도를 취하기 때문이다.

우리는 생활세계적 태도를 취하면서 그것을 통해 드러나는 생활세계 및 생활세계적 대상들을 학적으로 연구할 수 있으며, 생활세계에 관한 학을 전개해나갈 수 있다. 생활세계에 관한 학을 통해 각각의 주체가 경험하는 생활세계가 사실은 주체가 부여하는 다양한 의미들의 총체, 또는 다양한 의미들의 연결망이라는 사실이 밝혀질 수 있다. 관악산 정상에 있는 바위 역시 이러한 학에서 다루어질 수 있음은 두말할 나위도 없다. 즉 다양한 의미들의 연결망으로서의 생활세계 안에서 나름의 위치를 차지하는, 의미를 지닌 대상임이 밝혀질 수 있다. 앞서 언급되었듯이 예를 들어 '등산객이 등산을 하면서 피로를 풀기 위해 그 위에서 쉴 수 있는 대상'이라는 의미를 가진 것으로 해명되는 것이다. 물론 이외에도 저 바위는 다양한 다른 의미를 가지며 그것들 역시 생활세계에 관한 학을 통해 해명될 수 있다.

일상적인 생활세계에는 미적·윤리적·종교적·물리적 등 무수히 많은 요소들이 혼재해 있다. 바로 이러한 일상적인 생활세계에서 출발해 특정한 태도를 취하면 그에 상응하여 특정한 유형의 세계가 경험될 수 있다. 이 점에서는 앞서 살펴본 자연과학적 세계도 예외가 아니다. 자연과학적 세계는 일상적 생활세계에서 출발해 자연과학적 태도를 취함으로써 우리에게 경험된다. 일상적인 생활세계는 모든 여타의 세계들의 모태에 비유될 수 있으며, 따라서 특수한 위치를 차지한다.

그러므로 우리는 생활세계적 태도에서 출발해 자연과학적 태도뿐 아니라 그 이외의 다양한 태도를 취하면서 바위를 연구할 수 있다. 예를 들어 우리는 생활세계적 태도에서 출발해 미적 태도를 취하면서 저 바위를 연구할 수 있다. 이처럼 우리가 미적 태도를 취하게 되면 바위는 아름답거나 아름답지 않거나 등 미적 가치판단의 대상으로 경험된다. 미적 대상으로 경험될 경우 바위는 더 이상 물리학적 태도에서 파악되던 물리학적 대상과 동일한 것이 아니다. 저 바위가 미적 가치판단의 대상으로 경험되는 한 그것은 루브르 박물관에서 감상할 수 있는 어떤 대가의 미술 작품과 동일한 범주에 속한다고 할 수 있다. 그리고 미술작품과 마찬가지로 바위 역시 다양한 방식으로 연구될 수 있다. 예를 들어 그것의 예술적 가치와 관련해서 연구될 수 있다.

우리는 다시 생활세계적 태도에서 출발해 종교적 태도를 취하면서 바위를 경험하고 연구할 수 있다. 그러면 바위는 종교적 대상으로 경험된다. 어떤 종교를 믿고 있느냐에 따라 바위는 서로 다른 종교적 의미를 지닌 대상으로 경험될 수 있다. 불교 신자에게 바위는 불교적 세계관과 연결된 의미를 지닌 대상으로 경험될 것이다. 이 경우 바위는 주위에 있는 연주암, 연주대와 연결되어 경험될 수 있을 것이다. 그리스도교 신자에게는 그리스도교적 세계관과 연결될 의미를 지닌 대상으로 경험될 수 있을 것이다. 그것은 창조주에 의해 창조된 만물 가운데 하나로 경험될 수 있을 것이다. 샤머니즘을 믿는 이들에게는 샤머니즘의 세계관과 관련된 의미를 지닐 것이다. 예를 들어 바위는 무당이 관악산 산신을 위해 굿을 하는 성스러운 장소라는 의미를 지닐 수 있다.

우리는 다시 생활세계적 태도에서 출발해 윤리적 태도를 취하면서 저 바위를 경험할 수 있다. 누군가가 바위 위에 정으로 자신의 이름을 새겨놓고 그 위에 페인트까지 칠해놓았다고 하자. 이 광경을 목격하고 우리는 바위가 그런 모습을 지니게 된 것에 대해 개탄하면서, 이름을 새기고 페인

트를 칠한 사람을 도덕적으로 비난할 수 있다. 이때 우리는 윤리적 태도를 취하면서 바위를 경험하고 있는 것이며, 이를 토대로 환경윤리의 관점에서 연구를 수행할 수도 있다.

그러면 이제 바위가 경험될 수 있는 이러한 태도들 가운데 자연과학적 태도와 여타의 태도를 비교해보자. 바위가 자연과학적 태도에서 경험될 때 그것은 오직 물리적 인과관계의 망 속에서 존재하는 대상으로 연구된다. 우리는 여타의 물리적 대상과 마찬가지로 바위를 망원경·현미경 등의 최첨단 관찰장비를 가지고 조작적 실험을 하면서 연구하고 바위에 대해 보다 더 풍부하고 자세한 내용을 경험할 수 있다. 그러나 자연과학적 태도 이외의 태도를 취할 경우 바위는 더 이상 물리적 인과관계의 망 속에서 존재하는 것으로 경험되지 않으며, 따라서 이 경우 대상에 대한 연구는 대상을 물리적 인과관계의 망 속에서 파악하는 방식으로 진행되지 않는다. 더 나아가 아무리 물리학적 연구를 위해 필요한 최첨단 장비가 발명된다고 하더라도 그것이 연구에서 결정적인 의미를 지닐 수도 없다.

종교적 태도를 취할 경우를 살펴보자. 바위는 그것이 지닌 종교적 측면과 관련해 연구된다. 즉 바위는 다양한 종교적인 의미 연관 속에서 연구되는 것이다. 여기서 유의해야 할 점은 이러한 종교적인 의미 연관이 자연적 인과연관과는 전혀 다른 것이라는 사실이다. 따라서 바위를 자연적 인과관계의 망 속에서 파악하려고 해서는 안 된다. 망원경·현미경 등 최첨단 연구장비도 연구에 아무런 도움도 주지 못한다. 종교적 의미를 파악할 수단이 될 수 없기 때문이다. 이러한 장비들은 바위를 자연적 인과관계의 망 속에서 파악하는 한 나름의 역할을 수행할 수 있을 뿐이다.

2 양적 연구의 대상으로서의 체험

예로 든 바위와 마찬가지로 체험 역시 대하는 태도에 따라 다양한 방식으로 경험된다. 체험 역시 우리가 양적 태도를 취할 경우와 질적 태도를 취할 경우 각기 다른 방식으로 경험되며, 다양한 유형의 양적 태도와 다양한 유형의 질적 태도가 존재하기 때문에 양적 태도와 질적 태도를 취할 경우에도 우리가 구체적으로 어떤 유형의 양적 태도 또는 질적 태도를 취하느냐에 따라 체험은 다양한 방식으로 경험되고 연구될 수 있다.

우리는 일상의 체험 역시 생활세계를 구성하는 하나의 요소로서 경험한다. 일상의 체험이라고 부르는 예들은 무수히 많다. 길가에 핀 아름다운 꽃을 보고 감탄하는 일도, 친구와 사귀며 우정의 소중함을 깨닫는 것도, 더 나아가 가족 구성원 가운데 한 사람이 병이 나서 간호를 하면서 느끼는 애환의 감정도 모두 체험이다. 또는 어린 자녀가 학교생활을 하면서 겪게 되는 온갖 즐거움과 괴로움도, 그런 자녀의 일상을 함께 나누며 부모가 겪게 되는 기쁨과 슬픔 역시 체험이다. 익숙한 일상을 살아가는 것도, 그런 일상성을 깨고 먼 곳으로 여행하는 것도 체험이다. 이런 예가 보여주듯이 단순한 유형의 체험에서 복잡한 유형의 체험에 이르기까지, 순간적인 체험에서 상당히 오랜 시간을 두고 지속되는 체험에 이르기까지, 한 개인이 하는 체험에서 어느 집단에 속한 여러 사람들이 공동으로 하는 체험에 이르기까지 체험의 종류는 실로 다양하다.

그런데 이처럼 다양한 유형의 체험은 다양한 유형의 추상작업을 통해 다양한 유형의 학문의 탐구대상이 될 수 있다. 체험은 우선 자연과학적 태도에서 자연과학적 방법을 사용해 연구될 수 있다. 앞서도 지적되었듯이 자연과학적 방법의 핵심 요소가 연구대상을 수학적으로 양화(量化)하는 데 있기 때문에 이러한 자연과학적 방법을 동원한 체험에 대한 연구를 양적 연구라 부를 수 있다. 그런데 체험에 대한 양적 연구의 가능성과 관련해, 우리는 일상적으로 물리학적 대상이라고 부르는 것들만이 자연과학적 방법을 통해서 연구될 수 있는 것이 아니라는 사실에 유의할 필요가 있다. 체험 역시 비록 물리학적 대상과 커다란 차이를 보이고 있음에도 불구하고 양으로 환원되어 파악될 수 있는 여지가 있을 경우 양적 연구의 대상이 될 수 있다. 다시 말해 체험이 수학적으로 계량 가능한 양적 세계의 한 요소로서 파악될 때 양적 연구의 대상이 될 수 있다.

수리물리학적 방법이 자연탐구에서 비약적인 성공을 거둠에 따라 무엇보다도 19세기 중엽 이후 이 방법을 적용한 체험에 대한 양적 연구가 다방면으로 진행되어왔다. 이것은 체험을 자연적 인과관계의 망 속에 놓인 것으로 간주하고 그러한 한에서 해명하고자 한다. 그리고 물리학이 물리현상을 연구할 때와 마찬가지로 체험에 대한 양적 연구는 관찰·실험·수리화 등의 방법을 사용하며 필요할 경우 고도의 성능을 지닌 관찰장비와 실험장비를 동원한다.

체험에 대한 양적 연구의 가장 대표적인 예는 뇌과학이다.[2] 뇌과학은 모든 체험을 시냅스와 뉴런 등을 통하여 해명한다. 시냅스는 뉴런들 사이의 작은 틈을 뜻하는데, 하나의 뉴런이 활성화되면 전기적 충격이 뉴런의 신경섬유를 타고 내려와 그 말단에서 화학물질인 신경전달물질을 분비하게 한다. 이 전달물질은 시냅스 사이 공간을 건너가 받는 뉴런에 있는 수상돌기에 결합함으로써 시냅스 작동이 이루어진다. 본질적으로 뇌가 하는 모든 일은 이러한 시냅스 전달과정에 의해 이루어진다. 이 점에서는 뇌가 수행하는 인간의 체험활동도 예외가 아니다. 이러한 입장에 따르면 어떤 사람의 체험은 그의 뇌 속 뉴런들 사이의 상호연결 패턴을 반영하고 있으며, 이런 점에서 "체험은 곧 시냅스다"라고 말할 수 있다.

뇌과학은 인간의 체험을 뉴런, 전기적 충격, 신경섬유, 시냅스, 신경전달물질, 수상돌기 등과 함께 자연적 인과관계의 망 속에 놓여 있는 것으로 간주한다. 그것을 전제하고 대상을 연구한다는 점에서 뇌과학은 물리학과 큰 차이가 없다. 더 나아가 뇌과학은 뉴런이 활성화되는 과정, 전기

---

2) 뇌과학에 대한 아래의 설명은 조지프 르두 2005, 17-18을 참조하였다.

적 충격의 형성과정, 전기적 충격이 신경섬유를 타고 내려오는 과정, 신경전달물질의 분비과정, 신경전달물질이 시냅스 사이의 공간을 건너가는 과정, 그것이 수상돌기에 결합하는 과정, 시냅스 작동이 이루어지는 과정 등을 해명하기 위하여 뇌를 관찰하고 필요한 경우 실험을 해야 하며, 그것을 위해서는 다양한 관찰장비와 실험장비를 사용해야 한다.

여기서 알 수 있듯이 뇌과학은 우리가 경험하는 수많은 체험이 직·간접으로 물리현상과 인과적 연관 속에 놓여 있으며 거기에 영향을 받고 있다는 사실을 토대로 전개된다. 실제로 일상적으로 체험이라고 부르는 것들을 살펴보면 우리는 그것들이 직·간접으로 물리현상과 인과적으로 연결되어 있으면서 그 속성이 물리현상을 통해 인과적으로 영향을 받고 있다는 사실을 확인할 수 있다. 예를 들어 어떤 개인이 술을 마셨을 때의 체험은 그렇지 않았을 때의 체험과 전혀 다를 수 있다. 마찬가지로 어떤 약을 복용할 때의 체험은 그 이전의 체험과 전혀 다를 수 있다. 이 경우 술 및 약이라고 하는 대상이 지닌 물리화학적 속성은 개인의 체험에 대해 나름대로 인과적 영향을 미쳤다고 할 수 있다. 이처럼 체험이 물리적 인과관계의 틀 속에서 존재하는 것으로 파악될 경우 그것은 실제로 일종의 물리적 대상과 그의 유사한 그 무엇, 다시 말해 양적 연구의 대상으로 파악된 것이다.

체험에 대한 양적 연구를 수행하는 또 하나의 대표적인 경험과학은 수리경제학이다. 비록 뇌과학처럼 실험·관찰장비 등을 사용하지는 않지만 경제학은 물리학을 모범으로 하여 전개되는 양적 학문이다. 수리경제학은 인간이 경제활동을 하면서 수행하는 다양한 경제행위 속에 들어 있는 체험을 도구적 합리성의 한 유형이라고 할 수 있는 경제적 합리성의 관점에서 양화하면서 분석한다. 지난 2~3세기 동안 경제학은 경제적 합리성 개념을 토대로 다양한 경제현상을 설명하면서 비약적인 발전을 거듭해왔다. 무엇보다도 19세기 중반 한계효용학파의 등장 이후 주류 경제학은 경제적 합리성에 대한 수학적 모델을 개발하면서 수리물리학을 모범으로 삼는 정밀과학으로 전개되었다. 주류 경제학은 물리학이 객관적인 자연법칙을 토대로 물리현상을 설명·기술·예측할 수 있듯이 경제현상을 지배하는 객관적인 경제법칙을 발견함으로써 물리학과 유사한 방식으로 경제현상을 설명·기술·예측하고자 하였다. 대부분의 주류 경제학자들은 경제학이 경제현상을 설명하고 기술하고 예측함에 있어 한계를 지니는 이유는 그것이 아직 정밀과학으로 발전하지 못하였기 때문이며, 물리학이 과학혁명기에 수없는 시행착오를 거듭한 후 비로소 정밀과학으로 정립될 수 있었듯이 경제학 역시 시행착오를 거치면서 언젠가는 물리학과 유사한 정밀과학으로 정립될 수 있으리라는 확신을 가지고 있다. 폰 노이만(J. von Neumann)과 모르겐슈테른(O. Morgenstern)은 "모든 수리화하는 과학이 이러한 연속적인 진화의 과정을 거쳐왔음은 잘 알려진 사실이다"(von Neumann and Morgenstern 1990, 8)라고 말하면서 이러한 확신을 표현하고 있다. 그러나 이들이 이러한 견해를 피력하기 꼭 70년 전에 수리경제학의 창시자 가운데 한 사람인 왈라스(L. Walras)는 이미 1874년에 출간된 『순수정치경제학의 요소』에서 '순수정치경제학'을 "모든 점에서 수리물리학을 닮은 과학"(Walras 1954, 71)으로 규정하면서 경제학 이론을 전개하고 있다. 왈라스에 따르면 수리물리학이 물리현상을 "관찰하고 기술하고 설명하는"(Walras 1954, 62) 정밀과학이듯이 경제학 역시 그렇게 정립되어야 한다.

그런데 19세기 중반 이후 경제학자들은 경제학이 물리학과 유사한 정밀과학으로 발전할 수 있는 토대를 경제적 합리성 개념에서 찾았다. 주류 경제학의 표준적인 이해에 따르면 우선 경제적 합리성의 담지자는 개인으로 간주된다. 개인만이 경제적인 의미에서 합리적이라고 불릴 수 있을 뿐, 개인의 집합체인 사회는 합리성의 담지자가 될 수 없다.[3] 이러한 표준적인 이해에 따르면 경제적 합리성은 완비성과 도구성을 특징으로 한다.(H. Stewart 1995, 59-60) 완비성은 경제적 합리성에 따라 행위하는 개인은 매 순간 자신이 선택할 수 있는 행위가능성들이 무엇인지 알고 있을 뿐 아니라 이러한 행위가능성들을 비교할 수 있음을 의미한다. 도구성은 경제적 합리성에 따라 행위하는 인간은 자신에게 주어진 다양한 행위가능성들을 비교하면서 자신의 효용을 극대화시킬 행위가능성이 무엇인지 선택할 수 있음을 의미한다. 따라서 주류 경제학의 경제적 합리성은 도구적 합리성을 의미한다.

이러한 경제적 합리성 개념을 수학적 개념을 동원하여 공리화하면서 주류 경제학은 수리경제학으로 전개된다. 그 가장 대표적인 예는 소비이론이다.[4] 예를 들어 경제적으로 행위하는 어떤 사람이 x, y, z 등 여러 가지 품목 다발 가운데 어떤 것을 사려고 할 때 그의 선호도가 다음과 같은 조건을 만족시켰다고 가정하자. (여기서 xRy는 "이 행위자가 x를 y보다 좋아하거나 적어도 x를 y만큼 좋아한다"를 의미하고, xPy는 "이 행위자가 x를 y보다 좋아한다"를 의미하며, xIy는 "이 행위자가 x와 y를 똑같이 좋아한다"를 의미한다.)

①반사성: 어떤 품목 다발 x에 대해 xRx. 다시 말해 어떤 행위자는 x를 언제나 x만큼 좋아한다.

②완비성: 어떤 두 품목 다발 x, y가 있을 때 xRy이거나 yRx. 다시 말해 어떤 두 품목 다발은 그 선호도라는 관점에서 언제나 비교가능하다.

③이행성: xRy이고 yRz이면 xRz. 다시 말해 선호의 순서는 일관적이어야 하며 내적으로 모순되어서는 안 된다.

---

3) 정치학에서 경제학적 접근법을 시도하면서 뷰캐넌(J.M. Buchanan)과 털럭(G. Tullock)은 "개인만이 선택을 하며 […] 합리적 행위는 오직 개인적인 행위와 관련해서만 논의될 수 있다는 전제"(Buchanan and Tullock 1974, 32)에서 출발해 사회적 합리성은 논외로 하고 개인적 합리성만 고려하면서 논의를 전개한다.

4) 이 점에 대해서는 Heap 1989, 41 이하; V. Walsh 1996, 40 이하 등을 참조.

④ 연속성: 선호(preference)가 다음의 조건을 만족시킨다: 어떤 품목 다발 x가 있을 때 A(x)를 '적어도 x만큼은 좋은 다발들의 집합'으로 정의하고, B(x)를 'x보다 좋을 수는 없는 다발들의 집합'으로 정의하면 A(x)와 B(x)는 닫힌 집합이다.[5] 직관적으로 말하자면 두 재화의 소비량을 미세하게 변화시킬 때 선호 역시 미세하게 변화한다.

이러한 네 가지 조건이 만족되면 이 행위자의 선호상태는 어떤 함수를 통해 표시될 수 있다. 다시 말해 xPy이면 $U(x) > U(y)$이고 xIy이면 $U(x) = U(y)$가 되는 어떤 효용함수 $U(x)$가 존재할 수 있다. 그리고 도구적 합리성이라는 관점에서 볼 때 합리적인 행위자는 효용함수를 극대화시키는 방향으로 행동한다.

주류 경제학은 경제적 합리성을 수학적으로 표현하는 일이 가능하다는 사실을 토대로 경제적 합리성 개념의 수학적 모델을 개발하면서 수리경제학으로 전개되어나갔다. 즉 경제학이 정밀과학인 수리경제학으로 탈바꿈하고 경제현상의 중요한 측면들을 밝혀내는 데 크게 성공했다. 나아가 경제적 합리성 개념은 경제현상뿐 아니라 정치현상·사회현상·법현상·심리현상 등을 설명하기 위한 도구로 사용되었다. 일군의 연구자들은 정치·사회·법 등과 관련된 일련의 인간의 체험과 행위 역시 경제적 합리성 개념으로 설명할 수 있을 것으로 생각하였다. 말하자면 이들은 "인간행위에 대한 경제학적 접근"(G. S. Becker 1976)을 시도하였고, 그를 통해 경제학은 정치학·사회학·법학·심리학 등 인접 사회과학을 식민지화하면서 "경제학적 제국주의"(G. Radnitsky and P. Bernholz 1987)가 형성되어나갔다.

그러나 체험에 대한 양적 연구가 뇌과학과 수리경제학에서만 확인할

---

5) G. Debreu, *Theory of Value. An Axiomatic Analysis of Economic Equilibrium*, New Haven/London: Yale University Press, 1959, 56 참조.

수 있는 것은 아니다. 앞서 경제학적 제국주의가 형성되어갔다는 사실을 지적한 바 있는데, 양적 연구방법은 인문사회과학 전반으로 훨씬 더 광범위하게 확산되어나갔다. 실제로 다양한 인문사회과학 분야들은 관찰, 통제된 실험, 측정, 수리화 등 수리물리학적 연구방법을 구성하는 여러 요소들 가운데 연구상황에 따라 그때마다 필요한 요소를 취사선택하며 다양하게 체험에 대한 양적 연구를 수행해나갔다.

3 질적 연구로서의 현상학적 체험연구의 가능성 및 필요성

현상학은 체험에 대한 자연과학적 연구가 가능함도, 또 그것이 지닌 의의도 충분히 인정하고 있다. 체험에 대한 자연과학적 연구는 넓은 의미에서 현상학의 한 분야라 할 수 있다. 그 이유는 우리가 자연과학적 태도를 가지고 의식에 접근할 경우 그것은 자연적 인과관계의 망 속에서 자신의 모습을 드러내는 자연현상으로 경험될 수 있으며, 자연현상으로서의 의식현상은 여타의 현상들과 마찬가지로 현상학의 연구주제이기 때문이다. 후설 역시 자연과학의 토대에 대한 철학적 연구를 현상학의 중요한 과제 가운데 하나로 간주하고 있다.(Husserl 1962)

여기서 현상학에 대한 오해 한 가지를 검토하고 넘어갈 필요가 있다. 잘 알려져 있듯이 현상학은 실증주의를 비판하면서 등장하였다. 바로 이 대목에서 사람들은 현상학이 의식에 대한 자연과학적 연구를 비롯해 물리학·생물학·화학 등의 실증과학을 비판하는 것으로 생각할 수 있다. 그러나 이것은 큰 오해이다. 이 점을 살펴보기 위해서 현상학이 실증주의를 비판하는 이유를 검토해보자.

현상학이 실증주의를 비판하는 이유는 실증주의가 많은 문제점이 있는 철학이기 때문이다. 예를 들어 물리학적 실증주의는 물리학적 방법을 통해서 파악될 수 있는 인간의 측면에만 주의를 기울이면서 이 방법으로는 파악될 수 없는 인간의 다양한 측면을 무시하고 있기 때문이다. 실증주의는 인간을 일종의 기계로 파악하면서 인간의 존엄성을 무시하고 인간경시·인간소외 풍조를 낳는 주범이라 할 수 있다. 현재 전 세계적으로 확산되고 있는 실증주의는 인간의 종말을 부채질하면서 인류를 심각한 위기 속으로 몰아넣고 있다.

그러나 현상학이 이처럼 실증주의를 비판한다고 해서 그것이 실증과학을 비판하는 것이라고 생각해서는 안 된다. 이 점과 관련해 우리는 실증주의와 실증과학이 전혀 별개의 것이라는 사실에 유의할 필요가 있다. 실증과학이 물리학·화학·생물학 등의 경험과학을 뜻하는 것인 데 반해 실증주의는 자연과학적 방법을 통해 모든 진리를 파악할 수 있다고 생각하는 일종의 철학적 입장을 뜻한다. 현상학이 비판하는 것은 자연과학적 방법을 통해 모든 진리를 파악할 수 있다고 생각하는 그릇된 철학적 입장인 실증주의이지 실증과학이 아니다. 현상학은 실증과학이 자신에게 할당된 대상 영역을 파악하기 위해서 자연과학적 방법을 사용해야 하며, 따라서 실증과학이 나름의 고유한 권리를 지니고 있다는 사실을 조금도 부정하지 않는다.

자연과학적 연구를 통해 체험의 비밀이 상당 부분 밝혀질 수 있다는 점은 분명하다. 그러나 자연과학적 연구가 체험을 해명할 수 있는 유일한 연구는 아니다. 그 이유는 자연과학처럼 외적 관찰과 실험을 통하지 않고 체험의 구조를 해명할 수 있기 때문이다. 이 점과 관련해 우리는, 자연과학에 대해서 아무것도 알지 못한다고 할지라도, 우리 자신의 체험에 대해 많은 내용을 알고 있다는 사실에 주목할 필요가 있다. 우리는 매 순간 기쁨·슬픔·배고픔·충일감·허무감·허전함 등 수없이 많은 우리의 체험에 대해 알고 있다. 이러한 사실은 현대를 살아가고 있는 우리에 대해서만 타당한 것이 아니라 자연과학이 등장하기 전에 살았던 사람들에게도 그렇다. 그들 역시 우리와 마찬가지로 다양한 유형의 체험에 대해 알고 있었음은 두말할 필요도 없다.

그런데 자연과학이 없어도 체험에 대해서 많이 알 수 있는 것은 우리가 자연과학적 방법과는 구별되는 체험을 파악할 수 있는 여러 가지 능력들을 가지고 있기 때문인데, 그 대표적인 예로는 반성의 능력과 해석의 능력을 들 수 있다. 우선 반성의 능력을 살펴보자.

우리는 매 순간 다양한 체험에 주의를 기울이면서 그에 대해 알 수 있는 능력이 있다. 예를 들어 배가 고플 때 나는 내가 배고프다는 사실을 알 수 있으며, 추위를 느낄 때 나는 추위를 느끼고 있다는 사실을 알 수 있다. 어떤 사람을 사랑할 때 나는 사랑하고 있다는 사실을 알 수 있으며, 어떤 사람을 미워할 때 내가 미워하고 있다는 사실을 알 수 있다. 어떤 음악을 들으며 즐거움을 느낄 때 나는 내가 즐거움을 느끼고 있다는 사실을 알 수 있으며, 어떤 음악을 들으며 지겨움을 느낄 때 내가 지겨워하고 있다는 사실을 알 수 있다. 그리고 어떤 강의를 들으면서 그 내용을 이해할 때 내가 이해하고 있다는 사실을 알 수 있으며, 이해하지 못하고 있을 때 내가 이해하지 못하고 있다는 사실을 알 수 있다. 물론 내가 강의 내용을 이해하고 있는지 아닌지 모를 경우에도 내가 이해하고 있는지 아닌지 애매한 상태에 있다는 사실을 알 수 있다.

이처럼 내가 나의 다양한 체험에 대해 알 수 있는 이유는 무엇인가? 그 이유는 우리가 우리의 체험에 대해 알 수 있는 어떤 고유한 능력을 가지고 있기 때문이다. 이는 우리가 외적 대상, 예를 들어 어떤 책상이나 의자 등에 대해 알 경우 그에 대해 알 수 있는 이유는 우리가 그것들을 알 수 있는 어떤 고유한 능력을 가지고 있기 때문인 것과 마찬가지 이치다. 그런데 우리는 외적 대상을 알 수 있는 고유한 능력을 흔히 외적 지각의 능력이라고 부른다. 그리고 우리의 다양한 체험에 대해서 알 수 있는 고유한 능력을 내적 지각의 능력 또는 반성의 능력이라 부른다. 그런데 우리가 우리의 다양한 체험에 대해 알 수 있는 이와 같은 고유한 능력을 내적 지각의 능력이라고 부르는 이유는 그것을 통해 우리가 외적 대상과는 구별되는 내적 대상인 우리의 체험에 대해서 알 수 있기 때문이다. 그리고 이러한 내적 지각의 능력을 반성의 능력이라고 부르는 이유는 내적 지각의 능력이 우리의 체험을 되돌아보도록 하는 능력, 즉 반성하는 능력이기 때문이다. 바로 이러한 반성의 능력을 통해서 나는 내가 매 순간 가지고 있는 나의 다양한 체험에 대해서 알 수 있는 것이다.

그러나 체험을 파악하는 능력에는 내적 지각의 능력 또는 반성의 능력만 존재하는 것이 아니다. 체험을 파악할 수 있는 또 하나의 중요한 능력은 해석의 능력이다. 나는 나의 체험에 대해서뿐 아니라 타인의 체험에 대해서도 어느 정도 알 수 있는데, 이처럼 타인의 체험에 대해서 알 수 있는 능력이 바로 해석의 능력이다. 실제로 우리는 일상적인 삶을 살아가면서 나의 체험에 대해서뿐 아니라 타인의 다양한 체험에 대해서도 알 수 있다. 예를 들어 나는 누군가 상처를 입어 피를 흘리고 있을 경우 그가 고통을 체험하고 있다는 사실을 알 수 있으며 누군가 흥얼거리면서 콧노래를 부르고 있을 경우 그가 즐거운 마음의 상태에 있다는 사실을 알 수 있다. 우리는 어린아이의 울부짖는 모습을 보면서 그가 괴로운 상태에 있다는 사실을 알 수 있으며, 누군가 얼굴이 붉어져 큰 소리로 고함을 칠 경우 그가 화가 나 있다는 사실을 알 수 있다. 그런데 내가 이처럼 타인의 다양한 체험에 대해서 알 수 있는 이유는 내가 타인의 말·표정·동작 등을 파악하고 그것들을 타인의 체험을 표현하는 것으로 해석할 수 있는 능력이 있기 때문이다.

이처럼 반성의 능력과 해석의 능력을 통해서 우리는 우리의 다양한 체험에 대해 알 수 있다. 반성의 능력과 해석의 능력은 그것을 통해 우리가 체험의 비밀을 해명할 수 있는 중요한 능력들이다. 그런데 이 점과 관련해 유의해야 할 점은 이러한 능력들은 자연과학적 대상을 파악할 수 있는 능력과는 구별되며, 따라서 자연과학을 가능하게 하는 최첨단 실험장비도 반성의 능력이 수행하는 역할을 대신할 수 없다는 사실이다. 뇌과학을 비롯한 자연과학이 최첨단 실험장비를 통해 체험의 비밀을 아무리 많이 밝혀낸다고 하더라도 그것은 반성의 능력 또는 해석의 능력이 해명할 수 있는 체험의 비밀을 조금도 해명할 수 없다. 그런데 이처럼 반성의 능력, 해석의 능력 등을 통한 체험에 대한 연구가 다름 아닌 현상학적 체험연구이다.

지금까지의 논의를 통해서 드러났듯이 현상학적 체험연구는 나름의 고유한 권리를 가지며 자연과학에 의해 대치될 수 없다. 더 나아가 그것은, 자연과학이 그런 것처럼, 인간의 삶을 위해서도 꼭 필요한 학문이다. 뇌과학 같은 자연과학은 물리적·생화학적·생리적 원인을 가지고 있는 인간의 질병, 특히 정신적 질환을 치료하는 데 효과적으로 사용될 수 있다. 자연과학이 인간의 삶을 위해 중요한 의미를 지닐 수 있는 이유는 그것이 인간의 체험을 물리적 인과관계의 망 속에 존재하는 것으로 간주하면서 그에 대해 탐구하기 때문이다. 현상학적 체험연구 역시 인간의 삶을 위해 중요한 의미를 지닌다. 그것이 체험을 물리적 인과관계의 범주와는 다른 의미연관·목적연관·동기연관 등의 범주를 통해서 탐구하며, 이러한 범주들이 인간의 삶을 위해 필수적이기 때문이다. 말하자면 현상학적 체험연구는 인간의 삶 가운데 의미연관·동기연관·목적연관 등과 관련하여 발생할 수 있는 여러 문제들을 치유하는 데 크게 기여할 수 있다.

4 현상학적 체험연구의 사태로서의 체험

우리는 일상적인 생활세계에서 살아가면서 경험하는 체험을 수리물리학적 방법의 도움 없이 반성과 해석의 방법을 사용하여 연구할 수 있다. 이 경우 우리는 체험이 가지고 있는 양적 특성이 아니라 질적 특성을 해명할 수 있다. 그런데 모든 체험이 가지고 있는 질적 특성 가운데 하나가 다름 아닌 현상학의 핵심적 주제인 지향성이다.

그러면 도대체 지향성이란 무엇을 뜻하는가? 지향성이란 모든 유형의 체험이 지니고 있는 본질적인 속성으로서 "체험이 세계 및 세계에 있는 대상을 향하고 있다"는 사실을 뜻하는 개념이다. 그러면 다양한 유형의 체험을 예로 들어 지향성이 무엇을 뜻하는지 살펴보자. 앞서 살펴보았듯이 무수히 다양한 유형의 체험이 존재한다. 아름다운 꽃을 보고 감탄하는 체험, 친구와 우정을 나누는 체험, 가족 구성원을 간호하는 체험, 자녀가 학교생활을 하면서 겪는 온갖 즐거움과 괴로움의 체험, 자녀의 일에 부모가 느끼는 여러 가지 체험, 친숙한 생활세계에 대한 체험, 다른 세계를 경험하는 여행체험 등. 그런데 우리는 이 각각의 체험이 나름의 방식으로 세계 및 세계에 있는 대상을 향하고 있다는 사실을 확인할 수 있다. 꽃의 아름다움에 대해 감탄하는 체험은 아름다운 꽃을 향해 있고, 우정의 소중함을 깨닫는 체험은 친구를 향해 있으며, 간호하면서 느끼는 다양한 애환의 감정체험은 병이 난 가족 구성원을 향해 있다. 그리고 어린 자녀가 학교생활에서 겪는 온갖 즐거움과 괴로움의 체험은 학교생활에서 경험하는 일체의 것들을 향해 있고, 그런 자녀를 둔 부모의 즐거움과 괴로움의 체험은 자녀 및 자녀의 학교생활을 향해 있다. 친숙한 생활세계의 일상체험은 그 안에서 경험하는 온갖 것들을 향해 있고, 일상을 벗어나 먼 곳으로 떠나는 여행체험은 여행지 및 거기서 경험하는 일체의 것들을 향해 있다. 이처럼 모든 체험은 나름의 방식으로 세계 및 세계에 있는 대상을 향하고 있는데, 이런 성질이 다름 아닌 체험의 지향성이다.

지향성을 가지고 있는 체험은 다양한 요소들을 가지고 있다. 그러면 앞서 언급한 여행체험을 예로 들어 그것이 어떤 요소들을 가지고 있는지 살펴보자. 구체적으로 내가 최근 한 달 동안에 걸쳐 이탈리아 여행을 다녀왔다고 가정하고 나의 이탈리아 여행체험이 어떤 요소들로 이루어져 있는지 살펴보자. 나의 이탈리아 여행을 반성적으로 검토해보면 알 수 있듯이 그것은 적어도 다음과 같은 열한 가지 요소들을 가지고 있다.

• 체험의 주체

이탈리아 여행체험은 우선 여행의 주체를 가지고 있다. 내가 이탈리아 여행을 하였기 때문에 여행의 주체는 나다. 여행을 하는 주체인 나는 개성을 지닌 고유한 주체로서 타인과 구별되며, 신체와 더불어 다양한 의식을 지니고 이러한 신체와 의식을 통해 대상들과 다양한 지향적 관계를 맺고 있으며, 그 관계를 통해 대상을 어떤 의미를 지닌 대상으로 경험하게 된다. 여기서 유의해야 할 점은 이런 방식으로 파악된 여행체험의 주체인 나는 양적 연구의 대상이 아니라는 사실이다. 개성을 지닌 주체, 대상과의 지향적 관계를 가지고 있는 주체, 그 관계를 통해 대상을 어떤 의미를 지닌 것으로 파악하는 주체는 양적으로 규정될 수 없기 때문이다.

• 지향적 대상으로서의 체험된 대상

나는 이탈리아 여행을 하면서 무수히 많은 것들을 체험하였다. 이탈리아의 산·강·들·숲 등 자연뿐 아니라 도시·건축물·회화·조각품 등을 경험하는데, 이런 일체의 것들이 체험된 대상들, 즉 지향적 대상이다. 지향적 대상들로서의 체험된 대상들은 모두 나름의 의미를 가지고 있는 대상들이다. 따라서 이 대상들은 아무런 의미도 가지고 있지 않은 양적 연구의 대상, 예를 들어 물리학적 대상과 다르다.

• 시간성

체험의 주체인 나를 비롯하여 여행 중에 체험한 다양한 대상들은 시간 속에서 존재한다. 이러한 점에서 이탈리아 여행은 시간성이라는 요소를 가지고 있다. 그러나 이 경우 시간은 양적 연구의 대상으로서의 시간, 예를 들어 물리학적 대상들의 시간과 동일한 것이 아니다. 그 이유는 물리학적 대상들의 시간이 일의적으로 측정가능한 수학적 시간으로서 질적 특성이 탈각된 양화된 시간인 것과는 달리, 나의 이탈리아 여행에서의 시간은 생활세계적 시간으로서 물리학적으로 양화된 시간이 아니라 질적 특성을 가지는 시간이기 때문이다.

• 공간성

더 나아가 나와 내가 이탈리아 여행 중에 체험한 대상들은 특정한 공간 속에서 존재하며, 그러한 한 그것은 공간을 하나의 요소로 가지고 있다. 내가 체험한 대상들은 나를 기준으로 하여 여기 또는 저기에, 나의 왼쪽 또는 오른쪽에, 나의 앞 또는 뒤에, 나의 아래 또는 위에 있는 것으로 체험될 수도 있다. 이 경우 공간은 물리학적 대상들의 공간과 동일한 것이 아니다. 물리학적 대상들의 공간이 질적 특성이 탈각되어 일의적으로 측정가능한 수학적 공간으로서의 양적 공간임과는 달리, 나의 이탈리아 여행의 공간은 생활세계적 공간으로서 물리학적으로 양화된 공간이 아니라 질적 특성을 가지는 공간이기 때문이다.

• 타인과의 관계

나는 이탈리아 여행을 하는 동안 거기에 살고 있는 수많은 이탈리아 사람들을 비롯해 무수히 많은 사람들을 만난다. 이러한 점에서 나의 이탈리아 여행은 타인과의 관계라는 요소를 가지고 있다. 물론 타인과의 관계는 지향적인 관계를 뜻하며, 그러한 점에서 양적 연구의 대상인 자연인과적 관계와 구별된다.

• 자기와의 관계

나는 이탈리아 여행을 하며 타인과의 관계만이 아니라 나 자신과의 관계도 가지고 있다. 예를 들어 나는 여행 중에 나의 감정상태가 어떤지 의식적으로 또는 무의식적으로 알 수도 있고, 그동안 몰랐던 나의 새로운 모습을 발견할 수도 있다. 이러한 점에서 나의 이탈리아 여행은 자기와의 관계를 하나의 구성요소로 포함하고 있다. 물론 자기와의 관계 역시 자기와의 반성적인 지향적 관계를 뜻하는 것으로서, 양적 연구의 대상인 자연 인과적 관계와 구별된다.

• 동기와 목적

나는 어떤 동기와 목적을 가지고 이탈리아 여행을 한다. 예를 들어 내가 이탈리아에 호기심을 느꼈기 때문에, 그리고 이탈리아를 더 잘 알기 위해서 여행을 했다고 하면 이 여행의 동기는 이탈리아에 대한 호기심이며, 여행의 목적은 이탈리아에 대해서 더 잘 아는 일이다. 이 동기와 목적이 자연과학적 대상이 될 수 없음은 두말할 필요도 없다. 그것은 수학적으로 규정될 수 있는 양적 규정이 아니라 질적 규정이기 때문이다.

• 변화와 전개과정

여행은 정지한 상태에서 이루어질 수 없다. 정지해 있는 여행이란 존재하지 않는다. 나의 이탈리아 여행도 여러 가지 점에서 부단히 변화하면서 이루어진다. 여행 일정 자체가 변화의 과정이며, 여행을 하는 나 자신도 그 과정 속에 있고, 내가 여행을 하면서 만나는 일체의 것들도 변화한다. 그러나 이때의 변화는 다양한 질적 특성을 지니며, 그러한 점에서 양적 연구의 대상인 변화와는 구별된다.

• 주체의 삶에 대한 의미

이탈리아 여행은 주체인 나의 삶에 대해 어떤 의미를 가지고 있다. 예를 들어 내가 이탈리아 여행을 하면서 커다란 감명을 받았을 경우 그것은 나의 삶에 긍정적인 변화를 가져올 수 있는 의미를 가진다. 나의 이탈리아 여행이 나의 삶에 대해 지니는 의미는 양적 연구의 대상이 될 수 없다. 그 이유는 주체의 삶에 대한 의미는 질적인 특성을 가지고 있는 것이므로 양적으로 규정되어 그 정체가 해명될 수 있는 것이 아니기 때문이다.

• 주체의 가치평가

나는 이탈리아 여행을 하면서 체험하는 다양한 것들에 대해 가치평가를 한다. 예를 들어 이탈리아의 여러 유적들을 문화적으로 높이 평가할 수도 있고 이탈리아 사람들의 친절함을 도덕적으로 높이 평가할 수도 있다. 나의 이탈리아 여행 속에 들어 있는 가치평가가 양적 연구의 대상이 될 수 없음은 두말할 필요도 없다. 문화적 가치, 도덕적 가치 등은 그 자체로 질적인 특성을 지닌 것으로서 양적으로 규정될 수 없기 때문이다.

• 여행의 사회적·역사적 맥락과 사회성 및 역사성

나의 이탈리아 여행은 특정한 사회적·역사적 맥락 속에서 이루어진다. 21세기 초엽 한국에 살고 있는 사람으로서 나는 우선 21세기라는 역사적 맥락 속에서, 한국과 세계라는 사회적 맥락 속에서 여행을 한다. 이러한 사회적·역사적 맥락은 그 자체가 의미를 가지고 있는 것이기 때문에 양적으로 규정될 수 없으며, 따라서 그것은 양적 연구의 대상이 될 수 없다.

지금까지 나의 이탈리아 여행체험을 구성하고 있는 열한 가지 요소들을 살펴보았다.[6] 우리가 나의 이탈리아 여행체험을 질적 연구로서의

---

6) 필자는 이러한 열한 가지 요소들이 나의 이탈리아 여행체험을 구성하는 요소들을

현상학적 체험연구의 대상으로 삼을 경우 우리는 이러한 열한 가지 요소들을 체계적이며 종합적으로 해명해야 한다. 물론 이 가운데 한두 가지 또는 몇 가지에 초점을 맞추어 연구할 수도 있다. 그러나 나의 이탈리아 여행체험에 대한 이상적인 연구는 그를 구성하는 열한 가지 요소들을 체계적이며 종합적으로 해명함을 목표로 한다.

두말할 것도 없이 나는 나의 이탈리아 체험을 양적 연구의 대상으로 삼을 수 있다. 그러나 여기서 우리는 체험에 대한 질적 연구로서의 현상학적 체험연구가 체험에 대한 양적 연구와 다르다는 사실에 주목할 필요가 있다. 나의 이탈리아 여행체험에 대한 양적 연구는 앞서 살펴본 열한 가지 요소들을 해명할 수 없다. 그 이유는 이러한 요소들 가운데 그 어떤 것도 양적인 규정을 담고 있지 않으며, 따라서 그 어떤 것도 양적 연구의 대상이 될 수 없기 때문이다. 이 점과 관련해 우리는 앞서 나의 이탈리아 여행체험을 구성하는 열한 가지 요소들을 분석하면서 그 각각이 질적인 특성을 가지고 있으며, 따라서 그것이 양적으로 규정될 수 없기 때문에 양적 연구의 대상이 될 수 없다는 사실을 살펴보았다. 나의 이탈리아 여행체험을 구성하는 열한 가지 요소들은 양적 연구를 통해서가 아니라 오직 질적 연구로서의 현상학적 체험연구를 통해서 해명될 수 있다.

그러나 우리는 나의 이탈리아 여행체험에 대해서뿐 아니라 앞서 살펴본 다양한 유형의 체험, 더 나아가 우리 인간이 가질 수 있는 모든 유형의 체험에 대해 현상학적 체험연구를 수행할 수 있다. 물론 우리는 이 각각의 체험에 대한 현상학적 체험연구를 체계적이며 종합적으로

망라한다고 생각하지 않는다. 예를 들어 나의 이탈리아 여행체험 중에는 능동적인 체험들도 있고 수동적인 체험들도 있는데, 필자는 나의 이탈리아 여행체험이 가지고 있는 능동성의 차원과 수동성의 차원의 구별에 대해서는 논의하지 않았다.

수행하기 위해서는 우선 그것을 구성하는 요소들이 무엇인지 해명할 필요가 있다. 이 점과 관련해 우리는 체험을 구성하는 요소들이 체험의 유형에 따라 각기 다르다는 사실에 유의해야 한다. 예를 들어 단순한 체험과 복잡한 체험이 있을 경우 일반적으로 단순한 체험을 구성하는 요소들은 복잡한 체험을 구성하는 요소들보다 그 수가 적다고 할 수 있다.

4

현상학적 체험연구의 다양한 차원과 사태

제3장에서 양적 태도를 취하느냐 질적 태도로서의 현상학적 태도를 취하느냐에 따라 동일한 체험도 양적 연구의 대상 또는 질적 연구로서의 현상학적 체험연구의 대상으로 경험되기도 한다는 사실을 살펴보았다. 그런데 우리는 현상학적 태도와 관련해 단 한 가지 유형만이 아니라 다양한 유형이 존재한다는 사실에 유의해야 한다. 따라서 다양한 유형의 현상학적 태도에 대응해 현상학적 체험연구의 대상인 체험도 다양한 모습을 보이게 되며, 따라서 다양한 차원의 현상학적 체험연구가 등장한다.

질적 연구로서의 현상학적 체험연구에는 크게 ①현상학적 심리학적 체험연구와 ②초월론적 현상학적 체험연구가 존재한다. 우리가 현상학적 심리학적 태도를 취하면 현상학적 심리학적 체험연구가, 초월론적 현상학적 태도를 취하면 초월론적 현상학적 체험연구가 가능하다. 이러한 두 가지 체험연구는 체험의 사실적인 측면의 해명을 목표로 삼느냐, 체험의 본질적인 측면의 해명을 목표로 삼느냐에 따라 각기 사실적 체험연구와 본질적 체험연구로 나누어진다. 그에 따라 현상학적 체험연구는 ①사실적 현상학적 심리학적 체험연구, ②본질적 현상학적 심리학적 체험연구, ③사실적 초월론적 현상학적 체험연구, ④본질적 초월론적 현상학적 체험연구 등 네 가지로 나뉜다. 이제 4가지 유형의 현상학적 체험연구를 살펴보면서 그것이 해명하고자 하는 사태가 무엇인지 살펴보고자 한다.

1 사실적 현상학적 심리학적 체험연구와 그 사태로서의 체험

우리는 체험을 우선 현상학적 심리학적 태도에서 연구할 수 있다. 현상학적 심리학적 태도란 자연적 태도를 뜻한다. 이것은 일차적으로 일상을 살아가는 자연스러운 태도, 즉 생활세계적 태도를 의미한다. 우리는 자연적 태도에서 가족, 이웃, 직장 동료 등 여러 사람들과 더불어 여타의 많은 대상들에 대해 다양한 체험을 하면서 살아간다. 이처럼 일상적인 삶의 자연스러운 태도는 자연과학적 태도와 구별된다.

자연적 태도에서 사람들은 늘 자기 자신을 포함해 자기가 경험할 수 있는 모든 것들이 세계 안에 존재하며, 따라서 세계는 존재자의 총체라고 암묵적으로 생각하면서 살아가고 있다. 자연적 태도에서 살아가는 사람들에게 세계라는 지반을 떠나서 존재할 수 있는 것은 아무것도 없다. 이러한 사실은 그들이 존재자들을 경험하는 매 순간 존재자들에 앞서 존재자들의 일반적인 토대인 세계가 존재한다는 사실을 믿으면서 그에 대해 정립작용을 수행하며 살아가고 있음을 의미한다.

후설은 이처럼 모든 존재자들의 정립에 앞서 수행되는바 세계가 존재한다는 사실에 대한 정립작용을 "자연적 태도의 일반정립"(Husserl 1976, 60)이라고 부른다. 자연적 태도의 일반정립에 따르면 세계는 모든 개별 존재자들에 앞서 존재하며, 따라서 세계를 넘어서 존재하는 것은 아무것도 없다. 그런데 이러한 자연적 태도의 일반정립은 우리가 단순한 일상적인 삶을 넘어서 예술·종교·학문 등 다양한 분야의 활동을 할 경우에도 대부분 유지된다. 이러한 자연적 태도의 일반정립이 자연적 태도의 근본 특징이다. 자연적 태도는 뒤에서 살펴보겠지만, 자연적 태도의 일반정립이 배제될 때 가능한 초월론적 태도와 구별된다.

우리가 자연적 태도로 살아가면서 다양한 유형의 체험을 경험한다 함은 책·책상·돌·나무 등 여타의 대상과 마찬가지로 체험 역시 자연적 태도의 일반정립을 토대로 세계 속에 존재하는 대상 가운데 하나로 경험함을 의미한다. 실제로 나는 자연적 태도로 살아가면서 내 앞의 책상을 세계 속에 있는 대상으로 경험하듯이 그 무엇에 대한 나와 타인의 체험 등을 세계 속에 있는 대상으로 경험한다. 즉 책상이 세계 속에 존재하는 것이듯이 나와 타인의 체험 역시 세계 속에 존재하는 것이다. 이처럼 체험이 세계 속에 존재하는 것으로 경험될 수 있는 이유는 그것이 사물과 유사성을 보이고 있는 신체와 밀접하게 연결되어 있기 때문이다. 예를 들어 내가 지금 경험하는 나의 체험은 나의 신체와 연결된 것이요, 내가 방금 전에 경험했던 타인의 체험은 나의 타인의 신체와 연결된 것이다. 체험이 언제나 그 주체의 신체와 연결되어 있기 때문에 우리는 어떤 구체적인 하나의 체험에 대해 그것이 '언제, 어디에' 있다고 말할 수 있다. 지금 경험하는 나의 체험은 '지금, 여기에' 존재하며, 내가 방금 전에 경험했던 타인의 체험은 '방금 전, 거기에' 존재했다고 말할 수 있다.

자연적 태도를 취하면서 우리의 다양한 체험을 경험적 사실로서 간주하고 수행되는 것이 사실적인 현상학적 심리학적 체험연구이다. 앞서 나의 이탈리아 여행체험에 대해 논하면서 그것이 열한 가지 구성요소들을 가지고 있다는 사실을 살펴보았는데, 이러한 나의 체험을 세계에 존재하는 하나의 경험적 사실로서 간주하고 그 열한 가지 구성요소들을 체계적으로 해명함을 목표로 하는 연구가 다름 아닌 사실적 현상학적 심리학적 체험연구이다. 물론 우리는 나의 이탈리아 여행체험, 다른 사람들의 이탈리아 여행체험, 더 나아가 나를 포함한 모든 사람의 다양한 체험에 대해서도 동일한 연구를 수행할 수 있다.

사실적 현상학적 심리학적 체험연구는 한편으로는 본질적 현상학적 심리학적 체험연구와 구별되고 다른 한편으로는 초월론적 현상학적 체험연구와 구별된다. 사실적 현상학적 심리학적 체험연구와 본질적 현상학적 심리학적 체험연구 모두 세계의 일반정립의 토대 위에서 세계에 존재하는 것으로 파악된 체험, 즉 초월론적 주관에 의해 구성되어 세계에 존재하는 것으로 파악된 체험의 해명을 목표로 한다는 점에서 양자는 공통점을 가지고 있다. 그러나 사실적 현상학적 심리학적 체험연구는 세계에 존재하는 것으로 파악된 체험을 하나의 경험적 사실로 간주하고 그 사실적 구조의 해명을 목표로 하며, 따라서 그것은 동일한 체험의 본질적 구조의 해명을 목표로 하는 본질적 현상학적 심리학적 체험연구와 구별된다. 더 나아가 사실적 현상학적 심리학적 체험연구는 본질적 현상학적 심리학적 체험연구와 마찬가지로 세계에 존재하는 것으로 파악된 체험의 해명을 목표로 하며, 그러한 점에서 그것은 세계에 존재하는 것으로 파악된 체험이 아니라 세계 및 세계 안에 있는 대상을 구성하는 것으로 파악된 초월론적 체험의 해명을 목표로 하는 초월론적 현상학적 체험연구와 구별된다.

여기서 우리는 '현상학적 심리학적 체험연구'라는 용어 속에 들어 있는 '현상학적 심리학'의 정체와 관련해 다음 두 가지 사실을 지적하고자 한다.

첫째, 현상학적 심리학은 후설 현상학의 핵심 개념이다. 유의해야 할 점은 후설의 경우 현상학적 심리학은 인문사회과학의 다양한 분과들 가운데 하나인 심리학과 동일한 학문이 아니라는 사실이다. 그것은 넓은 의미에서 우리의 마음, 즉 심리현상을 자연적 태도, 즉 현상학적 심리학적 태도에서 탐구하는 모든 인문사회과학을 포괄하는 학문이다.

둘째, 앞서 논의되었듯이 후설의 경우 현상학적 심리학은 자연적 태도의 일반정립의 토대 위에서 전개되는 학문으로서 사실학으로 또는 본질학으로 전개될 수도 있다. 물론 철학자로서 후설이 일차적으로 관심을 둔 것은 본질학으로서의 현상학적 심리학을 전개하는 일이었다. 실제로 그는 그에 대해 강의도 하고 저술을 남기기도 하였다.(Husserl 1962) 이와는 달리 사실학으로서의 현상학적 심리학에 대해서는 강의를 행한 적도 없고 저술을 남기지도 않았다. 그렇다고 해서 사실학으로서의 현상학적 심리학이 후설의 현상학과 무관한 것은 아니다. 오히려 그것은 후설이 구상한 현상학의 전체 체계에서 중요한 한 부분을 차지한다.[1] 후설은 학문 전체를 나무에 비유하면서 경험과학과 전통적인 의미의 철학을 나무라는 유기체를 구성하는 분리할 수 없는 두 부분으로 간주하면서 현상학적으로 정초된 경험과학 전체를 "경험적 현상학"(Husserl 1962, 298)이라 부

---

1) 이 점에 대해서는 제6장 참조.

른다. 사실학으로서의 현상학적 심리학은 '경험적 현상학'의 한 부분을 이룬다. 여기서 '경험적 현상학'이 현상학적으로 정초된 인문사회과학으로서의 사실적 현상학적 심리학뿐 아니라, 현상학적으로 정초된 사실학으로서의 자연과학들도 포괄하는 개념임을 주목할 필요가 있다.

사실적 현상학적 심리학적 체험연구가 해명해야 할 체험은 무한히 다양하다. 우선 하나의 개별 주체에 한정하여 이 주체가 가지고 있는 체험들이 얼마나 다양한지 살펴보자. 성숙한 주체의 경우 무수히 다양한 체험들을 가지고 있는데, 이러한 사실을 몇 가지로 나누어 살펴보기로 하자.

첫째, 우선 대상의 유형이 다양하기 때문에 그와 관련해 다양한 유형의 체험이 존재한다. 예를 들어 어떤 주체의 체험을 대상의 영역에 따라 분류하면 인간에 대한 체험, 동식물에 대한 체험, 무기적 자연에 대한 체험, 역사에 대한 체험, 예술에 대한 체험, 종교에 대한 체험, 사회에 대한 체험, 문화에 대한 체험, 정치에 대한 체험, 경제에 대한 체험, 법에 대한 체험, 복지에 대한 체험, 교육에 대한 체험, 의료에 대한 체험, 간호에 대한 체험, 기술에 대한 체험 등 다양하다.

둘째, 이 각각의 영역에 대한 체험은 다시 무수히 많은 부분 체험들을 포함하고, 이 부분 체험들 각각은 또다시 더 작은 다양한 부분 체험들을 포함하며, 이 더 작은 부분 체험들 각각은 또다시 그보다 더 작은 다양한 부분적인 체험들을 포함한다. 예를 들어 교육에 관한 체험일 경우 만일 주체가 교사일 때 그가 가질 수 있는 교육에 대한 체험은 수업체험, 학생지도 체험, 학부모와의 면담체험 등 다양하다. 그리고 그 체험 각각은 다시 또 그보다 더 작은 부분 체험들을 포함한다. 수업체험의 경우 국어과 수업체험, 영어과 수업체험, 수학과 수업체험 등으로 나누어질 수 있다. 더 나아가 국어과 수업체험의 경우 읽기수업의 체험, 쓰기수업의 체험, 문법수업의 체험 등을 포함하고, 1학년·2학년·3학년 수업 체험 등을 포함한다.

셋째, 앞서 살펴본 유형은 주체의 의지적인 노력이 개입한 체험이며, 그러한 점에서 능동적인 체험이라 할 수 있다. 그러나 우리가 능동적인 체험만을 가지고 있는 것은 아니다. 발생적 관점에서 볼 때 여타 다양한 유형의 수동적 체험도 가지고 있다. 그런데 이런 관점에서 볼 때 가장 원초적인 체험은 다양한 유형의 본능적인 욕구라 할 수 있으며, 이러한 욕구를 토대로 시각·청각·촉각·후각·미각 등의 감각작용, 지각·판단·추론 등의 인식작용, 감각적 욕구·이성적 욕구 등의 의지작용, 기쁨·슬픔 등의 정서작용 등이 발생할 수 있다.

넷째, 이처럼 다양한 체험은 체험류 안에서 서로서로 결합되어 있으며, 수동성과 능동성을 지니는 체험들이 다층적인 구조 속에서 섞여 존재할 수도 있다. 그리고 다양한 유형의 체험들이 서로 섞여 존재하면서 그들 사이에 융합작용이 일어나 새로운 유형의 체험이 발생할 수도 있다. 또한 어떤 하나의 요소만으로 이루어진 것처럼 보이는 체험도 그 내용을 분석해보면 다양한 요소들이 모여서 이루어진 경우도 많다. 예를 들면 '후회함'이라는 체험은 어떤 형태로든 자신의 의지가 개입해서 과거에 일어났던 어떤 나쁜 일을 떠올리면서 그러한 일이 일어나지 않았더라면 하고 바라는 체험이라 할 수 있는데, 이와 같은 체험은 '어떤 형태로든 자신의 의지가 개입해서 과거에 일어났던 어떤 일을 떠올리는' 인식작용, 그러한 일이 '나쁘다고' 생각하는 정서작용, 그리고 그러한 일이 일어나지 않았기를 바라는 소망작용 등 다양한 체험의 복합체라 할 수 있다.

다섯째, 어떤 한 주체의 모든 체험은 그 주체의 체험 전체를 포괄하는 체험류(Erlebnisstrom) 속에서 존재한다. 체험류는 근본적으로 과거에서 현재를 거쳐 미래를 향해 끊임없이 흘러가며, 체험류 안에서 존재하는 모든 체험 역시 그러하다. 따라서 체험의 근원적인 존재방식은 시간적이다. 또한 그런 여러 가지 체험들은 서로 동시적으로 또는 선후관계에서 시간적으로 결합되어 존재할 수도 있다. 체험이 지닌 시간적인 차원은 이처럼 어떤 한 개인의 무수히 많은 체험들이 시간적인 선후관계 속에서 배열되어 존재한다는 사실을 함축한다. 이렇게 배열된 체험들을 일종의 '강물의 흐름'에 비유할 수 있다. 이러한 이유에서 우리는 후설과 더불어 체험의 흐름을 지칭하기 위하여 '체험류'라는 표현을 사용할 수 있다. 그런데 어떤 한 개인의 체험류는 그 자신의 출생 순간부터 죽는 순간까지 과거로부터 현재를 거쳐 미래를 향해 끊임없이 흘러간다.

지금까지 우리는 하나의 주체가 무수히 많은 체험을 가지고 있다는 사실을 살펴보았다. 사실적 현상학적 심리학적 체험연구는 그러한 체험들을 하나의 경험적 사실로 간주하고 그 정체를 해명함을 목표로 한다. 그러나 사실적 현상학적 심리학적 체험연구의 사태가 어떤 하나의 주체의 체험에만 국한되는 것은 아니다. 그것은 하나의 개별적인 주체의 영역을 넘어서는 다양한 유형의 체험의 구조를 해명함을 목표로 한다. 이 점과 관련해 우리는 다음 두 가지 사실을 지적하고자 한다.

첫째, 사실적 현상학적 심리학적 체험연구는 어떤 한 주체의 체험뿐 아니라 무수히 많은 주체들의 무수히 다양한 체험들을 해명하고자 한다. 이 점과 관련해 우리는 현재 시점에서 볼 때 단 하나의 주체만 존재하는 것이 아니라 무수한 주체들이 존재한다는 사실에 유의할 필요가 있다.

둘째, 사실적 현상학적 심리학적 연구는 현재 존재하는 모든 주체들의 체험을 해명하는 일에만 한정되지 않는다. 과거에 존재했던 주체들의 체험, 더 나아가 미래에 존재하게 될 주체들의 체험까지 해명하고자 한다.

사실적 현상학적 심리학적 체험연구가 해명해야 할 체험의 영역은 무한하다. 앞서 나의 주체가 가지고 있는 체험이 무수히 다양하다는 사실을 살펴보았는데, 우리는 현재 존재하고 과거에 존재했으며, 그리고 앞으로 존재하게 될 모든 주체들의 체험이 얼마나 다양한지 이해할 수 있다. 이 주체들 각각은 각자에게 고유한 체험류와 더불어 무수히 많은 체험들을 가지고 있는데, 사실적 현상학적 심리학적 체험연구는 그것들 전체를 해명함을 목표로 한다. 실제적으로 수행되는 사실적 현상학적 심리학적 체험연구는 그 가운데 극히 일부분만을 해명할 수 있을 뿐이며, 그러한 점에서 무한한 이념을 향해 나아가는 연구라 할 수 있다.

물론 다양한 모든 체험연구를 실제로 설계하는 일은 유한한 인간으로서는 불가능한 일이라 할 수 있다. 더 나아가 다양한 유형의 체험의 구조를 모두 분석할 필요가 있는 것도 아니다. 그러나 적어도 논리적인 관점에서 볼 때 이처럼 다양한 유형의 체험연구를 설계하는 일이 가능하다. 이처럼 논리적인 관점에서 볼 때 무수히 다양한 체험연구 가운데 어떤 체험연구를 구체적으로 설계하는가는 전적으로 현실적인 요구 및 연구자의 관심에 따라 결정될 수 있는 문제라 할 수 있다.

2 본질적 현상학적 심리학적 체험연구와 그 사태로서의 체험

사실적 현상학적 심리학적 체험연구와는 달리 본질적 현상학적 심리학적 체험연구는 세계 안에 존재하는 체험의 사실적 구조가 아니라, 본질 또는 본질적 구조의 해명함을 목표로 한다. 체험의 본질을 해명함을 목표로 하는 현상학적 심리학이 무엇인지 이해하기 위해서 우리는 '사실'(Tatsache)과 '본질'(Wesen)의 구별에 대해 살펴볼 필요가 있다.(Husserl 1976, 10 이하) 지금 내 앞에 있는 책상을 예로 들어 양자의 구별을 간단히 살펴보자. 이 책상은 어떤 재질의 목재로 만들어졌고 갈색으로 칠해져 있다. 그런데 이 책상은 부단히 변화한다. 처음에 구입했을 때는 아주 튼튼하고 아무런 문제가 없었으나 몇 년 지난 지금은 여기저기 많이 상했고 또 다리 하나가 파손되었다. 처음에 구입했을 때와는 달리 많이 탈색도 되어 있다. 이처럼 부단히 변화하는 책상이 다름 아닌 사실로서의 책상이다. 이러한 책상은 어떤 특정한 시점과 특정한 현실 공간에 존재한다. 그러나 우리는 이러한 사실로서의 책상과 구별하여 본질로서의 책상에 대해 논할 수 있다. 본질로서의 책상은 이 책상만이 아니라 우리가 경험할 수 있는 모든 사실적인 책상들에 공통으로 들어 있는 '보편적인 속성'으로서의 책상을 의미한다. 바로 그것이 모든 사실적인 책상을 책상이라고 부를 수 있도록 해주는 요소이며, 동시에 여타의 가구들, 예를 들면 의자·탁자 등과 구별시켜주는 요소이기도 하다. 사실과 달리 본질은 어떤 특정한 시간과 공간에 존재하는 것이 아니다. 본질은 초시간적·초공간적으로 존재한다.[2]

체험과 관련해서도 사실과 본질을 구별할 수 있다. 우리가 자연적 태도로 살아가면서 일차적으로 경험하는 것은 모두 사실로서의 체험이다. 예를 들면 그것은 어떤 한 구체적인 개인 또는 집단이 어떤 시간, 어떤 장소에서 겪는 체험이다. 그 체험은 어느 정도의 강도를 가지고 시작되었다가 그 강도가 시간 속에서 부단히 변화해나가며 어느 시점부터 사라져간다. 우리는 이러한 사실로서의 체험과 구별되는 본질로서의 체험에 대해 논할 수 있다. 예를 들면 모든 체험은 지향성을 지니고 있으며, 따라서 지향성은 모든 체험을 체험이라고 부를 수 있도록 해주는바 모든 체험 속에 들어 있는 보편적인 요소이며, 모든 체험의 본질적 속성이라고 할 수 있다.

지향성은 이처럼 모든 체험에 공통적이고 보편적인 요소인 본질에 해당한다. 그러나 모든 체험이 지향성을 가지고 있음에도 불구하고 그 구체적인 내용에서 동일한 본질을 가지고 있는 것은 아니다. 앞서 우리는 아름다운 꽃을 보고 감탄하는 체험, 친구와 우정을 나누는 체험, 가족을 간호하는 체험, 자녀들이 학교생활을 하면서 겪는 온갖 즐거움과 괴로움의 체험, 그 자녀의 생활에서 부모가 느끼는 여러 가지 체험, 익숙한 일상생활에 대한 체험, 그 일상을 벗어난 여행체험 등 무수히 많은 체험이 존재한다는 사실을 살펴보았다. 그런데 이 각각은 그것뿐 아니라 그것을 포함

---

2) 제5장에서 '본질'에 대해 보다 더 자세하게 논의할 것이다.

한 일군의 체험을 특정한 이름으로 부를 수 있도록 해주는 불변적인 속성을 가지고 있는데, 그것이 그 체험을 포함한 일군의 체험의 본질이다.

예를 들면 나의 이탈리아 여행체험은 그 여행체험을 포함한 일군의 체험, 즉 모든 여행체험을 여행체험이라고 부를 수 있도록 해주는 불변적인 속성을 가지고 있는데, 이러한 속성이 모든 여행체험의 본질이다. 그리고 나의 우정체험은 이것을 포함한 모든 우정체험을 우정체험이라고 부를 수 있도록 해주는 불변적인 속성을 가지고 있는데, 이러한 속성이 모든 우정체험의 본질이다. 이러한 논의를 통해서 알 수 있듯이 어떤 일군의 체험(가령 여행체험)에 공통되는 불변적인 속성인 어떤 하나의 본질은 또 다른 일군의 체험(가령 우정체험)에 공통되는 불변적인 속성인 또 하나의 본질과 다르며, 체험을 다양한 군으로 나누는 일이 가능하기 때문에 다양한 유형의 체험의 본질이 존재한다.

그런데 일군의 체험에 공통적이고 불변적인 속성인 어떤 하나의 본질은 다양한 요소들로 구성되어 있다. 그 다양한 요소들을 그 체험의 본질적 요소들이라 부르고자 한다. 따라서 우리는 어떤 하나의 본질의 정체를 해명하기 위해서 그것을 구성하고 있는 본질적 요소들을 해명해야 한다. 그러면 앞서 살펴본 이탈리아 여행체험을 예로 여행체험의 본질을 구성하는 요소들이 무엇인지 살펴보자.

앞서 나의 이탈리아 여행체험을 구성하고 있는 열한 가지 요소를 살펴보았는데, 이 점과 관련해 이러한 요소들이 여행체험의 본질적 요소들로부터 도출된 것이라는 사실에 주목할 필요가 있다. 다시 말해 우리가 나의 이탈리아 여행체험을 열한 가지 요소로 나누어 살펴본 이유는 바로 모든 여행체험의 본질이 적어도 열한 가지 본질적 요소들을 지니기 때문이다. 말하자면 그 열한 가지 요소들 각각에는 모든 여행체험의 본질을 구성하는 열한 가지 본질적 요소들 각각이 대응하는 것이다.

앞서 우리는 나의 이탈리아 여행체험을 구성하는 첫 번째 요소로 '주체'를 살펴보았는데, 이처럼 '나라고 하는 주체를 가지고 있음'을 지적할 수 있었던 이유는 '모든 여행체험의 본질적 요소 가운데 하나가 주체를 가지고 있음'이기 때문이다. 말하자면 모든 여행체험의 본질적 요소 가운데 하나는 '주체를 가지고 있음'이며, 그에 따라 우리는 나의 이탈리아 여행체험의 주체가 무엇인지 해명할 수 있었다. 이러한 논의를 통해 우리는 모든 여행체험의 본질적 요소들 역시 적어도 다음 열한 가지로 제시될 수 있음을 알 수 있다.

① 체험의 주체
② 지향적 대상으로서의 체험된 대상들
③ 여행의 시간성
④ 여행의 공간성
⑤ 타인과의 관계
⑥ 자기와의 관계
⑦ 동기와 목적
⑧ 변화와 전개과정
⑨ 주체의 삶에 대한 의미
⑩ 주체의 가치평가
⑪ 여행의 사회적·역사적 맥락과 사회성 및 역사성

그러면 이제 각각의 본질적 요소들이 무엇을 뜻하는지 조금 더 구체적으로 살펴보자.

· 체험의 주체

모든 여행체험은 어떤 주체, 혹은 주체들에 의해 수행된다. 그렇지 않은 여행은 생각할 수 없다. 체험의 주체는 여행에 따라 바뀔 수 있으나 모든 여행이 체험의 주체를 가지고 있다는 점은 변하지 않는다. 이러한 점에서 '주체를 가지고 있음'은 모든 여행체험의 본질을 구성하는 요소의 하나다.

• 지향적 대상으로서의 체험된 대상들

모든 여행체험은 지향적 대상으로서의 체험된 대상들을 가지고 있다. 체험된 대상들은 구체적인 여행에 따라 바뀔 수 있으나 모든 여행이 체험된 대상들을 가지고 있다는 점은 변하지 않는다. 이러한 점에서 '지향적 대상으로서의 체험된 대상들을 가지고 있음'은 모든 여행체험의 본질적 요소의 하나다.

• 시간성

체험하는 주체와 체험된 모든 대상은 시간성을 가지고 있다. 체험하는 주체와 체험된 대상들의 구체적인 시간의 내용과 성격은 여행에 따라 바뀔 수 있으나 모든 여행체험이 시간성을 가지고 있다는 점은 변하지 않는다. 이러한 점에서 '체험하는 주체와 체험된 대상들이 시간성을 가지고 있음'은 모든 여행체험의 본질적 요소의 하나다. 이 경우 여행체험의 시간은 물리학적 대상들의 시간이 일의적으로 측정가능한 수학적 시간으로서 양적 시간인 것과는 달리 생활세계적 시간으로서 물리학적으로 양화된 시간이 아니라 질적 특성을 가지는 시간이다.

• 공간성

체험하는 주체와 체험된 모든 대상은 특정한 공간 속에서 존재하며, 그러한 점에서 그것들은 공간성을 가지고 있다. 체험하는 주체와 체험된 대상들의 구체적인 공간은 여행체험에 따라 바뀔 수 있으나 모든 여행체험이 체험하는 주체와 체험된 대상들의 공간성을 가지고 있다는 점은 변하지 않는다. 이러한 점에서 '체험하는 주체와 체험된 대상들이 공간성을 가지고 있음'은 모든 여행체험의 본질적 요소의 하나다. 이 경우 여행체험의 공간은 물리학적 대상들의 공간이 일의적으로 측정가능한 수학적 공간으로서 양적 공간인 것과는 달리 생활세계적 공간으로서 물리학적으로 양화된 공간이 아니라 질적 특성을 가지는 공간이다.

• **타인과의 관계**

여행자는 여행을 하는 동안 타인들과 관계를 맺지 않을 수 없다. 여행에 따라 여행자가 만나는 타인은 다를 수 있지만 타인과의 관계가 없는 여행은 생각할 수 없다. 따라서 타인과의 관계 역시 모든 여행체험의 본질적 요소이다.

• **자기와의 관계**

여행자는 여행을 하는 동안 자신과 관계를 맺지 않을 수 없다. 여행체험에 따라 여행자가 자신과 관계를 맺는 양상은 각기 다를 수 있지만, 자신과의 관계가 없는 여행체험은 생각할 수 없다. 이러한 점에서 자신과의 관계 역시 모든 여행체험의 본질적 요소이다.

• **동기와 목적**

모든 여행체험은 동기와 목적이 있다. 그것은 여행체험에 따라 각기 다를 수 있지만, 동기와 목적이 없는 여행체험은 존재할 수 없다. 따라서 '동기와 목적을 가지고 있음'은 모든 여행체험의 본질적 요소이다.

• **변화와 전개과정**

모든 여행체험은 변화과정을 가지고 있다. 아무런 변화도 없는 여행체험은 있을 수 없는데, 시간 속에서 이루어지기 때문이다. 여행과정에서 여행하는 주체의 마음도 변화하고 몸도 변화하며, 더 나아가 주체가 경험하는 대상도 변화한다. 따라서 변화한다고 하는 것은 모든 여행체험의 본질적 요소다.

• 주체의 삶에 대한 의미

모든 여행체험은 주체의 삶에 대해 어떤 의미를 가지고 있다. 여행체험에 따라 그 의미는 다양할 수 있으나, 주체의 삶에 대해 아무런 의미도 없는 여행체험은 존재할 수 없다. 따라서 '주체의 삶에 대해 의미를 가지고 있음'은 모든 여행체험의 본질적 요소다.

• 주체의 가치평가

모든 여행이 주체의 삶에 어떤 의미를 부여하고 어떤 영향을 미치고 있기 때문에 여행을 하는 모든 주체는 여행에 대해 가치평가를 한다. 그 구체적인 내용은 여행체험에 따라 바뀔 수 있으나, 주체가 여행에 대해 어떤 식으로든 가치평가를 한다는 사실은 변하지 않는다. 따라서 '주체의 가치평가'는 모든 여행체험의 본질적 요소다.

• 여행의 사회적·역사적 맥락과 사회성 및 역사성

모든 여행체험은 사회적·역사적 맥락이 있으며, 그러한 점에서 사회성과 역사성을 지닌다. 여행을 하는 그 어떤 주체도 나름의 사회적·역사적 맥락으로부터 자유로울 수 없기 때문이다. 물론 여행체험에 따라 그것이 구체적으로 놓여 있는 사회적·역사적 맥락은 다를 수 있다. 그러나 사회적·역사적 맥락이 없는 여행체험은 없으며, 따라서 '여행의 사회적·역사적 맥락과 사회성 및 역사성'은 모든 여행체험의 본질적 요소다.

지금까지 우리는 모든 여행체험의 본질을 구성하는 요소들을 간단히 해명하였다. 이와 같이 다양한 유형의 체험 각각에 대해서 본질적 요소들을 해명할 수 있으며, 그것이 본질적 현상학적 심리학적 체험연구의 핵심적인 과제에 해당한다.

3 사실적 초월론적 현상학적 체험연구와 그 사태로서의 체험

초월론적 현상학적 체험연구는 현상학적 심리학적 체험연구를 통해 드러나지 않는바 체험이 지니고 있는 또 다른 측면을 해명한다. 그것이 사실적인 것이든 본질적인 것이든 현상학적 심리학적 체험연구가 자연적 태도라 불리는 생활세계적 태도 또는 현상학적 심리학적 태도에서 전개되는 것과는 달리 초월론적 현상학적 체험연구는 초월론적 현상학적 태도에서 전개된다. 이렇게 전개되는 초월론적 현상학적 체험연구는 체험이 지닌 대상 및 세계 구성기능을 해명한다. 그리고 대상 및 세계 구성기능을 지닌 체험을 사실적으로 수행하는 주체에게서 확인할 수 있는 사실적인 것으로 파악하느냐, 아니면 모든 가능한 주체에게서 확인할 수 있는 본질적인 것으로 파악하느냐에 따라 사실적 초월론적 현상학적 체험연구와 본질적 초월론적 현상학적 체험연구로 나누어진다. 이 절에서는 사실적 초월론적 현상학적 체험연구에 대해 살펴보겠다.

여기서 우리는 체험이 지닌 대상 및 세계 구성기능을 이해할 필요가 있다. 먼저 모든 체험은 지향성을 지니고 있기 때문에 그것을 매개로 매 순간 우리에게 어떤 의미로 주어지는 대상 및 세계를 그러한 의미를 지닌 대상으로서 지향한다는 사실에 주목해야 한다. 지향성이 없다면 우리는 의미로서의 대상 및 세계와 의식적인 관계를 맺을 수 없다. 그러나 체험은 대상과 단순히 지향적인 관계를 맺고 있는 것만은 아니다. 다양한 유형의 지향성을 매개로 이미 앞서 어떤 의미를 지닌 대상 및 세계를 토대로 더 높은 단계의 의미를 지닌 대상 및 세계를 사념하는 능력이 있다. 후설은 체험의 이러한 능력을 '구성'이라고 부른다.(이남인 2004, 74 이하) 두말할 것도 없이 이때의 구성은 기술자가 자동차를 만들듯이 체험이 대상을 만들어내는 과정을 의미하는 것이 아니라, 앞서 주어진 어떤 의미를 지닌 대상 및 세계를 토대로 더 높은 단계의 의미를 지닌 대상 및 세계를 경험하는 과정을 뜻한다.

그러면 이제 구성을 '세계 안에 있는 대상의 구성'과 '세계의 구성'으로 나누어 살펴보자. 우선 세계 안에 있는 대상의 구성에 대해 보자.

우리는 종종 어떤 사진 속의 사람이 누구인가를 지각하는 경우가 있는데, 이러한 체험은 '더 많이 사념함' 속에서 나름대로의 새로운 대상적 의미를 파악하는 일종의 구성작용이다. 예를 들어 어떤 사진이 어릴 때 나와 함께 놀던 옛 친구의 모습을 담고 있다는 사실을 깨닫게 되었다고 가정해보자. 나에게 일차적·직접적으로 주어지는 것은 어떤 색을 지닌 종이라는 물리적 대상으로서의 사진이다. 그러나 나는 단순한 물리적 대상으로서가 아니라 어릴 적 친구를 담고 있는 사진으로 지각한다. 이처럼 사진지각은 일차적·직접적으로 주어진 것보다 더 많이 사념함이라는 특성을 지니며, 그러한 점에서 그것은 일종의 구성작용이라고 할 수 있다.

우리는 일상적으로 타인과 더불어 살아가면서 타인의 언어적·신체적 표현 등을 매개로 타인의 심리상태를 경험하는데, 이러한 타인의 경험 체험도 구성작용의 일종이다. 예를 들어 내가 타인의 신체적 표현, 즉 그의 다리에 난 큰 상처를 보고 그가 고통을 경험하고 있으리라는 사실을 이해할 때를 생각해보자. 나의 의식은 단지 그의 신체적 표현만을 향해 있는 것이 아니라, 그것을 초월하여 타인의 심리상태까지 파악하고 있기 때문에 타인경험 역시 일종의 구성작용이다. 그러나 이것은 앞서 살펴본 사진지각과는 다른 유형의 구성작용이다. 여기서 무엇보다도 분명한 양자의 차이점은, 사진지각의 대상인바 사진 속의 사람이 현재는 나에게 직접적으로 지각될 수 없지만 많은 경우 원칙적으로 생생하게 지각가능한 반면, 타인의 심리상태는 타인에게만 생생하게 지각가능할 뿐 나에게는 그 가능성이 원칙적으로 차단되어 있다는 데 있다.

그런데 이러한 구성작용은 비단 우리가 살펴본 사진지각의 체험, 타인의 심리상태를 파악하는 체험에만 국한된 것은 아니다. 삶의 어느 한 순간을 살펴보아도 우리는 우리에게 직접적으로 주어진 것만을 존재한다고 생각하지 않고 그것을 초월하여 그보다 더 많은 것을 사념하면서 새로운 의미를 파악할 수 있다. 이처럼 직접적으로 주어진 것을 초월하여 새로운 의미를 파악하는 작용이 바로 구성작용이다. 이렇게 본다면 우리 영혼의 삶은 부단히 다양한 유형의 대상에 대한 구성작용을 수행하고 있다고 할 수 있다. 실제로 아침에 일어나서 잠들 때까지, 심지어는 잠들어 있을 때에도 우리의 체험이 다양한 유형의 구성작용을 부단히 수행하고 있음을 확인할 수 있다.

우리는 의식의 장에, 그 본질적인 구조에서 볼 때 서로 구별되는 다양한 유형의 구성작용이 존재함을 확인할 수 있다. 이것의 특징은 그러한 작용을 통하여 어떤 대상이 지금까지 우리에게 지녀왔던 의미를 넘어서 새로운 의미의 대상으로 경험될 수 있다는 데 있다. 사진지각이라는 구성작용이 수행되었을 때 우리에게는 단순히 외적 지각의 대상이라는 의미 외에 더 높은 단계의 의미, 즉 어릴 때 내 친구의 모습을 담고 있다는 의미를 지닌 대상으로 사진이 경험된다. 이러한 점에서 구성작용이란 그것을 통하여 우리의 체험이 이미 앞서 주어진 낮은 단계의 대상적 의미에서 더 높은 단계의 대상적 의미를 향해 초월해가는 과정이라 할 수 있다. 구성작용이 없다면 우리는 매 순간 어떤 의미를 가진 것으로 주어지는 대상을 경험할 수 없을 것이다.

이제 세계의 구성에 대해 살펴보자. 우선 지적하고 넘어가야 할 점은, 세계 안에 있는 대상들만이 아니라 세계 역시 어떤 의미를 지닌 세계로 구성된다는 사실이다. 이것은 우리에게 어떤 의미로 경험되는 세계가 부단히 자기 자신의 모습을 바꾸어 나간다는 사실을 뜻한다. 이 점을 몇 가지 예를 통하여 살펴보자.

첫 번째 예는 기분(Stimmung)이 지닌 세계구성적 기능이다. 실제로 기분은 세계를 구성하는 기능을 가지고 있다. 우리는 기분 상태에 따라 경험하는 세계가 서로 다른 의미를 가진다는 사실을 주목할 필요가 있다. 축복받은 기분에 있는 사람은 세계 전체를 축복된 것으로 경험한다. 말하자면 그러한 기분은 주체로 하여금 세계를 축복받은 세계로 경험케 한다. 이처럼 축복받은 기분은 세계를 축복받은 의미를 지닌 세계로 구성하는 기능을 가지고 있다. 이와는 반대로 권태로운 기분에 있는 사람은 세계 전체를 권태로운 것으로 경험한다. 말하자면 권태로운 기분은 주체로 하여금 세계를 권태로운 세계로 경험케 한다. 이처럼 권태로운 기분은 세계를 권태로운 의미를 지닌 세계로 구성하는 기능을 가지고 있다.

이외에 모든 기분상태, 예를 들어 감사, 사랑, 저주, 불안, 평온 등은 나름의 방식으로 세계를 어떤 의미를 지닌 것으로 구성하는 기능이 있다. 말하자면 이 각각의 기분에 따라 세계는 주체에게 감사해야 할 세계, 사랑스러운 세계, 저주받은 세계, 불안한 세계, 평온한 세계 등 다양한 모습으로 드러난다. 따라서 기분은 세계 전체를 다양한 방식으로 조명해주는 통일적인 빛에 비유될 수 있다.[3]

세계의 구성과 관련해 다음으로 살펴보고자 하는 것은 생애의 다양한 단계마다 세계가 각기 다른 의미로 경험된다는 사실이다. 예를 들어 내가 10년 전에 결혼해서 현재 자녀를 두고 있다고 가정하자. 현재 시점에서 나에게 세계는 어떤 의미를 지닌 것으로 경험된다. 즉 세계는 만족스럽거나 불만족스러운 것으로 경험될 수도 있다. 그러나 10년 전 나를 돌아보면 그것이 지금과는 다른 의미로 경험되었음을 확인할 수 있다. 그 당시

---

[3] 실제로 후설은 한 유고(M III 3 II 1)에서 '기분'을 빛에 비유하고 있다. 이 점에 대해서는 이남인 2004, 309 참조.

경험된 세계에는 현재 경험되는 세계에 있는 여러 가지 요소들이 없을 수 있다. 그때 나의 세계에서 결혼·배우자·자녀 들은 아무런 의미도 지니지 못한 요소였으나 지금은 결정적으로 중요한 의미를 지닌다. 이처럼 현재와 10년 전 나의 세계는 각각 지니는 의미에서 커다란 차이가 존재한다. 그러나 10년 전 나에게 경험되던 세계를 그로부터 다시 10년 전의 세계와 비교해도 그렇다. 두말할 것도 없이 이러한 작업을 반복해보면 생애의 다양한 단계에 따라 세계가 우리에게 각기 다른 의미로 경험된다는 사실을 확인할 수 있다.

그러면 세계가 이처럼 다른 의미로 경험되는 이유는 무엇인가? 그것은 다름 아닌 생애의 단계에 따라 나의 체험이 달라지기 때문이다. 이러한 사실은 생애의 단계에서 나에게 각기 다른 의미로 경험되는 다양한 세계가 다름 아닌 생애의 단계마다 달라지는 나의 체험을 통해 구성되었다는 사실을 함축한다. 그렇기 때문에 생애의 매 단계에서 경험되는 세계가 바로 단계마다 주어지는 나의 체험의 거울이요, 그 역도 사실임을 확인할 수 있다. 즉 단계마다 나의 체험이 변화하기 때문에 그것을 통해 구성되는 세계 역시 각기 다른 모습으로 경험되는 것이다.

그러나 조금 더 자세히 살펴보면 생애의 다양한 단계에서뿐 아니라 매 순간 나에게 주어지는 세계가 그 의미를 부단히 바꾸어가며 구성되고 있다는 사실을 확인할 수 있다. 나의 체험은 어느 한순간도 동일하게 머무는 법 없이 끊임없이 변화하기 때문이다. 이러한 점에서 나의 체험과 그것을 통해 구성되는 세계는 흘러가는 강물에 비유될 수 있다. 말하자면 나의 체험을 통해 구성된 나의 세계는 흘러가는 강물처럼 끊임없이 자신의 모습을 바꾸어나가는 것이다.

이러한 논의를 통하여 우리에게 어떤 의미를 지닌 것으로 경험되는 세계 및 대상들이 사실은 우리의 체험을 통해서 구성되었다는 사실을 확인할 수 있다. 바로 이처럼 이미 앞서 주어진 낮은 단계의 대상적 의미로부터 더 높은 단계의 대상적 의미를 향해 초월하여 세계 및 대상들을 어떤 의미를 가진 세계 및 대상들로 구성하는 체험이 다름 아닌 초월론적 체험이다. 이 경우 초월론적 체험이 어떤 의미를 지닌 세계 및 대상들을 구성하는 토대가 되기 때문에 그것은 더 이상 자연적 태도에서 우리가 경험하는 세계를 이루는 한 요소로서 경험되는 것이 아니다. 그것은 자연적 태도의 일반정립을 벗어날 때, 즉 초월론적 현상학적 환원을 수행할 때 우리에게 자신의 모습을 드러낼 수 있는 체험이다. 이러한 점에서 초월론적 체험은 앞서 살펴본 현상학적 심리학적 체험과 구별된다. 그 이유는 현상학적 심리학적 체험은 세계의 한 요소로 파악된 체험이요, 그러한 점에서 자연적 태도의 일반정립의 토대 위에서 파악된 체험이기 때문이다.

초월론적 현상학적 체험연구는 이러한 초월론적 체험의 구조를 해명하면서 초월론적 체험이 어떻게 다양한 방식으로 세계 및 대상들을 구성하는지 해명한다. 앞서 살펴본 이탈리아 여행체험을 예로 들 경우 이 체험에 대한 초월론적 현상학적 체험연구는 이 체험을 세계 및 대상들을 구성하는 초월론적 체험으로 파악하면서 이 체험을 통해 세계 및 대상의 구성에 어떤 변화가 있었는지 해명함을 목표로 한다. 실제로 내가 이탈리아 여행을 통해 세계 및 대상들을 바라보는 눈, 즉 세계 및 대상들을 구성하는 방식이 바뀌었다면 바로 이러한 방식의 변화가 초월론적 현상학적 체험연구의 핵심적인 주제가 되는 것이다. 두말할 것도 없이 우리의 모든 체험에 대해서 초월론적 현상학적 체험연구를 수행할 수 있다.

그런데 우리는 세계 구성 및 대상 구성의 기능을 지닌 초월론적 체험을 하나의 사실로 간주하고 그 사실적인 구조를 탐구하면서 초월론적 현상학적 체험연구를 수행할 수 있다. 말하자면 나는 나의 이탈리아 여행체험이 지닌 초월론적 구성의 기능을 나의 초월론적 주체에게서 사실적으로 확인할 수 있는 하나의 사실로 간주하고 그에 대해 해명하면서 초월론적 현상학적 체험연구를 수행할 수 있는데, 이러한 초월론적 현상학적 체험연구가 사실적 초월론적 현상학적 체험연구이다. 우리는 모든 사람의 다양한 체험들에 대해서 사실적 초월론적 현상학적 체험연구를 수행할 수 있다. 여기서 우리는 우리가 무수히 다양한 초월론적 체험들을 가지고 있기 때문에 사실적 초월론적 현상학적 체험연구의 사태가 무한하다는 사실을 확인할 수 있다.

4 본질적 초월론적 현상학적 체험연구와 그 사태로서의 체험

앞서 논의되었듯이 초월론적 현상학적 체험연구는 체험이 지닌 대상 및 세계 구성기능에 초점을 맞춰 다양한 유형의 체험을 해명한다. 그중에서도 사실적 초월론적 현상학적 체험연구는 대상 및 세계 구성기능을 지닌 체험을 사실적으로 수행하는 주체에게서 확인할 수 있는 사실적인 것으로 파악하면서 초월론적 체험의 정체를 해명한다. 이와는 달리 본질적 초월론적 현상학적 체험연구는 대상 및 세계 구성기능을 지니고 있는 초월론적 체험의 본질을 파악하는 데 목표를 둔다. 이 경우 어떤 유형의 체험의 본질이란 사실적으로 존재하는 주체뿐 아니라 가능적으로 존재할 수 있는 모든 주체에게서 확인할 수 있는 공통 요소를 뜻한다. 그리고 이러한 공통 요소로서의 본질을 파악하기 위해서는, 뒤에서 논의하게 될, '본질직관'의 방법이 필요하다.

철학자로서 후설은 본질적 초월론적 현상학적 체험연구에 커다란 관심을 보이고 그에 대해 다방면의 연구를 통해 수많은 저술을 남겼다. 그가 여기에 관심을 기울인 이유는 그것이 철학으로서의 현상학뿐 아니라 경험과학으로서의 현상학, 즉 경험적 현상학의 정초를 위해서 결정적인 역할을 담당하기 때문이다.[4) 그러나 그는 사실적인 초월론적 현상학적

---

4) 초월론적 현상학이 경험적 현상학의 정초를 위해 지니는 의미에 대해서는 제6장에

체험연구에 대해서는 거의 관심을 기울이지 않았고 저술도 남기지 않았다. 사실적인 초월론적 현상학적 체험연구는 후설 이후의 현상학이 개척해나가야 할 분야라 할 수 있으며, 실제로 그동안 이 방면의 연구가 부분적으로 진행되어왔다.[5]

5 팰리와 크로티의 견해에 대한 비판적 검토

우리는 제2장에서 기존의 현상학적 체험연구가 다루는 사태에 대해 팰리와 크로티의 비판적인 견해를 살펴보았다. 그러면 지금까지의 논의를 토대로 이들의 견해를 비판적으로 검토하기로 하자. 팰리의 견해부터 살펴보자.

그에 따르면 현상학적 체험연구가 다루는 사태는 후설의 현상학이 다루는 사태와 구별된다. 첫째, 현상학적 체험연구가 해명하고자 하는 사태가 일상세계에서 경험하는 사태로서의 체험인 데 반해 후설의 현상학이 다루는 사태는 초월론적 현상학적 환원을 통해 자연적 태도의 일반정립을 배제한 후 경험되는 "원초적인 의식"(Paley 1997, 189)이다. 후설의 초월론적 주관은 세계 속에 있는 그 무엇이 아닌 데 반해 현상학적 체험연구의 대상인 체험은 세계 속에 있는 그 무엇이다. 둘째, 초월론적 주관과 관련해서는 오직 기술적인 직관의 방법만이 가능한 데 반해 현상학적 체험연구의 대상인 체험과 관련해서는 "귀납적이며, 기술적인 연구 방법"(Paley 1997, 190)이 가능하다. 셋째, 초월론적 주관이 세계 속에 있는 타인과의 관계가 단절된 상태에서 파악된 '유아론적' 주관이며, 따라서 초월론적 현상학에서 타인의 초월론적 주관은 논리적으로 불가능한 것인 데 반해 현상학적 체험연구의 대상인 체험은 나뿐 아니라 타인의 체험일 수

서 논의될 것이다.
5) 이 점에 대해서 우리는 제10장에서 현상학적 사회학을 검토하면서 살펴볼 것이다.

도 있다.

팰리에 따르면 기존의 현상학적 체험연구는 하이데거의 현상학이 해명하고자 하는 사태인 현존재의 심려와 다르다. 기존의 현상학적 체험연구가 해명하고자 하는 사태는 객관화된 체험인 데 반해 하이데거의 현상학이 해명하고자 하는 사태인 현존재의 심려는 객관화하기 이전의 체험이기 때문이다. 이와 관련해 그는 하이데거의 현상학이 해명하고자 하는 사태인 심려가 후설의 현상학이 해명하고자 하는 사태인 원초적인 의식과 다르기 때문에 양자가 해명하고자 하는 사태가 서로 다르다고 주장한다.

이러한 팰리의 견해는 여러 가지 문제점을 지니고 있다.

첫째, 그는 기존의 현상학적 체험연구에 대해 부분적으로 오해하고 있다. 기존의 현상학적 체험연구가 대부분 자연적 태도의 일반정립의 토대 위에서 전개되는 것이 사실이지만, 늘 그 토대 위에서 전개되어야만 하는 것은 아니다. 앞서 논의되었듯이 현상학적 체험연구는 자연적 태도의 일반정립을 배제한 채 초월론적 현상학적 태도에서 초월론적 현상학적 체험연구의 형태로 전개될 수 있는데, 팰리는 현상학적 체험연구가 지닌 초월론적 현상학적 차원을 전혀 고려하고 있지 않다.

둘째, 팰리는 후설의 현상학의 전체적인 구도에 대해 오해하고 있다. 제6장에서 살펴보겠지만 후설의 현상학은 초월론적 현상학뿐 아니라 형식적 존재론, 영역적 존재론과 더불어 다양한 유형의 경험적 현상학을 포괄하는 학문이지, 그가 주장하듯이 초월론적 현상학과 동일시될 수 있는 것이 아니다. 따라서 후설의 현상학에서는 자연적 태도의 일반정립을 배제할 때 자신의 모습을 드러내는 초월론적 체험뿐 아니라 자연적 태도의 일반정립의 토대 위에서 경험되는 체험, 즉 일상세계 속에서 경험되는 체험도 분석의 대상이 된다. 여기서 초월론적 체험의 분석을 목표로 하는 것이 초월론적 현상학이요, 일상세계 속에서 경험되는 체험의 분석을 목표로 하는 것이 현상학적 심리학이다. 따라서 자연적 태도의 일반정립의 토대 위에서 또는 그것을 배제한 후 경험되는 체험을 각각 구별하고, 앞의 것을 기존의 현상학적 체험연구의 사태로 간주하고 뒤의 것을 후설의 현상학이 다루는 사태로 간주하는 팰리의 견해에는 심각한 문제점이 있다.

셋째, 더 나아가 그는 후설의 초월론적 현상학의 근본성격에 대해 오해하고 있다.[6] 물론 그는 후설의 초월론적 현상학의 사태인 초월론적 주관이 초월론적 현상학적 환원을 통해 파악된 것이기 때문에 세계 속에 존재하는 세속적 주관이 아니라는 사실은 정확하게 파악하고 있다. 그러나 그는 후설의 초월론적 주관을 유아론적이라 간주하는데, 이러한 견해는 타당하지 않다. 초월론적 현상학의 경우 나만 초월론적 구성작용을 수행하는 것이 아니고 타인 역시 그러하기 때문에, 나의 초월론적 주관이 존재하듯이 타인의 초월론적 주관 역시 존재한다.

이처럼 초월론적 주관이 나와 타인도 포괄하기 때문에, 후설은 그의 초월론적 현상학이 태동하던 1910년대 전후부터 이미 나와 타인을 모두 포괄하는 초월론적 주체들의 총체적인 연관을 해명하기 위해 다방면으로 상호주관성의 현상학을 전개해나갔던 것이다.(Husserl 1973a; Husserl 1973b; Husserl 1973c) 팰리의 주장과는 달리 후설의 초월론적 주관은 유아론적이 아니며, 후설의 초월론적 현상학 역시 유아론이 아니다.

넷째, 초월론적 주관의 총체적인 연관이 나와 타인의 초월론적 주관을 포함하기 때문에, 팰리의 주장과 달리 초월론적 주관의 총체적인 연관을 파악하기 위해서는 '기술적 직관의 방법'만으로는 불충분하다. 기술적 직관의 방법은 후설의 현상학을 일종의 유아론으로 이해하는 팰리의 경우 '필증적 직관의 방법'을 의미한다고 할 수 있다. 그 이유는 유아론적으로 접근가능하다고 간주되는 후설의 초월론적 주관은 방법적 회의를 통

---

6) 우리는 이 점에 대해 제8장 1절에서 자세하게 살펴볼 것이다.

해 절대적인 필증적 명증의 양상에서 파악될 수 있는 데카르트의 '사유작용'(cogitatio)의 주체와 유사한 것처럼 이해될 수 있기 때문이다. 그러나 후설의 경우 초월론적 주관은 그것이 나의 초월론적 주관일 때도 그것을 구성하는 일부분만 필증적인 명증의 양상에서 파악될 수 있을 뿐 많은 의식작용들은 결코 그렇지 않다. 더 나아가 타인의 초월론적 주관은 비록 그것이 초월론적 구성작용을 수행하고 있음에도 불구하고 반성하는 주체인 나에게 필증적인 명증의 양상에서 파악될 수 없다. 그런 초월론적 주관의 구성요소들을 파악하기 위해서는 '기술적 직관의 방법' 이외의 여타 방법, 예를 들면 현상학적 해석의 방법이 필요하다.[7]

다섯째, 그는 현상학적 체험연구와 하이데거의 현상학의 관계, 하이데거의 현상학과 후설의 현상학의 관계에 대해서도 오해하고 있다.[8] 그는 현상학적 체험연구는 객관화된 체험을 다루며, 그러한 점에서 객관화되기 이전의 체험인 심려를 다루는 하이데거의 현상학과 다르다고 주장하는데, 현상학적 체험연구가 객관화된 체험만을 다룬다는 그의 주장은 문제가 있다. 현상학적 체험연구는 우리가 경험할 수 있는 모든 유형의 체험의 해명을 목표로 하며, 그러한 점에서 객관화되기 이전의 체험 역시 현상학적 체험연구의 사태가 될 수 있다. 그리고 객관화되기 이전의 체험인 심려의 해명을 목표로 하는 하이데거의 현상학이 현상학적 체험연구의 전체적인 구도에서 한 위치를 차지할 수 있음은 두말할 나위도 없다. 그리고 후설의 현상학과 하이데거의 해석학적 현상학 사이에는 여러 유사성이 존재하며, 그러한 점에서 양자를 전혀 다른 유형의 현상학으로 보

---

7) 이 점에 대해서는 이남인 2004, 제5장 참조.
8) 후설의 현상학과 하이데거의 현상학 사이에 근본적인 차이점이 존재한다고 주장하는 연구자들이 있는데, 필자는 이들의 견해에 문제가 있다고 생각한다. 양자의 관계에 내해서는 같은 책 참조. 우리는 제8장에서 양자의 관계를 다시 한 번 김도힐 것이다.

는 그의 관점은 문제가 있다. 팰리는 하이데거의 현상학이 해명해야 할 사태를 현존재의 심려로 간주하는데, 그것은 후설의 발생적 현상학에서도 중요한 의미를 지닌다.[9]

이제 크로티의 견해를 비판적으로 검토해보자. 논점은 크게 세 가지다. 첫째, 현상학적 체험연구가 해명하고자 하는 것은 '세속적 체험'(mundane experience)인 데 반해 전통적인 현상학이 해명하고자 하는 것은 선술어적 경험으로서의 '직접적이고 근원적이며 원초적인 경험'이다. 둘째, 현상학적 체험연구가 해명하고자 하는 것은 일인칭적 관점에서 기술된 주관적인 개별적 체험인 데 반해 전통적 현상학은 객관적 실재에 대한 열망에서 출발한다. 셋째, 기존의 현상학적 체험연구가 해명하고자 하는 사태에 대한 일의적인 정의가 존재하지 않는다.

그러나 크로티의 견해는 다음과 같은 문제점을 가지고 있다.

첫째, 앞서 팰리가 현상학적 체험연구에 대해 부분적으로 오해하고 있다는 사실을 지적하였는데, 이와 동일한 오해가 크로티의 첫 번째 논점과 관련해서도 나타난다. 기존의 현상학적 체험연구는 자연적 태도의 일반정립의 토대 위에서 전개되는 연구들이 대부분이지만, 현상학적 체험연구가 늘 그런 것은 아니다. 자연적 태도의 일반정립을 배제한 채 초월론적 현상학적 태도에서 초월론적 현상학적 체험연구의 형태로 전개될 수 있는데, 크로티 역시 현상학적 체험연구가 지닌 초월론적 현상학적 차원을 전혀 고려하고 있지 않다.

둘째, 더 나아가 크로티 역시 후설의 현상학의 전체적인 구도에 대해 오해하고 있다. 앞서도 지적하였고 제6장에서 다시 살펴보겠지만, 후설의 현상학은 초월론적 현상학뿐 아니라 형식적 존재론, 영역적 존재론

---

9) 이에 대해서는 N.-I. Lee 1993, 144 이하 참조.

과 더불어 다양한 유형의 경험적 현상학을 포괄하는 학문이며, 그가 주장하듯이 초월론적 현상학과 동일시될 수 있는 것이 아니다.

셋째, 크로티의 주장과 달리 현상학적 체험연구가 해명하고자 하는 것은 일인칭적인 관점에서 기술된 주관적인 개별적 체험에 국한되는 것이 아니다. 앞서도 논의되었듯이 체험의 본질을 해명하는 일은 본질적 현상학적 체험연구의 중요한 과제인데, 본질은 주관적인 개별적 체험과 구별된다는 사실에 유의할 필요가 있다. 그리고 그는 현상학적 체험연구가 해명하고자 하는 것은 일인칭적인 관점에서 기술된 주관적인 개별적 체험인 데 반해 전통적 현상학은 객관적 실재에 대한 열망에서 출발한다고 주장하면서 양자가 해명하고자 하는 사태들이 서로 다르다고 주장하는데, 이 점에서 양자 사이에는 아무런 차이점도 존재하지 않는다. 전통적 현상학과 마찬가지로 현상학적 체험연구 역시 객관적 실재에 대한 열망에서 출발하여 다양한 유형의 체험을 '객관적으로' 파악함을 목표로 한다.

넷째, 크로티의 주장처럼 기존의 현상학석 체험연구를 살펴보면 연구되어야 할 체험이 무엇인지에 대해 학자들마다 다소 다른 견해를 가지는 것이 사실이다. 그러나 이 점이 기존의 현상학적 체험연구의 문제점으로 지적될 수는 없다. 이 점과 관련해 우리는 앞서 사실적 현상학적 심리학적 체험연구의 대상영역과 사실적 초월론적 현상학적 체험연구의 대상영역이 얼마나 광활한지 살펴보았다. 그 광활한 영역 속의 다양한 대상들 가운데 어떤 연구자는 감각·감정 혹은 감정적 상태를 어떤 연구자는 태도·사건 혹은 어떤 기능을 수행함을 연구주제로 삼을 수도 있다. 더 나아가 어떤 연구자들은 체험연구의 사태를 본질로 규정하기도 하는데, 이 점 역시 크로티의 생각과는 달리 기존의 현상학적 체험연구가 지니는 문제점으로 지적될 수 없다. 이미 살펴보았듯이 현상학적 체험연구는 단지 사실적인 차원에서뿐 아니라, 본질적인 차원에서도 수행될 수 있기 때문이다. 따라서 일군의 연구자들이 현상학적 체험연구의 사태를 본질로 간주하는 것 역시 전적으로 타당한 일이라 할 수 있다. 여기서 알 수 있듯이 기존의 현상학적 체험연구의 사태가 연구자에 따라 각기 달리 규정되고 있는 것은 그 사태 자체가 다양하며 다차원에 걸쳐서 존재하기 때문이다.

크로티는 기존의 현상학적 체험연구에서 사용되는 '현상'이라는 개념이 무엇을 지시하는지에 대해 연구자마다 다른 견해를 피력한다고 주장하는데, 이 점 역시 현상학적 체험연구가 자신의 사태를 올바로 규정하지 못했으며 그러한 점에서 비판받아야 한다는 그의 주장을 뒷받침하는 근거가 될 수 없다. 그 이유는 현상학적 체험연구가 해명하고자 하는 현상은 실로 다양하기 때문이다. 기존의 현상학적 체험연구를 비판하면서 크로티는 암암리에 현상학적 체험연구가 해명해야 할 오직 하나의 사태 또는 현상이 있어야 하는 것처럼 생각하는데, 이러한 그의 생각은 현상학적 체험연구가 다루어야 할 사태·현상이 얼마나 다양한지 인식하지 못한 데서 기인하는 오해에 불과하다.

크로티는 현상학적 체험연구가 해명해야 할 사태로 '직접적이고 원초적인 경험'을 제시한다. 필자의 견해에 따르면, 여기서 그가 염두에 두고 있는 직접적이며 원초적인 경험은 후설의 발생적 현상학이 해명하고자 하는 현상 가운데 하나인 원초적이고 수동적인 생활세계적 경험 또는 메를로-퐁티의 지각의 현상학이 해명하고자 하는 원초적인 지각경험을 의미한다. 이러한 경험이 현상학적 체험연구가 해명해야 할 다양한 사태 가운데 하나에 해당함은 물론이다. 이와 관련해 유의해야 할 점은 그가 염두에 두고 있는 '직접적이며 원초적인 경험'은 현상학적 체험연구가 해명해야 할 무수히 다양한 사태 가운데 하나에 불과할 뿐 결코 그의 유일한 사태가 아니라는 사실이다.

5

현상학적 체험연구의 방법으로서의
현상학적 환원

제4장에서 현상학적 체험연구의 사태인 체험이 무엇인지 확인한 후 현상학적 체험연구가 사실적 현상학적 심리학적 체험연구, 본질적 현상학적 심리학적 체험연구, 사실적 초월론적 현상학적 체험연구, 본질적 초월론적 현상학적 체험연구 등 네 가지 유형으로 나누어지며, 그에 따라 네 가지 서로 다른 현상학적 체험연구의 사태가 존재한다는 사실을 살펴보았다. 현상학의 근본적인 입장에 따르면 방법은 사태의 본질적인 성격과 밀접하게 연결되어 있으며, 이처럼 연구되어야 할 사태가 확인되었기 때문에 우리는 그에 관한 학문을 실제로 전개하기 위해서 필요한 방법이 무엇인지 검토할 수 있다. 이제 우리는 이 장에서 다양한 유형의 현상학적 체험연구가 어떤 방법을 토대로 전개되어야 할지 살펴보고자 한다.

앞서 논의되었듯이 모든 현상학적 체험연구의 절차는 ①연구자료의 수집, ②수집된 자료의 분석, ③연구보고서의 작성 과정으로 이루어진다. 그리고 이러한 절차 가운데 연구자료를 수집·분석하는 과정에서 다양한 유형의 현상학적 방법이 사용될 수 있으며, 그로 인해 그 체험연구는 현상학적 체험연구라 불릴 수 있는 것이다. 이처럼 다양한 유형의 현상학적 방법 가운데 현상학적 환원은 모든 유형의 현상학적 체험연구의 필수불가결한 요소다. 현상학적 환원의 방법이야말로 어떤 체험연구를 현상학적 체험연구가 될 수 있도록 해주는 요소다. 여기서 우리는 단 하나의 현상학적 환원이 아니라 다양한 유형의 현상학적 환원이 존재한다는 사실에 유의할 필요가 있다.

이제 현상학적 체험연구의 필수적인 요소인 현상학적 환원의 방법에 대해서 살펴볼 것이다. 제1절에서는 이 장의 전체적인 논의를 전개하는 데 필요한 토대를 마련하기 위하여 현상학적 환원이 무엇을 뜻하는지 다룰 것이다. 거기에 이어 앞서 살펴본 네 가지 유형의 현상학적 체험연구를 가능하게 해주는 네 가지 현상학적 환원에 대해 살펴겠다.

①사실적 현상학적 심리학적 체험연구의 방법으로서의 현상학적 환원

②본질적 현상학적 심리학적 체험연구의 방법으로서의 현상학적 환원

③사실적 초월론적 현상학적 체험연구의 방법으로서의 현상학적 환원

④본질적 초월론적 현상학적 체험연구의 방법으로서의 현상학적 환원

1 태도변경으로서의 현상학적 환원

후설이 자신의 현상학을 전개해나가면서 반복해서 가장 많이 다루었던 주제 가운데 하나가 바로 '현상학적 환원'의 문제다. 그는 1913년에 발표한 『이념들』 제1권의 2부 '현상학적 근본 고찰'에서 이 주제를 상세하게 다루고 있다. 그러나 그는 『이념들』 제1권(Husserl 1976)이 출간되기 이전에 이미 1905년의 『내적 시간의식의 현상학』(Husserl 1966), 1907년의 『현상학의 이념』에 관한 5개의 강의(Husserl 1950b), 1910/11년의 「현상학의 근본문제」에 관한 강의(Husserl 1973a) 등에서 이 주제를 다루고 있다. 또한 『이념들』 제1권을 출간한 후에도 이 주제를 반복해서 다루었다. 그 가장 대표적인 예는 1923/24년의 『제일철학』(Husserl 1959)에 관한 강의와 1930년대에 집필된 『위기』(Husserl 1962)이다. 루프트(S. Luft)가 편집해 2002년에 출간된 『현상학적 환원』(Husserl 2002)이 보여주듯이, 그는 『제일철학』 강의 이후 『위기』를 집필하던 1930년대 중반에 이르는 시기에도 계속해서 이 주제와 씨름하였다.

그 이유는, 후설이 현상학적 환원이 현상학의 가장 중요한 주제 가운데 하나임에도 불구하고 자신이 그것에 대해 만족할 만큼 해명하지 못했으며, 스스로 현상학적 환원의 정체가 독자들에게 정확하게 전달되지 못했다고 느꼈기 때문이다. 실제로 현상학적 환원은 후설의 현상학에서 불투명한 채로 남아 있으며 연구자들 사이에서도 가장 많은 논란을 불러일으킨 주제 가운데 하나다. 이러한 사정을 반영하듯 지금까지 현상학의 전개 과정을 보면 우리는 많은 현상학자들이 이 주제에 대해 서로 다른 다양한 견해를 표명하고 있음을 확인할 수 있다. 예를 들어 현상학적 판단중

지와 현상학적 환원이 어떤 관계에 있는지, 초월론적 현상학적 환원이 과연 가능한 것인지 등에 대해서도 아직까지 연구자들 사이에 의견의 일치를 보지 못하고 있다.

필자의 견해에 따르면, 현상학적 환원이 그처럼 많은 논란을 불러일으키면서 아주 어려운 주제로 인식되어온 데 대한 일차적인 책임은 후설에게 있다. 그가 이 주제를 반복해서 다루고 있음에도 불구하고 독자들이 충분히 이해할 수 있도록 효과적인 방식으로 해명하지 못했기 때문이다. 그 때문에 그동안 많은 연구자들도 현상학적 환원의 정체를 올바로 파악하지 못하고, 그에 대해 수많은 오해와 논란이 야기되었던 것이다. 또한 현상학적 환원의 정체가 불투명한 상황이 후설 이후 현상학의 발전에 커다란 걸림돌이 되어왔음은 두말할 필요도 없다. 필자는 이러한 상황과 관련하여 후설이 져야 할 책임이 두 가지라고 생각하는데 그중 더 가벼운 것부터 정리하면 다음과 같다.

첫 번째 책임은, 그가 현상학적 환원의 문제를 논하면서 모든 연구자가 준수해야 할 기본적인 규칙을 준수하지 않고 있으며, 그 때문에 독자들이 현상학적 환원을 아주 어려운 절차로 오해하게 되었다는 데 있다. 여기서 필자가 염두에 두고 있는 기본적인 규칙은 다름 아닌 데카르트가 제시한 세 번째 방법의 규칙을 말한다. 데카르트는 방법의 규칙 네 가지를 제시하면서 그중 세 번째와 관련해 다음과 같이 적고 있다.

세 번째 지침은 내 생각을 다음 방식으로 질서 있게 지도하라는 것이다. 즉 가장 단순하고 인식하기 쉬운 대상에서 시작하여 조금씩 점진적으로 가장 복합적인 것들에 관한 인식에 도달하라, 그리고 자연적으로는 서로 전혀 앞선다거나 뒤선다거나 하지 않는 것들 중에라도 이러한 선후 질서를 상정하라는 것이다.(Descartes 1973, 18-19)

이러한 방법의 규칙이 보여주듯이 우리는 현상학적 환원의 정체를 해명함에 있어서도, 이해하기 쉬운 유형에 대한 설명에서 시작하여 점차 더 이해하기 어려운 유형에 대한 설명으로 넘어가야 한다. 이 점과 관련해 우리는, 뒤에서 자세하게 논의하겠지만, 다양한 유형의 현상학적 환원이 존재한다는 사실에 유의할 필요가 있다. 그 중에는 비교적 이해하기 쉬운 유형과 어려운 유형의 현상학적 환원이 존재하며, 그에 대한 해명은 이해하기 쉬운 유형의 환원에서 시작해 이해하기 어려운 유형으로 나아가야 한다. 그러나 후설은 이러한 규칙을 무시하고 대부분의 경우 이해하기 쉬운 유형의 환원에 대한 설명은 전혀 하지 않은 채 처음부터 가장 이해하기 어려운 유형의 현상학적 환원인 초월론적 현상학적 환원에 대해 해명하고 있다. 그리하여 독자들에게 현상학적 환원이 불가능한 것이라거나 아니면 도통한 사람들만 수행할 수 있는 신비적인 절차라는 인상을 심어주었다.

또 하나의 책임은, 현상학적 환원을 독자들이 이해할 수 있는 방식으로 적절하게 해명하고 있지 않다는 데 있다. 후설은 '판단중지'라는 개념을 토대로 현상학적 환원에 대해 해명하는데, 뒤에서 논의하겠지만, 현상학적 환원의 정체를 쉽게 파악하기 위해서 우리는 '판단중지'가 아니라 '태도변경'이라는 개념에서 출발할 필요가 있다. 현상학적 환원에 대한 후설의 부적절한 해명방식을 그가 가장 심혈을 기울인 초월론적 현상학적 환원을 예로 들어 살펴보자.

초월론적 현상학적 환원의 문제를 가장 체계적으로 다루고 있는 첫 번째 저술은 『이념들』 제1권이다. 특히 그 책 2부 1장 「자연적 태도의 정립과 그의 배제」(Husserl 1976, 56 이하)에서 그 문제를 다루고 있다. 그러나 이 부분을 읽어본 독자라면 누구나 거기서 후설이 해명하는 초월론적 현상학적 환원의 정체가 극히 불투명하다는 사실에 공감할 수 있다. 예를 들어 그는 거기서 판단중지라는 개념을 사용해 현상학적 환원을 해명하고, 판단중지를 데카르트의 방법적 회의와 비교하면서 설명하고 있는데 (Husserl 1976, 61 이하), 초월론적 현상학적 환원과 판단중지가 어떤 관계에 있는지, 그리고 판단중지와 데카르트의 방법적 회의가 어떤 관계에 있는지 하는 점 역시 불투명하다.

『이념들』제1권에 나타난 후설의 해명 방식이 안고 있는 문제점은 그가 판단중지라는 개념을 토대로 현상학적 환원의 정체를 밝히려 하고 있다는 데 있다. 그러나 이러한 방식은 결정적으로 두 가지 난점을 가지고 있다.

첫째, 판단중지는 독자들이 이해하기에 아주 어려운 개념이다. 따라서 그 개념을 사용해 현상학적 환원을 해명하고자 할 경우 독자들은 그 정체를 파악하지 못하고 도통한 사람이나 수행할 수 있는 신비적인 절차로 오해할 수 있다.

둘째, 후설은 판단중지에 대해 설명하면서 '배제'(Ausschaltung), '괄호치기'(Einklammerung[Husserl 1976, 61]) 등의 개념들을 사용하는데, 이러한 개념들은 현상학적 환원이 우리가 경험하는 것들을 없애버리는 파괴적인 절차와 비슷한 것이라는 인상을 불러일으킬 수 있다. 이러한 개념들은 현상학적 환원이 지닌 적극적인 기능, 즉 사태개시적인 기능을 보여주지 못하며, 따라서 독자들은 그처럼 파괴적인 기능밖에 지니고 있지 않은 현상학적 환원이 도대체 무슨 필요가 있는지 의아해할 수도 있다.

이제 우리는 후설과는 다른 방식으로 현상학적 환원의 정체를 해명해야 한다. 다양한 유형의 현상학적 환원 가운데 이해하기 쉬운 유형을 먼저 해명한 후 이해하기 어려운 유형을 해명해야 한다. 더 나아가 우리는 후설과는 달리 판단중지라는 개념이 아니라, 다른 개념을 사용하여 현상학적 환원의 정체를 해명해야 한다.

그러면 우선 어떤 개념을 토대로 현상학적 환원의 정체를 해명해야 할지의 문제를 검토하기로 하자. 우리가 사용해야 할 개념은 판단중지보다도 훨씬 더 이해하기 쉬운 개념이어야 한다. 필자가 사용하고자 하는 개념은 '태도변경'이다. 두말할 것도 없이 이것은 후설의 현상학의 핵심적인 개념 가운데 하나이며, 현상학적 환원의 정체를 해명하면서 후설 자신이 사용하고 있는 개념이기도 하다.

후설은 이미『이념들』제1권에서 초월론적 현상학적 환원의 가능성을 해명하면서 태도변경을 언급하고 있다. 이 점과 관련하여 그는 제31절의 제목을 '자연적 정립의 철저한 변경. '배제'와 '괄호치기''라고 달고 "이러한 태도에 머무는 대신에 우리는 이제 이 태도를 철저하게 변경하고자 한다. 이제 이러한 변경의 가능성의 원칙적 가능성에 대해 확신할 필요가 있다"(Husserl 1976, 61)고 지적하면서 31절, 32절에서 초월론적 현상학적 환원에 대해 해명하고 있다. 여기서 알 수 있듯이 후설은『이념들』제1권에서 현상학적 환원을 태도변경으로 이해하고 있다. 그러나 후설의 이러한 이해는 비단『이념들』제1권에만 국한되는 것이 아니다. 그 책 출간 이후에도 현상학적 환원을 태도변경으로 이해하고 있다. 그 가장 대표적인 예는『위기』인데, 이 책에서 초월론적 현상학적 환원의 한 가지 요소인 초월론적 현상학적 판단중지를 "자연적인 삶의 태도의 완전한 변경"(Husserl 1962, 151)으로 규정한다.

이처럼 후설이『이념들』제1권,『위기』등을 비롯해 여러 저술에서 현상학적 환원을 태도변경으로 이해하고 있음에도 불구하고, 이를 구체적으로 논하면서 현상학적 환원의 정체에 대해 해명하고 있지 않다. 현상학적 환원이 태도변경을 뜻하는 것이기 때문에 현상학적 환원의 정체를 가장 손쉽게 보여줄 수 있는 길은 바로 태도변경이 무엇인지 해명하는 일이다. 태도변경이라는 개념을 토대로 삼아 현상학적 환원의 정체를 해명하고자 하는 시도는 중요한 두 가지 장점을 가지고 있다.

첫째, 태도변경이라는 개념이 판단중지라는 개념보다 우리에게 보다 더 친숙하고 또 이해하기 쉽다. 따라서 이 개념을 실마리로 삼을 경우 현상학적 환원이 무엇을 뜻하는지 보다 더 쉽게 해명할 수 있다. 일상을 살면서 우리는 무수히 다양한 방식으로 태도변경을 수행하며, 따라서 그것이 무엇을 뜻하는지 충분히 이해하고 있기 때문이다. 이러한 전략의 장점은 전문적인 철학자뿐 아니라 일반인에게도 현상학적 환원이 무엇인지 쉽게 해명할 수 있다는 데 있다.

둘째, 태도변경이라는 개념을 토대로 판단중지가 무엇을 의미하는지 정확하게 이해할 수 있다. 후설은 태도변경의 가능성을 해명하기 위하여 판단중지가 무엇인지 해명하고자 한다. 말하자면 그는 판단중지와 태도변경의 관계에 대해 전자를 설명항으로, 후자를 피설명항으로 간주하고 있다. 그러나 필자의 견해에 따르면 그 반대로 간주하는 것이 타당하다. 태도변경이 판단중지라는 개념보다 훨씬 더 이해하기 쉽기 때문이다.[1]

태도변경이 무엇을 뜻하는지 이해하기 위해서 우리는 태도가 무엇을 뜻하는지 해명할 필요가 있다. 앞서 제3장 1절에서 관악산 정상의 바위를 자연과학적 태도, 생활세계적 태도, 미적 태도, 종교적 태도, 윤리적 태도 등 다양한 측면에서 경험할 수 있다는 사실을 논하며 태도가 무엇인지 살펴보았다. 이외에도 정치적·사회적·경제적 태도 등 수없이 많은 태도들이 존재함은 물론이다. 이 모든 태도 각각의 특징은 그것을 통해 세계 전체가 특정한 모습으로 주체에게 현출한다는 데 있다. 다시 말해 어떤 특정한 태도를 취하면 그에 따라 채색된 특정한 의미를 지닌 세계가 주체에게 현출하며, 따라서 다양한 유형의 태도에는 다양한 유형의 세계가 대응한다.

---

1) 설명항과 피설명항의 관계는 일반적으로 어느 것이 더 기초적인가의 문제이다. 이 점과 관련하여 필자는 '기초적'이라는 말이 맥락에 따라 다양한 의미로 사용될 수 있으며, 이처럼 다양한 맥락 가운데 하나는 '이해' 또는 '배움'의 맥락이라는 사실을 강조하고자 한다. 여기서 필자는 '이해' 또는 '배움'의 맥락을 고려하면서 '설명항', '피설명항'이라는 표현을 사용하고 있다.

이러한 논의를 통해서 알 수 있듯이 태도란 어떤 한 주체 또는 다수의 주체들이 어떤 특정한 주도적인 관심에 따라 세계 전체를 바라보고 그것을 대하며 살아가는 통일적인 관점을 뜻한다. 이처럼 태도를 구성하는 두 가지 중요한 요소는 '주도적인 관심'과 '통일적인 관점'이다. '주도적인 관심'이란 주체가 가지고 있는 무수히 다양한 관심 중 해당 시기에 주도적인 위치를 차지하게 된 관심을 뜻한다.[2] '통일적인 관점'이란 태도가 이 세상에 존재하는 어떤 특정한 대상만을 향한 것이 아니라 '통일적인' 일군의 대상들, 더 나아가 대상들이 현출할 수 있는 '통일적인' 터인 세계를 향한 것임을 뜻한다.

그런데 다양한 태도들과 관련해 주목해야 할 점은 우리가 어떤 하나의 태도에 머물다가 다른 태도로 이행해갈 수 있다는 사실이다. 앞서 살펴본 예의 경우 우리는 미적 태도에서 머물다가 윤리적 태도, 종교적 태도, 경제적 태도 등으로 이행할 수 있으며, 또 그 반대의 경우도 가능하다. 이처럼 어떤 하나의 태도에서 다른 하나의 태도로 이행하는 과정이 '태도변경'인데, 이것이 다름 아닌 현상학적 환원이다. 태도변경을 통해 우리가 취하게 되는 새로운 태도는 다양할 수 있는데, 그에 따라 현상학적 환원 역시 다양한 명칭으로 불릴 수 있다. 예를 들어 우리가 미적 태도, 윤리적 태도, 종교적 태도, 경제적 태도 등을 취하게 될 경우 이처럼 다양한 유형의 태도변경은 각각 미적 현상학적 환원, 윤리적 현상학적 환원, 종교적 현상학적 환원, 경제적 현상학적 환원 등으로 불릴 수 있다.

현상학적 환원이 태도변경을 의미하기 때문에, 다양한 유형의 현상학적 환원의 정체를 이해하기 위해서 우리는 다양한 유형의 태도변경이 가능하다는 사실에 유의할 필요가 있다. 그리고 다양한 유형의 태도를 나름의 학문적 관심에 따라 여러 가지 방식으로 분류할 수 있다. 이 점과 관련

---

2) 후설의 현상학에 있어서의 태도개념에 대해서는 A. Staiti 2009 참조.

해 다음의 두 가지 사실을 살펴보기로 하자.

앞서 우리가 언급한 모든 태도의 특징은 그것들이 모두 일상적 삶을 살아가는 자연스런 태도라 할 수 있으며, 그러한 점에서 모두 자연적 태도라 불릴 수 있다. 일상적인 생활세계를 토대로 전개되는 자연적 태도를 우리는 생활세계적 태도 또는 현상학적 심리학적 태도라 부를 수도 있을 것이다. 앞서 살펴본 네 가지 유형의 자연적 태도 이외에 다양한 유형의 이를테면 역사적 태도, 사회적 태도, 정치적 태도, 문화적 태도 등이 존재한다.

그러나 자연적 태도를 취하면서 우리는 명시적이든 암묵적이든 "세계는 존재하는 것의 총체다"라는 생각, 즉 세계의 일반정립을 가지고 살아간다. 이처럼 자연적 태도는 세계의 일반정립을 전제한다. 그러나 우리는 자연적 태도뿐 아니라 그와는 전혀 다른 새로운 태도를 취할 수도 있다. 이러한 새로운 태도의 가능성을 이해하기 위해서 우리는 주체와 세계의 관계를 고찰할 필요가 있다. 우리가 자연적 태도를 취할 경우 나를 포함하여 모든 주체는 여타의 대상들과 마찬가지로 세계를 이루고 있는 한 부분으로서 경험된다. 그러나 주체가 언제나 세계를 이루고 있는 부분으로서만 경험되는 것은 아니다. 경우에 따라 의미로서의 세계는 주체에 의존적이며 주체에 의해 구성된 것으로서 경험될 수도 있다.

앞서 논의되었듯이, 내가 어떤 특정한 기분에 휩싸이게 되면 지금까지 어떤 모습으로 나에게 현출하던 세계는 지금까지와는 전혀 다른 모습으로 현출하게 된다. 권태로운 기분에 사로잡히면 나에게는 모든 대상이 권태로운 것으로 경험되는데, 그 이유는 모든 대상이 현출할 수 있는 터인 의미로서의 세계가 나에게 권태로운 것으로 경험되기 때문이다. 이와 반대로 축복받은 기분에 젖게 되면 나에게는 모든 것이 축복스러운 것으로 경험되는데, 그 이유는 모든 대상이 현출할 수 있는 터인 의미로서의 세계가 나에게 축복스러운 것으로 경험되기 때문이다. 이러한 사실은 의미로서의 세계가 의미를 부여하는 주체의 의식에 의존해 있으며 주체의 의식의 구성 산물이라는 사실을 잘 보여주고 있다.

그런데 의미로서의 세계가 주체에 의존적이며 주체의 의식의 구성 산물이라는 사실에 초점을 맞추어 주체와 의미로서의 세계의 관계를 분석하려고 할 때 우리는 더 이상 세계의 일반정립을 전제하는 자연적 태도로 살아가는 것이 아니라 이와는 전혀 다른 새로운 태도로 살아간다. 이러한 새로운 태도가 초월론적 현상학적 태도이다.

태도에 대한 이러한 논의를 토대로 우리는 앞서 살펴본 유형의 현상학적 환원 이외에 다양한 유형의 현상학적 환원이 존재한다는 사실을 알 수 있다. 이 점과 관련해 우리는 다음의 두 가지 사실을 지적하고자 한다.

앞서 우리는 자연스런 생활세계적 태도에 대해 살펴보았는데, 우리는 다양한 유형의 자연과학적 태도를 취하다가 그로부터 생활세계적 태도로 이행해갈 수 있다. 이러한 태도변경을 생활세계적 환원 또는 현상학적 심리학적 환원이라 부를 수 있다. 그러나 우리는 현상학적 심리학적 환원을 수행한 후 우리에게 드러나는 생활세계의 다양한 측면을 조명하기 위하여 다시 다양한 유형의 환원을 수행할 수 있다. 생활세계 속에서 살아가면서 여타의 태도에 머물다가 미적 태도, 윤리적 태도, 종교적 태도, 경제적 태도 등 각각으로 이행하는 과정을 각기 미적 현상학적 환원, 윤리적 현상학적 환원, 종교적 현상학적 환원, 경제적 현상학적 환원 등으로 부를 수 있을 것이다. 이러한 다양한 유형의 현상학적 환원들은 모두 생활세계적 환원의 일종이다.

우리는 세계의 일반정립을 전제로 하는 자연적 태도에서 초월론적 태도로 이행할 수 있는데, 이러한 태도변경이 바로 초월론적 현상학적 환원이다. 물론 다른 유형의 현상학적 환원과 비교해볼 때 수행하기가 훨씬 더 어려운 것은 사실이다. 그 이유는 세계의 일반정립을 전제하는 자연적 태도는 우리에게 아주 친숙한 반면 자연적 태도의 정립을 벗어난 초월론적 태도는 매우 낯설기 때문이다. 그러나 이러한 사실이 초월론적 현상학적 환원이 불가능하다는 사실을 함축하는 것은 아니다. 오히려 의미로서의 세계가 주체의 구성작용에 의존적이며, 따라서 세계의 일반정립이 결코 자명한 것이 아니라는 사실을 이해한 사람의 경우 언제든지 손쉽게 초월론적 현상학적 환원을 수행하면서 초월론적 현상학적 탐구를 수행할 수 있다. 두말할 것도 없이 세계의 일반정립이 자명한 것이 아니라는 사실을 아직 파악하지 못한 사람에게 초월론적 현상학적 환원은 불가능한 것처럼 보일 수 있다. 따라서 초월론적 현상학적 환원의 가능성을 해명하기 위해 일차적으로 의미로서의 세계가 주체의 구성작용에 의존적이며, 따라서 세계의 일반정립이 결코 자명한 것이 아니라는 사실을 이해해야 한다. 자연적 태도의 일반정립에 대한 판단중지를 수반하는 초월론적 현상학적 환원은 가장 수행하기 어려우며 후설이 가장 심혈을 기울여 논의한 부분이다. 아래 제4절에서 자세하게 살펴볼 것이다.

지금까지 태도변경이라는 개념을 토대로 현상학적 환원이 무엇인지 해명하고자 하였다. 다양한 유형의 현상학적 환원 가운데 대부분의 것들은 우리가 살아가면서 어떤 의지적인 노력도 없이 자연스럽게 수행하는 것들이다. 대부분의 사람들이 그에 대해 의식하지 못할지라도 일상적 삶을 살아가면서 암묵적으로 다양한 유형의 현상학적 환원을 수행하면서 살아가고 있다. 이 점과 관련해 우리는 모두 일상적인 삶을 살아가면서 다양한 유형의 태도변경을 수행하고 있다는 사실에 유의할 필요가 있다. 예를 들어 아침에 집을 나와 출근한 사람의 경우 그가 직장에서 자신의 일에 충실하게 몰두하고 있는 한, 그는 나름대로 현상학적 환원을 수행했다고 할 수 있다. 그는 출근하기 전 집에서 그가 취했던 가족 구성원으로서의 태도에서 벗어나 사원의 태도를 취하면서 살아가고 있는 것이다. 이제 그에게 현출하는 모든 사람과 대상은 사원으로서 그가 취하는 태도 때문에 특정한 의미를 지닌 것으로 개시된 세계의 한 요소로서 경험된다. 하루 일과를 마치고 집으로 돌아와 가족 구성원으로서의 역할에 충실하게 되면, 그는 이미 암묵적으로 또 다른 유형의 현상학적 환원을 수행했다고 할 수 있다. 이제 모든 사람과 대상이 가족 구성원으로서 그가 취하는 태도에 의해 개시되는 세계의 한 요소로 경험되는 것이다.[3] 이외에도 어떤 특별한 노력 없이도 우리가 자연스럽게 수행할 수 있는 다양한 유형의 현상학적 환원이 존재한다. 앞서 본 미적 현상학적 환원, 윤리적 현상학적 환원, 종교적 현상학적 환원, 경제적 현상학적 환원 역시 특별한 의지적인 노력 없이 수행할 수 있다.

물론 모든 유형의 현상학적 환원이 이처럼 무의식적으로 수행될 수 있는 것은 아니다. 어떤 것은 의식적 노력을 기울여야만 수행가능하다. 물론 이러한 유형의 현상학적 환원은 그 정체를 파악하기가 쉽지 않다. 그 대표적인 예가 초월론적 현상학적 환원이다. 이것은 우리가 일상적으로 살아가고 있는 "자연적 태도의 일반정립"(Husserl 1976, 60)을 벗어날 때 가능한 환원이기 때문에 우리가 그 속에서 살아가는 한 그 정체를 파악하기가 쉽지 않다. 그럼에도 불구하고 그것 역시 태도변경의 일종인 한 우리는 그 정체를 정확하게 이해할 수 있다.

우리는 초월론적 현상학적 환원의 정체를 해명하기 위하여 이해하기 쉬운 다양한 유형의 현상학적 환원에 대한 해명을 우선적으로 시도해야 한다. 앞서 후설이 현상학적 환원을 해명하면서 종종 데카르트가 제시한 세 번째 방법의 규칙을 준수하지 않고 처음부터 가장 이해하기 어려운 유형인 초월론적 현상학적 환원을 해명하고자 하면서 난관에 봉착한다는 사실을 지적하였다. 우리는 후설과는 달리 이해하기 쉬운 유형에서 어

---

3) 이 점과 관련해 후설이 『위기』(Husserl 1962)의 제35절에서 판단중지를 해명하면서 그것을 직업적 태도에 비유하고 있다는 사실에 유의할 필요가 있다.

려운 유형으로 현상학적 환원의 해명을 시도해야 한다. 실제로 우리는 이 장에서 데카르트가 제시한 세 번째 방법적 규칙에 따라 현상학적 환원을 해명하고자 하였다. 그에 따라 우리는 자연스런 태도에서 가능한 다양한 유형의 현상학적 환원을 먼저 해명하고 초월론적 현상학적 환원을 그다음에 해명하고자 하였다. 그렇기 때문에 우리는 초월론적 현상학적 환원이 결코 신비스러운 절차가 아니라는 사실을 이해할 수 있게 되었다.

지금까지 우리는 현상학적 환원이란 태도변경을 의미하며, 다양한 유형의 태도변경과 그에 따른 다양한 유형의 현상학적 환원이 존재한다는 사실을 살펴보았다. 그런데 태도변경으로서의 다양한 유형의 현상학적 환원이 가지고 있는 공통점은 그것들이 모두 우리에게 나름의 방식으로 특정한 사태영역을 개시해주고, 그처럼 개시된 영역을 직시할 수 있도록 해주는 방법적 절차라는 데 있다. 따라서 그것은 진리의 발견이라는 점에서 아주 적극적인 기능이 있다. 그런데 이 점과 관련해 지적해야 할 것은, 그 가운데 여러 가지 구속 때문에 특히 수행하기 어려운 환원은 우리를 그러한 구속으로부터 해방시키면서 사태를 개시해주는 탁월한 기능이 있다는 점이다. 그 대표적인 예가 초월론적 현상학적 환원이다. 후설은 『위기』에서 초월론적 현상학적 환원의 문제를 다루면서 다음과 같이 말한다.

이 경우 판단중지가 무의미한 습관적 판단을 억제함에 머무르는 것이 아니라, 판단중지와 더불어 철학자의 시선이 실제로 완전하게 해방된다고 하는 사실, 무엇보다도 가장 강력하고 가장 보편적이며, 그래서 가장 은밀한 내적인 구속, 즉 세계의 선소여성의 구속으로부터 해방된다고 하는 사실을 실제로 통찰하는 일이 필연적이다. 이러한 해방과 더불어, 그리고 이러한 해방 속에서 세계 자체와 세계의식 사이의 절대적으로 완결적이고 절대적으로 독자적인 보편적 상관관계에 대한 발견이 가능하다.(Husserl 1962, 154)

이렇듯 후설은 현상학적 환원이 사태개시 기능을 지니고 있다는 사실을 강조하고 있다. 다양한 유형의 사태를 개시해주는 기능이 있기 때문에 현상학적 환원은 다양한 유형의 현상학이 엄밀한 학으로 정초될 수 있기 위한 방법적 토대다. 이 점과 관련해 유의해야 할 점은 '현상학적 환원이 없는 현상학'은 불가능하다는 사실이다. 만일 그 어떤 학이 명시적이든 암묵적이든 현상학적 환원의 방법을 사용하지 않고 전개되었다면 그것은 진정한 의미에서 현상학이라 불릴 수 없다. 현상학적 환원은 엄밀한 학으로서의 현상학을 정립함에 있어 결정적으로 중요한 의미를 지니며, 다양한 유형의 현상학이 존재하기 때문에 다양한 유형의 현상학적 환원이 존재한다.

그러나 후설은 그의 해명 방식이 지니고 있는 문제점 때문에 현상학적 환원의 사태개시 기능을 충분히 보여주지 못하고 있다. 그 문제점이란 앞서 살펴보았듯이 판단중지 및 그와 연관된 배제, 괄호치기 등의 개념을 토대로 현상학적 환원을 해명하려는 방식을 뜻한다. 앞서도 지적하였듯이 이러한 개념은 현상학적 환원이 마치 우리가 사태에 대해 판단중지하고 그에 대해 괄호치면서 그것을 배제하는 과정인 듯한 인상을 준다. 여기서 우리는 판단중지라는 개념을 토대로 해명하는 방식과 비교해볼 때, 태도변경이라는 개념을 토대로 해명하는 우리의 방식이 현상학적 환원의 사태개시 기능을 보다 더 극명하게 보여준다는 장점이 있음을 확인할 수 있다. 현상학적 환원이 사태개시 기능을 가지고 있다는 사실을 보여주지 못하는 방식으로 수행될 경우 그것은 심각한 문제를 안고 있는 해명에 불과하다. 필자의 견해에 따르면 판단중지 개념을 토대로 해명하려는 후설의 시도는 현상학적 환원의 사태개시 기능을 충분히 보여주지 못하며, 그러한 점에서 심각한 문제가 있다.

태도변경은 현상학적 환원뿐 아니라, 판단중지를 해명하는 데도 크게 기여할 수 있다. 태도변경에 대한 앞서의 논의를 통해 우리는 현상학에서 판단중지가 무엇을 의미하는지 이해할 수 있다. 판단중지는 현상학적 환원이 가능하기 위한 방법적 전단계로서, 그것은 늘 '~에 대한 판단중지'를 의미한다. 여기서 우리는 현상학적 환원이 언제나 '~로부터 ~로의 환원'을 의미하며, 따라서 언제나 방향성을 지니고 있다는 사실을 유의할 필요가 있다. 이 경우 환원의 출발점과 종착점은, 노에시스적으로 말하자면 이전의 태도와 그것과는 구별되는 새로운 태도이며, 노에마적으로 말하자면 이전의 태도를 통해 개시되는 세계와 새로운 태도를 통해 개시되는 세계이다.[4] 그런데 현상학적 환원을 통해 이전의 태도 및 그를 통해 개시되는 세계로부터 새로운 태도 및 그를 통해 개시되는 세계로 이행할 수 있기 위해서 우리가 이전 태도의 존재에 대해 "무관심한 채 완전히 마음을 끊어야 하는데", 후설은 바로 이것을 판단중지라 부른 것이다. 이처럼 판단중지란 태도변경이 완벽하게 수행되기 위해 필요한 이전 태도에 대한 주체의 전적으로 '무관심한 태도 취함'을 뜻한다.

판단중지와 관련해 필자는 다음 두 가지 사실을 지적하고자 한다.

첫째, 후설은 판단중지를 설명하면서 '배제', '괄호치기' 등의 개념을 사용하며, 이러한 개념은 마치 현상학적 환원을 통해 모든 것이 우리의 시선에서 사라지는 것과 같은 인상을 준다. 그러나 그것은 사실과 부합하지 않는다. 판단중지를 통해서는 단지 이전의 태도에 대해서만 판단중지가 이루어지고, 그것이 '배제되며' '괄호쳐질' 뿐이며, 그 대신 들어서는 새로운 태도를 통해 개시되는 세계는 본래적인 새로운 관심의 대상이 되

---

4) 노에시스와 노에마는 후설의 현상학의 핵심개념이다. 노에시스는 지향적 체험의 주관적인 작용을 뜻하며, 노에마는 지향적 체험이 향하고 있는 대상을 뜻한다.

기 때문이다. 따라서 우리는 후설이 판단중지를 '무관심함'과 연관지어 설명하려고 할 때 그의 본래 의도가 무엇인지 정확하게 이해해야 한다. 판단중지를 수행할 경우 그것을 통해 주체가 이전의 태도 및 그것을 통해 개시되는 세계에 대해 철저하게 무관심한 태도를 보이는 것은 사실이지만, 그렇다고 해서 우리는 판단중지가 '무관심함' 그 자체를 목표로 삼는다고 생각해서는 안 된다. 판단중지 이후에 주체는 새로운 태도를 통해 개시되는 새로운 세계에 대해 진지하고 철저한 관심을 가지면서 그에 몰두하기 때문이다.

둘째, 앞서 우리는 판단중지라는 개념에 대한 해명을 토대로 태도변경이라는 개념을 해명하고자 하는 후설의 전략이 난점을 안고 있음을 지적하였다. 이제 그 난점이 무엇인지 조금 더 구체적으로 이해할 수 있다. 지금까지의 논의를 통해 우리는 태도변경이 판단중지보다 훨씬 더 이해하기 쉽다는 사실을 이해하였다. 따라서 판단중지에 대한 해명을 토대로 태도변경을 해명하는 것보다는 태도변경에 대한 해명을 토대로 판단중지 및 그와 연결된 개념들을 해명하는 것이 더 쉽고 현실적인 전략임이 드러난다.

현상학적 환원은 태도변경을 뜻하며 무한히 다양한 유형의 태도변경과 현상학적 환원이 가능하다. 물론 후설이 다양한 유형의 현상학적 환원의 방법을 개발하였음은 두말할 필요도 없다.[5] 후설 이후 등장한 현상학자들도 나름대로 다양한 유형의 현상학적 환원을 개발하면서 현상학의 새로운 영역을 개척해나갔다.[6] 그러나 후설을 비롯해 여러 현상학자들

---

5) 후설이 개발한 다양한 유형의 현상학적 환원의 방법에 대해서는 Lohmar 2002 참조.
6) 이 점과 관련해 우리는 하이데거, 메를로-퐁티 등 후설 이후의 현상학자들 역시 현상학적 환원의 방법을 사용하고 있다는 사실을 지적하고자 한다. 물론 이 점은 앞으로 더 자세하게 논의될 필요가 있다.『존재와 시간』(Heidegger 1972)에서 사용되고 있는 현상학적 환원에 대해서는 이남인 2004, 465 이하 참조. 메를로-퐁티의『지각

이 지금까지 개발한 방법들은 일부분에 불과하며, 앞으로 보다 다양한 방법을 개발하면서 새로운 유형의 현상학을 개척해나갈 필요가 있다. 그런데 이러한 지적은 무엇보다도 다양한 유형의 현상학적 체험연구를 전개하는 작업과 관련해서 타당하다.

그러면 지금까지의 논의를 토대로 다음 네 가지의 현상학적 환원에 대해 살펴보자.

① 사실적 현상학적 심리학적 체험연구의 방법으로서의 현상학적 환원
② 본질적 현상학적 심리학적 체험연구의 방법으로서의 현상학적 환원
③ 사실적 초월론적 현상학적 체험연구의 방법으로서의 현상학적 환원
④ 본질적 초월론적 현상학적 체험연구의 방법으로서의 현상학적 환원

2 사실적 현상학적 심리학적 체험연구와 현상학적 환원

1) 사실적 현상학적 심리학적 환원

사실적 현상학적 심리학적 체험연구는 어떤 주체 혹은 주체들이 가지고 있는 사실적 체험을 자연적 태도에서 연구함을 목표로 한다. 따라서 사실적 현상학적 심리학적 체험연구가 가능하기 위해서는 우선 어떤 주체 혹은 주체들이 가지고 있는 사실적인 체험을 자연적 태도에서 수집할 수 있어야 한다. 그러나 이러한 작업은 결코 쉬운 일이 아니다. 이 점과 관련해 우리는, 비록 체험이 지향성을 지니고 있음에도 불구하고, 자연주의적 태도로 살아가는 사람들은 흔히 지향성이 존재한다는 사실조차 깨닫지 못하면서 살아가기 쉽다는 사실에 유의하여야 할 필요가 있다. 지향성을 파악하기 어려운 이유는 자연주의적 태도에는 지향성이라는 사태를 은폐·왜곡시키려는 성향이 존재하기 때문이다. 따라서 이러한 은폐

의 현상학』(Merleau-Ponty 1945)에서 사용되고 있는 현상학직 환원에 대해시는 이남인 2013 참조.

성향을 극복하면서 지향성을 지닌 체험이 존재한다는 사실을 확인하고, 더 나아가 그 구조에 대해 현상학적 심리학의 차원에서 분석을 수행할 수 있기 위해서 우리는 자연주의적 태도로부터 자연적 태도로의 태도변경을 수행해야 하는데, 바로 이러한 태도변경이 사실적 현상학적 심리학적 환원이다. 이것은 사실적 현상학적 심리학적 체험연구가 전개되기 위한 필수조건이라 할 수 있다.

그러면 이제 일종의 태도변경으로서의 사실적 현상학적 심리학적 환원이 무엇을 뜻하는지 구체적으로 살펴보자. 그것은 사실적 현상학적 심리학적 체험연구가 분석하고자 하는 사태인 지향성을 지닌 체험으로 우리의 시선을 집중하기 위한 방법적 절차이다. 그런데 우리가 체험을 향해 시선을 집중할 수 없는 이유는 자연주의적 태도에 함몰되어 살아갈 경우 체험에 대해 가지고 있는 우리의 어떤 확고한 믿음 때문이다. 따라서 사실적 현상학적 심리학적 환원을 수행하여 체험의 정체를 올바로 파악하기 위하여 일차적으로 이루어져야 할 작업은 체험을 향해 우리의 시선을 돌리는 일을 방해하는, 저 확고한 믿음으로부터 우리가 해방되는 일이다. 그러면 여기서 문제로 등장한 확고한 믿음이 무엇인지 살펴보고, 이어 그 믿음으로부터 해방되기 위해서 취하여야 할 조치가 무엇인지 검토해보자.

우리는 자연주의적 태도에 함몰되어 있을 경우 세계에 존재하는 모든 것은 자연과학적 의미의 인과관계 속에 놓여 있다고 생각하는 경향이 있다. 물리학을 비롯한 제반 자연과학은 자연현상을 지배하는 이러한 인과관계의 해명을 목표로 하고 있으며, 실제로 그것을 해명하는 데 커다란 성공을 거두고 있다. 그러면서 이와 같은 인과적 설명 방식은 자연과학을 넘어 정신과학의 영역에서도 큰 영향력을 발휘하고 있으며, 이러한 점에서는 심리학도 예외는 아니다. 이처럼 자연과학적인 인과적 설명 방식이 심리학의 영역에 수용되면서 19세기 중엽 이래 실험심리학이 심리학의 중요한 하나의 분과로 자리를 잡아왔다. 실험심리학은 자연과학적 방법에 따라 인과관계를 밝혀가면서 심리현상의 정체를 해명하는 데 최대 목표를 두고 있다.

실험심리학이 비록 심리현상을 둘러싼 자연과학적 의미의 인과관계를 해명하는 데 성공을 거둔 것은 사실이지만, 현상학적 관점에서 보자면 그것은 결정적인 한계를 지니고 있다. 그 한계란 바로 그것이 체험이 지니고 있는 지향성의 정체를 올바로 파악할 수 없다는 데 있다. 물론 실험심리학자는 실험심리학적 탐구를 통하여 체험이 지닌 지향성의 정체까지도 파악할 수 있다고 주장할 것이다. 그러나 이러한 주장을 하게 되는 이유는 그가 비록 지향성 역시 우리의 의식과 대상 사이에 존재하는 일종의 관계를 의미하긴 하지만, 그것이 자연과학적 의미의 인과관계와는 전혀 다른 것이라는 사실을 깨닫지 못하고 있기 때문이다. 여기서 알 수 있듯이 우리의 시선이 지향성을 향하지 못하게 하는 것은 바로 모든 존재자 사이에, 그중에서도 의식과 대상 사이에 존재할 수 있는 유일한 관계는 자연적 인과관계일 뿐이라는 믿음이다. 이러한 믿음으로부터 해방되지 않는 한 우리는 체험의 지향성이 존재한다는 사실을 알 수도 없고 그 구조를 분석할 수도 없다.

그러면 도대체 우리는 어떻게 이러한 믿음으로부터 해방될 수 있을까? 우리는, 긍정적이든 부정적이든 그러한 믿음에 대해 어떤 종류의 입장을 취하는 한 거기에서 결코 해방될 수 없음을 알아야 한다. 해방될 수 있는 유일한 길은 우리가 어떤 입장도 취하지 않으면서 그 믿음에 대해 판단을 보류하는 일인데, 후설은 이러한 작업을 "현상학적 심리학적 판단중지"(Husserl 1962, 247)라 부르고 있다. 이것은 자연주의적 태도에서 살아가는 우리가 가진 저 믿음이 옳은지 그른지에 대한 일체의 판단을 유보하면서, 다만 그러한 믿음을 괄호 속에 묶어두어 그것이 체험에 대해 우리가 취할 수 있는 여타의 태도에 영향을 미치지 않도록 함을 의미한다.

따라서 우리가 이러한 믿음에 대해 판단중지를 수행한다 함은, 그러한 믿음이 틀렸다거나 혹은 의심스럽다고 주장하는 것을 의미하지 않는다. 왜냐하면 그러한 믿음이 옳다고 생각하는 것 못지않게 틀렸다거나 의심스럽다고 주장하는 것 역시 어떤 판단을 내리는 일이며, 따라서 그것은 판단중지와는 전혀 다른 것이기 때문이다.

이러한 사실적 현상학적 심리학적 판단중지를 통하여 우리는 사실적 현상학적 심리학적 체험연구의 탐구영역인바, 자연적 인과관계와는 무관한 지향성을 특징으로 하는 자체 완결적인 체험의 영역으로 시선을 돌릴 수 있다. 이 영역은 구체적인 지향적 체험과 이러한 체험의 대상적 상관자 등 두 가지 요소로 이루어진 것으로서 어떤 유형의 자연과학적 인과관계로부터도 완전히 자유로운 영역이다. 말하자면 체험으로부터 일체의 물리적·화학적 속성을 추상한 후 비로소 우리에게 주어지는 순수 심리적인 체험의 영역이라 할 수 있다. 자연과학이 현실적인 세계로부터 일체의 심리적인 요소를 추상한 후 남게 되는 순수하게 물리적·화학적인 대상영역만을 탐구주제로 삼듯이 사실적 현상학적 심리학적 체험연구는 현실적인 세계로부터 일체의 물리적·화학적 속성을 추상한 후 우리에게 주어지는 순수심리적인 영역을 탐구주제로 삼는다. 이처럼 사실적 현상학적 심리학적 판단중지를 통하여 비로소 개시되기 시작하는, 순수한 체험의 영역으로 본격적으로 시선을 돌려 단계적으로 다양한 유형의 체험의 구조를 분석해 들어가는 과정이 다름 아닌 사실적인 현상학적 심리학적 환원이다.

그러나 사실적 현상학적 심리학적 체험연구를 본격적으로 수행하기 위해서는 지금까지 살펴본 사실적 현상학적 심리학적 환원을 수행하는 것만으로는 부족하다. 이를 위해서는 앞서 살펴본 의미의 사실적 현상학적 심리학적 환원을 수행한 후 또 다른 유형의 사실적 현상학적 심리학적 환원을 수행할 필요가 있다. 이 점과 관련하여 우리는 서로서로 구별되는 다양한 유형의 체험이 존재한다는 사실에 유의할 필요가 있다. 다양한 유형의 체험이 존재하기 때문에 우리가 어떤 한 유형의 체험을 연구하고자 할 때 이미 앞선 연구를 통해 획득된 지식은 일종의 '선입견'으로 작용할 수 있다. 따라서 우리가 어떤 체험의 구조를 올바로 파악하기 위해서는 이런 '선입견'으로부터 해방되어야 하며, 그러기 위해서 우리는 이 선입견에 대해 판단을 유보하고 우리가 탐구하고자 하는 체험의 영역으로 시선을 돌려야 하는데, 이러한 방법적 절차 역시 사실적 현상학적 심리학적 환원이라 불린다.

필자는 이러한 새로운 유형의 사실적 현상학적 심리학적 환원을 '구체적인 사실적 현상학적 심리학적 환원'이라고 부르고, 그것과 구별하여 그에 앞서 논의된 사실적 현상학적 심리학적 환원을 '포괄적인 사실적 현상학적 심리학적 환원'이라고 부르고자 한다. 우리는 우선 포괄적인 사실적 현상학적 심리학적 환원을 수행하고, 그 토대 위에서 구체적인 사실적 현상학적 심리학적 환원을 수행하여야 한다. 구체적인 사실적 현상학적 심리학적 환원은 학문 분야가 다름에 따라 다른 모습을 보일 수 있으며, 또 동일한 학문 분야의 경우에도 연구대상인 체험의 종류에 따라 다른 모습을 보일 수도 있다. 따라서 구체적인 사실적 현상학적 심리학적 환원의 세부 내용에 대한 논의는 다양한 유형의 체험연구를 수행하는 과정에서 다각도로 이루어져야 한다.

물론 후설이 포괄적인 것이든 구체적인 것이든 사실적 현상학적 심리학적 환원의 방법에 대해 자세히 논한 적은 없다. 그 이유는 그의 관심이 현상학적 심리학, 초월론적 현상학 등 철학으로서의 현상학을 정립하는 데 있었으며, 이것을 정립하기 위해서는 경험과학을 정립하기 위한 방법적 토대인 사실적 현상학적 심리학적 환원이 필요한 것은 아니기 때문이다. 그러나 후설이 사실적 현상학적 심리학적 환원의 방법에 대해 구체적으로 논하지 않았다고 해서 그러한 방법이 후설의 현상학의 이념과 전혀 무관하다고 생각해서는 안 된다.

여기서 우리는 후설이 경험과학으로서의 심리학에 대해 취하는 태도를 살펴볼 필요가 있다. 비록 후설의 일차적인 관심이 철학으로서의 현상학 정립에 있었지만, 그는 현상학적 입장에 토대를 두고 있는 심리현상에 대한 경험과학이 정립되어야 할 필요성에 대해 역설하고 있다. 예를 들면 그는 이미 『논리연구』에서 철학으로서의 현상학과 구별되는 경험과학으로서의 '순수기술적 심리학적 분석'이 필요함에 대해 다음과 같이 지적하고 있다.

> 어떤 작용의 순수현상학적 내용이라는 말로 우리는 […] 그 작용을 실제로 구성하는 부분체험들을 의미한다. 이러한 부분체험들을 제시하고 기술하는 일은 경험과학적 태도에서 수행되는 순수심리학적 분석의 과제이다. 이러한 분석은 언제나 일반적으로 내적으로 경험되는 체험을 그것이 경험 속에서 내실적으로 주어지는 대로 분석함을 목표로 하며, 이 경우 이러한 분석은 발생적 연관에 대한 고려 없이, 또 그러한 체험이 무엇을 의미하며 그것이 지니는 타당성이 무엇인지에 대한 일말의 고려 없이 진행된다. 분절된 소리에 대한 순수심리학적 분석은 소리의 진동, 청각기관과 같은 것을 해명하고자 하는 것이 아니라 소리와 소리의 추상적 부분 또는 소리의 통일적인 형식이 무엇인지 해명하고자 한다. 또 이러한 분석은 그 소리를 누구의 이름으로 만들어주는바 이상적인 의미라든가 또는 그 이름으로 칭해질 수 있는 사람이 누구인지를 해명하려는 것도 아니다.(Husserl 1984, 411-412)

여기서 알 수 있듯이 경험과학으로서의 순수심리학은 체험을 그 발생적 연관 등에 대한 고려 없이 그 자체로서 분석함을 목표로 한다. 이 목표를 위해서 우리는 "심리학적-경험과학적 태도"(Husserl 1984, 412)를 취할 필요가 있다. 그래야만 체험이 그 자체로 우리에게 주어질 수 있으며 경험과학으로서의 심리학이 엄밀학으로서 정립될 수 있다.

여기서 잠시 후설이 제시한 엄밀학의 이념을 살펴보아야 한다. 후설에 따르면 철학은 엄밀성을 지니는 엄밀학으로 전개되어야 하며 이 경우 엄밀성은 철학이 자신이 다루고자 하는 사태에 적합성을 지니고 있음을 의미한다. 그런데 후설에 따르면 철학뿐 아니라 경험과학 역시 올바른 학으로 전개될 수 있기 위해서는 나름의 방식으로 엄밀성, 다시 말해 사태적 합성을 지녀야 한다. 그러기 위해서는 그 과학이 탐구하고자 하는 사태 자체로 우리의 시선을 돌릴 수 있어야 한다. 그러려면 그 사태를 주어지는 그대로 받아들일 수 있는 적절한 태도가 필요하며, 그 받아들임을 방해하는 선입견에 대해 판단중지를 취할 필요가 있다. 바로 이러한 판단중지 및 시선돌림이 사실적 현상학적 심리학적 판단중지 및 환원의 방법이다. 이 방법은 후설 현상학의 근본이념과 전적으로 부합한다.

2) 기존의 현상학적 체험연구에 대한 평가

그동안 다양한 유형의 사실적 현상학적 심리학적 환원의 방법을 사용하여 사실적 현상학적 심리학적 체험연구가 수행되었다. 제1장에서 살펴본 반 캄, 콜레지, 벤너/디켈만 등이 개발한 현상학적 체험연구가 사실적 현상학적 심리학적 체험연구에 해당한다.[7] 그 이유는 바로 이들이 현상학적 체험연구를 전개해나가기 위해서 명시적 또는 암묵적으로, 포괄적인 유형이든 구체적인 유형이든 사실적 현상학적 심리학적 환원의 방법을 사용하고 있기 때문이다. 그러면 이 방법을 사용한다는 사실을 보여주면서 그들이 발전시킨 것이 사실적 현상학적 심리학적 체험연구라는

---

7) 이와는 달리 지오르지, 반 매넌이 개발한 현상학적 체험연구는 본질적 현상학적 심리학적 체험연구에 해당하는데, 그에 대해서는 제3절에서 살펴볼 것이다.

사실을 살펴보자.

우선 반 캄의 현상학적 체험연구는 사실적 현상학적 심리학적 체험연구의 전형적인 예에 해당한다. 그의 현상학적 체험연구는 체험의 경험적이며 사실적인 구조를 해명하고자 하며, 그러한 점에서 그것은 사실적 현상학적 심리학적 체험연구의 일종이다. 물론 독자들은 그의 체험연구가 목표로 삼는 것이 체험의 본질구조에 대한 해명이며, 그러한 점에서 본질적 현상학적 심리학적 체험연구라고 생각할 수도 있다. 실제로 반 캄은 독자들이 그렇게 간주할 만한 구실을 제공하고 있다. 이 점과 관련해 그는 자신의 체험연구가 해명하고자 하는 것이 연구대상인 체험들에 '공통적이며 불변적인 요소' 혹은 그 체험들의 '필요하고도 충분한 구성요소들'이라고 말한다. 이런 표현을 접하면 우리는 그것이 마치 현상학적 심리학의 탐구대상인 본질인 듯한 인상을 받을 수도 있다. 그러나 반 캄이 '공통적이며 불변적인 요소', '필요하고도 충분한 구성요소'라고 부르는 것은 본질을 의미하는 것이 아니다. 왜냐하면 그가 말하는 것은 어디까지나 수집된 자료에 대해서만 타당한 것으로서 그와 부합하지 않는 새로운 자료가 출현하면 수정될 수 있는 것이기 때문이다. 실제로 반 캄은 자신의 체험연구를 소개하면서 본질을 파악하기 위한 방법적 토대인 상상을 통한 자유변경 및 본질직관의 방법에 대해 전혀 논의하고 있지 않다.[8] 그 대신 자신의 체험연구가 올바로 이루어지기 위해서 기존의 심리학 이론들이 지니고 있는 선입견의 영향을 벗어나야 할 필요성에 대해 논하고 있다. 이를 위해 필요한 방법이 사실적 현상학적 심리학적 환원이다.

콜레지의 현상학적 체험연구 역시 사실적 현상학적 심리학적 체험연구에 해당한다. 그는 연구참여자가 명료하게 진술한 의미 너머의 '지평·맥락 속에 숨어 있는 의미'를 파악하고자 한다. 이 경우 독자들은 그가 파

---

8) 자유변경 및 본질직관의 방법에 대해서는 제3절에서 자세히 논의할 것이다.

악하고자 하는 의미를 본질로서의 의미로 오해해서는 안 된다. '지평·맥락 속에 숨어 있는 의미' 역시 사실적인 의미이지 결코 본질로서의 의미는 아니다. 이러한 이유에서 콜레지는 자신의 현상학적 체험연구 방법과 관련해 상상적인 자유변경 및 본질직관의 과정에 대해서 전혀 논의하고 있지 않다. '지평·맥락 속에 숨어 있는 의미'를 파악하기 위해서 연구자는 일차적으로 사실적 현상학적 심리학적 환원을 수행해야 한다. 그리고 그는 자신의 현상학적 체험연구를 수행하기 위하여 '현상학적 기술의 방법'이 필요하다고 말하는데, 그것은 바로 우리가 일상적인 삶을 살아가면서 경험하는 체험과 원초적인 접촉을 유지하면서 그 체험을 파악할 수 있도록 해주는 방법적 절차이다. 여기서 유의해야 할 점은 그가 언급한 현상학적 기술의 방법은 사실적 현상학적 심리학적 환원의 토대 위에서 가능하다는 사실이다.

마지막으로 벤너/디켈만이 개발한 현상학적 체험연구 역시 사실적 현상학적 심리학적 체험연구이다. 이들이 개발한 체험연구는 수집된 자료인 문헌을 해석하면서 그 속의 '의미와 내용'을 확인하는 데 목표를 두고 있다. 그런데 이런 작업은 자연과학적 방법을 통해서는 불가능하다. '의미와 내용'을 확인하기 위해서는 자연주의적 태도에 대한 판단중지를 통해 현상학적 심리학적 태도로 넘어가야 하는데, 이러한 과정이 바로 사실적 현상학적 심리학적 환원이다. 이처럼 그들의 체험연구가 사실적 현상학적 심리학적 환원의 방법을 사용하기 때문에 그것은 사실적 현상학적 심리학적 체험연구에 해당한다.

3 본질적 현상학적 심리학적 체험연구와 현상학적 환원

1) 본질적 현상학적 심리학적 환원

본질적 현상학적 심리학적 체험연구는 자연적 태도에서 경험되는 체험의 본질 해명을 목표로 한다. 본질적 현상학적 심리학적 체험연구를 수행하기 위해서는 두 가지 유형의 현상학적 환원이 필요한데, 그것은 앞서 살펴본 사실적 현상학적 심리학적 환원과 형상적 환원, 즉 본질직관이다.

다양한 유형의 체험의 본질을 파악하기 위해서 우리는 그 출발점이 되는 사실적인 체험 또는 체험들을 자연적 태도에서 파악할 수 있어야 한다. 즉 다양한 유형의 사실적인 체험을 연구자료로서 확보할 수 있어야 한다. 예를 들어 가난의 본질을 파악하기 위해서 우리는 먼저 가난이라는 개별적인 체험을, 즐거운 독서체험의 본질을 파악하기 위해서는 즐거운 독서체험을 각각 수집해야 하고, 우울증의 본질을 파악하기 위해서는 우울증이라는 체험을 수집해야 한다. 그리고 이처럼 자연적 태도에서 다양한 유형의 체험을 연구자료로 확보할 수 있기 위해서 우리는 사실적 현상학적 심리학적 환원의 방법을 필요로 한다.

본질적 현상학적 심리학적 체험연구가 전개될 수 있기 위해서는 사실적 현상학적 심리학적 환원의 이외에 또 하나의 방법, 다름 아닌 본질직관이 필요하다. 본질직관은 사실을 파악하기 위한 태도로부터 본질을 파악하기 위한 태도로의 전환을 뜻하는 일종의 태도변경이다. 앞서 우리는 모든 유형의 환원이 일종의 태도변경이라는 사실을 살펴보았다. 이처럼 본질직관이 태도변경을 뜻하기 때문에 그것 역시 일종의 환원이라 불린다. 후설은 태도변경으로서의 본질직관을 "형상적 환원"(die eidetische Reduktion [Husserl 1968, 321])이라고 부른다.[9]

형상적 환원, 즉 본질직관의 방법이 무엇인지 살펴보기에 앞서 우리는 본질이 무엇을 의미하는지 보다 더 구체적으로 살펴볼 필요가 있다. 후설의 경우 본질 혹은 형상은 어떤 대상들을 바로 그러한 의미를 지닌 대상들로 존재할 수 있도록 해주는 그 무엇이다. 예를 들면 이 세상에 존재

---

9) 본질과 본질직관에 대한 아래의 논의는 이남인, 『현상학과 해석학』, 2004, 53 이하에서 가져왔다.

하는 일군의 대상들이 '인간'이라는 의미를 지니고 있다면, '인간'이라는 의미를 지닌 대상들로 존재하도록 해주는 것이 그 대상들의 본질 혹은 형상이다. 이 경우 이 대상들의 본질은 우리가 '인간임'이라고 부를 수 있을, 보편적이며 일반적인 그 무엇이라고 할 수 있다. '인간임'이라는 보편적이며 일반적인 요소가 존재하지 않으면 그 대상들은 인간이라는 의미를 지닌 대상들로 존재할 수 없으며, 동시에 우리에게 그러한 의미를 지닌 대상으로 인식될 수 없다.

여기서 알 수 있듯이 후설이 본질 혹은 형상이라 부르는 것은 플라톤의 이데아와 유사하다. 비록 후설이 플라톤의 이데아론에 들어 있는 신화적 형이상학적 측면을 받아들이진 않지만 그의 본질 역시 플라톤의 이데아와 마찬가지로 개별적 사물들과 엄밀히 구별되면서 동시에 그것들의 존재근거 및 인식근거가 되는 것이기 때문이다. 플라톤과 마찬가지로 후설도 개별적 대상들의 인식근거이며 동시에 존재근거라 할 수 있는 보편자로서의 본질이 실재한다는 입장을 취하고 있다.

이러한 맥락에서 후설은『논리연구』의「서론」에서 심리학주의(Psycho-logismus)를 비판하고 있다. 그 이유는 심리학주의가 존재론적 관점에서 볼 때 보편자로서의 본질과 유사한 위치를 지니고 있는 논리적 대상, 수학적 대상 등의 실재성을 부정하고, 이 모든 대상의 존재를 그를 사유하는 주체의 사유작용 안에서 정초할 수 있다고 주장하기 때문이다. 이러한 심리학주의의 입장에 따르면 모든 논리학적·수학적 진리 및 대상과 마찬가지로 본질 역시 그것을 사유하는 주체의 사유작용 속에서만 존재하는 것이지, 결코 독립하여 자체적으로 존재하는 것이 아니다. 그러나 후설에 따르면 논리학적·수학적 대상 및 진리, 그리고 본질은 인식주체의 사유작용과 무관하게 자체적이며 객관적으로 실재한다. 예를 들어 2, 3, 5 등의 수학적 대상, "2 더하기 3은 5"라는 수학적 진리, '인간임'이라는 보편자로서의 본질 등은 인식주체가 그에 대해 사유하느냐 사유하지 않느냐라는 사실과 전혀 무관하게 자체적이며 객관적으로 존재한다는 것이 후설의 근본입장이다. 그에 따르면 비록 본질이 우리가 일상적으로 경험하는 나무·돌·인간 등의 경험적 사물들과 같은 의미에서 실재하는 것은 아니지만, 본질 역시 이러한 경험적 사물들과 마찬가지로 주체의 사유작용에 의존하여 존재하는 것이 아니라 객관적으로 실재하는 것이다.

그러나 자체적이며 객관적으로 존재하는 실재인 본질은 우리의 인식작용을 완전히 벗어나서 초월적으로 존재하는 그 무엇, 즉 우리가 접근할 수 없는 그 무엇이 아니다. 인식주체의 밖에 실재하는 감각경험의 대상이 우리에게 감각을 통하여 경험되듯이 객관적인 실재인 본질 역시 우리에게 나름의 고유한 방식으로 경험될 수 있다. 다시 말해 보편자로서의 본질 역시, 우리의 경험을 초월해 있는 것이 아니라 나름의 방식으로 우리에게 구체적으로 경험될 수 있는 그 무엇이다. 개별적인 대상에 대한 경험이 '개별적 직관'(individuelle Anschauung)이요, 바로 이러한 개별적 직관과 구별되는 보편자로서의 본질에 대한 경험이 '본질직관'(Wesensanschauung)이다.

개별적 직관과 본질직관은 서로 아무런 관계도 없이 따로따로 진행되는 것이 아니다. 실제로 이 두 유형의 직관은 서로 밀접히 연결되어 있다. 우리의 의식은 개별적인 경험적 대상에 대한 개별적 직관을 수행하고 있을 경우에도 비록 막연한 양상에서나마 비주제적으로 본질을 향하면서 본질직관을 수행하고 있다.[10] 그리고 이처럼 본질에 대한 선행적인 직관이 이루어져야만 개별적 대상에 대한 직관도 비로소 가능한 것이다.

---

10) 후설이 흔히 본질직관이라고 부르는 것은 아래에서 살펴보게 될 형상적 환원, 다시 말해 주제적인 양상에서 수행되는 본질에 대한 직관을 의미한다. 이 점에 대해서는 Husserl 1976, 13 이하 참조. 그러나 우리는 여기서 본질직관을 주제적인 양상에서 수행되는 본질에 대한 직관으로서의 형상적 환원뿐 아니라, 비주제적으로 본질을 향하면서 그것을 이해하고 있는 작용까지 포괄하는 개념으로 사용하고자 한다.

내가 어떤 대상을 보고 "이것은 갈색의 것이다"라는 판단을 내렸을 경우를 생각해보자. 나는 무엇을 토대로 하여 이러한 판단을 내릴 수 있을까? 나는 일차적으로 감각을 통해 나에게 주어진 '갈색의 것'을 감각적으로 직관하고 있어야 한다. 그러나 돌이켜보면 내가 이러한 판단을 내리는 데 필요한 것이 감각적으로 주어진 '갈색의 것'에 대한 감각적 직관만은 아니다. 나는 이미 암묵적이나마 갈색이 무엇인지, 다시 말해 갈색의 본질을 선행적으로 이해하고 있어야 하기 때문이다.[11] 이러한 사실은 동일한 감각적인 내용을 지니고 있는 것으로 나에게 경험된 이 동일한 대상이 '갈색의 것'이 아니라 '책상'으로 경험될 수도 있음을 살펴보면 분명해진다. 이 경우 동일한 대상이 나에게 '갈색의 것'으로 경험되지 않고 '책상'으로 경험되는 이유는, 내가 '갈색의 본질'에 대한 선행적인 이해가 아니라 '책상의 본질'에 대한 선행적인 이해를 가지고 이 대상을 경험하기 때문이다. 즉 우리는 어떤 대상을 어떤 의미를 지닌 대상으로 경험하기 위하여 언제나 암묵적인 양상에서나마 어떤 본질에 대한 이해를 선행적으로 가지고 있다.

우리가 개별적 대상에 대한 개별적인 직관을 수행할 경우 보편자로서의 본질 역시 암묵적인 양상에서 직관되기 때문에 우리는 바로 본질에 대한 이러한 암묵적인 직관을 토대로 하여 본질을 명료한 형태로 파악할 수 있다. 이처럼 막연하며 비주제적인 양상에서 벗어나 명료하며 주제적인 양상에서 본질을 파악할 수 있기 위해서는 모종의 방법적 절차가 필요한데, 그것이 곧 본래적인 의미의 본질직관, 즉 형상적 환원(eidetische Reduktion)이다.

형상적 환원을 통하여 어떤 본질의 정체를 파악하기 위해서 우리는 그

---

11) 후설은 이처럼 암묵적인 양상에서 이해되는 본질을 "경험적으로 주어진 것 속에서 일차적으로 자신의 모습을 드러내는 일반자"(Husserl 1972, 410)라고 부른다.

러한 본질을 구현하고 있는 어떤 특정한 개별적 대상을 고찰하면서[12] 그 대상 속에 있는 어떤 요소가 그러한 본질을 구현하고 있는지 분석하여야 한다. 예를 들면 우리는 '책상임'이라는 본질의 정체를 파악하기 위해서 내 앞에 주어진 개별적 대상인 책상을 고찰하면서, 그 속에 들어 있는 어떤 요소가 '책상임'이라는 본질의 정체를 구성하고 있는지 분석해 들어갈 수 있다.

그러나 우리의 주제적인 시선이 여기에 있는 개별적인 대상인 이 책상만을 향해 있을 경우 우리는 다음 두 가지 이유에서 '책상임'이라는 본질의 정체를 올바로 파악하지 못할 수도 있다.

첫째, 여기에 있는 개별적인 대상으로서의 책상 속에는 '책상'이라는 본질뿐 아니라 다른 유형의 본질들, 예를 들면 '촉감을 가지고 있음', '연장을 가지고 있음' 등도 함께 구현되어 있으며, 이 개별적인 대상에만 주제적 시선이 한정되어 있을 경우 우리가 '책상임'이라는 본질을 이러한 다른 유형의 본질들과 혼동할 수 있는 가능성이 존재한다.

둘째, '책상임'이라는 본질은 이 책상 속에서만 구현되어 있는 것이 아니라 이 책상과 유사한 무수히 많은 다른 책상들 속에서도 구현되어 있는 것이며, 만일 우리의 주제적인 시선이 내 앞에 있는 이 책상만을 향해 있을 경우 그를 통해 파악된 본질이 과연 무수히 많은 모든 책상 속에서 공통적으로 발견될 수 있는 '책상임'의 본질과 동일하리라는 보장이 없다.

이러한 두 가지 이유 때문에 '책상임'이라는 본질의 정체를 파악하기 위해서 우리는 내 앞에 있는 이 책상뿐 아니라 — 현실적인 세계에 존재하든 상상의 세계에 존재하든 — 모든 다른 책상들에도 우리의 주제적인 시선이 향하도록 하면서 이 모든 대상에 공통적인 본질을 밝혀내도록 하

---

12) 이 경우 이 개별적 대상이 꼭 내 눈앞에 실재하는 대상이어야 할 필요는 없다. 형상적 환원의 출발점이 되는 개별적인 대상은 상상 속에서 존재하는 것이어도 무방하다.

여야 한다.

어떤 본질을 파악하기 위해서는 우리의 주제적인 시선이 그 본질에 포섭될 수 있는 가능한 모든 개별적 대상들을 향할 수 있어야 한다. 이러한 일이 가능하기 위해서는 어떤 방법적 절차가 필요하다. 후설은 이것을 '자유변경'(freie Variation)이라 부른다. 자유변경은 어떤 본질의 정체를 파악하기 위하여 그 본질을 구현하고 있는 어떤 개별적 대상으로부터 시작해 그 본질을 구현하고 있는, 이 개별적 대상과 유사한 무수히 많은 개별적 대상들을 상상 속에서 자유롭게 산출해나가는 과정을 의미한다. 이처럼 자유변경을 통하여 어떤 본질을 구현하고 있는 무수히 많은 개별적 대상을 상상 속에서 산출해나가면서 저 모든 개별적 대상들에 공통적인 보편적 속성으로서의 본질을 파악하는 것이 다름 아닌 형상적 환원의 과정이다. 이에 따라 후설은 『경험과 판단』에서 형상적 환원을 설명하면서 그것의 중요한 세 단계로 "다양한 변경체를 만들어가면서 그것들을 모두 살펴나가는 과정", "지속적인 일치 속에서 [이 모든 변경체에 공통적인 요소를] 통일적으로 연결하는 과정", "차이점들을 배제하면서 공통적인 요소를 적극적으로 확인하며 직관하는 과정" 등을 들고 있다.(Husserl 1972, 419)

형상적 환원, 즉 본질직관의 방법을 통하여 우리는 다양한 유형의 본질을 파악할 수 있다. 예를 들어 우리는 물리학적 태도로 살아가면서 매 순간 경험하는 여러 가지 물리학적 대상들을 토대로 자유변경을 통하여 무수히 많은 물리학적 대상을 상상 속에서 자유롭게 산출해가면서 이 모든 대상에 공통된 본질인 물리학적 시간·공간 등의 구조를 해명할 수 있다.

그런데 본질직관은 본질적 현상학적 심리학이 정립되기 위해서 꼭 필요한 방법적 절차이다. 앞서 논의되었듯이 사실적 현상학적 심리학적 환원을 통해 우리가 일차적으로 경험하게 되는 것은 지금 이 순간 나에게 주어진 개별적이며 사실적인 지향체험이다. 예를 들면 그것은 지금 이 순간 내가 이 책상에 대해 경험하는 외부지각이다. 그러나 본질적 현상학적 심리학이 파악하고자 하는 것은 이러한 사실적 개별적인 지향체험의 정체가 아니라, 그러한 지향체험의 본질적인 구조이다. 따라서 외부지각에 대한 본질적 현상학적 심리학을 정립하기 위해서 나는 지금 이 순간 나에 의해 이루어지고 있는, 이 책상에 대한 외부지각을 토대로 본질직관의 방법을 사용해 외부지각 일반의 본질구조를 파악하도록 하여야 한다. 두말할 것도 없이 이러한 본질직관의 방법은, 외부지각의 본질구조뿐 아니라 여타 유형의 체험의 본질구조를 파악하기 위해서도 사용될 수 있다.

2) 기존의 현상학적 체험연구에 대한 평가

이제 제1장에서 살펴본 여러 가지 현상학적 체험연구 가운데 본질적 현상학적 심리학적 체험연구에 해당하는 것은 무엇인지 살펴보고 평가해보기로 하자. 제1장에서 살펴본 현상학적 체험연구 가운데 본질적 현상학적 심리학적 체험연구로 분류될 수 있는 것은 지오르지와 반 매넌의 방법이다. 앞서 본질적 현상학적 심리학적 체험연구가 목표로 삼는 것이 체험의 본질구조에 대한 파악이며, 따라서 그 방법의 핵심적인 요소가 사실적 현상학적 심리학적 환원과 본질직관이라는 사실을 지적하였다. 그런데 지오르지와 반 매넌의 체험연구 역시 체험의 본질구조에 대한 파악을 목표로 하며, 그 방법 역시 사실적 현상학적 심리학적 환원과 본질직관을 핵심적인 내용으로 하고 있다. 이러한 점에서 지오르지와 반 매넌의 체험연구는 그 근본 구도에서 볼 때 본질적 현상학적 심리학적 체험연구의 일종이라 할 수 있다. 이 점을 보다 더 자세히 살펴보자.

지오르지의 현상학적 체험연구는 일상적인 삶 속에서 나름의 고유한 의미를 지니는 체험의 본질구조를 파악하면서, 자연과학으로서의 계량적 심리학의 한계를 극복하고 '인문과학으로서의 현상학적 심리학'을 수립하는 데 목표를 둔다. 이러한 이유에서 그것은 일차적으로 체험이라는 사태로 연구자의 시선을 돌릴 수 있도록 해주는 방법적 절차인 사실적 현상학적 심리학적 환원을 필요로 한다. 더 나아가 지오르지의 현상학적 체험연구는 체험의 본질구조, 다시 말해 '구체적인 표현들을 관통해서 흐르고 있는 일반적인 [의미]범주'를 파악함을 목표로 하며, 이처럼 체험의 본질구조를 파악하기 위해서 그것은 '반성과 자유변경의 방법'을 사용한다. 이와 관련해 지오르지는 현상학적 심리학의 목표가 "사태의 구조에 대한 본질직관"(Giorgi 1985b, 26)에 있다는 사실을 강조하고 있다. 이러한 두 가지 방법적인 측면에서 볼 때 지오르지의 현상학적 체험연구는 철두철미 본질적 현상학적 심리학적 체험연구의 한 유형이라고 할 수 있다. 이러한 이유에서 지오르지가 자신이 발전시킨 현상학적 체험연구를 '현상학적 심리학'이라고 부르고 있음은 결코 우연이 아니다. 물론 지오르지는 자신의 현상학적 심리학이 파악하고자 하는 본질이 "보편적이라기보다는 유형적이요 일반적이다"(Giorgi 1985b, 26)라고 말하면서 후설의 현상학적 심리학이 파악하고자 하는 본질과 다르다는 사실도 지적하고 있다.

필자는 이 경우 '보편적인 본질'은 다양한 위계질서를 지니는 본질 가운데 보다 더 추상적인 본질을 의미하며, 반대로 '유형적이며 일반적인 본질'은 보다 더 구체적인 본질을 의미한다고 생각한다. 그리고 앞서 살펴본 본질적 현상학적 심리학적 체험연구가 추상적인 본질의 구조뿐 아니라 구체적인 본질의 구조까지도 해명함을 목표로 한다는 사실을 고려하면, 우리는 지오르지의 현상학적 심리학은 본질적 현상학적 심리학적 체험연구의 한 유형임을 재확인할 수 있다.

지오르지의 현상학적 체험연구가 본질적 현상학적 심리학적 체험연구의 일종임에도 불구하고 그것은 자신의 철학적 정초라는 관점에서 볼 때 나름대로 문제를 안고 있다. 무엇보다도 큰 문제는 그가 현상학적 체험연구에 대해 논하면서 그의 방법적 토대에 대해 충분할 정도의 해명을 하고 있지 않다는 사실이다. 예를 들어 그는 자신의 현상학적 체험연구를 위해 사실적 현상학적 심리학적 환원이 꼭 필요함에도 불구하고 그것에 대해서 언급만 하고 상론하고 있지는 않다. 그의 현상학적 체험연구의 방법이 참다운 의미에서 현상학적 체험연구 방법이 될 수 있기 위해서는 연구준비단계 및 자료수집과정에서 사실적 현상학적 심리학적 환원이 필요하다는 사실에 대한 구체적이며 상세한 논의가 필요할 것이다. 그뿐 아니라 그가 체험의 본질을 직관하기 위해서 '자유변경'의 방법에 대해서 언급하고 있기는 하지만, 그것이 정확히 무엇을 의미하며 그것을 통해 '구체적인 표현들을 관통해서 흐르고 있는 일반적인 [의미]범주'가 어떻게 파악될 수 있는지에 대해서는 상세하게 논의하고 있지 않다.

이 때문에 독자들은 그가 염두에 두고 있는 자유변경이 구체적으로 무엇을 의미하는지 이해하기가 쉽지 않다. 예를 들어 그는 자유변경을 설명하면서 "반성과 상상적 변경과정"(Giorgi 1985, 18)이 필요하다고 말하는데, '반성'이 '상상적 자유변경과정'과 어떤 관계에 있는지에 대한 논의가 결여되어 있으며, 바로 이 때문에 그가 말하는 자유변경과정이 정확히 무엇을 의미하는지 불투명하다.

이와 관련해 한 가지 더 지적해야 할 점은, 과연 그가 언급하고 있는 자유변경이 앞서 우리가 살펴본 후설의 자유변경과 동일한 것인지도 불투명하다. 그는 어떤 하나의 체험을 토대로 해서는 그 체험의 "본질적인 일반구조"(Giorgi 1985, 19)를 파악하기가 쉽지 않다는 사실을 지적하면서 "보다 더 많은 체험의 주체가 있으면 변경체들도 더 많아지고, 따라서 본질적인 것이 무엇인지 파악할 수 있는 능력은 더 나아진다"(Giorgi 1985, 19)고 말하고 있다. 이 대목에 나타나 있듯이 그는 변경체를 완전히 자유로운 상상작용 속에서 임의로 산출될 수 있는 것으로 간주하지 않고 현실적으로 존재하는 주체들의 체험에 구속되어 있는 것으로 간주하는 경향을 보이고 있다. 따라서 우리는 과연 그가 완전히 자유로운 상상작용 속에서 수행되는 참다운 의미의 자유변경을 이해하고 있는지 하는 의구심을 떨쳐버릴 수 없다. 만일 이러한 의구심이 정당하다면 그가 자유변경의 방법을 통해 파악할 수 있다고 간주한 '본질구조'는 참다운 것이 아니라 '경험적인 사실들의 일반적 구조'에 해당할 것이다. 따라서 그의 현상학적 체험연구 역시 본질적 현상학적 심리학적 체험연구가 아니라, 사실적 현상학적 심리학적 체험연구의 한 유형에 해당될 것이다. 지오르지의 현상학적 체험연구가 체험의 본질구조를 탐구함을 목표로 하는 참다운 의미의 본질적 현상학적 심리학적 체험연구가 되기 위해서는 자유변경의 과정에 대한 충분한 논의가 필요하다.

지오르지의 현상학적 체험연구와 달리 반 매넌의 현상학적 체험연구는 보다 더 완성된 형태의 본질적 현상학적 심리학적 체험연구의 예에 해당한다. 그는 현상학적 체험연구에 대해 논하면서, 본질적 현상학적 심리학적 체험연구의 두 가지 방법적 요소인 현상학적 심리학적 환원과 본질직관에 대해 본격적이며 명료한 형태로 논의하고 있다. 앞서 살펴보았듯이 그는 현상학적 체험연구 방법의 절차를 여섯 가지로 제시하고 있다. 거기에는 현상학적 심리학적 환원과 본질직관의 방법이 들어 있다. 가장 첫 번째 절차는 '관심이 있는 연구주제인 특정의 체험으로 시선을 돌리기'인데, 이 절차가 올바로 이루어지기 위해서는 사실적 현상학적 심리학적 환원이 이루어져야 한다. 연구자는 그가 연구에 착수하기 전에 이미 상식·과학 등을 통해 연구대상인 체험과 관련해 다양한 유형의 전제를 가지고 들어가며, 바로 이 때문에 일상적인 삶 속에서 주어지는 그대로 체험을 파악하지 못할 가능성이 있다는 사실을 알고 판단중지하면서 사태 자체를 포착하도록 노력해야 하는데, 이러한 방법적 절차가 다름 아닌 사실적 현상학적 심리학적 환원이다.

그러나 본질적 현상학적 심리학은 체험의 본질적인 구조를 파악함을 목표로 하며 그것을 위해서는 '자유변경'을 토대로 한 본질직관의 방법이 필요하다. 앞서도 지적되었듯이, 자유변경의 방법이란 체험연구자가 어떤 체험과 관련해 어떤 특정의 주제가 과연 그 체험의 본질적인 주제인가를 확정하기 위해 상상 속에서 그 주제를 변경시켜보거나 그 일부를 빠뜨려본 후, 과연 이러한 경우에도 그 체험이 동일하다고 불릴 수 있는지 확인해가는 과정을 의미한다.

앞서 우리는 후설이 본질직관의 필수적인 요소로 자유변경을 들고 있으며 그것이 무엇을 의미하는지 살펴보았는데, 반 매넌이 본질적 주제를 확정하기 위한 방법으로 제시한 자유변경의 방법이 후설의 자유변경과 동일한 것이라는 사실을 확인할 수 있다. 반 매넌의 경우 자유변경의 과정은 무엇보다도 세 번째 절차에 해당하는 '체험의 본질적 주제에 대해 반성하기'에서 잘 활용되고 있다. 그러나 이미 두 번째 절차인 연구자료를 수집하는 과정에서도 나름대로 고려되고 있다. 반 매넌은 이 과정에서 설문조사·심층면담·참여관찰 등을 통해 연구참여자의 다양한 자료를 수집할 뿐 아니라, 그 이외에도 문학작품·전기·일기·예술작품 등도 검토할 필요가 있다고 주장하는데, 다양한 자료는 자유변경의 작업을 수월하게 해줄 수 있기 때문이다.

이처럼 현상학적 심리학의 두 가지 방법적 요소인 ①사실적 현상학적 심리학적 환원과 ②자유변경을 통한 본질직관을 현상학적 체험연구의 필수적인 두 가지 방법적 요소로 간주한 반 매넌은 후설이 구상했던 현상학적 심리학의 이념을 누구보다도 잘 구현하고자 노력한 현상학적 체험연구자로 평가받을 수 있을 것이다. 그럼에도 불구하고 그가 현상학적 심리학의 방법에 대해 논하면서 피력하는 몇 가지 견해는 나름대로 문제점도 지니고 있다. 예를 들면 그는 지오르지가 현상학적 체험연구 방법을 '순수기술'의 방법과 동일시하면서 '해석'을 현상학적 연구의 범위를 벗어나는 것으로 간주한다고 주장하는데, 필자는 이러한 그의 견해가 부당하다고 본다. 그 이유는 지오르지 역시, 비록 그가 이 점에 대해 분명하게 논의하고 있지는 않지만, 현상학적 체험연구를 위해서는 나름대로 해석의 방법이 필요하다는 사실을 인정하고 있기 때문이다. 이 점과 관련해 지오르지는 연구자가 수집된 자료의 구체적인 의미를 파악하기에 앞서 '총체적인 의미', '대략적인 의미'를 파악하기 위해서 자료 전체를 쭉 읽어볼 필요가 있음을 강조하고 있다.(Giorgi 1975b) 이처럼 막연하게나마 파악한 '총체적인 의미'는 다음 단계의 분석을 위한 토대의 역할을 담당하며, 그 이후의 분석을 통해 보다 더 구체적인 '다양한 의미단위들'로 분절되는 것이다.

그런데 이처럼 총체적인 의미의 이해를 전제로 구체적인 다양한 의미단위들을 파악하는 과정은 다름 아닌 해석학적 순환에 토대를 둔 것이며, 이러한 점에서 지오르지의 체험연구는 해석의 방법을 포함하고 있다. 지오르지의 경우에도 체험의 본질구조는 해석과정을 통해서 파악되는 것이지, 결코 반 매넌이 주장하는 것처럼 그 무엇의 매개도 없이 직접적으로 파악되는 것이 아니다.

그런데 반 매넌은 지오르지와 같은 연구자들이 현상학적 체험연구를 개발하면서 이처럼 '본질구조에 대한 직접적 파악을 의미하는 직관'만을 인정하고 해석의 계기를 전혀 인정하지 않게 된 이유는 그들이 '후설의 초월론적 방법'만을 철저하게 따르기 때문이라고 주장한다. 여기서 알 수 있듯이 반 매넌은 그가 생각하기에 순수직관 혹은 순수기술이라는 계기만을 인정하는 후설의 초월론적 현상학의 방법은 자신이 추구하는 현상학적 체험연구를 위한 온당한 방법적 토대를 제공할 수 없다고 생각한다. 따라서 그는 후설의 현상학을 비판하면서 현상학적 기술의 계기뿐 아니라 '해석'의 계기도 인정하는 현상학적 체험연구의 방법을 개발해나가며, 이러한 체험연구를 '해석학적 현상학'이라고 부르는 것이다. 필자는 반 매넌의 이러한 구상은 온당하다고 생각한다. 그러나 그가 해석학적 현상학을 전개하면서 지오르지와 후설에 대해 가하는 비판은 심각한 문제점을 지니고 있다.

첫째, 반 매넌이 생각한 것과는 달리 지오르지는 현상학적 체험연구의 방법을 개발하면서 결코 '후설의 초월론적 방법'을 따르고 있는 것이 아니다. 즉 그는 후설의 현상학적 심리학의 방법을 따르고 있는 것이지, 초월론적 현상학의 방법을 따르고 있는 것이 아니다. 여기서 알 수 있듯이 반 매넌의 이러한 비판이 가능한 이유 가운데 하나는, 그가 후설의 경우 다양한 차원의 현상학이 존재한다는 사실을 간과하면서 그의 현상학을 초월론적 현상학과 동일시한 데 있다고 할 수 있다.

둘째, 후설의 현상학은 반 매넌의 주장과 달리 단지 순수기술의 방법만이 아니라 해석의 방법도 인정하고 있다. 이러한 사실은 단지 후설의 현상학적 심리학에 대해서만 타당한 것이 아니라 초월론적 현상학에 대해서도 타당하다. 이 점과 관련해 후설은 1928년에 출간된 『논리학』(Husserl 1974)에서 초월론적 현상학을 "초월론적 주관의 자기해석"(Husserl 1974, 280)으로 규정하기도 하고, 1931년에 행한 한 강연에서 초월론적 현상학을 "참다운 의식분석"으로서의 "의식의 삶에 대한 해석학"(Husserl 1941, 12)으로 규정하기도 한다. 여기서 초월론적 현상학이 일종의 해석학으로 규정될 수 있다 함은 그것의 탐구주제인 초월론적 주관이 해석하는 주체라는 사실을 의미할 뿐 아니라, 그 방법 역시 부분적으로 해석학적 성격이 있음을 함축한다.[13]

실제로 후설의 현상학에 대한 이해뿐 아니라 현상학적 체험연구의 전반적인 성격에 대한 반 매넌의 이해 역시 나름대로 심각한 문제점을 지니고 있다. 그는 체험의 본질구조를 해명함을 목표로 하는 본질적 현상학적 심리학적 체험연구의 방법을 개발하면서 현상학적 체험연구의 과

---

13) 이 점에 대해서는 이남인, 앞의 책 2004, 제3장 5절 '의식의 삶에 대한 해석학으로서의 초월론적 현상학' 참조.

제가 체험의 본질구조에 대한 해명에만 국한되는 것으로 이해하고 있다. 이러한 맥락에서 그는 "현상학은 경험적인 분석적 학문이 아니다"(van Manen 1990, 21)라고 하면서 현상학은 "어떤 사태의 사실적인 상태를 기술하지 않는다"(van Manen 1990, 21)고 말한다. 따라서 그에 따르면 현상학적 체험연구의 과제는 어떤 체험의 본질을 해명하는 데 있는 것이지, 사실로서의 체험을 해명하는 데 있는 것이 아니다. 그렇기 때문에 사실로서의 체험에 대한 연구, 예를 들면 '제주고등학교 학생들의 학습체험에 관한 연구' 등은 현상학적 체험연구라고 불릴 수 없다. 그러나 이러한 견해는 현상학적 체험연구의 범위를 부당하게도 너무 좁게 제한하고 있는 것이다. 이미 앞에서 지적했듯이 현상학적 체험연구는 본질적 현상학적 심리학적 체험연구뿐 아니라, 사실적 현상학적 심리학적 체험연구, 사실적 초월론적 현상학적 체험연구, 본질적 초월론적 현상학적 체험연구 등을 포함한다.

체험의 본질구조에 대한 해명은 앞으로 현상학적 체험연구가 해결해야 할 중요한 과제다. 기존의 현상학적 체험연구를 통해 다양한 유형의 체험의 본질구조를 해명하는 작업이 다각도로 진행되어왔음에도 불구하고 그동안의 작업은 단지 부분적으로만 수행되었으며, 이 분야에서 앞으로 연구되어야 할 과제가 수없이 산재해 있다.

4 사실적 초월론적 현상학적 체험연구와 현상학적 환원

1) 사실적 초월론적 현상학적 환원

초월론적 현상학적 체험연구는 다양한 유형의 초월론적 체험이 지닌 대상 및 세계구성적 기능의 해명을 목표로 한다. 그리고 사실적 초월론적 현상학적 체험연구와 본질적 초월론적 현상학적 체험연구 등 두 가지로 나누어진다. 이 두 유형의 체험연구는 나름의 현상학적 환원이 필요한데, 이 절에서는 사실적 초월론적 현상학적 체험연구의 방법으로서의 사실적 초월론적 현상학적 환원에 대해 살펴보기로 하자.

사실적 초월론적 현상학적 체험연구는 초월론적 체험의 본질구조가 아니라 사실적인 구조의 파악을 목표로 한다. 여기서 사실적인 구조라 함은 어떤 특정한 사회와 역사 속에서 살아가고 있는 개인 혹은 집단의 초월론적 체험이 지니고 있는 사실적인 대상 및 세계의 구성 구조를 의미한다. 이 경우 어떤 한 가지 유형의 체험의 사실적인 구조는 개인이, 집단이 또는 시대가 달라짐에 따라 그 성격을 달리할 수 있다. 예를 들면 의미로서의 세계를 구성하는 기능을 지닌 체험인 세계의식은 그 구체적인 내용에서 고찰할 경우 민족에 따라서, 동일한 민족의 경우에도 시대에 따라서, 또 동일한 민족과 동일한 시대에 속할 경우에도 나이·성별·학력·직업 등에 따라서, 더 나아가 이 모든 조건이 동일할 경우에도 개인에 따라서 그 구조를 달리할 것이다. 그런데 사실적 초월론적 현상학적 체험연구는 자료수집 과정에서 초월론적 체험을 파악하기 위한 방법적 절차인 사실적 초월론적 현상학적 환원이 필요하다.

우리는 앞서 제1절에서 현상학적 환원 전반에 대해 논하면서 초월론적 현상학적 환원에 대해서 간단히 살펴보았다. 모든 현상학적 환원이 태도변경을 의미하듯이 초월론적 현상학적 환원 역시 그러하다. 구체적으로 자연적 태도의 일반정립을 전제하는 자연적 태도로부터 그것을 벗어난 초월론적 태도로의 전환을 의미하는 태도변경을 뜻한다. 우리는 이러한 태도변경으로서의 초월론적 현상학적 환원이 어려운 작업이라는 사실을 앞서 지적하였다. 이제 그것이 왜 그런지하는 점부터 시작하여 초월론적 현상학적 환원에 대해 자세하게 살펴보기로 하자.

우리는 사실적 초월론적 현상학적 체험연구를 수행함에 있어서 그 연구대상인 사실적 초월론적 체험을 파악하기 위하여 사실적 초월론적 현상학적 환원을 필요로 한다. 그 이유는 연구대상인 초월론적 체험이 일상적으로 살아가는 우리에게 쉽게 포착되지 않기 때문이다. 초월론적 체험은 현상학적 심리학적 체험보다도 더 깊이 은폐되어 있으며, 그것의 존재를 확인하는 일은 후자를 확인하는 일보다 훨씬 더 어렵다. 우리는 매 순간 초월론적 체험을 통해 의미로서의 세계와 세계 안의 대상들을 부단히 구성하면서 초월론적 주관으로서 살아가고 있지만, 대부분의 경우 우리는 이러한 사실을 전혀 의식하지 못하고 있다. 말하자면 초월론적 체험은 자연적 태도로 살아가는 우리에게 자신의 모습을 드러내기를 부단히 거부한다.

이러한 초월론적 체험의 존재를 포착하고 그 구조를 체계적으로 해명하기 위해서는 특별한 방법적 조치가 필요하다. 그것이 바로 사실적 초월론적 현상학적 환원의 방법이다. 그런데 초월론적 체험이 모습을 드러내기를 거부하는 이유는 우리가 자연적 태도로 살아가면서 가지고 있는 특정한 믿음 때문이다. 이 믿음이란 다름 아닌 세계가 존재하는 모든 것의 총체이며, 따라서 존재하는 모든 것의 총체인 세계의 한계를 벗어나서 존재할 수 있는 것은 아무것도 없다는 믿음이다. 앞서도 살펴보았듯이, 후설은 이러한 믿음을 "자연적 태도의 일반정립"(die Generalthesis der natürlichen Einstellung[Husserl 1976, 60])이라고 부르는데, 이것은 구체적으로 자연적 태도로 살아가고 있는 주관이 세계를 모든 가능한 존재자의 총체라고 믿는 것을 의미한다.

자연적 태도에서 전개되는 우리의 일상적인 삶을 돌이켜보면 우리는 매 순간 삶이 이러한 자연적 태도의 일반정립에 의해 각인되어 있음을 확인할 수 있다. 우리는 매 순간 세계가 가능한 모든 존재자의 총체이며 모든 존재자는 이러한 세계의 일부로서 경험되며, 따라서 이러한 존재자의 총체로서의 세계의 한계를 벗어나 존재할 수 있는 것은 아무것도 없다는 확고한 믿음을 가지고 살아가고 있다. 이러한 점에서는 체험도 예외가 아니다. 우리가 자연적 태도로 살아가는 한 체험 역시 세계의 한 요소로서 파악될 뿐이다.

자연적 태도로 살아가는 한 우리는 세계의 한 부분으로서 자신의 모습을 드러내는 체험만을 파악할 수 있을 뿐이다. 그리고 체험이 자연적 태도에서 세계의 한 부분으로 파악되는 한 그것은 세계와 마찬가지로 초월론적 구성기능을 수행하는 것으로서 파악되지 않는다. 따라서 우리는 체험이 지닌 초월론적 구성기능을 포착하기 위하여 태도변경을 통하여 자연적 태도의 일반정립으로부터 해방되어야 한다. 다시 말해 체험이 지닌 이러한 초월론적 기능을 포착하기 위해서 우리는 세계가 존재하는 모든 것의 총체라는 자연적 태도의 일반정립에 대해 판단중지를 수행하여야 하는데, 후설은 이러한 판단중지를 "초월론적 판단중지"(Husserl 1962, 151)라 부른다. 그리고 초월론적 판단중지를 수행할 경우 체험은 세계 및 대상을 구성하는 초월론적 체험으로서 자신의 모습을 드러내는데, 이처럼 초월론적 판단중지를 통하여 초월론적 체험으로 우리의 시선을 향하는 절차가 바로 초월론적 현상학적 환원이다.

여기서 우리는 자연적 태도로부터 초월론적 태도로의 태도변경을 뜻하는 초월론적 현상학적 환원이 수행되면서 자연적 태도에서 확인할 수 있는 체험과 세계 사이의 관계가 역전됨을 알 수 있다. 자연적 태도에서는 여타의 존재자와 마찬가지로 체험 역시 세계의 일부로서 자신의 모습을 드러내며, 그러한 점에서 체험은 세계에 의존적인 것으로 드러난다. 그러나 초월론적 현상학적 환원을 통해 초월론적 태도로 이행해가면 체험과 세계 사이에 존재하는 이러한 관계는 완전히 역전된다. 자연적 태도에서, 존재하는 모든 것의 총체로 파악된 세계는 초월론적 태도에서 체험에 의존적인 것으로 자신의 모습을 드러낸다. 그 이유는 초월론적 태도에서 체험은 세계를 구성하는 초월론적 체험으로 자신의 모습을 드러내고, 그에 상응해 세계는 초월론적 체험에 의해 구성된 것으로서 자신의 모습을 드러내기 때문이다.

후설에 따르면 초월론적 체험의 영역으로 들어가기 위한 방법적 절차인 초월론적 현상학적 환원이 오직 한 가지만 존재하는 것은 아니다. 그는 데카르트적 길을 통한 초월론적 현상학적 환원, 현상학적 심리학을 통한 초월론적 현상학적 환원, 존재론을 통한 초월론적 현상학적 환원, 생활세계를 통한 초월론적 현상학적 환원 등 초월론적 주관을 발견하기 위한 다양한 유형의 초월론적 환원의 방법을 제시한다.[14] 이러한 다양한 방법은 다양한 유형의 초월론적 체험의 영역을 우리에게 개시해주는데, 이 모든 초월론적 현상학적 환원이 목표로 삼는 것은 바로 초월론적 체험이 세계 및 세계 내 대상에 대해 여러 가지 점에서 선행성을 지니며 그 구성을 가능하게 해준다는 사실을 밝히는 일이다.

사실적 초월론적 현상학적 체험연구는 이처럼 초월론적 현상학적 환원을 통해 드러나는 무수히 다양한 유형의 체험들이 지니고 있는 대상 및 세계구성적 기능을 하나의 사실로서 간주하고 그 구조를 해명함을 목표로 한다. 초월론적 현상학적 환원을 통해 가능한 초월론적 현상학적 체험연구의 특징은 그것을 통해 초월론적 주체의 다양한 초월론적 체험과 더불어 이러한 초월론적 체험에 의해 구성된 다양한 대상 및 세계 자체가 주제화될 수 있다는 데 있다.

2) 기존의 현상학적 체험연구에 대한 평가

그동안 초월론적 체험의 사실적인 구조를 해명함을 목표로 하는 사실적 초월론적 현상학적 체험연구는 극히 부분적으로만 수행되었다. 그러나 이 연구가 해명하여야 할 사태는 무궁무진하다. 무수한 개별적인 사실적 초월론적 체험들을 토대로 자유변경을 거쳐 저 무수히 많은 체험들의 본질구조를 파악할 수 있으며, 이러한 본질구조를 파악할 수 있는 토대인

---

14) 이 주제에 대해서는 한전숙 1984, 107 이하; Kern 1962, 31 이하; Aguirre 1970, 31 이하 등 참조.

개별적인 초월론적 체험들 각각이 그 구체적인 내용에 있어 각기 다를 수 있다는 사실을 감안하면 사실적 초월론적 현상학적 체험연구가 해명하여야 할 사태는 본질적 초월론적 현상학적 체험연구가 해명하여야 할 사태보다 훨씬 더 무궁무진하다고 할 수 있다.

이 점을 세계의식이라는 초월론적 체험을 예로 들어 설명해보자. 세계의식이 본질적 초월론적 현상학적 체험연구의 주제가 될 경우 역사적인 조건, 사회적인 조건, 집단적인 특성, 개인적인 특성이 무시된 채 모든 사실적인 세계의식에 공통적으로 들어 있는 보편적인 요소인 세계의식의 본질만이 주제화된다. 그러나 그것이 사실적 초월론적 현상학적 체험연구의 주제가 될 경우 그것은 그것을 가지고 있는 주체가 놓여 있는 역사적·사회적인 조건뿐 아니라, 그 주체의 성별·직업·연령·소득 등등에 따른 집단적 특성, 더 나아가 개인적 특성에 따라 그야말로 무수히 다양한 방식으로 주제화될 수 있다. 실제로 사실적 초월론적 현상학적 체험연구의 지평은 무한히 열려 있으며, 앞으로 그에 대한 활발한 연구가 진행될 필요가 있다.

5 본질적 초월론적 현상학적 체험연구와 현상학적 환원

1) 본질적 초월론적 현상학적 환원

본질적 초월론적 현상학적 체험연구는 다양한 초월론적 체험의 사실적 구조가 아니라 본질구조의 파악을 목표로 한다. 여기서 어떤 초월론적 체험의 본질구조라 함은 그러한 초월론적 체험이 지니고 있는 대상 및 세계구성적 기능의 불변적이며 본질적인 측면을 뜻한다. 따라서 초월론적 체험이 지닌 대상 및 세계구성적 기능의 사실적인 측면의 탐구를 목표로 하는 첫 번째 유형인 사실적 초월론적 현상학적 체험연구와 구별된다. 그런데 이러한 두 번째 유형인 본질적 초월론적 현상학적 체험연구가 가능하기 위해서도 사실적 초월론적 체험의 파악은 필수적이다. 또한 자료수집 과정에서 사실적 초월론적 체험을 파악하기 위한 방법인 사실적 초월론적 현상학적 환원이 필요하다.

물론 본질적 초월론적 현상학적 체험연구가 가능하기 위해서는 사실적 초월론적 현상학적 환원 이외에 수집된 자료를 분석하는 과정에서 본질직관이 필요하다. 이처럼 초월론적 현상학적 환원과 본질직관으로 구성되어 있는 이러한 체험연구 방법은 전통적인 의미의 초월론적 현상학적 체험연구 방법이라 할 수 있는데, 그 가장 대표적인 예는 후설의 초월론적 현상학의 방법이다.

2) 기존의 현상학적 체험연구에 대한 평가

지난 100여 년 동안 현상학의 전개과정을 살펴보면 우리는 본질적인 초월론적 현상학적 체험연구가 아주 활발하고 광범위하게 진행되어왔음을 알 수 있다. 그 가장 대표적인 예는 후설의 초월론적 현상학이다. 잘 알려져 있듯이 후설은 초월론적 현상학을 전개하면서 감각·본능·충동·외적 지각·내적 지각·그림의식·내적 시간의식·이성·감정·의지 등 다양한 유형의 초월론적 체험의 본질구조를 해명해나갔다. 그러나 비단 후설만 그러했던 것은 아니다. 뒤를 이어 등장한 현상학자들인 하이데거와 메를로-퐁티 등도 나름대로 초월론적 체험의 본질구조를 해명하고자 하였다. 이 점과 관련해 우리는, 학계에 널리 퍼져 있는 대로 후설은 초월론적 현상학을 발전시켰으나 하이데거나 메를로-퐁티 등은 그렇지 않았다고 생각해서는 안 된다. 하이데거, 메를로-퐁티 등이 주로 심혈을 기울여 한 작업 역시 넓은 의미의 초월론적 체험의 초월론적 기능, 다시 말해 체험이 지닌 대상 및 세계를 구성하는 기능에 대한 탐구였던 것이다.[15]

---

15) 이 점에 대해서는 이남인, 앞의 책 2004; 이남인, 앞의 책 2013 등 참조.

후설이 다양한 유형의 초월론적 체험이 지닌 대상 및 세계구성적 기능을 탐구한 반면 하이데거는 주로 세계개시성, 다시 말해 세계 전체를 향한 체험의 세계구성적 기능을, 메를로-퐁티는 신체가 지닌 대상 및 세계구성적 기능을 분석하고자 노력하였다. 여기서 유의해야 할 점은, 하이데거와 메를로-퐁티 역시 후설과 마찬가지로 초월론적 체험의 사실적인 구조가 아니라 그 본질구조를 해명하고자 하였다는 사실이다. 이러한 이유에서 비록 이 두 현상학자가 그에 대해 명시적으로 언급하고 있지 않거나 또는 부분적으로 그러한 사실을 부정하고 있음에도 불구하고 그들은 넓은 의미에서 후설이 제시한 초월론적 현상학적 환원과 본질직관을 암묵적으로 사용하고 있다고 할 수 있다. 이 사실을 감안한다면 이러한 유형의 초월론적 현상학적 체험연구는, 비록 그것이 '현상학적 체험연구'라는 구호 아래 이루어진 것은 아니지만, 이미 광범위하게 진행되어왔다고 할 수 있다.

한편 철학에서와는 달리 분과학문 쪽에서는 그동안 본질적 초월론적 현상학적 체험연구는 극히 제한적으로만 수행되었다. 그 대표적인 예는 기존의 현상학적 체험연구를 비판하면서 나름의 현상학적 체험연구 방법을 제안한 크로티다.(Crotty 1996) 제2장에서 살펴보았듯이, 크로티는 그때까지 등장한 다양한 유형의 현상학적 체험연구가 참다운 의미에서 전통적인 현상학에 토대를 둔 것이 아니라고 비판하면서 다섯 단계로 이루어진 새로운 현상학적 체험연구 방법을 제시하였다. 거기서 그는 연구하고자 하는 현상을 엄밀하게 현상으로서 고려하기 위해 "자연적 태도를 넘어섬"(Crotty 1996, 151 이하)이 필수적이라고 주장한다. 이 경우 자연적 태도를 넘어선다 함은 초월론적 현상학적 환원을 수행하면서 초월론적 태도로 넘어감을 의미한다. 따라서 그는 자신이 제시하는 현상학적 체험연구를, 초월론적 현상학적 환원을 필수적인 방법적 요소로 삼는 일종의 초월론적 현상학적 체험연구로 이해하고 있다. 더 나아가 그는 자신이 제시하는 현상학적 체험연구를 통해 체험의 본질을 파악하고자 하는데, 이러한 사실은 그가 자신이 제시하는 현상학적 체험연구를 구체적으로 본질적 초월론적 현상학적 체험연구로 이해하고 있음을 보여준다.

그러나 크로티가 수행하고자 시도한 것이 본질적 초월론적 현상학적 체험연구임에도 불구하고 그것은 나름의 문제점을 안고 있다. 그 이유는 그가 '자연적 태도를 넘어섬'을 자신이 제시하는 현상학적 체험연구 방법의 핵심적인 요소로 간주하고 있음에도 불구하고 실제로 초월론적 태도로 들어설 수 있는 방법인 초월론적 현상학적 환원에 대해 충분하게 논하고 있지 않기 때문이다. 필자의 견해에 의하면 그는 초월론적 현상학적 판단중지의 정확한 의미를 이해하고 있지 못하다. 그는 '자연적 태도의 일반정립'에 관한 판단중지에 대해 어느 곳에서도 논의하고 있지 않다. 그는 자연적 태도를 넘어서기 위해서는 "우리가 현상과 관련해 지금까지 가지고 있었던 모든 생각과 느낌을 제쳐두고 현상을 신선한 눈으로 보려고 노력하는 일"(Crotty 1996, 160)이 필요하다고 말하거나 "세계를 신선한 눈으로 바라봄은 전혀 새로운 세계를 발견하는 일이다"(Crotty 1996, 174)라고 말하면서, 이처럼 세계를 신선한 눈으로 바라보기 위하여 현상과 관련해 기존의 모든 생각과 느낌을 제쳐두는 일을 "괄호치기"(bracketing[Crotty 1996, 160])라고 부른다.

그러나 여기서 언급하는 "괄호치기"는 초월론적 현상학적 판단중지가 아니라 현상학적 심리학적 판단중지일 수도 있다. 그 이유는 우리는 자연적 태도를 넘어서지 않고서도, 다시 말해 자연적 태도로 살아가면서도 세계를 신선한 눈으로 바라볼 수 있기 때문이다. 그리고 그는 자신이 제시하는 현상학적 체험연구의 방법을 통해, "간호함"의 의미가 환자를 "보살핌"(caring)에 있는 것이 아니라 환자를 "총체적으로 도와줌"(total support[Crotty 1996, 177 이하])에 있다는 연구결과를 제시하는데, 이러한 연구결과가 왜 초월론적 현상학적 체험연구를 통해 나온 것인지 분명하지 않다. 이러한 연구결과는 자연적 태도에서도 충분히 얻을 수 있는 것이기 때문이다.

6 팰리와 크로티의 견해에 대한 비판적 검토

우리는 앞서 제2장에서 현상학적 체험연구의 방법에 대한 팰리와 크로티의 비판적인 견해를 살펴보았다. 그들의 비판에 따르면 기존의 체험연구에서 확인할 수 있는 현상학적 환원, 본질 및 본질직관 등은 전통적현상학에 나타난 것들과 다르다. 그러나 그들의 비판은 많은 문제를 안고있다. 그러면 이제 그들의 견해를 비판적으로 살펴보자.

1) 팰리의 견해에 대한 비판적 검토

제2장에서 살펴보았듯이, 팰리에 의하면 기존의 현상학적 체험연구에서 사용되는 현상학적 판단중지 및 환원은 후설의 현상학에 등장하는 것과 다르다. 팰리에 의하면 이 양자의 결정적인 차이점은 후설의 현상학에 등장하는 현상학적 판단중지 및 환원이 초월론적 현상학으로서의 철학의 방법인 것과는 달리 기존의 현상학적 체험연구에서 사용되는 것은 철학의 방법이 아니라는 데 있다.(Paley 1997) 이러한 사실을 강조하며 팰리는 "어떤 사회과학자도 [⋯] 탐구기술로서의 판단중지를 사용할 수 있다고 주장해서는 안 되는데, 그 이유는 환원을 수행하면 즉시 환원을 수행하는 자가 사회세계로부터 배제되기 때문이다"(Paley 1997, 188)라고 주장한다.

이러한 팰리의 견해를 비판적으로 검토하기에 앞서 지적하고 넘어가야 할 점은, 그의 견해 가운데는 타당하며 아주 중요한 것도 있다는 사실이다. 그가 주장하듯이 기존의 현상학적 체험연구에서 사용되는 현상학적 환원과 관련해 실제로 몇몇 연구자들은 단적으로 그것을 초월론적 현상학적 환원의 방법과 동일한 것으로 간주하고 있다. 예를 들면 크레스웰(J.W. Creswell)은 '무전제의 학'으로서의 현상학의 이념과 관련해 "현상학적 접근은 실재적인 것, 즉 자연적 태도에 대한 모든 판단을 유보하는데 있다"(Creswell 1998, 52)고 말하면서 현상학적 체험연구에서 사용되는 현상학적 환원을 초월론적 현상학적 판단중지 및 환원으로 간주하고 있다.

그러나 팰리가 올바로 지적하고 있듯이 실제로 초월론적 현상학적 환원이 현상학적 심리학적 체험연구로서의 기존의 현상학적 체험연구를 위해 사용될 수 없음은 두말할 필요도 없다. 초월론적 현상학적 환원은 초월론적 현상학의 여러 가지 문제들을 해결하기 위한 방법이지, 현상학적 심리학의 문제를 해결하기 위한 방법이 아니다. 이와는 달리 현상학적 심리학적 환원은 현상학적 심리학의 문제를 해결하기 위한 방법이지, 초월론적 현상학의 문제를 해결하기 위한 방법이 아니다. 실제로 어떤 체험연구자가 초월론적 현상학적 환원을 수행할 경우 그는 초월론적 현상학적 체험연구는 수행할 수 있어도 현상학적 심리학적 체험연구를 수행할 수는 없다. 현상학적 심리학적 체험연구는 '자연적 태도의 일반정립'의 토대 위에서 진행되는 것이지, 그것을 판단중지한 후 초월론적 태도에서 수행되는 것이 아니기 때문이다. 현상학적 심리학적 연구를 위해 초월론적 현상학적 환원, 다시 말해 자연적 태도의 일반정립을 배제할 때 비로소 가능한 방법을 사용하려 하는 것은 모순적이다.

그러나 기존의 현상학적 체험연구의 방법인 현상학적 환원이 후설의 현상학에 등장하는 것과 전혀 무관하다는 팰리의 주장은 타당하지 않다. 앞서 살펴보았듯이, 기존의 현상학적 체험연구자들은 대부분 사실적 현상학적 심리학적 환원의 방법을 사용하고 있는데, 이것은 후설의 현상학에서 중요한 위치를 차지하는 환원이기 때문이다.

여기서 우리는 팰리가 후설의 초월론적 현상학적 환원에 대해 결정적으로 오해하고 있다는 사실을 지적하고 넘어가고자 한다. 그는 초월론적 현상학적 환원을 수행하면 "즉시 환원을 수행하는 자가 사회세계로부터 배제된다"고 말한다. 앞서 논의되었듯이 현상학적 환원은 태도변경을 뜻하며, 어떤 주체가 현상학적 환원을 수행한다고 해서 그가 사회세계로부터 배제되는 것은 아니다. 이 점에서는 초월론적 현상학적 환원도 마찬가지다. 어떤 주체가 초월론적 현상학적 환원을 수행하면 그와 함께 타인들도 초월론적 주체로 자신의 모습을 드러내며, 그를 통해 상호주관적인 초월론적 주체들, 즉 초월론적 주체들의 공동체가 자신의 모습을 드러내게 되는 것이다. 팰리의 생각과 달리, 후설의 경우 초월론적 주관은 유아론적이 아니라 다른 초월론적 주관들과 함께 살아간다는 점에서 상호주관적이다.[16]

이러한 논의를 통해 우리는 기존의 체험연구 방법을 비판하면서 팰리가 왜 그처럼 부당한 비판을 하게 되었는지 이해할 수 있다. 그 이유는 무엇보다도 그가 후설의 경우 다양한 유형의 현상학적 환원의 방법이 존재하며, 더 나아가 이들이 유기적으로 관계를 맺고 있다는 사실을 간과하고 있기 때문이다. 말하자면 그는 후설이 단 한 가지 유형의 현상학적 환원의 방법, 즉 초월론적 현상학적 환원만 개발하였으리라는 그릇된 전제에 입각해 자신의 견해를 개진하고 있는 것이다.[17]

이처럼 팰리의 비판과는 달리 기존의 현상학적 체험연구자들이 사용한 현상학적 환원의 방법이 후설의 현상학과 밀접한 관련이 있음에도 불구하고, 그들이 현상학적 체험연구를 위해 필요한 현상학적 환원의 정체에 대해서 충분히 이해하고 있지 못한 것은 사실이다. 이 점과 관련해 필자는 다음의 두 가지 사실을 지적하고자 한다.

첫째, 대부분의 기존 현상학적 체험연구자들은 서로 구별되는 다양한

16) 우리는 후설의 초월론적 주관이 상호주관적 주관이라는 사실을 이미 제4장 5절에서 살펴보았다. 이 점에 대해서는 제8장 1절에서 다시 살펴볼 것이다.
17) 이 점에 있어서는 크로티도 마찬가지다.

유형의 현상학적 환원의 방법이 존재한다는 사실과 그 각각의 정체에 대해 충분히 이해하고 있지 않다. 앞서 살펴보았듯이 몇몇 연구자들은 자신이 사용하고 있는 현상학적 환원을 초월론적 현상학적 환원으로 간주하고 있다. 그러나 이들이 실제로 사용하는 환원의 구체적인 내용을 살펴보면 우리는 그것이 초월론적 현상학적 환원이 아니라 사실적 현상학적 심리학적 환원임을 확인할 수 있다. 말하자면 이 연구자들은 자신들의 체험연구에서 사용하는 방법을 초월론적 현상학적 환원으로 오해하였던 것이다.

둘째, 기존의 현상학적 체험연구자들은 사실적 현상학적 심리학적 체험연구를 위한 두 가지 차원의 환원, 즉 포괄적인 유형의 사실적 현상학적 심리학적 환원과 구체적인 유형의 사실적 현상학적 심리학적 환원을 구별하고 있지 않다. 사실적 현상학적 심리학적 체험연구가 보다 더 튼튼한 철학적 토대 위에서 전개될 수 있기 위해서는 양자 사이의 철저한 구별이 필요하며, 앞서도 지적했듯이 학문 분야 및 탐구주제에 따라 다양한 유형의 사실적 현상학적 심리학적 환원의 방법에 대한 논의가 병행되어야 한다.

그러면 이제 본질 및 본질직관과 관련된 팰리의 비판을 검토하기로 하자. 앞서 살펴보았듯이 팰리에 의하면 지금까지 현상학적 체험연구에서 사용되어온 본질직관의 방법은 후설의 현상학에 등장하는 것과 아무런 관련이 없다.(Paley 1997) 상상적 절차를 포함하는 후설의 본질직관은 바로 보편자인 본질을 직접적으로 "직관"하는 과정이기 때문에 "어떤 추론과정, 추론과정과 유사한 활동"은 들어 있지 않으나(Paley 1997, 191), 기존의 현상학적 체험연구에서 사용된 본질직관은 "다른 사람들로부터 자료를 수집하는 과정을 포함하고 모종의 추론을 필요로 하는 경험적 활동"(Paley 1997, 191)이다. 그리고 후설의 경우 현상학적 환원과 마찬가지로 본질직관 역시 다른 사람들과의 관계가 단절된 채 유아론적으로 수행되는 것인 데 반해, 기존의 현상학적 체험연구에서 사용된 본질직관은 상호주관적으로 수행되는 것이다.

지적하고 넘어가야 할 점은, 팰리의 주장처럼 실제로 현상학적 체험연구를 수행하면서 많은 연구자들은 본질이 무엇인지, 본질직관이 무엇인지에 대해 논의하지 않는 경우가 대부분이다. 따라서 그들이 말하는 본질 및 본질직관의 정체가 불투명한 경우가 있다. 앞서 우리는 후설의 경우 본질이 무엇을 의미하는지 살펴보았는데, 본질은 무수히 많은 개별적인 대상들을 어떤 하나의 이름으로 부를 수 있도록 해주는 보편적이며 일반적인 요소이다. 그런데 기존의 다양한 현상학적 체험연구를 살펴보면, 우리는 많은 연구자들이 실제로 어떤 체험의 본질을 연구하는 것이 아니라 단지 사실적인 구조를 연구할 때도 이것을 지칭하기 위해 본질이라는 표현을 사용하는 경우도 확인할 수 있다. 즉 본질 및 본질직관이라는 개념을 정확하게 이해하지 못한 채 사용하고 있는 것이라고 할 수 있다. 이러한 점을 염두에 두면 기존의 현상학적 체험연구에서 사용된 본질 및 본질직관의 방법이 후설의 그것과는 전혀 다르다는 팰리의 주장은 부분적으로 타당하다.

그러나 팰리의 견해는 심각한 문제점을 안고 있다. 그는 후설의 본질직관의 과정에는 추론과 유사한 과정은 들어 있지 않다고 주장하는데(Paley 1997), 이러한 주장과는 달리, 후설의 경우 본질직관은 본질을 아무런 노력도 없이 단숨에 파악하는 작용이 아니라 자유변경 속에서 드러난 다양한 대상들의 차이점을 배제하고 공통점을 파악하는 과정을 포함하며, 따라서 거기에는 나름대로 '추론과 유사한 과정'이 들어 있다고 할 수 있다. 그리고 팰리는 후설의 본질직관이 마치 유아론적으로 수행되는 것처럼 생각하고 있는데, 결코 그렇지 않다. 그것은 '현상학자들의 작업공동체' 안에서 상호주관적으로 수행되는 것이다. 더 나아가 팰리는 후설의 경우 본질직관을 위해 나의 의식에 주어지는 자료 이외에 그 어떤 자료도 이용하지 않는다고 주장하는데, 이 역시 사실이 아니다. 본질직관이 상호주관적으로 수행되는 것이기 때문에 그를 위해 나의 의식에 주어지는 자료뿐 아니라, 타인으로부터 수집된 자료도 얼마든지 사용할 수 있고 사용해야 하는 것이다. 이러한 논의를 통해 알 수 있듯이 팰리의 견해는 본질직관에 대한 전적인 오해에서 비롯된 것이라 할 수 있다. 이러한 오해로 인해 팰리는 기존의 현상학적 체험연구에서 사용되는 본질직관이 후설의 그것과 전혀 다른 것이라고 주장하는 것이다.

2) 크로티의 견해에 대한 비판적 검토

제2장에서 살펴보았듯이 크로티에 의하면 기존의 현상학적 체험연구는 연구참여자의 관점에서 기술된 주관적 체험을 그 어떤 선입견도 없이 파악하는 데 목표를 둔다. 여기에 이르기 위해 필요한 것이 바로 자연적 태도에서 수행되는 판단중지의 방법이다. 그러나 이것은 전통적 현상학에서 사용된 현상학적 판단중지 및 환원의 방법과 다르다. 후자는 자연적 태도를 넘어서면서 근원적인 객관적 실재의 영역, 즉 "직접적이고 근원적이며 원초적인 체험"을 파악할 수 있도록 해주는 방법적 절차이다.

그러나 그의 비판은 여러 가지 문제점을 안고 있다.

첫째, 그는 기존의 현상학적 체험연구를 비판하면서 단 한 가지 유형의 현상학적 환원만 존재한다고 생각하는 오류를 범하고 있다. 바로 초월론적 현상학적 환원이다. 그가 현상학적 판단중지 및 환원이라고 부르는 것은 다름 아닌 이것을 뜻한다. 그 이유는 그가 현상학적 판단중지 및 환원을 위해 자연적 태도를 넘어서야 한다고 말하기 때문이다. 그러나 앞서 살펴보았듯이 초월론적 현상학적 환원만 존재하는 것이 아니라 다양한 유형의 현상학적 환원이 존재한다.

둘째, 그는 초월론적 현상학적 환원을 현상학적 체험연구를 위해 사용할 수 있는 유일한 방법으로 간주하고 있다. 이러한 맥락에서 그는 기존의 체험연구가 초월론적 현상학적 환원을 사용하고 있지 않기 때문에 문제를 안고 있다고 단정하면서 질적 연구를 위해 초월론적 현상학적 환원을 활용할 수 있는 방안을 모색하고 있다. 그러나 여타의 다양한 유형의 현상학적 환원도 현상학적 체험연구를 위해 사용될 수 있다. 초월론적 현상학적 환원이 현상학적 체험연구를 위한 유일한 방법이라는 크로티의 견해는 일종의 방법론적 일원주의로서 비현상학적이라 할 수 있는데, 이점에 대해서는 제8장 제4절에서 자세히 논의할 것이다.

셋째, 크로티는 기존의 현상학적 체험연구에서 사용되고 있는 판단중지의 방법이 진정한 의미의 현상학적 환원과 무관한 것으로 생각하고 있다. 그것은 기껏해야 연구자가 가지고 들어갈 수 있는 선입견을 배제하기 위한 조치에 불과하다. 그러나 판단중지는 현상학적 환원을 구성하는 한 가지 요소이다. 앞서 우리는 포괄적인 사실적 현상학적 심리학적 환원과 구별되는 구체적인 사실적 현상학적 심리학적 환원의 구별에 대해 논하였는데, 선입견의 배제를 뜻하는 판단중지는 구체적인 사실적 현상학적 심리학적 환원을 구성하는 한 요소이다. 이러한 환원을 수행하기 위해서는 연구자가 가지고 들어가는 선입견을 배제하면서 그에 대해 판단중지를 수행해야 하기 때문이다.

넷째, 크로티는 기존의 현상학적 체험연구에서 사용되는 현상학적 환원의 방법이 진정한 의미의 현상학적 환원이 아니라고 생각한다. 그러나 초월론적 현상학적 환원뿐 아니라, 여타의 다양한 현상학적 환원은 진정한 의미의 현상학적 환원이며 현상학적 체험연구를 위해 꼭 필요하다. 이러한 그의 잘못은 초월론적 현상학만이 유일한 현상학적 환원이라는 부당한 전제에 토대를 두고 있다.

다섯째, 초월론적 현상학적 환원에 대한 크로티의 이해는 심각한 문제를 안고 있다. 물론 초월론적 환원이 자연적 태도를 넘어서 초월론적 태도로 이행하기 위한 방법적 절차라는 크로티의 견해는 타당하다. 그러나 이러한 초월론적 현상학적 환원을 '우리가 타인과 공유하면서 자명한 것으로 받아들이는 의미들', 즉 주체들이 주관적인 의미들을 부여하여 형성된 현상의 영역에 대해 비판적인 자세를 취하면서 '선반성적 체험, 선술어적 체험'으로 진입하기 위한 과정으로 이해하는데, 이러한 그의 견해는 커다란 문제를 안고 있다. 이 점을 이해하기 위하여 우리는 초월론적 현상학적 환원을 수행할 때 우리가 경험하는 초월론적 주관의 영역은 ① 다양한 층으로 이루어진 초월론적 구성기능들과, ②그러한 기능들을 통해 구성된 다양한 층의 세계 및 대상들이라는 사실에 유의할 필요가 있다. 이처럼 두 가지 요소를 지닌 초월론적 주관의 영역이 크로티가 말하는 '선반성적 체험, 선술어적 체험'의 영역과 동일한 것이 아님은 두말할 필요도 없다.

물론 초월론적 현상학적 환원을 통해 개시되는 초월론적 주관의 영역과 크로티가 언급하고 있는 '선반성적 체험, 선술어적 체험'의 영역이 아무런 관계도 없는 것은 아니다. 이 점을 이해하기 위해서 우리는 초월론적 현상학적 환원을 통해 개시되는 초월론적 주관의 영역이 발생적 현상학적 관점에서 볼 때 다양한 층으로 이루어진 초월론적 구성기능들과, 그러한 기능들을 통해 구성된 다양한 층의 세계 및 대상들이라는 두 가지 요소로 이루어져 있다는 사실에 유의해야 한다. 물론 이 경우 두 가지 요소는 서로 무관한 것이 아니며 노에시스-노에마 상관관계 속에서 서로 분리할 수 없이 결합되어 있다. 말하자면 초월론적 현상학적 환원을 통하여 우리는 노에시스-노에마 상관관계 속에 있는 다양한 층의 초월론적 기능들과 다양한 층의 세계 및 대상들을 경험하게 되는 것이다. 이처럼 다양한 층들은 그들의 노에시스적 기능이 지닌 능동성과 수동성을 기준으로 서로 구별되는 것이다. 그리고 그중에서 가장 높은 층에는 가장 능동적인 노에시스의 층과 그에 의해 구성된 세계 및 대상들이 존재하며, 가장 낮은 층에는 가장 수동적인 노에시스의 층과 그에 의해 구성된 세계 및 대상들이 존재한다. 이처럼 다양한 층들 가운데 수동적인 층들, 즉 수동적 종합의 층들이 바로 크로티가 근원적인 객관적 실재의 영역이라고 부르는 '선반성적 체험, 선술어적 체험'의 영역에 대응하는 것이다.

이러한 논의를 통해 우리는 초월론적 현상학적 환원에 대한 크로티의 견해가 타당하지 않음을 확인할 수 있다. 초월론적 현상학적 환원이란 다양한 층으로 이루어진 초월론적 구성기능들과, 그러한 기능들을 통해 구성된 다양한 층의 세계 및 대상들이라는 두 가지 요소로 이루어진 초월론적 주관의 영역으로 진입하기 위한 방법적 절차이지, 크로티가 근원적인 객관적 실재의 영역이라고 부르는 '선반성적 체험, 선술어적 체험'의 영역으로 진입하기 위한 절차가 아니기 때문이다. 크로티가 초월론적 현상학적 환원으로 간주하는 것은 진정한 의미의 초월론적 현상학적 환원을 수행한 후 그것을 통해 개시되는 초월론적 기능들과 세계 및 대상들의 다양한 층들 가운데 발생적 관점에서 볼 때 가장 근원적인 수동적 종합의 층으로 들어가기 위한 방법적 절차이지, 자연적 태도의 일반정립의 배제를 의미하는 초월론적 현상학적 환원과 동일한 것이 아니다.

그러면 우리는 근원적인 수동적 종합의 층으로 들어가기 위해서 어떻게 해야 할까? 우리는 우선 초월론적 현상학적 환원을 수행하여 발생적인 관점에서 볼 때 다양한 층으로 이루어진 초월론적 주관의 영역을 확보한 후 가장 능동적인 층, 즉 발생적 관점에서 볼 때 가장 위에 있는 층부터 하나씩 헐어내면서 궁극적으로는 수동적인 층으로 내려가야 한다. 이러한 방법을 후설은 "헐어내기의 방법"(der Abbau[유고 C6, 1])이라고 부른다. 말하자면 크로티가 초월론적 현상학적 환원의 방법으로 간주한 것은 다름 아닌 헐어내기의 방법이다.

사실적 현상학적 심리학적
체험연구의 철학적 정초

앞서 우리는 현상학적 체험연구를 현상학적 심리학적 체험연구와 초월론적 현상학적 체험연구로 나누고 이 둘을 각각 사실적 현상학적 체험연구와 본질적 현상학적 체험연구로 나누어 네 가지 유형에 대해 살펴보았다. 그런데 경험과학에 종사하는 연구자들에게 특히 중요한 의미를 지니는 것은 사실적 현상학적 체험연구이며, 또 이것의 두 유형 가운데 더 중요한 의미를 차지하는 것은 자연적 태도의 일반정립의 토대 위에서 전개되는 사실적 현상학적 심리학적 체험연구이다. 실제로 그동안 경험과학에 종사하는 연구자들에 의해 가장 광범위하게 수행되어온 현상학적 체험연구가 이것이다.

우리는 제5장에서 사실적 현상학적 심리학적 체험연구의 방법에 대해 상세하게 살펴보았다. 그럼에도 불구하고 이 방법에 대한 앞서의 논의는 그 철학적 정초의 문제와 관련해볼 때 충분하다고 할 수 없다. 이 장에서 우리는 그에 대해 보다 더 자세히 살펴보고자 한다. 사실적 현상학적 심리학적 체험연구의 방법을 그 뿌리에서부터 이해하기 위해서는 그 철학적 정초문제를 살펴볼 필요가 있다.

이러한 목표를 위하여 우선 제1절에서 양적 연구의 영역에서 정초적 관점에서 볼 때 서로 구별되는 다양한 차원의 학문이 존재한다는 사실을 살펴보고, 제2절에서는 물리학을 예로 들어 그 철학적 정초문제를 검토하면서 그것이 물리학의 방법에 대해 어떤 의미를 함축하고 있는지 살펴볼 것이다. 이어 제3절에서 물리학의 경우와 마찬가지로 현상학적 질적 연구에서도 철학적 정초의 문제가 제기될 수 있다는 사실을 논의할 것이다. 제4~6절에서 사실적 현상학적 심리학적 체험연구와 관련해 철학적 정초의 문제를 검토하면서 그 연구의 다양한 방법, 절차, 그리고 그 설계 가능성을 살펴볼 것이다. 제7절에서 방법적인 측면을 염두에 두면서 사실적 현상학적 심리학적 체험연구와 사실적 초월론적 현상학적 체험연구의 관계를 살펴보고, 마지막 제8절에서 기존의 사실적 현상학적 심리학적 체험연구의 방법에 대해 비판적으로 검토할 것이다.

1 학문의 지형도와 학문들 사이의 정초관계

연구자가 처한 시대상황 또는 그의 지적 관심 등에 따라 학문을 분류하는 방식은 다양할 수 있다. 학문을 분류하려는 시도는 이미 고대 그리스 철학에서 시작되었다. 아리스토텔레스는 일찍이 『형이상학』 제1권 1장에서 인간의 인식유형을 구별하면서 실용적 지식, 이론적 지식, 지혜 등을 구별한다.(Aristoteles 2003, 980a-982a) 근세철학의 문을 연 데카르트는 『철학원리』 프랑스어판 번역자에게 보내는 저자 서문에서 학문 (혹은 철학) 전체를 하나의 나무에 비유하면서 뿌리는 형이상학이고, 둥치는 자연학이며, 이러한 둥치로부터 뻗어나가는 가지는 크게 기계학·의학·도덕학이라고 말하고 있다.(Descartes 1985a, 186)

후설 역시 현상학적 관점에서 학문 분류를 시도하고 있다. 이 책의 일차적인 관심이 양적 연구와 대비되는 질적 연구의 문제를 현상학적 관점에서 조망하는 데 있으므로, 우리는 이러한 관심에 따라 양적 연구와 질적 연구를 구별하면서 학문 분야에 대한 후설의 구별을 살펴보고자 한다. 양자의 정확한 구별에 대한 논의는 뒤로 미루기로 하고 양적 연구를 일단 일상적인 의미의 자연과학을 뜻하는 것으로 간주하기로 하자. 그러면 우선 양적 연구를 출발점 삼아 철학을 포함한 다양한 학문의 지형도를 그려보자.[1]

1) 응용자연과학

양적 연구방법을 사용하는 자연과학에는 다양한 유형이 있다. 그 가운

---

[1] 후설은 다양한 학문 전체를 포괄하는 학을 '보편학'이라고 부르는데, 그에 대해서는 제10장 제1절에서 현상학적 사회학을 검토하면서 다시 살펴볼 것이다.

데는 현실세계에 구체적으로 응용되면서 그것을 실제로 변화시켜 나갈 수 있는 힘을 지닌 과학이 있는데, 이것이 응용자연과학이다. 앞서 데카르트의 '학문의 나무'를 언급했는데, 응용과학이란 그중 가지에 해당하는 학문을 의미한다. 데카르트는 이런 비유를 통해 응용과학의 특성을 보여주고자 했다. 우리가 어떤 과일나무를 심어 키우고, 나중에 수확할 때 과실을 따는 부분은 뿌리도 둥치도 아니고 바로 가지이듯이, 사람들이 집단적으로 학문활동을 할 경우 현실생활에 실질적인 효용이 되는 '과실'을 최종 선사할 수 있는 것은 다름 아닌 응용과학이다. 응용자연과학의 예로는 공학·농학·의학 등을 들 수 있다.

현실적인 효용이란 관점에서 볼 때 응용과학은 그 어떤 여타 유형의 학문보다 더 중요한 의미를 지닌다. 아래에서 살펴보게 될 학문들과는 달리 언제나 냉엄한 현실과 직접적으로 접촉하면서 현실과의 부단한 교섭 속에서만 발전할 수 있는 학문이다. 나무의 가지들이 건강하고 충실해야만 많은 과일들을 딸 수 있듯이, 응용과학이 올바로 정립되어 있어야만 우리에게 구체적인 효용이 되고 현실세계도 아무런 문제 없이 돌아갈 수 있다. 응용과학은 바로 우리가 살아가면서 현실세계에서 무수히 만나는 문제들을 해결하는 데 실질적인 도움을 주는 학문이다.

따라서 인간이 지금까지 체험하지 못했던 새로운 유형의 문제에 직면하거나 문제로 여기지 않았던 것이 문제로 다가올 때 지금까지 선보이지 않았던 새로운 응용과학이 등장할 수 있다. 즉 우리 인간이 구체적으로 살아가면서 부닥치게 되는 문제들의 수만큼이나 다양한 유형의 응용과학이 존재할 수 있다. 데카르트는 학문의 나뭇가지에 해당하는 응용과학은 모두 기계학·의학·도덕학 등 세 가지 핵심적인 학문으로 환원될 수 있다고 말하고 있는데, 이러한 주장은 바로 인간이 겪게 되는 어려움 내지 문제가 크게 세 가지 유형으로 분류될 수 있다는 사실에 기인한다. 그것은 ①물리적인 외계대상들 때문에 겪는 어려움, ②자신의 신체 때문

에 겪는 어려움, 그리고 ③자신의 마음 때문에 겪는 어려움으로 분류될
수 있다. 첫 번째 어려움의 극복을 목표로 하는 것이 기계학이요, 두 번째
어려움의 극복을 목표로 하는 것이 의학이며, 세 번째 어려움의 극복을
목표로 하는 것이 바로 도덕학이다.

2) 순수자연과학

현실적인 효용의 관점에서 보자면 응용과학이 가장 중요한 학문이라
고 할 수 있으나, 과학의 내적 논리라는 관점에서 보자면 그것은 근원적
인 학문이 아니라 파생적인 학문이다. 따라서 응용과학은 그보다 더 근원
적인 학문에 토대를 두고 있는 것이다. 이는 나무의 가지가 둥치 없이는
존재할 수 없는 것과 같은 이치다. 이처럼 응용과학의 둥치에 해당하는
학문을 순수자연과학이라고 부를 수 있는데, 그 예로는 물리학·화학·생
물학 등이 있다.

순수자연과학은 응용과학과 마찬가지로 다양한 유형의 감각적 경험
을 토대로 전개되는 일종의 경험과학이며, 또한 일군의 대상에 대해 타
당한 어떤 일반적 이론의 수립을 목표로 한다. 그럼에도 불구하고 응용
과학과 커다란 차이를 보이고 있다. 응용과학이 우리가 살아가면서 부
닥치게 되는 구체적인 상황에서 전개되는 특수한 문제의 해결을, 그러
한 점에서 연구자가 처한 특수한 상황과 관련된 문제의 해결을 목표로
하는 것과는 달리 순수자연과학은 상황 제약성을 벗어나 있는 순수이론
적인 학문이다.

예를 들면 의학의 궁극의 목표가 어떤 특정한 상황 속에서 '이 순간 여
기에 있는 환자'를 치료하는 데 있는 것과는 달리, 물리학의 최종 목표는
'이 순간 여기에 있는 어떤 대상'의 정체를 파악하는 데 있는 것이 아니라
역사적이며 사회적인 상황을 벗어나 일반적인 양상에서 어떤 일군의 대
상의 정체를 파악하는 데 있다. 이처럼 물리학을 비롯한 화학·생물학 등

의 과학이 연구자가 처한 구체적인 상황에서 벗어나 있는 '순수한' 대상의 탐구를 목표로 하기 때문에 '순수자연과학'이라 불릴 수 있는 것이다.

이론의 전개라는 관점에서 볼 때 순수자연과학은 응용과학과 밀접히 연결되어 있다. 순수자연과학에서의 발견이 응용과학의 발견에 커다란 영향을 줄 수 있음은 물론이다. 다른 한편 순수자연과학이 응용과학으로부터 커다란 영향을 받을 수 있다는 사실 역시 두말할 필요가 없다. 순수자연과학의 연구 경향 및 관심은 응용과학의 연구 경향 및 관심에 의해 영향을 받을 수도 있다. 과학사의 여러 사건들은 이를 잘 보여주고 있는데, 예를 들어 화학의 발전이 연금술과 연결된 응용과학적 관심에 의해 결정적인 영향을 받았음은 잘 알려진 사실이다.

하지만 과학의 내적 논리라는 관점에서 볼 때 응용과학은 순수자연과학을 전제한다. 이것은 그 누구도 순수과학적 지식 없이는 응용과학적 지식을 획득할 수 없음을 의미한다. 예를 들어 어느 누구도 물리학적, 화학적, 생물학적 지식 등이 없이는 의학적 지식을 획득할 수 없을 것이다. 이러한 이유에서 응용과학이 가지라면 순수자연과학은 둥치에 비유될 수 있으며, 순수자연과학은 응용과학의 이론적 토대라 불릴 수 있다.

3) 영역적 존재론

순수자연과학은 그 무엇의 도움 없이도 자체적으로 존재할 수 있는 독립적인 학문이 아니다. 과학의 내적 논리라는 관점에서 볼 때 응용과학이 순수자연과학을 전제하고 있듯이, 순수자연과학 역시 보다 더 근원적인 학들을 전제한다. 그 근원직 학문 가운데 히나가 바로 영역적 존재론인데, 뉴턴의 고전물리학을 예로 들어 그것이 무엇인지 살펴보자.

『자연철학의 수학적 원리』를 살펴보면 알 수 있듯이(Newton 1960) 뉴턴의 고전물리학은 아무런 전제 없이 가능한 것이 아니다. 이 책의 입문 부분에서 뉴턴은 고전물리학적 대상과 관련한 몇 가지 중요한 전제들을 출발점으로 삼아 고전물리학 이론을 전개시키는데, 그 대표적인 예가 시간과 공간이다.(Newton 1960, 6) 우선 뉴턴의 고전물리학을 떠받들고 있는 시간에 대해 살펴보자.

뉴턴은 이 책에서 현상적 시간과 절대적 시간을 구별하고 있다. 현상적 시간은 우리가 일상적으로 만나는 대상과 관련해서 체험되는 시간, 예를 들면 하루, 한 달, 한 해 등 일상적인 삶 속에서 시간이라고 부르는 것을 의미한다. 절대적 시간은 "그 무엇과 관계없이 객관적으로 존재하며 동일한 속도로 흘러가는, 수학적으로 측정가능한 시간"을 의미한다. 이것이 뉴턴의 고전물리학의 전체 체계를 떠받들고 있는 시간이다.

뉴턴은 공간에 대해서도 동일한 설명을 하고 있다. 즉 현상적 시간과 절대적 시간의 구별이 가능하듯이 현상적 공간과 절대적 공간을 구별하는 일이 가능하다. 현상적 공간이란 우리가 일상적으로 만나는 대상과 관련해 체험되며 예를 들면 어떤 자동차 안의 공간, 어떤 배 안의 공간, 지구 내부의 공간 등을 의미한다. 절대적 공간은 그 어떤 대상과도 무관하게 객관적으로 존재하는, 수학적으로 측정가능한 공간을 의미한다. 이것이 뉴턴의 고전물리학의 전체 체계를 떠받들고 있는 공간이다.

이와 같이 뉴턴의 고전물리학은 수학적으로 측정가능한 객관적 시간과 객관적 공간이 존재한다는 전제에서 출발하고 있다. 객관적 시간과 객관적 공간은 뉴턴의 고전물리학이 다루는 모든 대상이 공유하고 있는 본질적인 속성이다. 이 본질적인 속성들을 다루는 학이 바로 뉴턴의 고전물리학의 영역적 존재론이다. 물론 그 대상이 앞서 살펴본 객관적 시간과 객관적 공간만은 아니다. 그 외에도 거리·속도 등 뉴턴의 고전물리학적 대상 전체가 지니고 있는 본질적인 속성을 전제하고 전개되는데, 뉴턴의 고전물리학의 전체 체계를 지탱해주는 이러한 본질적 속성들을 체계적으로 탐구함을 목표로 하는 것이 뉴턴의 고전물리학의 영역적 존재론이다.

우리는 고전물리학과 그것의 영역적 존재론을 명료하게 구별해야 한다. 고전물리학은 경험과학의 일종이며, 그것의 영역적 존재론은 고전물리학이 다루는 모든 대상이 공통적으로 지니고 있는 본질적인 속성들을 다루는 본질학으로서 그것은 철학의 일종이다. 그리고 경험과학자로서 뉴턴의 일차 관심은 경험과학으로서의 고전물리학이지, 고전물리학의 영역적 존재론은 아니다. 물론 고전물리학을 전개해나가는 데 필요한 한에서 뉴턴은 고전물리학의 영역적 존재론을 부분적으로 언급하지만, 주제적으로 다루고 있지는 않다. 실제로 뉴턴은『자연철학의 수학적 원리』에서 절대적 시간과 절대적 공간의 문제를 다루며, 이러한 개념을 일반인들이 잘 알고 있을 것이라고 생각하면서 간단히 언급하고 있을 뿐이다.

고전물리학의 영역적 존재론은 고전물리학적 대상 전체가 공유하는 본질적인 속성들을 다루는 학으로서 고전물리학에만 고유한 것이라 할 수 있다. 따라서 다양한 학문영역이 존재함에 따라 다양한 유형의 영역적 존재론이 존재할 수 있다. 예를 들어 생물학적 대상 전체가 공유하는 본질적인 속성들이 존재한다면 생물학의 영역적 존재론도 가능하며, 화학적 대상 전체가 공유하는 본질적인 속성들이 존재한다면 화학의 영역적 존재론도 가능할 것이다. 더 나아가 수리경제학의 영역적 존재론도, 실험심리학의 영역적 존재론도 가능하다. 여기서 '영역적 존재론'이라 부르는 이유는 그것이 특정한 대상 영역에만 타당한 본질적 속성을 다루는 학문이기 때문이다.

4) 형식적 존재론

과학의 내적 논리라는 관점에서 볼 때 경험적인 순수자연과학은 영역적 존재론만을 전제하는 것이 아니다. 그 어떤 순수자연과학도 체계적인 진술체계로서의 학으로 전개될 수 있기 위해서는 또 다른 유형의 존재론, 즉 형식적 존재론을 전제하지 않을 수 없다. 이것은 학적으로 탐구될 수 있는 대상이 충족시켜야 할 형식적인 조건 혹은 어떤 학이든 그것이 학으로서 전개될 수 있기 위해서 충족시켜야 할 형식적인 조건들을 탐구하는 학문을 말한다. 이러한 형식적인 조건들을 충족시키지 못하는 모든 진술체계는 학문의 지위를 잃고 만다.

형식적 조건을 다루는 학문의 가장 대표적인 예는 전통적인 형식논리학이다. 논리학은 다양한 유형의 타당한 추론형식을 다루는데, 어떤 진술체계도 여기에 위배될 경우 그것은 학적 이론의 구성요소가 될 수 없다. 예를 들어 "모든 A가 B이고 모든 B가 C이면 모든 A는 C이다"라는 추론형식에 위배되는 모든 진술은 그 속에 들어 있는 내용이 아무리 심오해 보여도 학적 이론의 구성요소가 될 수 없다. 타당한 학문의 한 구성요소가 되기 위해서 모든 진술체계는 이러한 추론형식을 비롯해 여타 다양한 유형의 타당한 추론형식에 위배되어서는 안 된다.

물론 형식적 존재론이 전통적인 형식논리학만을 포함하는 것은 아니다. 형식적 존재론은 전통적인 형식논리학보다 그 외연이 훨씬 더 넓다. 이러한 사실은 어떤 진술체계가 어떤 학문의 구성요소로 등장할 수 있기 위해서 갖추어야 할 형식적인 조건이 형식논리학이 제시하는 형식적 조건에만 국한되지 않는다는 것을 말한다. 실제로 어떤 진술체계가 학문의 구성요소로 등장하기 위해서는 앞서 살펴본 조건 이외에도 다양한 유형의 형식적 조건들을 만족시켜야 한다. 우리는 이러한 형식적 조건들의 예로서 "모든 전체는 그것을 구성하는 부분보다 크다", "A와 B가 같으면 A와 C의 합과 B와 C의 합은 같다", "A와 B가 같으면 A와 C의 차이와 B와 C의 차이는 같다" 등을 비롯해 여러 가지 명제들을 제시할 수 있다.

이처럼 경험적인 순수자연과학은 그것이 타당한 학이 되기 위해서 형식적 존재론을 전제하지 않을 수 없다. 두말할 것도 없이 형식적 존재론은 순수자연과학뿐 아니라 모든 여타의 학이 가능하기 위해서 충족시켜야 할 전제조건이다. 이 점에서는 순수자연과학을 전제하는 응용과학, 순수자연과학이 전제하지 않으면 안 되는 영역적 존재론도 마찬가지다. 영역적 존재론 역시 그것이 타당한 학으로 전개되기 위해서는 형식적 존재론이 제시하는 여러 조건에 위배되어서는 안 된다.

5) 초월론적 현상학

지금까지 살펴본 여러 가지 학문이 다루는 다양한 대상들은 우리의 의식과 독립적으로 존재하는 것이 사실이다. 하지만 이 모든 대상이 학적으로 탐구되기 위해서 그것들은 일단 우리의 의식에 주어지면서 경험되어야 한다. 앞서 논의되었듯이, 후설은 이렇게 경험되는 것을 대상 및 세계가 의식에 의해 구성되는 과정이라고 부른다. 이를 통해 대상 및 세계는 다양한 의미를 지닌 것으로서 우리의 의식에 주어진다. 예를 들면 내가 길을 걸으면서 경험하는 동일한 그 어떤 대상은 '나무'라는 의미, '소나무'라는 의미, '커다란 소나무'라는 의미 등 다양한 방식으로 경험된다.

이러한 점에서 우리의 의식은 다양한 의미를 지닌 대상 및 세계를 구성하는 기능이 있다고 할 수 있다. 그런데 의식은 다양한 유형의 지향성을 통해 다양한 유형의 의미를 지닌 대상 및 세계를 구성한다. 의식은 대상 및 세계를 향해 있으며 그것들과 의식적인 관계를 가지고 있는데, 그것이 다름 아닌 지향성이다. 내가 '나무', '소나무', '커다란 소나무' 등 다양한 의미를 지닌 대상으로 경험하는 것이 가능한 이유는, 나의 의식의 지향성이 다양한 방식으로 저 대상과 의식적인 관계를 맺고 있기 때문이다.

지향성을 지닌 의식이 대상을 구성하는 과정을 살펴보면, 우리는 의식이 일차적으로 대상을 막연한 양상에서 막연한 의미를 지닌 것으로 경험한 후 보다 더 구체적인 의미를 지닌 대상으로 경험해나감을 알 수 있다. 나의 의식은 내가 접하는 대상을 우선 가장 막연하게 '그 무엇'이라는 의미를 지닌 대상으로 경험한 후, 앞서 든 예처럼 '나무', '소나무', '커다란 소나무' 등 보다 더 구체적인 의미를 지닌 대상으로 경험한다. 이것은 막연한 의미를 지닌 대상의 경험에서 보다 더 구체적인 의미를 지닌 대상의 경험으로 '초월하는' 과정을 의미한다. 즉 대상 및 세계를 구성하는 의식은 '초월적' 기능을 지니고 있다고 할 수 있는데, 여기에 초점을 맞추면 의식은 '초월론적 의식'으로 정의될 수 있다.

우리가 경험할 수 있는 다양한 의미를 지닌 일체의 대상 및 세계는 구성작용이라는 뿌리로부터 구성되어 우리에게 주어지는 것이다. 구성작용은 일체의 것들이 우리에게 경험될 수 있는 가능근거이다. 그런 구성작용이 없으면, 우리는 그 어떤 대상 및 세계도 경험할 수 없고 그에 대해 논하고 탐구할 수도 없다. 이러한 이유에서 모든 것의 뿌리인 구성작용의 탐구를 목표로 하는 초월론적 현상학은 일체의 경험과학뿐 아니라 형식적 존재론과 영역적 존재론의 뿌리, 즉 정초토대라 할 수 있다. 경험과학뿐 아니라 영역적 존재론과 형식적 존재론의 정체를 그 뿌리로부터 해명하기 위해서는, 그것들이 탐구하는 다양한 대상들의 구성근거를 탐구함을 목표로 하는 초월론적 현상학적 탐구를 진행시켜야 한다. 그것을 통해 비로소 다양한 유형의 학문의 정체가 그 구성적 근거로부터 해명될 수 있다.

지금까지 우리는 다양한 차원의 학문의 지형도를 그려가면서, 어떤 차원의 학문이 논리적인 관점에서 볼 때 어떤 차원의 학문을 전제하지 않을 수 없다든가 또는 어떤 차원의 학문이 어떤 차원의 학문에 토대를 두고 있다는 사실을 언급하였다. 이처럼 우리는 어떤 두 가지 차원의 학문과 관련해 ①논리적인 차원에서 어떤 다른 학문의 전제가 되거나 또는 토대가 되는 학문과 ②그 위에서 전개되는 학문을 구별할 수 있는데, 우리는 전자를 근원적인 학문, 뒤의 것을 파생적인 학문이라 부를 수 있다. 그런데 어떤 두 유형의 학문 가운데 하나는 근원적인 학문으로, 다른 하나는 파생적인 학문으로 규정될 수 있을 경우, 파생적인 학문은 근원적인 학문에 정초되어 있다고 할 수 있다. 여기서 우리는 앞서 살펴본 다양한 차원의 학문 가운데 응용자연과학은 순수자연과학을 비롯하여 영역적 존재론, 형식적 존재론, 초월론적 현상학 등에 정초되어 있고, 순수자연과학은 영역적 존재론, 형식적 존재론, 초월론적 현상학 등에 정초되어 있으며, 영역적 존재론은 형식적 존재론과 초월론적 현상학에, 그리고 형식적 존재론은 초월론적 현상학에 정초되어 있음을 알 수 있다. 초월론적 현상학은 그 어떤 다른 학문에 정초되어 있지 않으면서 모든 여타 학문을 정초해주는 학문이다.

2 정초의 문제와 학문 방법: 고전물리학의 예

어떤 학문의 정초문제는 그 학문의 연구방법과 밀접히 연결되어 있다. 어떤 학문을 정초해주는 학문들은 그 학문에 타당한 연구방법을 제시해줄 수 있는 토대가 되기 때문이다. 그러면 이제 고전물리학을 예로 들어 순수자연과학의 정초문제가 그것의 연구방법과 어떻게 연결되어 있는지 살펴보자.

앞서 우리는 순수자연과학인 고전물리학이 응용자연과학의 정초토대이긴 하지만 그것 역시 영역적 존재론, 형식적 존재론, 초월론적 현상학 등에 정초되어 있다는 사실을 살펴보았다. 우리는 이 세 가지 차원의 철학적 현상학에 의한 고전물리학의 정초를 각기 영역적 존재론적 정초, 형식적 존재론적 정초, 초월론적 현상학적 정초라 부를 수 있을 것이다. 따라서 순수자연과학은 자신의 방법적 토대를 이러한 세 가지 차원의 철학적 현상학에서 길어오지 않을 수 없다. 그러면 이 세 가지 정초문제가 순수자연과학의 방법과 어떤 연관이 있는지 살펴보기로 하자.

1) 형식적 존재론적 정초와 고전물리학의 방법의 문제

모든 분과학문의 정초 토대인 형식적 존재론의 근본원리들은 분과학문의 방법 문제에 대해 나름대로 중요한 의미를 함축하고 있다. 이 점을 형식논리학의 근본법칙들을 예로 들어 검토해보자. "모든 A가 B이고 모든 B가 C이면 모든 A는 C이다"라는 법칙은 일단 순수형식논리적 대상들 사이의 관계를 규제하며 그러한 점에서 순수이론적인 법칙이다. 이처럼 형식논리학의 근본법칙들이 순수이론적이기 때문에 형식논리학은 순수이론적인 학문이라 할 수 있다. 그러나 형식논리학은 단순히 순수이론적인 학문에 머무는 것이 아니다. 그와 동시에 학문이 진리를 발견할 수 있는 수단을 제시해주는 방법론 역할을 담당할 수 있다.

이 점과 관련해 우리는 형식논리학이 순수논리적 대상들 사이의 관계를 규제하는 형식논리적인 법칙의 발견을 목표로 할 뿐 아니라, 발견된 순수논리적인 법칙이 모든 분과학문의 진리를 발견하기 위한 방법적 규칙을 제시해주기도 한다는 사실에 유의해야 한다. 예를 들면 형식논리학을 통해 "모든 A가 B이고 모든 B가 C이면 모든 A는 C이다"라는 법칙이 밝혀졌을 경우 그 어떤 학문에 종사하는 학자든 간에 이 규칙에 따라 "모든 A는 C이다"라고 결론지을 수 있는 것이다. 두말할 것도 없이 이러한 형식논리적 법칙뿐 아니라 모든 여타의 형식논리적 법칙, 더 나아가 모든 여타의 형식적 존재론적 법칙들도 분과학문이 진리를 발견하기 위한 방법적 규칙으로 활용될 수 있다.

순수이론적인 학으로서의 형식적 존재론이 동시에 모든 분과학문이 준수해야 할 방법적 규칙을 제시해줄 수 있는 방법론이라는 사실을 이해하기 위해서 우리는 형식적 존재론의 탐구대상이 정확히 무엇인지 이해해야 한다. 그것은 다름 아닌 학적으로 탐구될 수 있는 모든 대상이 공통으로 지니고 있는 형식적인 본질적 속성이다. 그러한 예로 우리는 앞서 살펴본 "모든 A가 B이고 모든 B가 C이면 모든 A는 C이다"라는 형식논리학의 법칙을 들 수 있다.

이처럼 우리는 그 어떤 대상을 탐구할 경우에도 그의 형식적 본질적 속성에 따라서 탐구를 수행해야 하는 것이다. 여기서 알 수 있듯이 어떤 대상의 형식적 본질적 속성은 그 대상을 경험적으로 탐구하기 위해 모든 연구자가 준수해야 할 '규범'의 역할을 담당한다. 그리고 바로 이러한 이유에서 형식적 존재론이 모든 분과학문이 준수해야 할 방법적 규칙을 제시해줄 수 있는 방법론이 될 수 있는 것이다.

방법론으로서의 형식적 존재론은 어떤 특정의 분과학문에만 고유한 방법적 규칙이 아니라, 모든 분과학문 일반에 공통적이며 형식적인 방법적 규칙을 제시해줄 수 있는 학이다. 형식적 존재론이 탐구대상으로 삼는 본질적 속성이 특정한 일군의 대상에만 고유하며 따라서 어떤 구체적인 내용을 담고 있는 것이 아니라 대상의 구체적인 내용을 사상한 후에 얻어질 수 있는, 순수형식적인 본질적 속성이기 때문이다. 예를 들면 "모든 A가 B이고 모든 B가 C이면 모든 A는 C이다"라는 논리법칙은 어떤 구체적인 내용을 지니고 있는 대상 혹은 대상들의 본질적인 속성이 아니라, 대상의 구체적인 내용이 결여되어 있는 순수형식적인 본질적 속성이다. 말하자면 학적으로 탐구될 수 있는 모든 대상이 갖추어야 할 형식적인 틀과 관련된 본질적인 속성이다. 이러한 이유에서 방법론으로서 형식적 존재론은 모든 분과학문에 공통적이며 형식적인 방법적 규칙을 제시해줄 수 있다.

방법론으로서의 형식적 존재론은 분과학문의 방법론 논의에 대해 중요한 의미를 함축하고 있지만 나름의 커다란 한계를 지니고 있다는 사실에 유의해야 한다. 방법론으로서의 형식적 존재론은 어떤 특정의 분과학문이 해당 영역의 사태를 해명하고 진리를 발견하기 위해 필요한, 그 분과학문에만 고유한 구체적인 방법을 제시해줄 수 있는 것은 아니기 때문이다. 그것은 모든 학문이 공통적으로 사용할 수 있는 지극히 형식적인 방법적 규칙들을 제시해주며, 대부분의 경우 우리가 잘 알고 있는 것이라서 의식적인 학습이 없더라도 상식이 있는 사람이라면 그러한 형식적인 방법적 규칙을 올바로 활용하면서 진리를 탐구해나갈 수 있다.

2) 영역적 존재론적 정초와 고전물리학의 방법의 문제

영역적 존재론적 정초의 문제는 고전물리학의 구체적인 방법의 문제에 대해 결정적으로 중요한 의미를 함축하고 있다. 이 점과 관련하여 우리는 어떤 특정의 분과학문이 자신에게 할당된 사태영역을 올바로 해명하기 위한 구체적인 방법적 규칙을 제시해줄 수 있는 것은 그 분과학문의 영역적 존재론이라는 사실에 유의할 필요가 있다. 앞서 살펴보았듯이 영역적 존재론이 탐구대상으로 삼는 것은 다름 아닌 그 분과학문이 다루는 대상들의 본질적 속성이다. 즉 특정 영역에 속해 있는 대상들이 공유하는 어떤 구체적인 내용을 담고 있는 본질적 속성이며, 따라서 그것은 대상영역이 바뀜에 따라 각기 다른 모습을 보이게 된다. 이러한 점에서 영역적 존재론의 탐구대상은 내용적인 본질적 속성이라 할 수 있으며, 그러한 점에서 형식적 존재론의 탐구대상인 형식적 본질과 구별된다.

이처럼 영역적 존재론이 특정의 대상영역에 고유한 구체적인 본질적 속성을 다루기 때문에 그것은 이 대상영역을 탐구하는 분과학문이 그 대상영역의 진리를 발견할 수 있는 구체적인 방법적 규칙을 제시해줄 수 있다. 마치 형식적 존재론이 제시하는 형식적인 본질적 속성에 토대를 둔 형식적인 방법적 규칙에 따라서 경험과학으로서의 분과학문이 대상을 탐구해야만 형식적인 관점에서 볼 때 대상에 대한 올바른 탐구가 가능하듯이, 영역적 존재론이 제시하는 구체적인 다양한 본질적 속성들에 토대를 둔, 내용을 지닌 구체적인 방법적 규칙에 따라서 경험과학으로서의 분과학문이 대상을 탐구해야만 구체적인 내용이라는 관점에서 볼 때 대상에 대한 올바른 탐구가 가능한 것이다.

이러한 점에서 형식적 존재론이 분과학문이 따라야 할 형식적인 방법적 규칙을 제시해주는 형식적 방법론의 역할을 수행한다면, 영역적 존재론은 분과학문이 따라야 할 구체적인 방법적 규칙을 제시해주는 내용적 방법론의 역할을 수행한다고 할 수 있다. 이 점과 관련해 앞서 어떤 대상의 본질적 속성이란 그 대상에 대한 경험적 탐구를 수행할 경우 모든 연구자가 준수해야 할 규범과 같은 성격을 지니고 있다는 사실을 지적하였다. 이러한 맥락에서 『이념들』 제1권에 나오는 다음의 구절을 음미해볼 필요가 있다.

> "방법은 밖으로부터 어떤 한 영역에 '자의적으로' 끌어다 놓은 것도, 끌어다 놓을 수 있는 것도 아니다. [⋯] 특정한 방법은 [⋯] 한 영역과 그 영역의 일반적 구조들의 근본적 유형에서 유래하는 근본규범이다."
> (Husserl 1976, 161)

이 인용문은 영역적 존재론과 구체적 방법론이 어떤 관계에 있는지 분명하게 보여주고 있다. 우선 우리는 여기에서 '한 영역과 그 영역의 일반적 구조들의 근본적 유형'이 다름 아닌 영역적 존재론이 해명을 목표로 하는 구체적인 본질적 속성을 의미한다는 사실에 유의해야 한다. 그리고 이 인용문에 나타나 있듯이, 어떤 영역에 고유한 이러한 본질적 속성은 그 영역에 속한 대상들을 경험적으로 탐구하기 위한 근본규범이 유래하는 원천인데, 이러한 근본규범이 다름 아닌 어떤 대상 영역에 대한 경험적 탐구를 위한 '특정한 방법'이다. 그리고 이것은 대상영역이 바뀜에 따라 달라질 수밖에 없으며, 따라서 그 어떤 경험과학도 자신에게 할당된 어떤 특정한 대상영역을 탐구하기 위해서 다른 학문 분야로부터 '자의적으로' 연구방법을 차용해서도 안 된다.

그러면 고전물리학의 영역적 존재론이 고전물리학의 연구방법에 대해 어떤 의미를 함축하고 있는지 살펴보자. 우선 고전물리학의 영역적 존재론을 토대로 확인할 수 있는 고전물리학적 대상의 본질적 속성을 검토할 필요가 있다. 고전물리학의 영역적 존재론은 우리에게 모든 고전물리학의 대상이 적어도 다음 두 가지 본질적 속성을 지니고 있음을 확인시켜 준다.

첫째, 그것은 수학적 수단을 통해 객관적이며 일의적으로 측정될 수 있다는 데 있다. 그 어떤 대상이 우리에게 주어질 경우 수학적 수단을 통해 일의적으로 측정될 수 없으면 그것은 결코 고전물리학의 대상이 될 수 없다. 예를 들면 뉴턴의 물리학이 다루는 모든 대상의 본질적 속성은 그것이 시간뿐 아니라 공간이라는 관점에서 볼 때 수학적 수단을 통해 일의적으로 측정될 수 있다는 데 있다. 수학적으로 측정가능한 객관적 공간·시간은 뉴턴의 물리학이 다루는 모든 대상의 본질적 속성이라 할 수 있다. 이는 뉴턴의 물리학이 다루는 모든 대상은 이러한 의미의 객관적 시간·공간에서만 존재할 수 있으며, 그 어떤 대상도 그것을 떠나 존재할 수 없음을 의미한다. 따라서 이러한 의미의 객관적 시간·공간 속에서 존재하지 않는 그 어떤 대상도 뉴턴의 고전물리학의 대상이 아니다.

예를 들면 우리가 일상적으로 살아가면서 경험하는 대상은 뉴턴적인 의미의 객관적 시간·공간이 아니다. 주관성 혹은 상호주관성을 특징으로 하는 생활세계적 시간·공간 속에서 존재하는 대상이기 때문이다. 더나아가 역사학이 탐구하고자 하는 대상 역시 역사적 시간·공간 속에서 존재하기 때문에 뉴턴의 고전물리학의 대상이 아니다. 뉴턴 물리학의 대상은 시간·공간 등을 비롯하여 여러 가지 관점에서 수학적 수단을 통해 객관적이며 일의적으로 측정될 수 있어야 한다. 이러한 점에서 수학적 수단을 통해 객관적이며 일의적으로 측정가능하다는 사실은 뉴턴의 물리학이 탐구하고자 하는 모든 대상들의 본질적 속성이라고 할 수 있다.

둘째, 뉴턴의 고전물리학은 탐구하고자 하는 모든 대상이 자연적 인과관계의 연관 속에서 존재한다는 사실을 전제한다. 그것을 벗어나 있을 경우 그 어떤 대상도 고전물리학의 탐구대상이 될 수 없다. 예를 들면 수학적 대상은 자연적 인과관계의 연관 속에서 존재하는 어떤 물리적 사건의 원인도 결과도 될 수 없다. '2'라는 수 혹은 '2 더하기 3은 5'라는 수학적 사실 등이 어떤 물리적 사건, 예를 들면 당구공이 굴러가는 사건의 원인도 결과도 될 수 없음은 두말할 필요도 없다. 당구공이 굴러가는 사건의 원인뿐 아니라 그러한 사건의 결과 역시 자연적 인과관계의 연관 속에서 존재하는 사건이지, 이러한 연관을 벗어난 수 혹은 수학적 사실이 될 수 없다. 이처럼 자연적 인과관계의 연관을 벗어나 있는 수학적 대상이 고전물리학의 탐구대상이 될 수 없음은 물론이다.

또 다른 예는 상상의 세계 속에서 존재하는 대상이다. 예를 들어 백설공주 이야기에 등장하는 일곱 난쟁이가 위기에 처한 백설공주를 구하는 사건은 자연적 인과관계의 연관 속에서 존재하는 당구공이 굴러가는 사건의 원인도 결과도 될 수 없음은 두말할 필요도 없다. 따라서 그러한 사건은 고전물리학의 탐구대상이 될 수 없다. 고전물리학의 탐구대상이 되기 위해서 모든 대상은 자연적 인과관계의 연관 속에서 존재해야 하며, 바로 이러한 사실이 모든 고전물리학적 대상의 본질적 속성이라 할 수 있다.

모든 고전물리학적 대상이 공유하는 이러한 두 가지 본질적 속성은 고전물리학의 구체적인 연구방법과 밀접히 연결되어 있다. 잘 알려져 있듯이 그 방법으로 ① 수리화의 방법, ② 인과적 설명의 방법 등을 들 수 있는데[2], 현상학적 관점에서 볼 때 이러한 두 가지 방법은 우연히 등장한 것이 아니라 고전물리학적 대상의 본질적 속성에 토대를 두고 있다. 그러면 이러한 두 가지 방법적 요소가 구체적으로 고진물리학적 대상의 본질적

---

2) 고전물리학은 이외에도 세 번째의 방법적 요소, 즉 관찰 및 실험의 방법을 가지고 있다. 고전물리학이 왜 이러한 방법을 사용해야 하는지 하는 문제는 뒤에서 초월론적 현상학적 정초의 문제와 관련하여 다루어질 것이다.

속성과 어떻게 연결되어 있는지 살펴보자.

첫째, 고전물리학은 연구자료를 수집하는 과정뿐 아니라 정리·분석 그리고 일반적인 법칙을 발견하는 과정에서 수학적인 방법을 사용한다. 그렇기 때문에 구체적으로 수리물리학이라는 형태로 전개된다. 그 이유는 모든 물리학적 대상이 수학적 수단을 통해 측정될 수 있기 때문이다. 실제로 고전물리학적 대상의 본질적 속성에 대한 이러한 인식이 없었더라면 고전물리학이 인류의 역사에서 수리물리학의 형태로 출현할 수 없었을 것이다. 이 점과 관련해 우리는 물리적 자연에 관한 체계적인 진술체계로서의 물리학이 필연적으로 수리물리학이라는 형태로 전개되어야 하는 것은 아니며, 역사적으로 볼 때도 실제로 그렇게 전개되어왔던 것은 아니라는 사실에 유의해야 한다. 아리스토텔레스의 경우 물리학은 근대적인 의미의 수리물리학의 형태로 전개되지 않았으며, 이렇게 전개된 것은 르네상스 이후 불과 몇백 년 사이에 일어난 일임은 잘 알려진 사실이다.

둘째, 고전물리학은 물리적 사건 사이의 자연인과적 연관을 해명하고자 한다. 우리는 우선 자연인과적 연관의 해명이 무엇을 의미하는지 정확하게 이해할 필요가 있다. 여기서 자연인과라는 표현은 그것이 다양한 유형의 인과관계 가운데 한 가지 유형에 불과함을 함축하고 있다. 우리는 '원인과 결과'라는 표현이 다양한 의미를 지닐 수 있다는 사실에 유의해야 한다. 아리스토텔레스는 '원인'이란 '그 무엇의 출발점'을 뜻하지만 원인이 서로 구별되는 다양한 의미로 사용될 수 있다는 사실을 지적하고 있다.(Aristoteles 2003, 1013a-b) 유명한 4원인설이 알려주듯이 그는 '원인'이라는 개념이 네 가지 서로 다른 의미로 사용될 수 있다는 사실을 지적하였다. 그 네 가지란 그 무엇의 형상적 출처로서의 원인(형상인), 질료적 출처로서의 원인(질료인), 목적과 관련된 출처로서의 원인(목적인), 그 무엇이 생겨나게 된 힘으로서의 원인(작용인) 등이다. 그런데 이 가운데 고전물리학이 일차적으로 해명하고자 하는 것은 어떤 사건이 일어나게 된

힘으로서의 원인, 다시 말해 작용인이며, 바로 자연적 인과관계는 이와 관련되는 것이다. 그런데 고전물리학이 이처럼 주로 자연적 인과관계를 다루게 된 배경에는 모든 고전물리학적 대상은 자연적 인과관계의 연관 속에서만 존재한다는, 그 본질적 속성에 대한 고유한 전제가 숨어 있는 것이다.

3) 초월론적 현상학적 정초와 고전물리학의 방법의 문제

초월론적 현상학적 정초의 문제 역시 분과학문의 방법에 대한 논의에서 중요한 의미를 지닌다. 초월론적 현상학은 분과학문의 탐구대상이 구성되는 방식을 반성적으로 탐구한다. 말하자면 분과학문의 대상이 우리에게 어떤 방식으로 경험되는가 하는 문제를 다룬다. 그런데 초월론적 현상학은 분과학문의 방법 문제에 대해 특히 중요한 의미를 지닌다. 그러면 초월론적 현상학이 고전물리학의 구체적인 방법적 토대에 대해 어떤 의미를 지니는지 살펴보자.

우리는 초월론적 현상학적 분석을 통해 고전물리학적 대상이 지니고 있는 또 하나의 본질적 속성을 확인할 수 있는데, 그것은 모든 고전물리학적 대상이 넓은 의미에서 외적 감각을 토대로 경험될 수 있다는 사실이다. 외적 감각을 통해서 경험될 수 없는 대상은 고전물리학의 대상이 될 수 없다. 예를 들어 '2'라는 숫자, '2 더하기 3은 5'라는 수학적 사실 등은 외적 감각을 토대로 경험되는 것이 아니므로 고전물리학의 대상이 될 수 없다. 더 나아가 감각작용·지각작용·판단작용·의지작용·정서작용 등 다양한 유형의 의식활동은 내적 감각 혹은 반성작용을 통해 경험될 수 있으므로, 역시 고전물리학의 대상이 될 수 없다. 이처럼 외적 감각을 통해 경험될 수 있다는 사실은 모든 물리학적 대상이 공유하는 본질적 속성이다. 이러한 본질적 속성이 초월론적 현상학적 분석, 즉 초월론적 구성적 분석을 통해서 드러나는 본질이기 때문에 이것을 앞서 살펴본

바 고전물리학의 영역적 존재론을 토대로 드러나는 본질과 구별해 고전물리학적 대상의 초월론적 구성적 본질이라 부를 수 있다.

그런데 이것은 고전물리학이 사용해야 할 또 하나의 방법이 무엇인지 보여준다. 잘 알려져 있듯이 고전물리학은 연구자료를 수집하는 과정에서 일차적으로 관찰 및 실험의 방법을 사용한다. 그 이유는 고전물리학적 대상의 초월론적 구성적 본질이 '감각'을 토대로 경험될 수 있다는 사실에 있기 때문이다. 감각을 토대로 경험되지 않으면 그 어떤 것도 고전물리학의 대상이 될 수 없다. 따라서 고전물리학은 자신의 탐구대상을 확보하기 위해서, 일차적으로 감각을 통해서 경험될 수 없는 것들의 존재에 대해 그 어떤 유형의 판단도 내리지 않는 대신 감각을 통해서 경험될 수 있는 것으로 시선을 돌려야 한다.

여기서 우리는 감각을 통해 주어질 수 없는 존재에 대해 그 어떤 유형의 판단도 내리지 않는 작업을 판단중지라 할 수 있을 것이며, 감각을 통해 경험될 수 있는 것으로 시선을 돌리는 작업을 나름의 현상학적 환원이라고 부를 수 있을 것이다. 이 경우 우리는 이러한 판단중지 및 환원을 여타 유형의 판단중지 및 현상학적 환원과 구별해 물리학적 판단중지 및 물리학적 현상학적 환원이라고 부를 수 있다. 이 점과 관련해 우리는 실제로 후설이 물리학적 탐구의 가능성 문제를 다루면서 물리학적 연구가 오직 추상작업을 토대로 해서만 가능하다는 사실을 지적하며, 이러한 추상작업을 일종의 판단중지로 간주하고 있다는 사실에 유의할 필요가 있다.(Husserl 1962, 255) 그런데 바로 이러한 물리학적 판단중지 및 물리학적 현상학적 환원을 토대로 감각을 통해 직접적으로 경험할 수 있는 대상들만을 경험하기 위한 방법이 다름 아닌 관찰과 통제된 실험의 방법이다. 여기서 우리는 감각을 통한 직접적인 경험이 다름 아닌 관찰이요, 대상에 대한 관찰이 불가능할 경우 인위적인 조작을 통해 대상에 대한 관찰을 가능하게 해주는 것이 통제된 실험이라는 사실에 유의할 필요가 있다.

지금까지 우리는 형식적 존재론, 영역적 존재론, 초월론적 현상학이 고전물리학의 방법에 대해 어떤 의미를 함축하고 있는지 살펴보았다. 이 가운데 형식적 존재론은 고전물리학의 방법의 형식적 측면과 관련하여 나름의 의미를 지니고 있으며, 영역적 존재론과 초월론적 현상학은 그 구체적인 내용의 측면과 관련하여 중요한 의미가 있다.

3 현상학적 체험연구와 정초의 문제

지금까지 우리는 양적 연구방법을 사용하는 경험과학을 출발점으로 삼아 다양한 차원의 학문들이 어떻게 다양한 정초연관 속에서 존재하는지, 그리고 이처럼 다양한 정초연관이 다양한 차원의 학문의 방법에 대해서 어떠한 의미를 지니는지 살펴보았다. 그런데 우리는 질적 연구방법을 사용하는 경험과학을 출발점으로 삼아서도 이러한 논의를 진행시킬 수 있다. 그에 앞서 다음 몇 가지 점을 지적하고자 한다.

첫째, 질적 연구방법을 사용하는 경험과학의 경우 정초연관을 해명하는 작업은 현실적인 어려움이 따른다. 그 이유는 양적 연구방법을 사용하는 경험과학이 이미 다방면에 걸쳐 정립되어 확고한 학문분과로 자리잡고 있는 것과는 달리 질적 연구방법을 사용하는 경험과학은 이제 막 학문분과로서 자리를 잡아나가는 단계에 있으며, 따라서 질적 연구방법을 사용하는 다양한 차원의 학문들이 현실적으로 확고하게 존재하지 않기 때문이다. 그럼에도 불구하고 질적 연구방법을 사용하는 경험과학들을 출발점으로 삼아 다양한 유형의 학문들이 어떤 정초연관 속에 존재하는지 논리적인 관점에서 살펴보는 일은 원칙적으로 가능하다.

둘째, 질적 연구방법을 사용하는 경험과학의 경우에도 응용과학과 순수과학의 구별은 가능할 것이다. 이 경우 양적 연구방법을 사용하는 경험과학과 마찬가지로 응용과학은 특정한 실용적 목표를 위해서 탐구되는 학문이며 순수과학은 그와 무관하게 순수이론적인 관심에서 탐구되는 학문으로 정의될 수 있을 것이다. 더 나아가 질적 연구방법을 사용하는 학문의 경우에도 논리적인 관점에서 볼 때 순수경험과학은 응용경험과학을 정초해주는 토대가 될 수 있을 것이다.

셋째, 질적 연구방법을 사용하는 경험과학의 경우에도 응용경험과학의 정초토대인 순수경험과학 역시 나름의 영역적 존재론을 정초토대로 해서 전개될 수 있을 것이다. 물론 이 경우 다양한 유형의 순수경험과학이 존재하면 그에 따라 다양한 유형의 영역적 존재론이 존재할 수 있을 것이다. 질적 연구방법을 사용하는 순수경험과학의 정초토대인 다양한 유형의 영역적 존재론이 그 내용 및 형태에 있어서 양적 연구방법을 사용하는 순수경험과학의 토대인 다양한 유형의 영역적 존재론과 다르다는 점은 두말할 필요도 없다. 물론 질적 연구방법을 사용하는 순수경험과학의 정초토대인 다양한 유형의 영역적 존재론이 서로 어떻게 연결되어 있는지, 더 나아가 이 모든 영역적 존재론을 포괄하는 보다 더 일반적인 영역적 존재론은 존재할 수 있는지 등의 문제는 다양한 유형의 영역적 존재론을 전개시켜나가면서 검토해볼 수 있다.

넷째, 질적 연구방법을 사용하는 순수경험과학 및 이러한 과학의 정초토대인 영역적 존재론은 다시 형식적 존재론에 의해 정초되어야 한다. 이러한 의미의 순수경험과학 및 영역적 존재론 역시 그것이 학문으로 정초될 수 있기 위해서는 형식적 존재론이 제시하는 여러 조건들을 충족시켜야 한다. 물론 이 경우 형식적 존재론이란 앞서 우리가 살펴본 바로 그 형식적 존재론을 말한다. 모든 유형의 학문이 학문으로서 정립될 수 있기 위해서는 형식적 존재론이 제시하는 조건들을 만족시켜야 하며, 이 점에 있어서는 질적 연구방법을 사용하는 순수경험과학과 그러한 과학의 정초토대인 영역적 존재론도 예외가 아니다. 질적 연구방법을 사용하는 학문의 형식적 존재론은 양적 연구방법을 사용하는 형식적 존재론과 동일한 것이다.

다섯째, 앞서 우리는 양적 연구방법을 사용하는 경험과학과 관련해 이러한 학문의 정체를 그 구성적 원천으로부터 해명하기 위해서는 그에 대해 초월론적 현상학적 연구를 진행시켜야 할 필요성이 있음을 살펴보았다. 이 점에 있어서는 질적 연구방법을 사용하는 다양한 유형의 경험과학도 예외가 아니다. 이러한 학문들의 정체를 그 구성적 원천으로부터 해명하기 위해서는 이 각각에 대해 그것들이 다루는 대상이 어떤 방식으로 경험되며 구성되는지 검토하면서 초월론적 현상학적 탐구를 진행시켜야 할 필요가 있다.

여섯째, 지금까지의 논의를 통해 우리는 양적 연구방법을 사용하는 경험과학과 질적 연구방법을 사용하는 경험과학에서 출발해 이러한 학문들 및 그 정초토대가 되는 다양한 차원의 학문들을 포괄하는 현대학문의 나무가 어떤 모습을 보이게 될지 이해할 수 있다. 현상학적 관점에서 볼 때 현대학문의 나무는 형이상학이라는 하나의 뿌리, 자연학이라는 하나의 둥치, 그리고 거기에서 뻗어나간 기계학·의학·도덕학을 비롯한 응용과학의 가지들로 구성되어 있는, 데카르트의 학문의 나무와는 크게 다른 모습을 보이고 있다. 현대학문의 나무는 우선 초월론적 현상학 및 형식적 존재론이라는 하나의 거대한 뿌리를 가지고 있다. 그리고 이러한 뿌리에서 커다란 두 개의 둥치가 뻗어나가는데, ① 양적 연구방법을 사용하는 순수경험과학의 정초토대인 다양한 유형의 영역적 존재론과, ② 질적 연구방법을 사용하는 순수경험과학의 정초토대인 다양한 유형의 영역적 존재론이 그것이다. 그리고 이러한 두 개의 커다란 둥치로부터 양적 연구방법을 사용하는 나양한 유형의 경험과학과 질적 연구방법을 사용하는 다양한 유형의 경험과학이 뻗어나간다.

물론 우리가 그려본 현대학문의 나무가 학문의 현실을 그대로 반영한다고 할 수는 없다. 앞서 지적했듯이, 질적 연구방법을 사용하는 다양한 유형의 경험과학이 아직 확고하게 자리잡지 못한 상황이기 때문에 우리가 그려본 현대학문의 나무는 현실뿐 아니라 미래까지도 담고 있는 것이라 할 수 있다. 더 나아가 질적 연구방법을 사용하는 경험과학과 양적 연구방법을 사용하는 경험과학이 구체적인 현상을 해명함에 있어 다양한 방식으로 결합되어 사용될 수 있기 때문에, 현대학문의 나무는 우리가 그려본 것보다 훨씬 더 복잡한 모습을 지니고 있다.

일곱째, 앞서 살펴보았듯이, 현재 양적 학문의 경우 ①관찰 및 실험, ②수리화, ③자연인과적 설명 등 표준화된 양적 연구방법이 통용되고 있다. 물론 이것은 하루아침에 하늘에서 떨어진 것이 아니라 과학혁명기 이후 수백 년의 역사를 통해 형성된 것이다. 질적 학문의 경우에는 양적 학문과 사정이 다르다. 그동안 다양한 질적 연구방법이 개발되어 사용되고 있지만 그 타당성을 둘러싼 논의가 다양하게 진행되고 있다. 이러한 점에서 질적 연구방법에 대한 현재의 논의 수준은 과학혁명기의 상황과 유사하다고 할 수 있다. 지금까지의 논의를 통해서 드러났듯이, 표준화된 질적 연구방법들을 개발하기 위해서는 무엇보다도 질적 연구방법에 대한 철학적 정초의 문제를 검토할 필요가 있다.

그러면 이제 절을 바꾸어 사실적 현상학적 심리학적 체험연구를 예로 들어 철학적 정초의 문제를 살펴보면서 그 방법에 대해 검토해보자.

4 사실적 현상학적 심리학적 체험연구의 철학적 정초와 그 방법의 문제

모든 경험과학적 연구와 마찬가지로 사실적 현상학적 심리학적 체험연구 역시 형식적 존재론적 정초, 영역적 존재론적 정초, 초월론적 현상학적 정초 등을 필요로 한다.[3] 그런데 이 가운데 사실적 현상학적 심리

---

3) 모든 경험과학적 연구는 방법적인 측면에서 볼 때 세 가지 유형의 철학적 정초를 필요로 한다. 그런데 이 가운데 형식적 존재론적 정초는 모든 경험과학에 대해 동일한

학적 체험연구의 구체적이며 내용적인 방법의 문제에 대해 결정적으로 중요한 의미를 지니는 것은 영역적 존재론적 정초와 초월론적 현상학적 정초이다. 현상학적 체험연구의 영역적 존재론은 본질적 현상학적 심리학이며 본질적 현상학적 심리학이 알려주는 체험의 몇 가지 본질적인 속성을 살펴보면 우리는 사실적 현상학적 체험연구의 방법이 무엇이며 그러한 연구가 어떤 방식으로 설계될 수 있는지 해명할 수 있다. 더 나아가 초월론적 현상학적 연구를 토대로 우리가 다양한 유형의 체험을 경험하는 과정을 해명하면 사실적 현상학적 심리학적 체험연구와 관련된 또 다른 방법적 규칙을 얻을 수 있다. 그러면 우선 사실적 현상학적 심리학적 체험연구의 영역적 존재론적 정초를 검토해보면서 이러한 정초가 저 체험연구의 방법에 대해 어떤 함축을 지니고 있는지 살펴보자.

1) 본질적 현상학적 심리학적 정초와 사실적 현상학적 심리학적 체험연구의 방법

앞서 우리는 물리학의 영역적 존재론이 물리학의 방법에 대해 어떤 의미를 함축하고 있는지 살펴보았다. 물리학이 해명하고자 하는 물리학적 대상들이 모두 자연인과적 연관 속에서 존재하기 때문에 자연인과성 및 자연인과적 연관은 물리학적 대상들의 영역적 본질이라 할 수 있다. 그렇기 때문에 물리학적 대상들을 경험적 사실로서 해명하고자 하는 물리학은 '자연인과적 설명의 방법'을 사용하지 않을 수 없는 것이다. 이처럼 어떤 영역적 본질은 그 대상영역을 탐구하기 위한 구체적인 방법적 지침을 제공해주는데, 이 점에서는 사실적 현상학적 심리학적 체험연구도 예외가 아니다.

방식으로 적용되며, 그것이 구체적으로 무엇을 의미하는지에 대해서는 이미 살펴보았으므로, 우리는 경험적 차원의 체험연구의 방법과 관련해 형식적 존재론적 정초에 대한 논의는 생략하기로 한다.

따라서 사실적 현상학적 심리학적 체험연구가 사실적으로 주어지는 체험을 연구하면서 어떤 방법을 사용해야 하는지 검토하기 위하여 우리는 사실적으로 주어지는 모든 체험에 공통적인 본질적인 속성이 무엇인지 살펴볼 필요가 있다. 앞서 살펴보았듯이, 모든 사실적인 체험이 공유하고 있는 본질적인 속성은 지향성이다. 그렇기 때문에 모든 유형의 사실적 현상학적 심리학적 체험연구는 사실적인 체험들을 '지향성의 측면'에 초점을 맞추어 탐구해야 한다. 이것은 사실적 현상학적 체험들을 탐구하기 위하여 사실적 현상학적 심리학적 체험연구가 '지향적 해명의 방법'을 사용해야 함을 뜻한다.

　이러한 점에서 사실적 현상학적 심리학적 체험연구는 '자연인과적 설명의 방법'을 사용하는 물리학을 비롯한 자연과학과 그 연구방법에서 구별된다. 여기서 자연인과적 설명의 방법과 지향적 해명의 방법의 차이를 간단하게 짚고 넘어가자. 자연인과적 설명이란 보편적인 자연법칙을 토대로 개별적인 자연현상을 설명하는 방법이다. 예를 들어 "지난밤에 수도관이 파열되었다"는 하나의 경험적 사실을 설명하기 위해서는 "여타의 조건이 동일하다면 기온이 몇 도 이하로 내려가면 수도관이 파열된다"는 일반법칙을 토대로 "지난밤에 기온이 몇 도 이하로 내려갔다"는 원인으로서 초기 조건을 제시하며, 따라서 "지난밤에 수도관이 파열되었다"는 결과를 제시하면서 지난밤에 수도관이 파열된 현상을 설명한다. 물론 이 경우 자연법칙은 수학적 개념을 사용하여 표현되며, 그러한 점에서 그것은 양적인 법칙이요 자연과학 역시 양적인 과학이 된다. 여기서 알 수 있듯이, 자연인과적 설명을 위해서는 보편성을 지니는 자연법칙의 존재가 필수적으로 요청된다.

　그러나 지향성을 지니는 인간의 체험의 경우에는 이처럼 보편성을 지니는 사실적인 법칙은 존재하지 않으며, 설령 그러한 것이 존재한다고 하더라도 그것을 통한 개별적인 체험에 대한 일반적인 설명이 중요한 의미를 지니는 것은 아니다. 오히려 인간의 체험의 경우 그것이 지니는 다양한 질적인 측면을 해명하는 일이 중요하며, 그것이 다름 아닌 체험에 대한 지향적 해명이다.

그러면 자연인과적 설명의 방법과 구별되는 지향적 해명의 방법은 구체적으로 무엇을 뜻하는가? 그러한 지향적 해명의 방법이 어떻게 체험의 본질적 구조로부터 도출되는가? 이제 이 점을 앞서 살펴본 여행체험의 본질을 예로 하여 검토해보자. 우리는 모든 여행체험의 본질을 구성하는 요소들로서 ①체험의 주체, ②지향적 대상으로서의 체험된 대상들, ③여행의 시간성, ④여행의 공간성, ⑤타인과의 관계, ⑥자기와의 관계, ⑦동기와 목적, ⑧변화와 전개과정, ⑨주체의 삶에 대한 의미, ⑩주체의 가치평가, ⑪여행의 사회적–역사적 맥락과 사회성 및 역사성 등 열한 가지를 살펴보았다.

그러면 이러한 논의가 여행체험에 대한 사실적 현상학적 심리학적 체험연구의 방법에 대해 어떤 의미를 함축하고 있는지 살펴보자. 앞서 우리는 사실적 현상학적 심리학적 체험연구가 물리학 등 자연인과적 설명의 방법을 사용하는 양적 학문과는 달리 지향적 해명의 방법을 사용한다는 사실을 보았다. 이는 어떤 대상에 대한 연구방법은 그 본질적 속성에서 도출되어야 한다는 현상학의 근본입장에서 유래한 필연적인 귀결이다. 그런데 지향적 체험으로서 여행체험은 이러한 열한 가지 본질적 요소들을 포함하고 있으며, 따라서 사실적 현상학적 심리학적 체험연구에서 어떤 사실적인 여행체험을 해명하기 위해 지향적 해명의 방법을 사용한다 함은 다음 열한 가지 관점에서 서 체험을 해명함을 뜻한다. 말하자면 물리학의 경우 자연현상이 자연인과적 설명의 방법을 통해 연구되어야 하듯이, 사실적 현상학적 심리학적 체험연구의 경우 사실적 현상학적 심리학적 체험이 지향적 해명의 방법을 통해 연구되어야 한다. 지향적 해명의 여러 측면들을 이탈리아 여행체험을 예로 살펴보자.

• 체험의 주체

이탈리아 여행체험의 주체를 해명하기 위해 연구보고서에는 어떤 사람 혹은 사람들이 여행을 했는지 여행의 주체에 대한 해명이 우선 있어야 하며, 여행 주체의 특성이 있다면 그에 대한 언급도 있어야 한다.

• 지향적 대상으로서 체험된 대상

지향적 대상으로서 체험된 대상들을 해명하기 위해서는 여행 주체는 여행 중에 어떤 것들을 경험하였고, 그러한 경험과 더불어 무엇을 생각하고 느꼈는지 등이 해명되어야 한다.

• 시간성

시간성에 대한 해명은 어떤 대상을 경험할 때 그와 관련해 주체가 느끼는 시간성은 어떠했는지, 예를 들어 주체가 경험한 대상이 아주 흥미로워서 시간이 너무 빨리 지나간 느낌을 받았는지, 아니면 대상이 너무 지루해서 시간이 아주 천천히 흘러간 느낌을 받았는지 등에 대한 해명 등을 포함한다.

• 공간성

공간성에 대한 해명은 어떤 대상을 경험할 때 그와 관련해 주체가 느끼는 대상의 공간성의 성격은 어떠했는지, 예를 들어 어떤 작품을 소장한 미술관의 공간성은 아늑하고 포근한 느낌을 주었는지, 아니면 거칠고 딱딱한 느낌을 주었는지 등에 대한 해명 등을 포함한다.

• 타인과의 관계

이 경우 타인은 함께 이탈리아 여행을 한 동료 여행자(들)일 수도 있고 여행을 하면서 만난 여러 사람들일 수도 있다. 이들 모두 여행 주체의 이탈리아 여행을 구성하는 내용이다. 그런데 타인과의 관계에 대한 해명은 동료 여행자와의 관계가 여행을 시작하기 전에는 어떠하였고, 여행을 시작하면서는 어떻게 바뀌었으며, 여행이 중간 지점·종점 등에 이르렀을 때는 어떠했는지 등에 대한 해명을 포함할 수도 있으며, 여행 중에 만난 타인들과의 다양한 관계에 대한 해명을 포함할 수도 있다.

• 자기와의 관계

이 해명은 예를 들어 여행자가 여행을 하면서 자신의 인격적 자아에 대해 어떤 느낌을 가졌는지, 여행을 시작하기 이전과 비교해 자신감이 더 많이 생겼는지 그렇지 않은지, 자신의 인격적 자아에 대한 존중감이 더 높아졌는지 그렇지 않은지 등에 대한 해명을 포함할 수 있다. 더 나아가 그 해명은 자신의 신체에 대한 관계, 예를 들어 자신의 신체상태가 여행을 시작하기 전에, 여행을 하면서, 그리고 여행을 마친 후 어떤 변화를 경험했는지 등에 대한 해명을 포함할 수 있다.

• 동기와 목적

여행 주체에 따라 이탈리아 여행을 하는 동기와 목적은 다양할 수 있다. 이탈리아 여행에 대한 지향적 해명은 이처럼 다양한 여행 주체의 동기와 목적에 대한 해명을 포함한다.

• 변화와 전개과정

여행과정에 대한 해명은 어떤 경로를 통해 여행을 했는지에 대한 해명뿐 아니라, 여행을 하면서 여행 주체가 겪었던 다양한 경험의 변화과정에 대한 해명도 포함한다.

• 주체의 삶에 대한 의미

이탈리아 여행체험에 대한 지향적 해명은 이 여행이 주체의 삶에 어떤 의미를 지니며, 또 그것이 주체의 삶에 어떤 영향을 미쳤는지 등에 대한 해명을 포함한다.

• 주체의 가치평가

가치평가에 대한 해명 역시 지향적 해명의 중요한 요소라 할 수 있다. 이 점과 관련해 우리는 자연과학에서 사용되는 자연인과적 설명의 경우 가치평가가 들어설 여지가 없으며, 그러한 점에서 지향적 해명의 방법은 자연과학에서 사용되는 자연인과적 설명의 방법과 전혀 다르다는 사실에 유의해야 한다.

• 여행의 사회적·역사적 맥락과 사회성 및 역사성

이탈리아 여행체험에 대한 지향적 해명은 그 역사적이며 사회적인 맥락에 대한 해명을 포함한다. 지향적 해명이 역사적이며 사회적인 맥락에 대한 해명을 포함한다고 하는 점에서, 지향적 해명의 방법은 그러한 맥락을 전적으로 도외시하는 자연인과적 설명의 방법과 다르다.

지금까지 우리는 이탈리아 여행에 대한 지향적 해명의 방법이 무엇을 뜻하는지 열한 개의 항목으로 나누어 간단하게 살펴보았다. 두말할 것도 없이 각각의 항목에 대해서는 더 구체적이며 자세한 논의가 필요할 것이며, 그것을 통해 이탈리아 여행에 대한 지향적 해명의 방법이 무엇을 뜻하는지 보다 더 자세하게 밝힐 수 있을 것이다.

물론 실제로 수행되는 이탈리아 여행체험에 대한 사실적 현상학적 심리학적 체험연구가 이러한 열한 개의 항목을 모두 연구해야 할 필요는 없다. 열한 개의 항목 전체에 걸친 이탈리아 여행에 대한 사실적 현상학적 심리학적 체험연구는 이탈리아 여행에 대한 가장 포괄적인 연구라 할수 있으며, 이처럼 가장 포괄적인 연구를 깊이 있게 수행할 수 있다고 하면 그것은 바람직한 일이라 할 수 있다. 그러나 이러한 연구가 가장 포괄적이긴 하지만 그것은 이탈리아 여행체험에 대해 수행할 수 있는 다양한 유형의 사실적 현상학적 심리학적 체험연구의 한 가지 예에 불과하다.

우리는 관심에 따라 하나 또는 몇 가지 항목만 취사선택해서 연구할 수도 있으며, 그에 따라 이탈리아 여행에 대한 다양한 유형의 사실적 현상학적 심리학적 체험연구가 등장할 수 있다. 그리고 열한 개의 항목들 각각도 다양한 요소로 구성되어 있기 때문에 그처럼 다양한 요소 가운데 어디에 초점을 맞추느냐에 따라 이탈리아 여행체험에 대한 다양한 유형의 사실적 현상학적 심리학적 체험연구가 가능하다. 이러한 사실을 감안하면 우리는 이탈리아 여행체험에 대한 사실적 현상학적 심리학적 체험연구가 얼마나 다양한 방식으로 전개될 수 있는지 이해할 수 있다.

지금까지 우리는 이탈리아 여행체험을 예로 들어 어떤 특정한 체험에 대한 본질적 현상학적 심리학적 연구가 그에 대한 사실적 현상학적 심리학적 체험연구에 대해 결정적으로 중요한 의미를 지니고 있음을 살펴보았다. 이탈리아 여행체험에 대한 본질적 현상학적 심리학적 체험연구는 이탈리아 여행에 대한 사실적 현상학적 심리학적 체험연구가 사용해야 할 지향적 해명의 방법의 구체적인 모습이 무엇인지 잘 보여주고 있다. 그런데 우리는 이탈리아 여행체험에 대해서뿐만 아니라 무수한 우리의 모든 생활세계적 체험에 대해서도 동일한 방식의 본질적 현상학적 심리학적 연구를 수행하면서, 각각의 체험에 대한 지향적 해명의 방법의 정체를 해명할 수 있을 것이다. 이 점과 관련하여 우리는 다음 몇 가지 사실에 유의할 필요가 있다.

첫째, 필자가 제시한 열한 가지의 본질적 요소들이 여행체험의 본질적 속성을 모두 포괄하는 것인지 하는 점은 더 검토할 필요가 있다. 그리고 여행체험의 본질적인 속성에 대한 분석이 꼭 이러한 방식으로만 이루어질 수 있는지 하는 점 역시 더 검토해야 할 것이다.

둘째, 모든 유형의 생활세계적 체험이 이탈리아 여행체험처럼 열한 가지의 본질적 요소들을 가지고 있는 것은 아니다. 각각의 체험유형에 따라 본질적 요소의 수와 내용은 바뀔 수 있다. 예를 들어 '절대자와의 관계', '내세에 대한 기대' 등은 종교적 체험을 구성하는 본질적인 속성이며, 그러한 점에서 그것은 종교적 체험의 핵심적인 본질적 요소임에도 불구하고 우리는 이 두 가지를 이탈리아 여행체험을 구성하는 본질적 요소로 간주하지 않았다. 물론 종교적 체험은 이탈리아 여행체험과 관련하여 우리가 살펴본 열한 가지의 본질적 요소를 모두 가지고 있으며, 그러한 점에서 우리는 종교적 체험이 여행체험보다 더 많은 본질적 요소를 가지고 있음을 알 수 있다. 어떤 체험이 몇 가지 본질적 요소를 가지고 있는지는 그 체험에 대한 구체적인 본질적 현상학적 분석을 통해 확정해야 한다.

셋째, 본질적 요소의 수는 체험의 성격에 의존한다. 이 점과 관련해 우리는 생활세계적 체험을 발생적 현상학적 관점에서 수동적인 체험과 능동적인 체험으로 구별할 수 있다.[4] 즉 어떤 체험이 얼마나 많은 본질적 요소를 가지고 있느냐 하는 점은 그 체험이 얼마나 능동적인지 혹은 수동적인지 하는 점과 밀접한 관계가 있다. 어떤 체험이 능동적인지 수동적인지를 가르는 기준은 그 체험을 하면서 주체의 의지적인 노력이 얼마나 들어가느냐 그렇지 않으냐 하는 점이다. 우리는 우리의 다양한 체험들을 능동성과 수동성을 기준으로 하여 다양한 층으로 나눌 수 있다. 예를 들어 우리는 우리의 다양한 체험들을 ①우리의 의지적인 노력이 가장 많이 들어가는 능동적인 층인 학문적 체험, 예술적 체험, 종교적 체험의 층, ②

---

4) 발생적 현상학 및 능동적 체험과 수동적 체험의 구별에 대해서는 이남인 2013, 제6장 참조.

일상적인 삶 속에서 확인할 수 있는 체험의 층, ③다양한 감각적 체험의 층, ④꿈 등을 비롯한 무의식적인 체험의 층 등으로 나누어볼 수 있다. 두 말할 것도 없이 우리는 이 각각의 체험에 대해 사실적 현상학적 심리학 적 체험연구를 수행할 수 있다. 그런데 지향적 해명의 방법을 통해 이 각 각의 층에 있는 다양한 유형의 체험을 연구함에 있어 결정적으로 중요한 의미를 지니는 것은 앞서 살펴본 본질적 요소다. 그리고 일반적으로 보다 더 능동적인 체험이 보다 더 수동적인 체험보다 더 많은 본질적 요소를 가지고 있다. 예를 들어 학문석 체험과 감각적 체험을 비교해보면 학문적 체험과는 달리 순간순간 이루어지는 감각적 체험은 자기와의 관계, 타인 과의 관계, 동기와 목적, 가치평가 등의 본질적 요소를 가지고 있지 않을 수도 있다.

2) 본질적 초월론적 현상학적 정초와 사실적 현상학적 심리학적 체험연구의 방법

지금까지 우리는 사실적인 생활세계적 체험에 대한 본질적 현상학적 심리학적 분석을 토대로 사실적 현상학적 심리학적 체험연구의 방법적 요소의 한 가지로서 자연인과적 설명의 방법과는 구별되는 지향적 해명 의 방법의 정체에 대해 살펴보았다. 그러나 지향적 해명의 방법만으로 사 실적 현상학적 심리학적 체험연구가 수행될 수 있는 것은 아니다. 사실 적 현상학적 심리학적 체험연구의 또 다른 방법적 요소를 검토하기 위하 여 우리는 사실적 심리학적 체험들에 대한 초월론적 현상학적 분석을 수 행할 필요가 있다. 앞서 우리는 물리학적 대상에 대한 초월론적 현상학적 연구가 물리학의 방법에 대해 가지는 함축의 의미를 살펴보았다. 물리학 적 대상의 경험방식에 대한 초월론적 현상학적 연구가 보여주듯이, 물리 학적 대상이 원칙적으로 외적 지각을 통해 경험되기 때문에 물리학은 외 적 지각에 토대를 둔 관찰과 실험의 방법을 사용하지 않을 수 없다. 이와 마찬가지로 사실적 현상학적 심리학적 체험들에 대한 초월론적 현상학적 분석을 수행할 경우, 우리는 사실적 현상학적 심리학적 체험연구를 위해 앞서 살펴본 방법들 이외에 또 다른 방법들이 필요함을 확인할 수 있다.

사실적 현상학적 심리학적 체험연구의 구체적인 방법들을 살펴보기 위하여, 우리는 사실적 현상학적 심리학적 체험연구가 1인의 연구자에 의해 수행되는 경우를 예로 들어 구체적으로 어떤 유형의 방법이 사용되는지 살펴보자. 연구자가 1인일 경우 사실적 현상학적 심리학적 체험연구는 연구자와 연구참여자가 동일한 경우와 연구자와 연구참여자가 다른 경우 두 가지로 나누어진다. 그러면 이 두 경우의 사실적 현상학적 심리학적 체험연구를 위해 어떤 방법들이 사용되어야 하는지 살펴보기로 하자.

• 연구자와 연구참여자가 동일한 경우

연구자와 연구참여자가 동일한 사실적 현상학적 심리학적 체험연구는 연구자가 자기 자신의 체험을 연구하는 경우를 말한다. 흔히 사람들은 체험연구라 하면 연구자와 연구참여자가 다른 경우를 생각하기 때문에 이런 유형의 체험연구의 존재에 대해 의아하게 생각할 수도 있다. 실제로 기존의 체험연구를 살펴보면 이러한 유형의 체험연구는 거의 존재하지 않는다. 제1장에서 우리가 살펴본 기존의 현상학적 체험연구 가운데도 연구자와 연구참여자가 동일한 연구는 없었다. 그럼에도 불구하고 연구자와 연구참여자가 동일한 사실적 현상학적 심리학적 체험연구는 가능하며, 뒤에서 논의하겠지만, 이러한 유형의 사실적 현상학적 심리학적 체험연구는 여타 유형의 사실적 현상학적 심리학적 체험연구를 위해 방법적인 관점에서 결정적으로 중요한 의미를 지닌다. 그러면 이처럼 연구자와 연구참여자가 동일한 사실적 현상학적 심리학적 체험연구를 위해 우리는 어떤 방법을 사용해야 하는가?

우선 연구자와 연구참여자가 동일한 사실적 현상학적 심리학적 체험연구의 경우에도 모든 유형의 사실적 현상학적 심리학적 체험연구와 마찬가지로 연구자는 자신의 체험에 대해 사실적 현상학적 심리학적 환원을 수행해야 한다. 이 경우 사실적 현상학적 심리학적 환원은 그것의 유효범위가 연구자 자신의 체험들에 한정되기 때문에 "자아론적 환원"(die egologische Reduktion[Husserl 1968, 262])의 형태로 수행된다. 이러한 자아론적 환원의 형태로 수행되는 사실적 현상학적 심리학적 환원을 통하여 연구자는 체험류 속에서 존재하는 자신의 체험 전체를 향해 시선을 돌릴 수 있다.[5)]

이처럼 연구자가 자아론적 형태를 보이는 사실적 현상학적 심리학적 환원을 수행한 후 그는 그것을 통해 개시되는 자기 자신의 체험의 내용을 구체적으로 분석하기 위하여 현상학적 반성의 방법을 사용해야 한다. 현상학적 반성의 방법이란 체험류 속에서 존재하는 다양한 체험들 하나하나에 초점을 맞추어 그것들을 분석하기 위한 방법이다. 이러한 현상학적 반성이 현상학적 심리학적 태도에서 수행되기 때문에 우리는 그것을 현상학적 심리학적 반성이라 부를 수 있다. 이러한 현상학적 심리학적 반성은 자연적 태도의 일반정립의 토대 위에서 수행되는 것이며, 그러한 점에서 그것은 자연적 태도의 일반정립을 벗어나 초월론적 현상학적 태도에서 수행되는 초월론적 현상학적 반성과 구별된다.

물론 이러한 현상학적 심리학적 반성 역시 다양한 형태로 수행될 수 있다. 예를 들어 그것은 연구자가 현재 시점에서 자신에게 경험되는 체험을 분석하기 위해서 사용될 수도 있다. 주체에게 현재 시점에서 현전의 양상

---

5) 연구자와 연구참여자가 동일한 연구도 자아론적 환원뿐 아니라 뒤에서 논의될 상호주관적 환원을 필요로 한다. 연구자와 연구참여자가 동일한 연구를 수행하기 위하여 연구자는 다양한 문학작품이나 영화 또는 다른 이들의 사례 등을 살펴보기도 하고 타인의 관점에서 자신을 바라볼 필요도 있는데, 이를 위해서는 상호주관적 환원을 수행해야 하기 때문이다.

에서 현출하는 체험에 대한 파악을 내적 지각이라고 부르기 때문에 우리는 현재 시점에 주어지는 체험에 대한 현상학적 심리학적 반성을 지각적인 심리학적 현상학적 반성이라 부를 수 있을 것이다.

그러나 현상학적 심리학적 반성이 단지 지각적인 현상학적 심리학적 반성의 형태로 수행될 수 있는 것만은 아니다. 우리는 현재 시점에서 주어지는 체험뿐 아니라 과거의 체험에 대해서도 기억을 통해 현상학적 심리학적 반성을 수행할 수 있다. 예를 들어 내가 지난 여름 경주 여행을 하면서 경험했던 여러 가지 체험들을 기억 속에 떠올리면서 그에 대해 현상학적 심리학적 반성을 수행할 수 있다. 우리는 이처럼 기억 속에서 수행되는 현상학적 심리학적 반성을 앞서 살펴본 지각적인 현상학적 심리학적 반성과 구별해 기억적인 현상학적 심리학적 반성이라고 부를 수 있을 것이다.

더 나아가 우리는 원칙적으로 앞으로 다가올 나의 체험에 대해서도 현상학적 심리학적 반성을 수행할 수 있다. 예를 들어 내일 제주도로 여행을 떠날 경우 나는 내가 경험할 제주도에서의 체험들을 미리 떠올리면서 그에 대해 현상학적 심리학적 반성을 수행할 수 있다. 우리는 앞서 살펴본 두 가지 유형의 현상학적 심리학적 반성과 구별해 이처럼 예상 속에서 수행되는 현상학적 심리학적 반성을 예기적인 현상학적 심리학적 반성이라 부를 수 있을 것이다.

그러나 나의 모든 체험이 현상학적 심리학적 반성을 통해서 경험될 수 있는 것은 아니다. 우선 나의 기억이 도달할 수 있는 한계 너머에 내가 기억할 수 없는 수없이 많은 체험들이 존재한다. 예를 들어 나는 나의 유아 시절의 체험에 대해 많은 것을 기억하지 못하며 모태 속에 있을 때의 나의 체험에 대해서는 대부분 기억하지 못한다. 그리고 나는 현재 시점에서 수동적인 양상으로 수행되는 나의 체험들 가운데 많은 것에 대해 알지 못하며, 더 나아가 꿈을 비롯해 무의식적으로 작동하는 많은 체험들에 대해서도 알지 못한다. 이처럼 나의 의식의 한계를 넘어서는 많은 체험들에 대해 나는 현상학적 심리학적 반성을 수행하면서 그것을 파악할 수 없다.

그러면 이처럼 연구자가 현상학적 심리학적 반성을 통해서 직접적으로 알 수 없는 체험을 연구자는 어떤 방식으로 파악할 수 있을까? 이것을 해명하기 위해서 연구자는 해석의 방법을 사용해야 한다. 말하자면 연구자는 해석의 방법을 사용하여 자신의 과거의 체험, 수동적인 체험 등을 재구성해야 하는 것이다. 예를 들어 나는 망각 속으로 빠져버린 나의 어린 시절의 체험을 해명하기 위하여 그 체험과 관련해 나의 부모를 비롯해 타인이 전해주는 이야기를 듣고 해석을 통해 그에 대해 재구성할 수 있다.

• 연구자와 연구참여자가 다를 경우

연구자와 연구참여자가 다를 경우에도 연구자는 연구참여자의 체험을 연구하기 위하여 일차적으로 사실적 현상학적 심리학적 환원의 방법을 사용해야 한다. 그 이유는 사실적 현상학적 심리학적 환원을 사용하지 않을 경우 연구자는 사실적 현상학적 심리학적 체험연구의 대상인 연구참여자의 체험을 사실적 현상학적 심리학적 체험으로서 경험할 수 없기 때문이다. 이러한 점에서 사실적 현상학적 심리학적 환원은 연구자와 연구참여자가 같은 경우든 그렇지 않든 보편적으로 사용되는 방법이다. 그런데 연구자와 연구참여자가 다를 경우 사용되는 사실적 현상학적 심리학적 환원은 연구자와 연구참여자가 같을 경우 사용되는 사실적 현상학적 환원과 약간 성격을 달리한다. 이 경우 사실적 현상학적 심리학적 환원이 해명하고자 하는 것은 연구자 자신의 체험이 아니라 연구참여자의 체험이기 때문이다. 이처럼 이 경우 사실적 현상학적 심리학적 환원이 목표로 삼는 것은 타인의 체험으로 연구자의 시선을 집중하는 데 있으므로, 우리는 이러한 환원을 앞서 살펴본 '자아론적 환원'과 구별해 "상호주관적 환원"(Husserl 1968, 262)이라 부를 수 있다.

그런데 상호주관적 환원으로서의 사실적 현상학적 심리학적 환원을 수행한 후 연구자는 타인의 체험을 분석하기 위해서 현상학적 반성의 방법을 사용할 수 없다. 그 이유는 현상학적 반성의 방법은 연구자 자신의 체험을 분석할 수 있는 방법이지, 타인의 체험을 분석할 수 있는 방법이 아니기 때문이다.

연구자는 연구참여자의 체험을 해명하기 위하여 다양한 유형의 해석의 방법을 사용해야 한다. 이 경우 타인의 체험에 대한 해석은 타인의 표정·동작·말 등 다양한 유형의 신체적 표현을 해석하는 형태로 이루어지기도 하고 경우에 따라 타인이 남긴 예술작품·글 등을 해석하는 형태로 이루어지기도 한다.

이처럼 연구자와 연구참여자가 다를 경우 상호주관적 환원의 형태로 이루어지는 사실적 현상학적 심리학적 환원과 해석의 방법이 주로 사용된다. 이때 사용되는 해석의 방법은 경우에 따라 조금씩 다른 모습을 보일 수 있다. 예를 들어 연구자와 연구참여자가 동시대에 살고 있을 때 양자 사이에 대면이 가능한 경우와 그렇지 않은 경우가 있을 수 있다. 이 두 경우 사용되는 해석의 방법은 서로 다르다. 양자 사이의 대면이 가능할 경우 연구자는 주로 연구참여자의 표정·동작·말 등을 토대로 연구참여자의 체험을 해석하게 되며, 양자 사이의 대면이 불가능할 경우 연구자는 주로 연구참여자가 남긴 글 등을 토대로 연구참여자의 체험을 해석한다.

이외에도 우리는 연구자가 연구참여자의 체험을 해석할 때 ① 연구자와 연구참여자 사이에 언어적 소통이 가능한 경우와 그렇지 않은 경우, ②연구자가 연구참여자와 동일한 시대에 살고 있는 경우와 그렇지 않은 경우, ③연구자가 연구참여자와 동일한 사회 내지 문화권에 속하는 경우와 그렇지 않은 경우 등으로 나누어, 이 각각의 경우 해석이 각기 어떻게 다른 모습을 보이는지 해명할 필요가 있는데, 그에 대한 구체적인 논의는 생략하기로 하자.

지금까지 우리는 사실적 현상학적 심리학적 체험연구의 방법으로서 ①자아론적 환원의 형태와 상호주관적 환원의 형태로 수행되는 사실적 현상학적 심리학적 환원의 방법, ②지각적 형태, 기억적 형태, 예기적 형태 등으로 수행되는 다양한 유형의 현상학적 심리학적 반성의 방법, ③다양한 유형의 해석의 방법 등에 대해 살펴보았다.

• 연구자와 연구참여자가 동일한 체험연구의 의의

지금까지 우리는 연구자와 연구참여자가 동일한 경우와 그렇지 않은 경우로 나누어 사실적 현상학적 심리학적 체험연구의 다양한 방법에 대해 살펴보았다. 대부분의 사실적 현상학적 심리학적 체험연구는 두 번째 유형으로 진행되고 있기 때문에 사람들은 첫 번째 유형의 연구가 무슨 의미를 지니고 있을까 하는 의문을 제기할 수도 있다. 무엇보다도 이 점과 관련해 우리는 이러한 연구가 연구자 자신이 주관적인 체험을 단순히 보고하는 것 이상의 어떤 의미가 있을지 의아해할 수 있을 것이다. 그러나 연구자와 연구참여자가 동일한 체험연구는 나름의 중요한 의미를 지니고 있는데, 이 점과 관련해 다음 몇 가지 사실을 지적하고자 한다.

첫째, 우리는 방법론적 관점에서 볼 때 연구자 자신의 체험에 대한 해명과 타인의 체험에 대한 해석 사이에 긴밀한 관계가 존재한다는 사실에 유의할 필요가 있다. 이 점과 관련해 우리는 연구자는 자신이 어떤 체험을 가지고 있지 않다면 그와 유사한 타인의 체험을 해석할 능력이 없다는 사실에 유의해야 한다. 예를 들어 어떤 종류의 통증도 체험해본 적이 없는 사람은 다른 사람의 통증 체험도 이해할 수 없으며, 산고를 경험해본 적이 없는 사람은 타인의 산고를 대하면서 그 사람의 산고를 생생하게 이해할 수 없다. 이것은 방법론적 관점에서 보자면 자신의 체험에 대한 이해가 타인의 체험에 대한 이해를 위한 전제조건이 됨을 뜻한다. 그리고 자신의 체험에 대한 이해가 생생하고 구체적일수록 타인의 체험에 대한 이해 역시 그만큼 더 생생하고 구체적으로 이루어질 수 있다.

이처럼 자아론적 환원의 형태로 수행되는 사실적 현상학적 심리학적 환원 속에서 이루어지는 체험에 대한 다양한 유형의 현상학적 반성은, 상호주관적 환원의 형태로 수행되는 사실적 심리학적 현상학적 환원 속에서 이루어지는 타인의 체험에 대한 다양한 유형의 해석을 위해 방법론적 관점에서 볼 때 결정적으로 중요한 의미를 가진다. 이러한 이유에서 사실적 현상학적 심리학적 체험연구를 수행하고자 하는 연구자가 일차적으로 해야 할 작업은 자아론적 형태로 수행되는 사실적 현상학적 심리학적 환원을 수행하고, 그것을 토대로 자신의 체험에 대한 다양한 유형의 현상학적 반성을 수행하면서 자신의 체험을 구체적으로 해명하는 방법을 습득하는 일이다.[6] 그리고 이러한 작업을 위한 선행조건은 연구자가 자신이 해명하고자 하는 체험을 구체적으로 체험해보도록 노력하는 일이다. 이러한 노력을 통하여 연구자는 타인과의 공감능력을 키워가면서 타인의 체험을 보다 더 잘 이해하고 그에 대해 더 잘 해명할 수 있게 될 것이다.

둘째, 연구자와 연구참여자가 동일한 유형의 사실적 현상학적 심리학적 체험연구의 결과가 그렇지 않은 연구결과보다 일반적으로 더 높은 수준의 명증성을 지닌다. 예를 들어 지각의 형태로 수행되는 사실적 심리학적 현상학적 반성을 통해 도출되는 연구결과는 타인의 신체적 표현을 매개로 수행되는 해석을 통해 도출되는 연구결과에 비해 보다 높은 수준의 명증성을 지닌다. 물론 연구자와 연구참여자가 동일한 유형의 사실적 현

---

6) 제1장 5절에서 살펴보았듯이 반 매넌 역시 이 점을 지적한다.

상학적 심리학적 체험연구의 다양한 방법을 통해 도출되는 연구결과들이 동일한 수준의 명증성을 지니는 것도 아니고, 연구자와 연구참여자가 다른 유형의 사실적 현상학적 심리학적 체험연구를 통해 도출되는 연구결과들이 모두 동일한 수준의 명증성을 지니는 것도 아니다.

이 점을 연구자와 연구참여자가 동일한 유형의 체험연구를 예로 들어 살펴보자. 앞서 우리는 이러한 유형의 체험연구에서 지각적 유형, 기억적 유형, 예기적 유형의 반성의 방법이 사용되며 다양한 유형의 해석의 방법이 사용된다는 사실을 살펴보았다. 이러한 여러 가지 방법 가운데 현상학적 반성의 방법을 통해 도출되는 연구결과는 해석의 방법을 통해 도출되는 연구결과보다 더 높은 수준의 명증성을 지닌다. 그리고 다양한 유형의 현상학적 반성의 방법 가운데서도 지각적 유형의 반성적 방법을 통해 도출되는 연구결과가 기억적 유형이나 예기적 유형의 현상학적 반성의 방법을 통해 도출되는 연구결과보다 더 높은 수준의 명증성을 지닌다.

셋째, 이처럼 연구자와 연구참여자가 동일한 유형의 연구가 그렇지 않은 유형의 연구에 비해 더 높은 수준의 명증성을 지니고 있기 때문에 그러한 연구는 방법론적으로 중요한 의미를 지닌다. 그럼에도 불구하고 이러한 유형의 체험연구에 대해 그것이 단순히 한 개인의 주관적인 체험에 대한 개인적인 보고를 넘어설 수 없지 않느냐는 비판이 제기될 수 있는 것도 사실이며, 실제로 이러한 유형의 연구가 객관성을 담보하는 데 어려움을 안고 있을 수도 있다. 이 점을 극복하기 위해서 우리는 이러한 연구를 단순히 연구자와 연구참여자가 1인이 아닌 다수의 집단연구로 바꾸어, 그것이 주관적 명증성이 아니라 상호주관적 명증성을 확보하도록 할 수 있다. 이 경우 동일한 체험을 한 여러 사람들이 모여 각자 자신들의 체험들에 대해 보고하고 토론하면서 그 정체를 해명할 수 있을 것이며, 사실적 현상학적 심리학적 체험연구는 단순히 주관적으로 머물지 않고 어느 정도 상호주관성 내지 객관성을 확보할 수 있을 것이다. 연구자와 연구참여자가 동일한 유형의 사실적 현상학적 심리학적 체험연구가 방법론적 관점에서 볼 때 지니고 있는 결정적인 의미를 고려하면 이러한 유형의 사실적 현상학적 심리학적 체험연구는 아주 중요한 의미를 지니며, 앞으로 이러한 유형의 연구가 활발하게 수행될 필요가 있다.

5 사실적 현상학적 심리학적 체험연구의 절차와 방법

그러면 지금까지의 논의를 토대로 사실적 현상학적 심리학적 체험연구를 수행하는 과정에서 앞서 논의된 다양한 방법들을 실제로 어떻게 활용하면서 다양한 유형의 사실적 현상학적 심리학적 체험연구를 수행할 수 있는지 살펴보자. 모든 사실적 현상학적 심리학적 체험연구는 그 핵심 내용만을 보자면 ① 연구의 목표설정을 비롯한 연구준비단계, ② 자료수집단계, ③ 자료분석단계, ④ 자료분석을 통한 연구결과의 도출단계, ⑤ 연구보고서 작성단계 등으로 구성되는데, 다양한 유형의 사실적 현상학적 심리학적 체험연구들을 염두에 두면서 구체적으로 어떤 방법들을 사용해 체험연구가 수행되는지 살펴보자.

1) 연구준비단계와 연구 전체의 조감도 마련

모든 연구와 마찬가지로 사실적 현상학적 심리학적 체험연구에서도 연구준비단계는 아주 중요한 의미를 지닌다. 첫 단추가 올바로 채워지지 않을 경우 옷을 제대로 입을 수 없듯이, 연구준비가 제대로 이루어지지 않으면 그 후 연구 전체가 혼선에 빠지면서 올바로 진행되지 않을 수도 있기 때문이다. 이러한 점에서 연구준비단계는 장차 수행될 연구 전체의 조감도를 마련하는 단계라 할 수 있다. 바로 이 조감도가 연구준비단계가 끝난 후 수행되는 일련의 연구과정 전체를 이끈다. 따라서 연구자는 연구준비단계에서 연구주제의 설정, 자료수집의 방법, 자료분석의 방법, 연구결과 보고서 작성 등 연구 전체와 관련된 조감도를 마련해야 한다. 이 점과 관련해 우리는 다음과 같은 사실에 유의할 필요가 있다.

첫째, 연구준비단계에서 무엇보다도 중요한 것은 연구의 목표를 정확하게 설정하는 일이다. 어떤 연구도 전체 연구를 주도하는 목표가 없이는 의미가 없다. 물론 연구의 목표는 이론내재적인 관점에서 정립될 수도 있으나, 사실적 현상학적 심리학적 체험연구의 궁극적인 목표가 우리가 현실에서 직면하는 다양한 문제들을 극복하는 데 있는 만큼 이론적 차원을 넘어 구체적인 현실적합성을 고려하면서 연구목표를 설정해야 한다. 연구목표를 올바르게 설정하는 일은 사실적 현상학적 심리학적 체험연구가 제대로 수행되기 위한 기본 조건이다.

둘째, 연구목표와 더불어 설정되어야 할 것은 연구주제이다. 연구주제를 설정함에 있어 가장 중요한 것은 가능한 한 구체적으로 설정하는 일이다. 연구주제가 막연하게 설정될 경우 연구자료 수집, 자료분석 등이 구체적으로 이루어지지 않으면서 연구가 난항을 겪고 유의미한 연구결과가 도출되지 않을 수도 있다. 예를 들어 음주체험을 연구할 경우 '음주체험에 대한 연구', '대학 신입생들의 음주체험 연구', '대학 신입생들의 입학 후 1개월 사이의 음주체험에 대한 현상학적 연구' 등 다양한 방식으로 연구주제를 설정할 수 있다. 그런데 첫 번째 경우처럼 연구주제를 '음주체험에 대한 연구'라고 설정할 경우 연구자는 연구대상을 어떻게 설정해야 할지 하는 문제부터 시작해 여러 가지 난관에 봉착할 수밖에 없다. 이와는 반대로 세 번째 경우처럼 연구주제를 '대학 신입생들의 입학 후 1개월 사이의 음주체험에 대한 현상학적 연구'라고 설정할 경우, 연구주제가 비교적 구체적이기 때문에 연구자는 연구대상의 설정, 연구자료의 수집 등 연구와 관련된 제반사항에 대해 분명한 안목을 가질 수 있을 것이다. 세 번째 예의 경우처럼 연구주제를 설정함에 있어 '현상학적'이라고 연구방법을 구체적으로 적시해주는 일도 중요하다.

셋째, 연구자는 연구주제의 설정과 더불어 어떤 유형의 연구자료를 사용할 것인지, 그리고 그러한 자료를 어떻게 확보할 것인지 하는 점에 대한 청사진을 마련해야 한다. 대학 신입생들의 음주체험과 관련된 연구자료는 다양하다. 예를 들어 대학 신입생들의 음주체험에 대한 일간지 기사, 음주체험을 한 대학 신입생들에 대한 인터뷰 기사들, 음주체험을 한 대학 신입생들의 일기, 또는 음주체험을 한 대학 신입생들을 직접 인터뷰한 자료 등이 모두 연구자료로 활용될 수 있는데, 그중 어떤 자료들을 사용하여 연구할지에 대한 조감도를 마련해야 한다.

넷째, 만일 연구자가 연구참여자를 직접 심층면접하여 연구자료를 수집하고자 할 경우 연구자는 심층면접을 위한 문항을 만들어야 한다. 면접문항은 체계적이고 상세해야 하며 막연해서는 안 된다. 예를 들어 대학 신입생들의 음주체험 연구에서 "대학에 입학한 후 음주체험이 있다면 그에 대해 이야기해주십시오"라는 방식으로 문항이 막연할 경우 연구참여자는 무슨 이야기를 해야 할지 몰라 당황할 수도 있으며, 그에 따라 연구자는 필요한 연구자료를 올바로 수집할 수 없을 것이다. 연구자는 자신이 설정한 연구목표에 따라 그에 적합한 다양한 범주에 맞추어 체계적이며 구체적으로 문항을 만들어야 한다. 실제로 여기서 사용된 문항의 범주들은 나중에 자료를 분석하여 주제·주제묶음 등을 만들 때 효과적으로 사용될 수 있는 것이다. 여기서 우리는 자료분석 과정에서 등장하는 주제·주제묶음 등이 연구준비단계에서 이미 잉태되는 것이라는 사실에 유의해야 한다.

2) 연구자료의 수집

연구준비가 완료되면 연구자는 연구자료의 수집에 들어간다. 사실적 현상학적 심리학적 체험연구를 위한 연구자료는 무수히 많다. 대학 신입생들의 음주체험에 대한 일간지 기사, 음주체험을 한 대학 신입생들에 대한 인터뷰 기사, 음주체험을 한 대학 신입생들의 일기, 또는 음주체험을 한 대학 신입생들을 직접 인터뷰한 자료 등이 연구자료로 활용될 수 있다. 이처럼 다양한 연구자료들 가운데 다른 것들에 비해 수집하기 어렵고 또 주의를 기울여 수집해야 하는 자료는 직접적인 심층면접을 통한 자료이다. 따라서 여기서는 심층면접을 통한 자료수집을 위해 필요한 방법에 대해서만 살펴보고자 한다.

심층면접을 하기 위해서 우선 연구자는 사실적 현상학적 심리학적 환원을 통하여 연구참여자의 체험을 사실적 현상학적 심리학적 체험으로서 경험할 준비가 되어 있어야 한다. 이 경우 사실적 현상학적 심리학적 환원이 해명하고자 하는 것이 연구자 자신의 체험이 아니라 연구참여자의 체험이기 때문에, 여기서 수행되는 사실적 현상학적 심리학적 환원은 상호주관적 환원의 형태로 수행된다. 이처럼 사실적 현상학적 심리학적 환원을 수행한 후 연구자는 미리 준비한 문항에 따라 연구참여자에게 질문을 제기하고 연구참여자의 대답을 필사하거나 녹음한다. 물론 연구자는 자신의 학적 관심에 따라 질문의 깊이를 더해가면서 연구참여자의 체험을 수집할 수 있다. 그리고 필요할 경우 미리 준비한 문항 이외에 새로운 문항을 추가하면서 그에 따라 연구참여자에게 질문을 할 수도 있다. 물론 연구자는 자신의 선입견을 담아 질문한다든지 아니면 자기가 앞서 정해놓은 결론 쪽으로 유도하면서 연구참여자에게 질문을 해서는 안 된다. 이러한 점에서 연구자는 연구참여자로부터 연구자료를 수집하는 과정에서 자기가 가질 수도 있는 선입견을 배제해야 하는데, 이처럼 선입견을 배제하는 작업 역시 일종의 현상학적 환원이라 할 수 있다. 앞서 우리는 사실적 현상학적 심리학석 환원에 내해 다루면서 사실적 현상학적 심리학적 환원을 포괄적인 형태와 구체적인 형태로 나누어 살펴보았는데, 여기서 문제가 되는 환원은 구체적인 형태의 사실적 현상학적 심리학적 환원이다.

이처럼 연구자는 연구참여자로부터 자료를 수집하기 위하여 미리 문항을 만들어서 그것을 토대로 연구참여자에게 질문을 하면서 자료를 수집해야 하는데, 이처럼 미리 문항을 작성해서 들어가는 것이 선입견을 배제해야 한다는 현상학의 근본원칙에 위배되는 것이 아닌지 하는 반론이 제기될 수도 있을 것이다. 그러나 우리는 그것이 사실적 현상학적 심리학적 환원을 수행한 상태에서 이루어질 경우 현상학적 원칙에 전혀 위배되지 않을뿐더러 불가피한 방법적 절차라는 사실에 유의할 필요가 있다. 이때 사실적 현상학적 심리학적 환원을 수행한 상태에서 문항이 만들어졌을 경우, 그러한 문항은 사실적 현상학적 심리학적 체험을 조망하기 위한 다양한 관점 가운데 하나를 제공해주는 것이기 때문에 그것은 철저히 현상학적이라 할 수 있다. 그리고 사실적 현상학적 심리학적 체험연구가 그것을 조망하기 위한 관점들 없이 수행될 경우, 그것은 방향감을 상실하면서 비체계적인 연구로 전락할 위험을 안게 된다. 물론 사실적 현상학적 심리학적 환원을 수행하지 않은 상태에서, 예를 들어 자연과학적 태도로 문항들이 만들어지고 그러한 문항들을 토대로 연구참여자들에게 질문을 제기하면서 연구자료를 수집할 경우, 그렇게 수집된 연구자료는 사실적 현상학적 심리학적 체험연구의 자료가 아니라 자연과학적 연구를 위한 자료에 불과하며, 그러한 점에서 그런 방식으로 이루어지는 자료수집은 현상학적이 아니라고 할 수 있다.

3) 연구자료의 분석

사실적 현상학적 심리학적 체험연구를 위한 다양한 유형의 자료들 각각이 어떤 유형의 것이든 그 자료들을 분석하기 위해서 우리는 우선 포괄적인 유형의 사실적 현상학적 심리학적 환원을 수행해야 한다. 그러나 이처럼 포괄적인 유형의 사실적 현상학적 심리학적 환원을 수행한다고 해서 곧바로 자료분석이 이루어지는 것은 아니다. 포괄적인 유형의 사실적 현상학적 심리학적 환원을 수행하는 일은 자료분석을 위한 필요조건에 해당할 뿐이다. 수집된 자료를 구체적으로 분석하기 위하여 우리는 사실적 현상학적 심리학적 환원을 수행한 후 다양한 유형의 추가적인 방법을 사용해야 하며, 이 경우 분석되는 자료의 유형에 따라 다양한 방법이 사용될 수 있다.

예를 들어 심층면접을 통해 수집된 자료를 분석하는 과정에서 어떤 방법이 사용되는지 살펴보자. 우선 이 자료를 분석하기 위해서는 포괄적인 형태의 사실적 현상학적 심리학적 환원을 수행한 후 우리가 알고 있는 다른 자료들이 이 자료를 분석하는 과정에서 선입견으로 작동하는 일을 차단하기 위하여 구체적인 형태의 사실적 현상학적 심리학적 환원을 수행해야 한다. 이러한 두 번째 환원을 통해 우리는 그 어떤 자료가 주는 선입견으로부터 해방되어 연구하고자 하는 자료에 몰두하면서 그에 대해 분석할 수 있는 것이다.

이 경우 연구자료는 일차적으로 연구자의 질문에 대한 연구참여자의 대답들을 기록해놓은 문장들로 이루어져 있다. 따라서 이 문장들이 무엇을 뜻하는지 이해하기 위해서 연구자는 그것들을 해석해야 한다. 즉 문헌해석의 방법이 필요하다. 그러나 연구자료는 연구참여자의 대답을 적어놓은 문장들뿐 아니라 심층면접의 과정에서 연구참여자가 보였던 표정·동작 등에 대한 정보도 들어 있을 수 있다. 이 경우 연구자는 연구참여자의 표정·동작 등이 무엇을 뜻하는지 이해해야 하는데, 이를 위해서는 표정·동작 등에 대한 해석의 방법이 필요하다.

그러나 심층면접을 통해 수집된 자료 이외에 다른 유형의 자료들도 존재한다. 예를 들어 신문기사·일기·전기 등의 자료들이 존재할 수 있는데, 이것들의 의미를 이해하기 위하여 우리는 다양한 유형의 해석의 방법을 필요로 한다.

4) 연구결과의 도출

연구자는 연구자료의 분석을 통해 연구결과를 도출해야 한다. 연구결과를 도출하기 위해서 연구자는 연구자료의 분석을 통해 드러난 연구대상인 체험의 다양한 내용들을 통일성을 지닌 하나의 내용으로 체계적으로 정리해야 한다. 여기서 우리는 연구대상인 체험 전체를 아우르는 통일적인 내용이 몇 개의 중요한 부분적인 내용들로 구성되어 있으며, 또 이 부분적인 내용들 각각은 다시 더 작은 부분적인 내용들로 구성되어 있고, 이 각각도 더 작은 부분적인 내용들로 구성되어 있다는 사실에 유의할 필요가 있다. 통일적인 내용을 구성하는 이러한 다양한 차원의 부분적인 내용들은 흔히 기존의 현상학적 체험연구에서 범주·주제묶음·주제·의미단위 등의 이름으로 불려왔다. 말하자면 우리는 연구를 통해 도출된 연구대상인 체험의 통일적인 내용 내지 의미를 범주·주제묶음·주제·의미단위 등 서로 유기적으로 연결되어 있는 다차원적인 개념들을 사용하여 일목요연하게 정리해야 한다. 경우에 따라 우리는 반 매넌의 현상학적 체험연구 방법에 나타나 있듯이, 전체적인 통일적인 내용 또는 의미를 일목요연하게 몇 개의 문단으로 정리할 수도 있다.

그런데 연구결과의 정리와 관련하여 다음 두 가지 사실을 지적하고자 한다.

첫째, 연구결과인 통일적인 내용과 그것을 구성하는 다양한 부분적인 내용들 사이의 관계와 관련하여 우리는 통일적인 내용이 언제나 부분적인 내용들을 토대로 귀납적으로 구성되는 것이 아니라는 사실에 유의할 필요가 있다. 물론 통일적인 내용이 부분적인 내용들의 종합을 통하여 귀납적으로 구성되는 경우가 있음은 부정할 수 없는 사실이다. 그러나 많은 경우 전체적인 통일적인 내용과 부분적인 내용들은 해석학적 순환의 관계 속에서 존재한다. 말하자면 통일적인 내용에 대한 이해는 부분적인 내용들에 대한 이해를 위해 도움을 주고, 거꾸로 부분적인 내용들에 대한 이해는 통일적인 내용에 대한 이해에 도움을 주면서 통일적인 내용과 부분적인 내용들이 동시에 구체화되어가는 것이다. 이러한 이유에서 연구자는 연구자료를 분석하고 연구결과를 정리하는 과정에서 전체적인 통일적인 내용과 부분적인 다양한 내용들에 동시에 주의를 기울여야 한다.

둘째, 그런데 전체적인 통일적인 내용의 구성은 연구결과를 정리하는 과정에서 처음 시작되는 것이 아니다. 연구결과를 정리하는 과정은 전체적인 통일적인 내용의 구성이 완성되는 시점에 불과하다. 전체적인 통일적인 내용을 구성하는 과정은 연구결과를 정리하기 훨씬 이전의 시점부터 시작된다. 그 과정은 바로 연구준비단계에서부터 시작되는 것이라 할 수 있다. 앞서 우리는 연구준비단계에서 연구자가 연구참여자에게 질문을 하기 위하여 여러 가지 문항을 만들어야 한다는 사실을 지적하였는데, 이처럼 문항을 만드는 때가 통일적인 의미가 구성되는 최초의 시점이라 할 수 있다. 이 경우 문항들 각각은 연구결과로서 전체적인 통일적인 의미를 이루는 다양한 범주들 각각에 대응하는 것이다. 물론 이 단계에서 문항들 각각은 전체적인 통일적인 내용을 구성할 범주들 각각의 형식적인 틀을 보여주는 것이며, 그러한 점에서 그것은 범주의 구체적인 내용에 대해서는 아무것도 알려주는 바가 없다. 범주의 내용이 충분하게 구체화되는 것은 자료분석이 끝나고 연구결과가 제시될 때다. 연구준비단계에서부터 연구결과가 제시되는 중간과정은 연구 초기단계에 아무런 내용도 없이 빈 형식만을 지니고 있던 범주가 구체화되어가는 과정이라 할 수 있다.

5) 연구보고서 작성

연구의 성격에 따라, 연구자의 취향에 따라 보고서를 작성하는 방법은 조금씩 다를 수 있다. 그러나 보고서는 일반적으로 연구의 목표, 연구주제 및 대상, 자료수집 절차 및 방법, 자료분석 절차 및 방법, 연구결과, 결괴에 대한 논의 등과 더불어 결과의 활용 방안 능을 담을 수 있다. 연구보고서 작성과 관련해 필자는 다음 두 가지 사실을 지적하고자 한다.

첫째, 사실적 현상학적 심리학적 체험연구는 다양한 유형의 현상학적 방법을 사용하는데, 적지 않은 연구자들이 연구보고서를 작성하는 과정에서 현상학적 방법을 어떻게 사용했는지 하는 부분을 정리하는 데 많은 어려움을 느낀다. 이 점과 관련해 필자는 연구자가 사실적 현상학적 심리학적 환원의 방법을 비롯해 앞서 논의된 다양한 유형의 방법을 올바로 숙지하고 있다면 아무런 어려움도 느낄 필요가 없다고 생각한다. 연구보고서를 정리하는 과정에서 연구자는 자신이 수행해온 연구를 되돌아보고 자신이 매 연구단계에서 실제로 어떤 방법을 사용했는지 살펴보면서 그에 대해 진솔하게 기술하면 된다. 말하자면 연구자는 연구과정을 돌아보면서 자신이 연구를 위하여 실제로 어떤 방법들을 사용했는지 주체적이며 자율적으로 반성하면서 그에 대해 기술하면 되는 것이다. 이러한 이유에서 필자는 어떤 연구자도 자신이 연구를 위해 사용한 현상학적 방법을 기술하기 위하여 정형화된 기존의 어떤 연구도 참고할 필요가 없다고 생각한다. 그 이유는 연구자가 어떤 연구를 수행하였을 경우 실제로 어떤 연구방법들이 사용되었는지를 가장 잘 알고 있는 사람은 다름 아닌 자기 자신이기 때문이다.

둘째, 연구자는 각자의 글쓰기 능력에 따라 다양한 형태로 연구결과를 정리할 수 있다. 기존의 체험연구를 살펴보면 우리는 연구자에 따라 연구결과를 정리하는 글쓰기 방식이 각기 다른 경우가 있음을 확인할 수 있다. 그런데 연구결과를 정리함에 있어 가장 중요한 요소는 독자들이 그 연구결과를 가장 잘 이해할 수 있도록 하는 데 있다. 이 점에서 필자는 논리적이며 명료한 형태로 연구결과를 정리하는 일이 가장 중요하다고 생각한다. 논리적이며 명료하게 글을 쓰지 않을 경우 연구결과가 독자들에게 정확히 전달되지 않고 오해를 불러일으킬 수도 있기 때문이다. 물론 연구결과가 논리적이고 명료할 뿐 아니라 문학적으로도 뛰어나게 정리된다면 금상첨화라 할 수 있을 것이다. 이러한 점에서 문학적 글쓰기의 중요성을 강조하는 반 매넌의 견해는 타당하다고 할 수 있다. 그러나 필자는 모든 현상학적 체험연구자가 문학적 글쓰기의 재능을 갖춰야 할 필요는 없다고 생각한다. 그리고 문학적 글쓰기가 현상학적 체험연구 결과를 정리함에 있어 필수불가결의 요소라 할 수도 없다. 현상학적 체험연구가 객관성을 갖춰야 하며 상호주관적 검증을 거쳐야 하기 때문에, 현상학적 체험연구의 결과는 문학적이라기보다는 우선 논리적이며 명료한 형태로 서술되어야 한다. 논리적이며 명료한 글쓰기는 현상학적 체험연구가 갖추어야 할 필수적인 덕목이며, 따라서 모든 현상학적 체험연구자들은 가능한 한 이러한 방식으로 연구결과를 작성하도록 노력해야 한다.

이 절의 논의를 마무리하면서 우리는 연구결과의 타당성을 확보하기 위하여 어떤 노력을 기울여야 하는지 살펴보고자 한다. 앞서 논의되었듯이, 우리는 다양한 유형의 사실적 현상학적 심리학적 체험연구를 수행하기 위하여 자료수집과정·자료분석과정·결과도출과정 등에서 포괄적인 형태와 구체적인 형태의 사실적 현상학적 심리학적 환원의 방법, 다양한 유형의 심리학적 현상학적 반성의 방법, 다양한 유형의 해석의 방법 등을 사용해야 한다. 연구자는 각 단계마다 수집되거나 분석되어야 할 자료들의 본질적 성격을 고려하면서 어떤 방법을 어떻게 사용해야 할지 결정해야 한다. 사태의 본질적 성격을 고려하면서 그에 상응하는 방법을 사용해야 하는 이유는 연구결과의 타당성을 높이기 위해서다. 말하자면 지금까지 논의된 다양한 유형의 방법은 사실적 현상학적 심리학적 체험연구 결과의 타당성을 높이기 위한 수단이라 할 수 있다.

그런데 연구결과의 타당성을 높이기 위해서는 앞서 논의된 다양한 방법들을 적절하게 사용하는 것만으로는 불충분하다. 이 점과 관련해 필자는 연구결과의 타당성을 높이는 데 결정적으로 중요한 요소로서 상호주관적 검증의 과정을 지적하고자 한다. 상호주관적 검증은 상호주관적 의사소통을 통해 이루어져야 하는데, 그것은 연구자와 연구참여자뿐 아니라 연구자들 사이에서도 이루어져야 한다.

연구자와 연구참여자 사이의 상호주관적 검증은 우선 연구자료 수집의 단계에서부터 이루어져야 한다. 연구자는 연구참여자로부터 연구자료를 수집하는 과정에서 자신이 수집한 자료가 연구참여자의 체험을 올바로 반영하고 있는지 검증하기 위하여 반복해서 연구참여자에게 질문을 제기할 수도 있다. 무엇보다도 불분명한 대목이 있을 경우 연구자는 연구참여자에게 다시 질문을 함으로써 그 내용을 분명히 하도록 해야 한다. 그러나 연구자료를 수집하는 과정뿐 아니라 연구자료를 분석하고, 더나아가 연구결과를 작성하는 과정에서도 연구자는 연구참여자에게 질문을 제기하면서 불분명한 대목을 명료하게 하도록 노력해야 한다.

연구자와 연구참여자 사이의 상호검증뿐 아니라 연구자들 사이의 상호검증도 연구결과의 타당성을 높이기 위해서 꼭 필요하다. 연구자가 다수일 경우 연구자들은 모든 사안에 대해 열린 마음으로 기탄없이 토론하고 불분명한 대목을 명료하게 바꾸도록 노력해야 한다. 연구결과의 타당성을 높이기 위하여 연구자들은 외부전문가들을 초빙해 그들의 의견을 경청하면서 상호검증을 수행하고 그것을 토대로 연구결과의 타당성을 더 높일 수도 있다. 만일 연구자가 1인일 경우 연구자는 연구결과의 타당성을 높이기 위하여 타인들과 다각도로 소통하면서 자신의 생각을 늘 검증하도록 해야 한다. 그렇지 못할 경우 연구결과는 객관적 타당성을 상실하고 연구자 개인의 주관적인 의견만을 반영한 것으로 전락할 수도 있다.

6 사실적 현상학적 심리학적 체험연구의 다양한 설계 가능성

지금까지 우리는 여행체험을 예로 들어 사실적 현상학적 심리학적 연구가 '지향적 해명의 방법'을 사용한다는 사실을 논하고, 이어 대학 신입생의 음주체험을 예로 들어 사실적 현상학적 심리학적 체험연구의 구체적 절차를 살펴보면서, 다양한 유형의 현상학적 방법이 구체적으로 무엇을 뜻하며 그것이 실제 연구에서 어떻게 적용되는지 검토해보았다. 그러면 지금까지의 논의를 돌아보면서 사실적 현상학적 심리학적 체험연구를 설계할 수 있는 다양한 가능성에 대해 살펴보자.

앞서 우리는 이탈리아 여행체험을 예로 들어 여행체험의 열한 가지 본질적 요소를 확인하였다. 그런데 이러한 열한 가지의 본질적 요소는 이탈리아 여행체험을 포함하여 다양한 여행체험을 사실적 현상학적 심리학적 체험연구를 통해 해명할 수 있는 측면들을 뜻한다. 따라서 우리는 이상적인 경우 이러한 열한 가지의 본질적 요소 전체에 초점을 맞추어 사실적 현상학적 심리학적 체험연구를 수행할 수도 있다. 그러나 우리는 우리의 연구관심에 따라 열한 가지의 본질적 요소 가운데 일부를 선택해서 그것을 중심으로 체험연구를 수행할 수도 있다. 물론 이처럼 열한 가지의 본질적 요소 전체에 대해서 체험연구를 수행하든 또는 그중 일부를 선택해서 체험연구를 수행하든 구체적인 체험연구는 다음과 같은 여러 가지 기준에 따라 다양한 방식으로 설계될 수 있을 것이다.

① 연구자가 1인일 경우와 다수일 경우
② 연구참여자가 1인일 경우와 다수일 경우
③ 성별에 따른 체험의 유형들
④ 지역·사회·국가 등의 차이에 따른 체험의 유형들
⑤ 시대의 차이에 따른 체험의 유형들
⑥ 연령의 차이에 따른 체험의 유형들
⑦ 직업의 차이에 따른 체험의 유형들
⑧ 수입의 차이에 따른 체험의 유형들
⑨ 인종의 차이에 따른 체험의 유형들

⑩ 종교의 차이에 따른 체험의 유형들

⑪ 정치적 성향의 차이에 따른 체험의 유형들

이처럼 다양한 관점에 따라 사실적 현상학적 심리학적 체험연구가 설계될 수 있기 때문에 사실적 현상학적 심리학적 체험연구는 다양한 방식으로 설계될 수 있다. 사실적 현상학적 심리학적 체험연구의 다양한 설계 가능성과 관련해 우리는 다음 두 가지 사실을 지적하고자 한다.

첫째, 우리는 앞서 살펴본 여러 가지 관점들을 서로 조합하면서 다양한 유형의 체험연구를 설계할 수 있다. 예를 들어 우리는 이탈리아 여행체험을 사실적 현상학적 심리학적 체험연구의 형태로 연구할 경우 연령에 따른 차이와 직업에 따른 차이를 고려하면서 연구를 설계할 수도 있고, 종교적 차이와 정치적 성향의 차이를 고려하면서 연구를 설계할 수도 있으며, 더 나아가 앞서 열거된 여러 가지 차이를 모두 고려하면서 연구를 설계할 수도 있다. 그에 따라 사실적 현상학적 심리학적 체험연구는 그야말로 아주 다양한 형태로 설계될 수 있다.

둘째, 우리는 이탈리아 여행체험에 대해서만 사실적 현상학적 심리학적 체험연구를 수행할 수 있는 것은 아니다. 그 이외의 여행체험에 대해서도, 아니 무수히 많은 다른 체험들 각각에 대해서도 다양한 방식으로 체험연구를 설계할 수 있다. 이러한 사실을 감안하면 사실적 현상학적 심리학적 체험연구를 설계할 수 있는 가능성이 무궁무진함을 알 수 있다.

7 사실적 초월론적 현상학적 체험연구

우리는 사실적 초월론적 현상학적 체험연구에 대해서도 사실적 현상학적 심리학적 체험연구에 대해 행했던 것과 유사한 고찰을 수행하면서 그 방법을 검토할 수 있다. 그러나 사실적 초월론적 현상학적 체험연구의 철학적 정초와 방법의 문제를 따로 논의하지 않기로 한다. 그 이유는 사실적 현상학적 심리학적 체험연구의 방법에 대한 고찰과 유사하게 진행될 수 있기 때문이다. 다만 이와 관련해 다음 몇 가지 점을 지적하고자 한다.

첫째, 초월론적 현상학의 핵심적인 주제가 초월론적 주체에 의한 세계 및 대상의 구성 문제이기 때문에 사실적 초월론적 현상학적 체험연구에서는 세계구성의 구조를 해명하는 것이 핵심적인 문제로 등장한다. 세계구성의 구조를 해명하는 문제는 사실적 현상학적 심리학적 체험연구에서는 문제로서 제기되지 않으며, 이러한 점에서 사실적 초월론적 현상학적 체험연구는 사실적 현상학적 심리학적 체험연구와 구별된다.

둘째, 세계구성의 구조 자체가 문제로 등장한다는 점을 제외하면, 어떤 하나의 체험이 사실적 초월론적 현상학적 체험연구의 주제가 될 경우 그 본질적 요소의 수는 그 체험이 사실적 현상학적 심리학적 체험연구의 주제가 될 경우의 본질적 요소의 수와 동일하다. 말하자면 어떤 체험은 그것이 초월론적 현상학적 체험연구의 주제가 될 경우 그것이 사실적 현상학적 심리학적 체험연구의 주제가 될 경우보다 본질적 요소 하나를 더 가지고 있는데, 그것은 다름 아닌 '주체가 스스로 구성한 세계라는 지평을 가지고 있음'이라는 본질적 요소이다.

셋째, '주체가 스스로 구성한 세계를 가지고 있음'이라는 본질적 요소를 제외할 경우 사실적 현상학적 심리학적 체험연구와 사실적 초월론적 현상학적 체험연구는 동일한 본질적 요소들을 중심으로 동일한 방식으로 설계될 수 있다. 이 점과 관련해 우리는 사실적 현상학적 심리학적 체험연구에서 다루어지는 다양한 체험들과 사실적 초월론적 현상학적 체험연구에서 다루어지는 체험들 사이에 평행관계가 존재한다는 사실을 유념해야 한다. 말하자면 동일한 하나의 체험이 사실적 현상학적 심리학적 태도에서는 사실적 현상학적 심리학적 체험으로 드러나는 것이고, 사실적 초월론적 현상학적 태도에서는 사실적 초월론적 현상학적 체험으로 드러나는 것이다.

이러한 이유에서 주체에 의한 세계구성의 문제에 특별히 관심이 없을 경우 우리는 굳이 사실적 초월론적 현상학적 체험연구를 따로 수행할 필요가 없다. 그 이유는 세계를 구성하는 기능 이외의 사실적 현상학적 심리학적 체험들이 가지고 있는 여타의 모든 기능은 사실적 현상학적 심리학적 체험연구를 통해 그 정체가 드러날 수 있기 때문이며, 따라서 우리는 굳이 이러한 여타의 기능들을 해명하기 위해 따로 사실적 초월론적 현상학적 체험연구를 수행할 필요가 없는 것이다.

8 기존의 현상학적 체험연구에 대한 평가

제5장에서 사실적 현상학적 심리학적 체험연구에 대해 살펴보면서 드러났듯이, 제1장에서 살펴본 다양한 유형의 현상학적 체험연구 가운데 반 캄의 체험연구, 콜레지의 체험연구, 벤너/디켈만의 체험연구 등이 사실적 현상학적 심리학적 체험연구에 해당한다. 필자의 견해에 따르면 그들의 체험연구가 정당하게 사실적 현상학적 심리학적 체험연구임에도 불구하고 그들이 사용하는 여러 가지 방법은 나름의 의의와 한계를 가지고 있는데, 이제 그 점에 대해 검토해보자.

1) 반 캄의 사실적 현상학적 심리학적 체험연구에 대한 평가

반 캄은 "타인으로부터 이해를 받음이라는 느낌"(feeling understood)을 해명하기 위해 사실적 현상학적 심리학적 체험연구를 수행하였다. 그에 따르면 "'우리에게 현출하는바 그대로의 사태들"(van Kaam 1966, 332)이 "경험적 심리학자의 최종적인 심판대이기"(van Kaam 1966) 때문에, 이처럼 '사태들'에 충실하게 어떤 체험을 연구할 수 있기 위해서 연구자는 우선 그 체험에 대해 특정한 견해를 피력하고 있는 다양한 유형의 기존의 심리학 이론들의 전제 혹은 선입견으로부터 해방되어야 한다. 여기서 알 수 있듯이, 반 캄은 사실적 현상학적 심리학적 환원의 방법을 사용하고 있다.

앞서 논의되었듯이, 사실적 현상학적 심리학적 환원은 포괄적인 유형과 구체적인 유형으로 나누어지는데, 반 캄은 자신의 체험연구를 수행하면서 암묵적으로 이 두 유형의 환원을 사용하고 있다고 할 수 있다. 우선 반 캄은 자신의 체험연구를 수행하기 위하여 다양한 유형의 기존의 심리학 이론들의 전제 내지 선입견, 무엇보다도 양적 연구방법을 사용하는 심리학의 전제로부터 해방되어야 하며, 이를 위해서는 포괄적인 유형의 사실적 현상학적 심리학적 환원을 수행해야 한다. 더 나아가 그는 다양한 유형의 체험 가운데 '타인으로부터 이해를 받음'이라는 느낌'을 연구하고자 하는데, 이러한 체험을 연구하기 위해서는 다른 체험을 연구하면서 형성되었을 수도 있는 선입견으로부터도 해방되어야 하며, 이를 위해서는 구체적인 유형의 사실적 현상학적 심리학적 환원을 수행해야 한다.

물론 그는 이러한 두 가지 유형의 사실적 현상학적 심리학적 환원에 대해 논의하기는 고사하고 그에 대해 언급도 하고 있지 않은데, 이러한 점에서 사실적 현상학적 심리학적 체험연구에 대한 그의 논의는 한계가 있다고 할 수 있다. 그가 제시한 사실적 현상학적 심리학적 체험연구를 튼튼한 철학적 토대 위에서 정초할 수 있기 위해서 그는 사실적 현상학적 심리학적 환원의 방법에 대해 구체적으로 논의할 필요가 있다.

그는 우리가 어떤 체험에 대해 "부정확하고 불완전하며 혼란스럽고 정돈되어 있지 않은" "막연한 지식"(van Kaam 1966, 316)을 가지고 있으며, 우리가 이처럼 막연한 지식을 명료한 형태로 바꿀 수 있기 때문에 그에 대한 현상학적 체험연구가 가능하다고 말한다. 두말할 것도 없이 이러한 그의 지적은 전적으로 타당하다. 사실적 현상학적 심리학적 체험연구에서 어떤 체험에 대해 연구자 자신이 가지고 있는 경험이 그 체험에 대한 연구를 위한 필수조건이 된다는 사실에 대해 앞서 논의했는데, 반 캄의 지적은 바로 이러한 사실을 염두에 두었다고 할 수 있다. 실제로 어떤 체험에 대해 전혀 알지 못하는 자는 누구도 그에 대해 전혀 연구할 수 없다.

반 캄에 따르면 주관적 선입견을 극복하고 객관적인 연구가 될 수 있기 위해서, 현상학적 체험연구는 자신의 체험에 대한 해명이 아니라 어떤 이론적 훈련을 받은 적이 없는, '오염되지 않은' 다수의 연구참여자들이 그들의 체험을 해명한 자료를 토대로 수행되어야 한다. 여기서 우리는 그가 염두에 두고 있는 '오염되지 않은' 연구참여자가 무엇을 뜻하는지 이해할 수 있다. 이 경우 오염되지 않은 연구참여자란, 예를 들어 양적 연구의 전제에 구속되어 그러한 관점에서만 체험을 바라보려고 하지 않는 사람을 뜻한다. 물론 연구자료를 수집하기 위하여 오염되지 않은 연구참여자를 확보하는 일은 중요한 의미를 지닌다. 그러나 사실적 현상학적 심리학적 체험연구가 꼭 오염되지 않은 연구참여자로부터 연구자료를 수집해야 하는 것은 아니다. 우리는 '오염된' 사람들을 연구참여자로 선택할 수도 있다. 그러나 이 경우 우리가 자료수집을 하기 전에 일차적으로 해야 할 작업은 연구참여자들을 '오염된' 상태에서 해방시키는 일이며, 그러기 위해서 우리는 그들이 자신들의 체험에 대해 사실적 현상학적 심리학적 환원을 수행할 수 있도록 훈련시킬 필요가 있다.

사실적 현상학적 심리학적 체험연구는 연구참여자의 성격에 따라서도 다양한 방식으로 설계될 수 있다. 그런데 반 캄의 현상학적 체험연구는 연구참여자의 성격에 따라서 볼 때 다양하게 설계가능한 여러 유형의 현상학적 체험연구 가운데 하나의 유형에 해당한다. 우리는 연구참여자의 성격이라는 관점에서 볼 때 반 캄의 현상학적 체험연구가 어떤 유형인지 하는 것을 그가 제시하고 있는 연구참여자가 갖추어야 할 조건을 통해 알 수 있다. 제1장에서 보았듯이 그는 연구참여자가 갖추어야 할 조건으로 다음과 같은 내용을 제시한다. ①해당 언어로 자신의 체험을 잘 표현할 수 있는 능력을 갖추고 있을 것, ②수줍어하지 않으면서 스스럼없이 자신의 체험을 표현할 수 있는 능력을 갖추고 있을 것, ③이 체험과 연결된 다른 체험들이 존재한다는 사실을 알고 있고 그러한 체험들을 표현할 수 있는 능력을 갖추고 있을 것, ④연구대상이 되고 있는 최근의 체험을 표현할 수 있는 능력을 갖추고 있을 것, ⑤자신이 체험한 것에 대해 나름대로의 관심을 가지고 있을 것, ⑥자신이 체험한 것을 차분하게 기술할 수 있는 상태에 있을 것.

여기서 알 수 있듯이, 반 캄의 현상학적 체험연구에서 연구참여자는 해당 언어로 자신의 체험을 잘 표현하는 것을 비롯해 여러 가지 능력을 갖추고 있어야 한다. 그러나 모든 체험연구가 이러한 능력을 가지고 있는 연구참여자를 대상으로 해야 하는 것은 아니다. 경우에 따라서는 언어적 표현능력을 갖추고 있지 않은 사람 역시 연구참여자가 될 수도 있다. 예를 들어 의식이 있어 상대방이 하는 말을 알아들을 수는 있으나 그에 대해 전혀 능동적으로 반응할 수 없는 환자들도 있을 수 있고, 또 능동적으로 반응을 할 수 있다고 하더라도 미미한 형태로밖에는 반응할 수 없는 환자들도 있을 수 있는데, 이들 역시 연구참여자가 될 수 있는 것이다.

그리고 반 캄이 현상학적 체험연구를 하면서 심층면접을 하기 위해 마련한 설문지는 나름의 의미도 있지만 몇 가지 문제점도 안고 있다. 앞서 살펴보았듯이, 그의 설문지는 다음과 같은 내용이 적혀 있으며 그 이하는 여백으로 남아 있는데, 연구참여자들은 자신의 체험 내용을 "선과학적으로 해명하면서" 그 결과를 이 여백에 적도록 되어 있다.(van Kaam 1966, 331 이하 참조)

나이 _____ 성별 _____

1. 이 설문지의 상단에 당신의 이름 혹은 기타 인적 사항을 적지 마시기 바랍니다.

2. 설문지 상단에는 나이와 성별만 표시해주십시오.

3. 누군가에 의해 진정으로 이해받았다고 느낄 때 당신의 느낌이 어떠했는지 기술해주십시오.

    a. 예를 들어 부모님·성직자·배우자·이성친구·선생님 등 누군가로부터 당신이 이해받았다는 느낌을 가졌던 적이 있는지 회상해보십시오.

    b. 그러한 상황에서 당신이 어떻게 느꼈는지 기술해보십시오.

    c. 그러한 당신의 느낌을 할 수 있는 한 가장 완벽하게 기술해보십시오.

여기서 우선 나이와 성별만 적고 이름을 비롯해 기타 인적 사항을 적지 말라고 한 이유가 분명하지 않다. 물론 이름을 적지 말라고 한 것은 연구윤리의 관점에서 연구참여자의 비밀을 보장하기 위한 조치로서, 우리는 그에 대해 긍정적으로 평가할 수도 있을 것이다. 그러나 기타 인적 사항을 적지 말라고 한 것은 잘 이해되지 않는 대목이다. 그 이유는 나이와 성별뿐 아니라 직업·수입 정도·주거지역 등도 연구하고자 하는 체험에 대해 중요한 정보를 제공해줄 수 있기 때문이다. 그리고 "누군가에 의해 진정으로 이해받았다는 느낌을 가지게 되었을 경우 당신의 느낌이 어떠했는지 기술해주십시오"라는 주문과 함께 세 가지 보충사항을 제시하고 있는데, 이 경우 질문의 내용이 다소 막연해 연구참여자의 입장에서 보면 어떤 내용을 어떻게 기술해야 할지 어려움을 느낄 수도 있다. 이처럼 질문의 내용이 막연한 이유는 반 캄이 연구준비단계에서 '이해받았다는 느낌'을 구성하는 다양한 본질적 요소에 대해 거의 고려하지 않았기 때문이라 할 수 있다. 예를 들어 '이해받았다는 느낌'은 ①이해받은 느낌을 준 사람, ②이해받은 느낌을 받을 경우 공간의 변화, ③이해받은 느낌을 받을 경우 시간의 변화, ④이해받은 느낌이 주체의 삶에 대해 주는 의미 등 다양한 본질적 요소를 가지고 있으며, 이처럼 다양한 본질적 요소를 중심으로 질문이 작성되었더라면 보다 더 구체적으로 바뀌고 연구참여자 역시 답을 하면서 커다란 어려움을 느끼지 않았을 것이다.

이처럼 몇 가지 관심 있는 본질적 요소를 중심으로 하지 않고 막연하게 문항을 만들 경우 초점을 상실한 답변들이 다양하게 나올 수도 있다. 반 캄은 365개의 자료를 검토하면서 157개의 표현목록을 만들었다고 보고하고 있는데, 필자는 157개에 달하는 그처럼 많은 표현목록이 나온 이유도 문항이 막연하기 때문이었다고 생각한다.

반 캄의 사실적 현상학적 심리학적 체험연구를 살펴보면 우리는 그것이 본질적 현상학적 심리학적 체험연구라는 인상을 받을 수도 있다. 이 점과 관련해 그는 자신의 체험연구의 목표가 '타인으로부터 이해를 받음'이라는 수없이 많은 개별적인 체험들을 동일한 하나의 명칭으로 부를 수 있는 토대가 되는바 모든 개별적인 체험에 '공통적이며' '불변적인' 요소를 밝혀내는 데 있다고 말하면서, 이처럼 '타인으로부터 이해를 받음이라는 느낌'이라는 수많은 개별적인 체험들에 공통적이며 불변적인 요소를 이 체험들의 "필요하고도 충분한 구성요소들"(van Kaam 1966, 334)이라고 부른다. 우리는 흔히 '모든 개별적인 체험에 공통적이며 불변적인 요소'를 본질이라 부른다. 그러나 반 캄이 현상학적 체험연구를 통해 해명하고자 하는 것은 체험의 본질구조가 아니라 체험의 사실구조이다. 실제로 그는 자신의 체험연구 방법을 논하면서 본질 파악을 위한 방법인 본질직관의 방법, 즉 형상적 환원의 방법에 대해 전혀 논의하고 있지 않다.

2) 콜레지의 사실적 현상학적 심리학적 체험연구에 대한 평가

콜레지는 실험심리학이 지닌 한계를 비판하면서 자신의 사실적 현상학적 심리학적 체험연구를 발전시킨다. 그에 따르면 실험심리학은 심리현상에 대한 "조작적 정의"(Colaizzi 1978, 51 이하)를 통해서 가능한 한 자연과학적 의미의 객관성이라는 이념에 충실하게 심리현상을 연구하고자 한다. 콜레지의 사실적 현상학적 심리학적 체험연구는 이처럼 실험심리학을 비판하면서 '조작적 정의' 등 자연과학적 방법을 통해 추상화되기 이전에 우리가 생활세계에서 경험할 수 있는 구체적인 체험을 파악함을 목표로 한다. 그는 '개인의 실존적 변화를 가져온 독서체험'을 해명하기 위하여 사실적 현상학적 심리학적 체험연구를 수행한다.

실험심리학을 비판하면서 사실적 현상학적 심리학적 체험연구를 수행하기 위하여 콜레지는 우선 포괄적인 형태의 사실적 현상학적 심리학적 환원을 수행해야 한다. 이처럼 포괄적인 형태의 사실적 현상학적 심리학적 환원을 수행하면서 연구자는 생활세계에서 경험할 수 있는 다양한 유형의 체험들로 시선을 돌릴 수 있다. 이와 같이 포괄적인 형태의 사실적 현상학적 심리학적 환원을 수행한 후 콜레지는 다양한 생활세계적 체험 가운데 '개인의 실존적 변화를 가져온 독서체험'으로 시선을 돌리기 위해서 구체적인 유형의 사실적 현상학적 심리학적 환원을 수행해야 한다. 이러한 두 가지 유형의 사실적 현상학적 심리학적 환원을 수행할 때 비로소 현상학적 심리학의 방법으로서 "현상학적 기술의 방법"(Colaizzi 1978, 53)을 사용해 개인의 실존적 변화를 가져온 독서체험을 체계적으로 연구할 수 있는 것이다.

콜레지가 제시하는 사실적 현상학적 심리학적 체험연구는 방법론적 관점에서 몇 가지 문제점이 있다. 예를 들어 그는 포괄적인 형태의 사실적 현상학적 심리학적 환원에 대해 충분히 논의하고 있지 않다. 또한 그는 구체적인 형태의 사실적 현상학적 심리학적 환원에 대해서는 전혀 논의하고 있지 않다. 그뿐 아니라 그는 이 두 유형의 사실적 현상학적 심리학적 환원과 '현상학적 기술의 방법'의 관계에 대해 구체적으로 논의하고 있지도 않다. 콜레지는 자신의 사실적 현상학적 심리학적 체험연구의 방법적 토대를 철학적으로 정초하기 위해서 앞서 지적된 문제점들에 대한 구체적인 논의를 수행할 필요가 있다.

콜레지의 현상학적 체험연구는 모든 체험연구자가 유의해야 할 아주 중요한 통찰 한 가지를 담고 있다. 이 점과 관련해 그는 연구자료 수집과 정에서 연구자가 연구참여자에게 던지는 질문내용은 연구대상과 관련해 연구자가 가지고 있는 전제들에 의해 그 근본성격이 규정된다고 말한다. 말하자면 어떤 연구자도 사실적 현상학적 심리학적 체험연구를 수행함에 있어 비록 실험심리학의 전제들에 대해 사실적 현상학적 심리학적 환원을 수행한다 하더라도 모든 유형의 전제로부터 완전히 자유로운 것은 아니며 결코 "절대적인 무관심의 상태"(Colaizzi 1978, 55)에 도달할 수 없다. 예를 들어 '개인의 실존적 변화를 가져온 독서체험의 구조'를 연구할 경우 연구자는 나름대로 이러한 독서체험에 대한 어떤 전제들을 가지고 들어가지 않을 수 없다. 이러한 전제들은 연구자의 질문내용을 결정해주는 핵심적인 요소이며, 따라서 연구자는 설문지를 만들기 전에 자신이 가지고 있는 이러한 전제의 내용을 반성적으로 검토하면서 문제가 되고 있는 독서체험에 대한 "형식적인 명제"(a formal statement[Colaizzi 1978, 58])를 확보해야 한다. 독서체험에 대해 콜레지가 확보한 형식적 명제의 대략적인 내용은 다음과 같다.

"진정으로 깊은 인상을 심어준 책을 읽으면 독자는 책의 주제를 다른 시각에서 바라보게 된다. 그리고 이처럼 다른 시각은 독자의 삶의 전 영역 혹은 몇몇 영역에 영향을 미치게 된다. 독서체험은 정서의 변화를 가져오며, 이러한 변화는 독자에게 여러 가지 새로운 통찰을 준다."(Colaizzi 1978, 58)

앞서 우리는 연구자가 연구준비단계에서 연구목표 설정, 자료수집 절차, 면접문항 준비 등 연구 전체에 대한 조감도를 마련해야 하며, 그중에서도 면접문항 마련과 관련해서는 자신이 설정한 연구목표에 맞게 필요한 다양한 범주에 따라 체계적이며 구체적으로 문항을 만들어야 한다는 사실을 지적하였다. 그렇기 때문에 어떤 연구자도 진공상태, 즉 '절대적인 무관심의 상태'에서 연구를 시작할 수 없는 것이다. 연구자는 문항을 만들기 전에 독서체험과 관련해 비록 아주 막연하고 단지 형식적이긴 하지만 자기가 알고 싶은 내용들을 가지고 연구준비를 시작한다. 이처럼 연구자가 연구준비를 하면서 알고 싶어하는 것의 막연하고 형식적인 내용이 다름 아닌 콜레지가 말하는 "형식적인 명제"(a formal statement)이다. 연구자는 이 형식적인 명제를 등대로 삼아 사실적 현상학적 심리학적 체험연구를 수행할 수 있다.

그런데 우리는 이 점과 관련해 다음 네 가지 사실을 지적하고자 한다.

첫째, 사실적 현상학적 심리학적 체험연구의 등대 역할을 담당할 형식적인 명제는 그야말로 형식적인 명제라야 한다. 형식적인 명제라 함은 그것이 질문의 방향만을 제시해줄 뿐 질문을 통한 답의 구체적인 내용은 전혀 담고 있지 않아야 함을 의미한다. 예를 들어 콜레지가 '개인의 실존적 변화를 가져온 독서체험의 구조'와 관련해 제시한 형식적인 명제는 "진정으로 깊은 인상을 심어준 책을 읽으면 독자는 책의 주제를 다른 시각에서 바라보게 된다", "그리고 이처럼 다른 시각은 독자의 삶의 전 영역 혹은 몇몇 영역에 영향을 미치게 된다", "독서체험은 정서의 변화를 가져오며, 이러한 변화는 독자에게 여러 가지 새로운 통찰을 준다" 등 세 가지로 되어 있다. 이것들은 모두 독서체험과 관련한 특정한 내용을 담고 있지 않으며, 그러한 점에서 모두 형식적인 명제에 해당한다.

그러나 이 각각의 경우 그 구체적인 내용은 개인에 따라 다를 수 있다. 예를 들어 "진정으로 깊은 인상을 심어준 책을 읽으면 독자는 책의 주제를 다른 시각에서 바라보게 된다"의 경우, 어떤 독자는 책의 주제를 낙관적인 관점에서 바라볼 수도 있고 어떤 독자는 비관적인 관점에서 바라볼 수도 있으며 또 어떤 독자는 중립적인 관점에서 바라볼 수도 있을 것이다. 이처럼 구체적인 내용은 자료수집 과정에서 연구참여자들에 따라 각기 다르게 나타날 수 있는 것이요, 그러한 점에서 그것은 '형식적 명제'의 내용을 구성하는 요소가 될 수 없다. 만일 이처럼 구체적인 내용을 형식적 명제의 내용을 구성하는 요소로 간주하여 형식적 명제를 만들 경우 그것은 부당한 형식적 명제이며, 이처럼 부당한 형식적 명제에 토대를 둔 체험연구는 많은 문제를 안게 될 수도 있다.

둘째, 이처럼 형식적인 명제를 가지고 출발하는 사실적 현상학적 심리학적 체험연구는 '절대적인 무관심의 상태'에서 출발하는 것이 아니다. 그러한 점에서 일군의 연구자들은 그것이 현상학의 근본정신에 위배되며, 따라서 현상학적 체험연구로 규정될 수 없는 것으로 간주할지도 모른다. 그러나 이러한 연구자들의 견해는 타당하지 않다. 이 점을 살펴보기 위하여 우리는 현상학이 절대적인 무전제성에서 출발한다고 할 때 이 명제가 뜻하는 것이 정확하게 무엇인지 살펴볼 필요가 있다. 그런데 절대적인 무전제성에서 연구를 시작한다는 말은 우리가 그 어떤 전제도 가지지 않고 연구를 시작하는 것을 뜻하지 않는다. 전지전능한 신이라면 몰라도 유한한 우리 인간은 어떤 유형의 연구를 수행함에 있어서도 아무런 전제 없이 시작할 수 없다. 그 어떤 사태를 경험함에 있어서 어떤 전제를 가지고 들어갈 수밖에 없는 것은 유한한 우리 인간의 피할 수 없는 운명이라 할 수 있다.

따라서 현상학이 추구하고자 하는 것은 아무런 전제도 없이 출발하는 것이 아니라 사태의 본성에 맞는 전제에서 출발하는 일이며, 이를 위하여 필요한 것이 현상학적 환원이다. 앞서 우리는 현상학적 환원이 태도변경을 뜻한다는 사실을 살펴보았는데, 우리가 어떤 유형의 태도변경을 해도 그것을 통해 도달하는 태도에서 이루어지는 경험은 아무런 전제도 없이 이루어지는 것이 아니라 나름의 전세에 입각해서 이루어지는 경험이다. 따라서 사실적 현상학적 심리학적 체험연구를 수행하면서 연구자가 늘 '형식적인 명제'에서 출발해야 한다는 콜레지의 견해는 후설의 현상학의 근본정신에 부합한다고 할 수 있다.

셋째, 혹자는 이처럼 '형식적 명제'에서 출발하는 사실적 현상학적 심리학적 체험연구를 하이데거의 현상학에 토대를 두고 있는 체험연구라고 부르고 싶어할 수도 있다. 그 이유는 하이데거가 『존재와 시간』에서 거기서 분석되고 있는 내용 전체를 앞서 포괄하고 있는 형식적인 명제에 대해 언급하며 그것을 "형식적 지시"(Heidegger 1972, 313)라 하고 있기 때문이다. 물론 하이데거가 형식적 지시에 대해 언급하고 있는 것은 사실이지만, 형식적 지시에 대한 논의가 하이데거의 현상학뿐만 아니라 현상학적 체험연구 일반을 위해 필요한 것이기 때문에, 우리는 콜레지의 연구를 굳이 하이데거의 현상학에 토대를 둔 연구라고 부를 이유는 없다. 앞서도 지적했듯이, 우리는 '형식적 명제'에 대한 논의가 후설의 현상학의 근본정신과도 부합하는 것이라는 사실에 유의할 필요가 있다.

넷째, 연구자가 연구준비단계에서 사실적 현상학적 체험연구를 이끌어갈 형식적 명제를 올바로 정립하면 그에 따라 문항도 잘 마련할 수 있고 연구도 원만하게 수행할 수 있다. 실제로 형식적 명제와 문항 사이에는 밀접한 연관이 존재하는데, 그 이유는 형식적 명제는 문항을 만드는 데 있어 핵심적인 지침을 주기 때문이다. 이 점과 관련하여 필자는 콜레지의 형식적 명제가 충분한 것은 아니지만 나름대로 잘 정립되었고, 그에 따라 문항 역시 비교적 구체적으로 마련되었다고 평가한다. 앞서 제1장에서 살펴보았듯이, 그는 다음과 같은 문항들을 만들어서 '개인의 실존적 변화를 가져온 독서체험의 구조'를 연구하였다.

①당신이 읽은 책 가운데 깊은 인상을 심어준 책을 떠올려보고 그

인상을 기술해보십시오.

②그 책이 깊은 인상을 심어주었다고 느끼게 한 점은 무엇입니까?

③그 책을 막 읽기 시작했을 때 당신이 목표로 했던 것은 무엇입니까? 읽는 과정에서는 어떠했고, 읽고 난 후에는 어떠했습니까?

④읽기 전에는 당신의 삶의 경험이 어떠했고, 읽으면서, 읽고 난 후에는 어떠했습니까?

⑤읽기 전에, 읽으면서, 읽고 난 후에 누군가와 그에 대해 토론해보았습니까?

⑥그 책을 읽은 후에 당신 안에서 어떤 변화를 감지할 수 있었습니까?

⑦책을 읽으면서 아쉬웠던 점, 힘들었던 점, 유쾌했던 점, 불쾌했던 점 등은 무엇입니까?

⑧더 첨가할 내용이 있습니까?

우리는 앞서 본 반 캄의 문항과 비교해볼 때 콜레지의 문항이 훨씬 더 구체적이며 체계적임을 알 수 있다. 연구참여자의 입장에서 볼 때 콜레지의 경우 반 캄의 경우와 비교해 보다 더 구체적이며 체계적으로 답할 수 있다. 따라서 반 캄과 비교해 콜레지는 연구자료를 보다 더 구체적이며 체계적인 형태로 수집할 수 있으며, 그에 따라 그 후에 진행될 연구 역시 무난하게 잘 수행할 수 있다.

이처럼 반 캄과 비교해 콜레지의 경우가 여러 가지 점에서 더 우월함에도 불구하고 과연 그것이 최선의 것인지 하는 점에 대해서는 의문의 여지가 있다. 여행체험의 경우와 마찬가지로 독서체험도 다양한 본질적 요소를 가지고 있다. 그런데 콜레지의 문항에 독서체험과 관련된 모든 본질적 요소가 다 반영되었는지 하는 점은 더 논의해볼 필요가 있다. 필자의 견해에 따르면 콜레지의 문항에서 고려되지 않은 본질적 요소들이 실제로 존재하는데, 예를 들어 공간체험의 변화, 시간체험의 변화, 신체와의 관계, 타인과의 관계 등이 그것이다. 이 점을 염두에 두면 "독서를 하면서 공간체험에서 어떤 변화를 경험했습니까?", "독서를 하면서 시간체험에서 어떤 변화를 경험했습니까?", "독서를 하면서 자신의 신체에서 어떤 변화를 경험했습니까?", "독서를 하면서 타인과의 관계에서 어떤 변화를 경험했습니까?" 등의 문항이 추가될 수 있을 것이다.

물론 콜레지가 보기에 이러한 문항들 및 그와 관련된 본질적 요소들이 자신의 연구를 위해 중요한 의미를 지니지 않았을 수도 있으며, 그러한 이유에서 그가 이러한 문항들을 배제했을 수도 있다. 그러나 이 경우에도 '개인의 실존적 변화를 가져온 독서체험'과 관련된 본질적 요소에 대한 충분한 논의와 더불어 그와 연관된 다양한 문항들을 소개해주고 어떤 이유에서 몇 가지 문항만을 선택해서 연구를 수행하고자 하는지를 해명했더라면, 그가 수행한 사실적 현상학적 심리학적 체험연구는 보다 더 바람직한 모습을 보일 수 있었을 것이다.

3) 벤너/디켈만의 현상학적 체험연구에 대한 평가

제1장에서 살펴보았듯이, 벤너와 마찬가지로 디켈만 역시 그의 현상학적 체험연구는 체험의 사실적 구조를 해명함을 목표로 하며, 그러한 점에서 그들의 체험연구는 사실적 현상학적 심리학적 체험연구에 해당한다. 그런데 벤너와 디켈만은 그들의 체험연구가 하이데거의 해석학적 현상학에 토대를 두고 있다고 주장한다. 그 이유는 그들의 체험연구가 하이데거의 해석학적 현상학의 핵심적인 요소인 전체와 부분의 순환관계에 대한 통찰을 이용한 해석의 방법을 사용하고 있기 때문이다. 벤너가 심층면접 및 참여관찰을 동반한 심층면접을 사용하여 수집된 자료를 토대로 연구를 수행하는 데 반해 디켈만은 주로 문헌분석을 토대로 연구를 수행하지만, 양자 모두 전체와 부분의 순환관계에 대한 통찰을 이용한 해석의 방법을 사용한다고 하는 점에서는 공통점이 있다.

이러한 점에서 그들의 체험연구를 하이데거의 해석학에 토대를 두고 있는 방법이라고 부를 수도 있을 것이다. 그러나 전체와 부분의 순환관계에 대한 통찰을 이용한 해석의 방법이 하이데거의 해석학적 현상학의 전유물이 아니요, 대부분의 사실적 현상학적 심리학적 체험연구가 사용할 수 있는 방법이기 때문에 그것을 하이데거의 해석학적 현상학에 토대를 두고 있는 방법이라고 부르는 것은 자연스러운 일이 아니다. 이 점과 관련하여 우리는, 앞서 사실적 현상학적 심리학적 체험연구의 방법을 살펴보면서 논하였듯이, 해석의 방법은 사실적 현상학적 심리학적 체험연구에서 다양한 방식으로 활용되는 방법이라는 사실을 지적하고자 한다.

그리고 벤너의 체험연구와 디켈만의 체험연구가 일방적으로 하이데거의 해석학적 현상학에 토대를 두고 있는 방법으로 규정될 수 없다는 사실과 관련해, 우리는 양자가 모두 사실적 현상학적 심리학적 체험연구인 점에서 사실적 현상학적 심리학적 환원을 사용하고 있다는 사실을 지적하고자 한다. 벤너의 경우 초보간호사와 숙련간호사의 숙련도 체험을 연구하고자 하는데, 이러한 연구는 자연과학적 태도가 아니라 생활세계적 태도 내지 사실적 현상학적 심리학적 태도에서 수행되는 것이다. 따라서 사실적 현상학적 심리학적 태도로 이행하기 위해서 우리는 우선 포괄적인 형태의 사실적 현상학적 심리학적 환원을 수행해야 한다. 이처럼 포괄적인 형태의 사실적 현상학적 심리학적 환원을 수행하게 되면 우리는 무수히 다양한 사실적 현상학적 심리학적 체험들과 직면하게 된다. 그중에서도 간호사의 숙련도 체험에 초점을 맞추어 연구하기 위해서는 구체적인 형태의 사실적 현상학적 심리학적 환원을 수행해야 한다.

디켈만 역시 자신의 체험연구를 수행하기 위해서는 이러한 두 가지 유형의 사실적 현상학적 심리학적 환원을 수행해야 한다. 그의 체험연구가 목표로 삼는 것은 미국간호학국립연맹의 평가기준을 담고 있는 문헌을 분석하여 그것이 제시한 평가기준의 문제점을 비판하면서 보다 더 유연하고 합리적인 새로운 평가기준의 가능성을 모색하는 데 있다. 이러한 작업을 위하여 일차적으로 해야 할 것은 평가기준을 담고 있는 문헌의 '의미'를 이해하는 일이며, 그 의미를 이해하기 위해서는 포괄적인 형태와 구체적인 형태 등 두 가지 유형의 사실적 현상학적 심리학적 환원이 필요하다.

물론 벤너와 디켈만이 이처럼 자신들의 체험연구를 수행하면서 두 가지 유형의 사실적 현상학적 심리학적 환원의 방법을 사용하고 있음에도 불구하고 그들은 이러한 사실에 대해 언급하고 있지 않다. 필자는 그들의 이러한 태도가 현상학적 환원에 대한 오해에서 비롯된 것이 아닌가 생각한다. 이 점과 관련해 혹자는 현상학적 환원의 방법이 선입견의 제거를 목표로 하는 방법이요, 해석학적 방법은 선입견을 제거하는 것이 아니라 그것을 적극적으로 활용하는 방법이며, 따라서 양자는 그 근본성격에 있어서 서로 다른 방법이라고 생각할 수도 있다. 실제로 이 점과 관련해 왈터스는 해석학적 현상학적 질적 연구에서 연구자는 지식을 수동적으로 받아들이는 자가 아니라 해석과정에 적극적으로 개입하는 능동적인 참여자이며, 따라서 연구자가 가지고 들어가는 전제들은 "판단중지되어야" 할 것이라기보다는 "검토되고 해명되어야" 한다는 사실을 강조하고 있다.(Walters 1995)

그러나 왈터스의 이러한 견해는 해석학적 방법의 근본성격과 관련해 심각한 문제를 안고 있다. 우선 지적해야 할 점은 다양한 형태의 해석학이 있을 수 있는데, 모든 유형의 해석학이 어떤 사태를 경험함에 있어 아무런 전제나 가지고 들어가도 좋다고 주장하는 것은 아니라는 사실이다. 우리는 어떤 사태를 경험함에 있어 아무런 전제나 가지고 들어가도 좋다는 입장을 극단적인 상대주의 또는 회의주의라 부를 수 있을 것이다. 물론 이러한 극단적인 상대주의와 회의주의를 견지하는 해석학도 있지만 하이데거의 해석학은 이러한 극단적 상대주의가 아니다. 하이데거는 옳은 해석과 그릇된 해석을 구별하는 일이 가능하며, 이 경우 올바른 해석이 가능하기 위해서는 올바른 전제를 형성하는 일이 중요하다고 생각한다.(Heidegger 1972, 310 참조) 이처럼 사태를 경험하고 연구함에 있어 타당한 전제와 부당한 전제가 구별되며, 따라서 왈터스의 주장처럼 전제들을 검토하고 해명하는 일이 중요한 역할을 담당한다. 그렇다고 해서 하이데거의 해석학이 전제들에 대한 판단중지를 부정하는 것은 아니다. 그 이유는 만일 어떤 전제가 부당한 전제라고 하면 우리는 당연히 그에 대한 판단중지를 통해 새로운 태도로 이행해 타당한 전제를 찾아야 하기 때문이다. 이처럼 타당한 전제를 찾기 위해 판단중지를 통해 새로운 태도로 넘어가는 일 역시 현상학적 환원이다. 이러한 논의를 통해 우리는 해석학적 방법이 현상학적 환원의 방법과 대립적인 관계에 있는 것이 아님을 알 수 있다.

이와 더불어 우리는 현상학적 환원의 근본성격에 대해서도 짚고 넘어갈 필요가 있다. 앞서도 논의되었듯이, 현상학적 환원의 방법은 연구자가 모든 전제를 다 배제한 후 진공상태에서 연구에 임하는 방법이 아니라, 연구하고자 하는 사태와 부합하지 않는 전제들을 배제하고 사태와 부합하는 전제를 찾아가는 방법이다. 유한한 인간에게 아무런 전제도 없이 사태를 경험하고 연구하는 일은 불가능하다. 앞서 우리는 현상학적 환원이란 태도변경을 뜻한다는 사실을 살펴보았다. 현상학적 환원은 사태를 경험하고 연구하기 위해서 적합한 태도를 취하는 것인데, 이 경우 모든 태도는 사태에 대한 특정의 전제들을 함축하고 있다. 예를 들어 사실적 현상학적 심리학적 환원을 통해 자연적 태도에서 현상학적 심리학적 태도로 넘어갈 경우 현상학적 심리학적 태도는 체험의 본질이 지향성이라는 전제를 함축하고 있는 것이다.

디켈만은 자신의 체험연구가 목표로 삼는 것이 미국간호학국립연맹의 평가기준을 담고 있는 문헌을 분석하여 그것이 제시한 평가기준의 문제점을 비판하면서 보다 더 유연하고 합리적인 새로운 평가기준의 가능성을 모색하는 데 있기 때문에 자신의 해석학적 현상학적 체험연구를 '비판적 해석학'(critical hermeneutics)이라 부르고 있다. 이 점과 관련하여 그는 자신의 체험연구의 이론적 토대를 "비판적 사회이론"(Diekelmann et alter 1989, 4)에서 찾고 있다. 물론 필자는 비판적 사회이론이 디켈만의 비판적 체험연구의 이론적 토대가 될 수 있다는 사실을 부정하지 않는다. 그러나 이 점과 관련해 유의해야 할 점은 현상학적 체험연구의 근본정신이 비판적이며, 따라서 비판적 체험연구의 이론적 토대를 현상학 안에서 찾아도 된다는 점이다. 우리는 제8장 3절에서 현상학적 체험연구가 비판성의 이념과 어떤 관계에 있는지 하는 점을 자세하게 살펴볼 것이며, 따라서 여기에서는 그 자세한 논의는 생략하기로 한다.

지금까지 우리는 반 캄의 체험연구, 콜레지의 체험연구, 벤너/디켈만의 체험연구 등 세 가지 유형의 기존의 사실적 현상학적 심리학적 체험연구를 여러 가지 점에서 평가해보았다. 우리는 이와 관련해 다음 두 가지 사실을 지적하고자 한다.

첫째, 현재 현상학적 체험연구가 전 세계적으로 활발하게 이루어지고 있는데, 많은 연구자들은 기존의 연구자들이 개발한 특정한 방법에 토대를 두고 자신이 체험연구를 수행했다고 밝히고 있다. 예를 들어 많은 연구자들은 반 캄의 방법에 따라, 콜레지의 방법에 따라, 또는 벤너의 방법에 따라 자신의 체험연구를 수행했다는 식으로 보고서를 작성한다. 그러나 지금까지의 논의는 현상학적 체험연구를 이처럼 어떤 연구자의 이름을 붙여 지칭하는 것은 커다란 문제가 있음을 보여준다. 그 이유는 그들이 개발한 연구는 무수히 다양한 방식으로 가능한 연구들 가운데 한 부분에 지나지 않기 때문이다. 말하자면 지금까지 개발된 체험연구 방법들은 논리적으로 가능한 무수히 많은 방법들에 비하면 빙산의 일각에도 미치지 못한다. 따라서 현상학적 체험연구에 관심이 있는 연구자들은 앞으로 창의성을 발휘해 지금까지 시도된 적이 없는 다양한 유형의 현상학적 체험연구 방법을 개발하도록 노력해야 한다.

둘째, 기존의 체험연구들을 보면 일군의 연구자들은 자신의 연구가 후설의 현상학에 토대를 두고 있다거나 하이데거의 현상학에 토대를 두고 있다는 식으로 표현하는 경우가 많다. 그러나 이러한 표현방식 역시 많은 문제를 안고 있다. 앞서도 지적되었고 제8장에서도 다시 논의되겠지만, 이 각각의 현상학이 언제나 서로 대립적인 관계에 있는 것이 아니기 때문이다. 구체적인 현상학적 체험연구는 후설의 현상학, 하이데거의 현상학, 메를로-퐁티의 현상학 등 다양한 유형의 현상학적 통찰에 토대를 두고 전개될 때 더욱더 다양한 방식으로 풍부하게 전개될 수 있는 것이다.

현상학적 체험연구의 지평

지금까지 우리는 현상학적 체험연구가 네 가지 차원에서 진행될 수 있다는 사실을 해명한 후 이 각각의 내용과 방법에 대해 살펴보았다. 물론 이러한 논의를 통하여 현상학적 체험연구의 유형이 모두 다 조망된 것은 아니다. 실제로 지금까지 살펴본 것보다 훨씬 더 다양한 양상을 보이고 있으며, 그 지평은 광활하다.

　질적 연구에 대한 기존의 논의를 살펴보면 적지 않은 연구자들이 체험의 본질 탐구를 목표로 삼는 연구로 규정하면서 그것을 여타 질적 연구의 전통과 구별하고 있다. 예를 들면 반 매넌은 질적 연구의 범주로 현상학, 민속지적 연구(thnography), 사례연구(case study) 등을 제시하고(van Manen 1990, 22), 크레스웰(J.W. Creswell)은 생애사 연구(biography), 현상학, 근거이론(grounded theory study), 문화기술지, 사례연구 등을 제시하면서(Creswell 1998, 47 이하) 현상학적 체험연구를 여타 체험연구의 전통과 구별되는 것으로 간주하고 있다.

　그러나 지금까지의 논의는 이러한 구별이 커다란 문제를 안고 있음을 보여주고 있다. 그 이유는 이러한 연구자들이 현상학적 체험연구를 여타 질적 연구의 전통과 구별할 경우 그들은 대체로 현상학적 체험연구를 체험의 본질구조를 탐구함을 목표로 삼는 연구로 간주하고 있으나, 이것은 단지 현상학적 체험연구의 한 가지 유형에 불과하기 때문이다. 이미 앞에서 밝혀졌듯이, 현상학적 체험연구는 체험의 본질구조를 탐구함을 목표로 삼는 연구보다도 훨씬 더 포괄적이다. 현상학적 체험연구는 많은 연구자들이 흔히 현상학적 체험연구와 구별되는 질적 연구의 전통으로 간주하는 것들을 모두 포괄할 수 있을 정도로 광활하다. 그러면 현상학적 체험연구를 해석학적 체험연구, 사례연구, 생애사적 연구, 민속지적 연구, 근거이론 등과 비교, 검토하면서 현상학적 체험연구의 지평이 얼마나 광활한지 검토해보자.

1 현상학적 체험연구와 해석학적 체험연구

체험연구를 분류하는 연구자들 가운데는 현상학적 체험연구와 해석학적 체험연구가 서로 다른 것이라는 견해를 피력하는 연구자들이 있다. 그러나 앞서 우리는 사실적 현상학적 심리학적 체험연구 가운데 어떤 것들은 사실적 현상학적 심리학적 환원의 방법과 더불어 해석의 방법을 사용해야 할 필요성이 있음을 살펴보았다. 이러한 논의를 통하여 이미 현상학적 체험연구와 해석학적 체험연구가 서로 다른 두 가지 유형의 체험연구라는 견해가 부당하다는 사실이 밝혀졌다고 할 수 있다. 사실적 현상학적 심리학적 체험연구 가운데 어떤 것들은 해석의 방법을 사용해야 한다는 사실에 대한 논의는 앞서 충분히 했으므로, 현상학적 체험연구과 해석학적 체험연구가 서로 다른 유형의 연구라는 주장에 대한 비판적 검토는 더 이상 하지 않기로 한다.

다만 한 가지 지적하고 넘어가야 할 점은 모든 유형의 현상학적 체험연구가 해석의 방법을 사용해야 되는 것은 아니라는 사실이다. 현상학의 근본입장은 방법이란 사태 자체의 본성에서 유래하는 것이며, 따라서 만일 사태의 본성이 해석의 방법을 요청하지 않을 경우 해석의 방법을 사용하고자 함은 모순이라 할 수 있다. 실제로 현상학적 체험연구는 해석의 방법을 필요로 하는 해석학적 연구와 해석의 방법을 사용할 필요가 없는 비해석학적 연구로 구별될 수 있다.

2 현상학적 체험연구와 사례연구

현상학적 체험연구와 사례연구 역시 서로 대립적인 두 가지 체험연구의 전통으로 간주될 필요는 없다. 이 점을 살펴보기 위해서 우리는 현상학적 체험연구라 할 경우 '현상학적'이라는 표현이 무엇을 의미하며, 사례연구라 할 경우 '사례'가 무엇을 의미하는지 살펴볼 필요가 있다.

우선 '현상학적 체험연구'라는 표현에서 '현상학적'은 체험연구의 방법을 지칭하는 표현이다. 말하자면 '현상학적'이라는 표현은 양적 체험연구, 언어분석적 체험연구, 구조주의적 체험연구 등에서 '양적', '언어분석적', '구조주의적' 등의 표현과 같은 차원에 있는 것이며, 따라서 그것은 사태를 해명하기 위한 연구방법을 지칭하는 개념이다. 그러나 이와는 달리 사례연구에서 '사례'란 그것이 어떤 종류의 대상이든지 연구될 수 있는 대상의 단위를 지칭하는 개념이지, 어떤 특정한 연구방법을 지칭하는 개념이 아니다. 이처럼 '현상학적 체험연구'의 '현상학적'이라는 표현과 '사례연구'의 '사례'라는 표현은 서로 동일한 차원에서 비교분석을 허용하는 개념이 아니며, 따라서 양자와 관련해 우리는 그것들이 서로 대립적이라거나 유사하다고 말할 수 없다.

사례연구에서 연구될 수 있는 사례는 자연적인 사례, 어떤 과학적 발견사례, 어떤 개인의 신변을 둘러싼 사례, 역사적인 사례, 사회적인 사례, 문화적인 사례 등 무수히 다양할 수 있다. 체험의 경우에도 우리가 많은 체험들 가운데 어느 체험 또는 일군의 체험들을 택할 경우 그것 역시 사례연구의 대상인 사례가 될 수 있다. 그리고 여타의 사례와 마찬가지로 사례로서의 체험 역시 학문적으로 연구될 수 있으며, 이처럼 사례로서의 체험이 학문적으로 연구될 경우 우리는 그러한 연구를 체험에 대한 사례연구라 부른다.

체험을 사례연구의 대상으로 삼을 경우 우리는 다양한 방법으로 사례연구를 수행할 수 있다. 그런데 체험에 대한 사례연구를 수행할 수 있는 다양한 방법 가운데 하나가 바로 현상학적 방법이다. 이처럼 현상학적 방법을 사용해 체험에 대해 사례연구를 수행할 경우 우리는 그러한 방식의 사례연구를 '현상학적 사례연구'라 부를 수 있다. 우리는 체험에 대한 현상학적 사례연구를 위하여 현상학적 환원의 방법을 비롯해 현상학적 반성, 현상학적 해석 등 다양한 유형의 현상학적 방법을 사용할 수 있다.

우리는 다양한 유형의 현상학적 체험연구를 살펴보면서 그중 가장 단순한 유형의 것으로 연구자 자신이 자신의 체험을 반성적으로 연구하는 경우를 보았는데, 이러한 유형의 현상학적 체험연구 역시 사례연구로 분류될 수 있다. 그 이유는 이러한 연구가 대상으로 삼는 것이 다름 아닌 연구자 자신의 체험인 사례이기 때문이다. 그러나 사례연구로서의 현상학적 체험연구가 이러한 유형의 현상학적 체험연구에만 국한되는 것은 아니다. 사례연구로서의 현상학적 체험연구는 무수히 다양한 형태로 수행될 수 있다. 예를 들면 어떤 연구자가 일군의 연구참여자들이 겪고 있는 우울증 체험을 한 가지 사례로 간주하고 그에 대해 연구할 경우 이러한 체험에 대한 연구 역시 사례연구에 해당한다. 그런데 사례연구로서의 현상학적 체험연구는 가장 단순한 유형의 현상학적 체험연구이며, 그러한 점에서 그것은 현상학적 체험연구의 출발점이라 할 수 있다.

앞서 우리가 살펴본 네 가지 유형의 현상학적 체험연구가 모두 사례연구의 형태로 수행될 수 있는 것은 아니다. 네 가지 유형의 현상학적 체험연구 가운데 사례연구의 형태로 수행될 수 있는 것은 사실적 현상학적 체험연구, 즉 사실적 현상학적 심리학적 체험연구와 사실적 초월론적 현상학적 체험연구뿐이다. 이러한 두 유형의 사실적 현상학적 체험연구의 경우에는 연구대상으로서의 사례가 존재하기 때문이다. 그러나 본질적 현상학적 체험연구, 즉 본질적 현상학적 심리학적 체험연구와 본질적 초월론적 현상학적 체험연구의 경우 사례연구가 불가능하다. 그 이유는 이러한 두 가지 유형의 본질적 현상학적 체험연구가 해명하고자 하는 것은 체험의 본질구조이며 본질구조는 개별적인 사례가 될 수 없기 때문이다.

그러면 일군의 연구자들이 현상학적 체험연구와 사례연구를 서로 대립적인 유형의 연구로 간주하게 된 결정적인 이유는 무엇일까? 그 이유는 그들이 다양한 유형의 현상학적 체험연구가 가능함에도 불구하고 그 가운데 일부만을 현상학적 체험연구로 간주하면서 그것을 너무 협소하게 이해하기 때문이다. 예를 들어 현상학적 체험연구를 체험의 본질적 구조를 해명함을 목표로 하는 연구로 간주하는 연구자들의 경우 사례연구와 현상학적 체험연구를 대립적인 것으로 간주할 수 있다. 그 이유는 방금 전에 논의되었듯이 본질은 사실적인 사례가 아니며, 따라서 본질적 현상학적 체험연구는 사례연구의 형태로 수행될 수 없기 때문이다.

3 현상학적 체험연구와 생애사 연구

앞서 살펴보았듯이, 일군의 연구자들은 현상학적 체험연구와 생애사 연구를 서로 배타적인 유형의 연구로 간주한다. 그러나 이 두 유형의 연구 역시 서로 배타적인 것이 아니다. 앞서 살펴본 사례연구와 마찬가지로 생애사 연구 역시 현상학적 체험연구의 형태로 수행될 수 있다. 그러면 이 점을 검토해보기에 앞서 우선 생애사 연구가 무엇을 의미하는지 살펴보자.

생애사 연구란 말 그대로 어떤 개인이 살아간 삶의 자취에 대한 연구를 의미한다. 그것은 연구자 자신의 자취일 수도 있고 연구자와 동시대인의 자취일 수도 있으며 연구자보다 앞서 살았던 사람의 자취일 수도 있다. 생애사 연구의 대상이 연구자 자신의 자취일 경우 우리는 이러한 연구를 자전적 연구라 부를 수 있을 것이다.

이처럼 연구대상이 다름에 따라 그에 접근할 수 있는 자료의 성격도 달라질 수 있다. 생애사 연구가 연구자 자신이 살아온 자취를 연구대상으로 삼을 경우 연구자료는 대부분의 경우 연구자의 기억에 의존할 수 있다. 물론 연구자가 자신이 살아온 자취에 대해 가지고 있는 기억이 분명하지 않거나 아예 기억 속에 없을 경우, 그는 그와 함께 살아오면서 삶의 자취를 함께 체험해온 다른 사람들의 도움을 받아 연구를 수행할 수도 있다. 그리고 생애사 연구의 대상이 연구자와 동시대인의 자취일 경우 연구자료는 주로 저 동시대인을 포함해 그와 함께 생활해온 사람들과의 면담자료가 될 수 있다. 물론 면담자료 이외에도 저 동시대인에 대한 여러 가지

기록들 역시 연구자료가 될 수 있다. 마지막으로 생애사의 연구대상이 연구자가 그와 함께 살아본 적이 없는, 연구자보다 앞서 살았던 사람의 자취일 경우 연구자료는 주로 그가 남긴 여러 가지 기록들과 그와 관련해 남아 있는 기록들일 수 있다.

생애사 연구는 이처럼 수집된 자료를 분석하면서 어떤 개인이 살아온 발자취를 재구성함을 목표로 한다. 어떤 개인이 살아온 발자취는 삶의 시기에 따라 몇 단계로 나누어서 재구성될 수 있다. 삶의 시기는 유년기·청소년기·청년기·장년기·중년기·노년기 등의 방식으로 분류될 수도 있고, 어떤 개인이 극적인 전환을 맞이하면서 이전과는 전혀 다른 삶을 살게 되는 경우처럼 실존적 변화의 유형에 따라 분류될 수도 있다.

그런데 생애사 연구는 이처럼 다양한 삶의 시기들을 각기 고립적인 것으로 파악하는 것이 아니다. 그것은 어떤 개인의 다양한 삶의 시기들이 각기 어떤 고유한 의미를 지니는지, 그리고 이전의 삶의 시기는 이후의 삶의 시기에 대해 어떤 의미를 지니며, 각각의 삶의 시기들은 서로 어떤 연관 속에서 존재하는지 등을 해명함을 목표로 한다. 이처럼 각각의 삶의 시기가 어떤 의미를 지니며 각 시기들이 어떤 연관 속에서 존재하는지 등을 파악함에 있어 어떤 개인의 삶 전체의 목표 및 의미 등을 파악하는 일은 결정적으로 중요한 의의를 지닌다. 그런데 어떤 개인의 삶의 다양한 시기가 지니는 의미뿐 아니라 그의 삶 전체의 목표 및 의미 등은 결코 자연과학적 방법으로는 파악될 수 없으며, 이러한 점에서 삶의 목표 및 의미 등을 해명함을 목표로 하는 생애사 연구는 양적 연구와는 구별된다.

생애사 연구를 위해서는 다양한 유형의 현상학적 방법이 필요하다. 어떤 개인의 삶이 지닌 다양한 시기의 의미 해명을 목표로 하는 생애사 연구를 위해서 연구자는 우선 자연주의적 선입견으로부터 해방되어야 하며, 이를 위해서 그는 일차적으로 사실적 현상학적 심리학적 환원을 수행하여야 한다. 사실적 현상학적 심리학적 환원을 수행하지 않을 경우 연구자는 자연인과적 연관과 구별되는 의미연관·동기연관을 지니고 있는 생애사에 접근할 수 없다. 더 나아가 생애사 연구를 위해 연구자는 사실적 현상학적 환원을 수행한 후 다양한 생애의 시기들이 지니고 있는 고유한 의미를 파악하기 위하여 다양한 유형의 현상학적 반성의 방법과 현상학적 해석의 방법을 사용해야 한다.

이처럼 생애의 다양한 시기의 의미를 해명함을 목표로 하는 생애사 연구는 전적으로 현상학적 체험연구의 일종으로 간주될 수 있다. 즉 생애사 연구는 현상학적 체험연구의 한 가지 유형으로 분류될 수 있다. 그럼에도 불구하고 많은 연구자들이 생애사 연구와 현상학적 체험연구 사이에 존재하는 밀접한 관계를 파악하지 못하고 양자를 대립적인 것으로 간주하게 된 결정적인 이유는, 그들이 현상학적 체험연구의 범위를 너무 좁게 규정하고 있기 때문이다. 이 점과 관련해 크레스웰은 생애사 연구가 한 개인의 생애를 해명함을 목표로 하는 데 반해 현상학적 체험연구는 "어떤 개념 혹은 현상에 대해서 여러 개인들이 가지고 있는 체험이 지니고 있는 의미"(Creswell 1998, 51)를 해명함을 목표로 한다고 규정하면서 양자를 구별하고 있다. 크레스웰이 말하고 있는 '의미'는 어떤 체험의 "본질적인, 불변적 구조"(Creswell 1998, 31)를 뜻한다. 여기서 우리는 현상학적 체험연구와 생애사 연구를 서로 구별되는 두 가지 유형의 체험연구로 간주하는 연구자들이 앞서 우리가 살펴본 본질적 현상학적 심리학적 체험연구와 현상학적 체험연구를 동일시하고 있음을 알 수 있다. 그러나 본질적 현상학적 심리학적 체험연구는 현상학적 체험연구의 한 유형에 불과하며, 따라서 그것이 현상학적 체험연구 전체와 동일시될 수 없음은 두 말할 필요도 없다.

현상학적 관점에서 볼 때 생애사 연구는 두 가지 형태로 수행될 수 있다. 하나는 사실적 현상학적 심리학적 체험연구의 형태로 수행되는 생애사 연구다. 이 경우 생애사 연구의 대상인 생애사는 여타의 대상과 마찬가지로 세계 속에서 존재하는 구성된 대상으로 파악된 것이며, 체험의 주체인 주관 역시 세계 속에 존재하는 구성된 주관으로 파악된 주관이다. 다른 하나는 사실적 초월론적 현상학적 체험연구의 형태로 수행되는 생애사 연구다. 이 경우 생애사 연구의 대상이 되는 어떤 개인의 체험은 의미로서의 대상 및 세계를 구성하는 기능을 지닌 초월론적 체험으로 파악되며, 저 체험의 주체인 주관은 초월론적 주관으로 파악된다. 앞서 살펴본 사례연구와 마찬가지로 생애사 연구 역시 본질적 현상학적 체험연구의 형태로 수행될 수 없음은 물론이다. 생애사가 어떤 한 개인의 체험의 사실적인 자취를 해명함을 목표로 하는 데 반해 본질적 현상학적 심리학적 체험연구와 본질적 초월론적 현상학적 체험연구는 체험의 본질구조를 해명함을 목표로 하기 때문이다.

4 현상학적 체험연구와 민속지적 연구

많은 연구자들은 현상학적 체험연구와 민속지적 연구를 대립적인 연구유형으로 간주한다. 그러나 양자 역시 서로 대립적인 연구유형으로 간주되어서는 안 된다. 이 점을 살펴보기 위해서 우선 민속지적 연구가 무엇을 의미하는지 간단히 살펴보자.

민속지적 연구는 특정한 어떤 인간집단의 문화에 대한 연구를 의미한다. 문화의 해명을 목표로 하기 때문에 민속지적 연구는 문화기술지라고도 불린다. 작든 크든 그 규모에 상관없이 모든 인간집단은 나름의 고유한 문화를 가지고 있다. 이 경우 인간집단의 유형은 다양할 수 있다. 예를 들어 가정·학교·종교단체·동호회·회사·지역사회·민족·국가 등 다양한 인간집단이 존재하며, 그에 따라 다양한 유형의 문화가 존재할 수 있다. 이처럼 다양한 인간집단의 문화해명을 목표로 하는 것이 민속지적 연구다.

민속지적 연구는 문화인류학 분야에서 처음으로 시작되었다. 19세기 말 제국주의 시대에 식민지를 경영하던 나라들은 식민지를 개척하고 식민통치를 원활하게 수행하기 위해서 다른 민족들의 문화를 연구해야 할 필요성이 있었다. 영국학술진흥협회는 1874년 『*Notes and Queries on Anthropology*』라는 안내책자를 발간했는데, 이 안내책자의 목표는 외국여행을 하는 비전문가들이 인류학자들에게 연구를 위해 필요한 정보를 제공하도록 함으로써 인류학자들이 국내에서도 인류학 연구를 원활하게 수행할 수 있도록 도와주는 데 있었다.(B. Tedlcok 2000, 456) 당시 영국학술진흥협회는 이 책자를 여행자·상인·선교사·정부관료 등에게 나누어주어 인류학자들이 필요로 하는 현지의 정보를 제공할 수 있도록 하였다. 이 안내책자 이외에도 프레이저(J. Fraser)는 1887에 『황금가지』(*The Golden Bough*)를 집필하기 위하여 『문명화되지 않은 민족 또는 부분적으로 문명화된 민족들의 태도·습성·종교·미신 등에 관한 질문들』(*Questions on the Manners, Customs, Religion, Superstitions etc. of Uncivilized or Semi-Civilized Peoples*)이라는 안내책자를 만들었다.[1] 이 안내책자는 프레이저가 자신의 저술을 집필하는 데 필요한 정보를 얻기 위해서 만들었으므로 자신의 이론을 정립하는 데 도움이 될 만한 설문들만을 담고 있다. 이러한 책자들은 당초 기대했던 것과는 달리 영국 안에 있는 인류학자들이 연구를 하는 데 큰 도움을 주지 못하였으며, 그에 따라 인류학자들은 스스로 현지에 가서 참여관찰을 통해 인류학 연구를 수행하고자 하였다. 이를 통해 안락의자에 앉아 인류학 연구를 하던 단계가 극복되면서 경험적으로 획득된, 다른 문화에 대한 경험적 자료에 기초한 경험적 인류학적 연구가 다방면에 걸쳐 활발하게 이루어졌다.

민속지적 연구는 문화인류학 분야에서 무엇보다도 원시부족의 문화를 해명하는 데 크게 기여하였다. 그러나 민속지적 연구는 거기에 국한되지

---

1) 이 점에 대해서는 Tedlock 2000, 456 참조.

않고 자신의 탐구영역을 확장시켜나갔다. 일차적으로 민속지적 연구는 그것이 비록 원시부족의 문화이든 그렇지 않든 다른 나라의 여러 인간집단의 다양한 문화를 이해하기 위한 수단으로 활용되었다. 무엇보다도 전 지구적인 문명화로 인해 원시부족이 점차 사라지면서 민속지적 연구는 원시부족의 문화를 해명하는 일에서 다른 나라의 여러 인간집단의 문화를 해명하는 일로 관심을 돌리게 되었고, 그에 따라 미국 뉴욕의 흑인집단의 문화, 말레이시아 화교집단의 문화, 아일랜드 노동자들의 문화 등도 민속지적 연구의 대상으로 등장하게 되었다. 더 나아가 민속지적 연구는 연구자가 속한 나라의 다양한 인간집단의 문화를 해명하는 일도 자신의 과제로 간주하게 되었다. 예를 들어 한국에 살고 있는 한국인이 어느 학교의 문화, 어느 종교단체의 문화, 어느 회사의 문화 등을 연구할 경우 이러한 연구들 역시 민속지적 연구의 일종으로 간주될 수 있다.

그러면 현상학적 체험연구와 민속지적 연구의 관계를 살펴보자. 양자의 관계를 살펴보기 위해서 우리는 우선 현상학적 체험연구에서 '현상학적'이라는 표현과 민속지적 연구에서 '민속지적'이라는 표현이 구체적으로 무엇을 의미하며 양자가 어떤 관계에 있는지 살펴볼 필요가 있다. 앞에서 상세하게 논의되었듯이, 현상학적 체험연구에서 '현상학적'이라는 표현은 체험연구의 방법적 특성을 지칭하는 표현이다. 이와는 달리 민속지적 연구에서 '민속지적'이라는 표현은 연구의 방법이 아니라 연구되어야 할 사태를 지칭하고 있다. '민속지적'이라는 표현이 지시하고 있는 사태는 어떤 한 인간집단의 '문화'이다. '문화'는 다양한 방법에 의해 연구될 수 있다. 두말할 것도 없이 이처럼 다양한 방법 가운데 하나는 현상학적 방법이다. 따라서 '현상학적'이라는 개념과 '민속지적'이라는 개념은 서로 대립적인 것이 아니다. 즉 현상학적 체험연구와 민속지적 연구는 서로 대립적인 연구방법 내지 경향을 지칭하는 것이 아니다. 민속지적 연구는 다양한 유형의 현상학적 방법을 통해서 연구될 수 있으며, 이 경우 현상학적 민속지적 연구가 가능하다.

이러한 논의를 통해 알 수 있듯이 현상학적 체험연구와 민속지적 연구는 대립적이 아니라 상호보완적이다. 실제로 현상학적 체험연구를 수행해온 연구자들과 민속지적 연구를 수행해온 연구자들은 상대방과의 대화를 통해서 많은 것을 보충할 수 있다. 예를 들면 현상학적 체험연구를 수행해온 연구자들은 민속지적 연구를 통하여 현상학적 체험연구가 문화연구로까지 확장될 수 있다는 사실을 배울 것이다. 그동안 이루어진 현상학적 체험연구를 살펴보면 우리는 현상학적 체험연구자들이 어떤 인간집단의 문화를 해명하고자 시도한 경우를 발견하기가 쉽지 않다. 그러나 우리는 이러한 가능성이 이미 현상학 속에 내재해 있는 것이라는 사실을 잊어서는 안 된다. 앞서도 지적하였듯이, 어떤 한 개인의 다양한 체험은 사회적·역사적 맥락 속에서만 존재하며, 그러한 점에서 그것은 문화와 분리되어 존재할 수 없기 때문에 어떤 한 개인의 체험을 해명하는 일은 문화를 해명하는 일과 분리될 수 없다. 그리고 그동안 민속지적 연구를 수행해온 연구자들은 현상학적 체험연구와의 대화를 통해서 무엇보다도 철저한 방법론적 의식을 일깨울 수 있을 것이다. 실제로 다양한 유형의 현상학적 환원의 방법을 비롯해 다양한 유형의 현상학적 반성의 방법, 현상학적 해석의 방법 등 다양한 유형의 현상학적 방법은 민속지적 연구를 위해 유용하게 활용될 수 있다. 이처럼 다양한 현상학적 방법이 활용될 경우 민속지적 연구는 현상학적 민속지적 연구라 불릴 수 있을 것이다.

5 현상학적 체험연구와 근거이론

많은 연구자들은 현상학적 체험연구와 근거이론 역시 서로 대립적인 두 가지 질적 연구의 전통으로 간주하고 있다. 물론 양자는 그 성장배경으로 볼 때 다른 역사와 전통을 가지고 있다. 그럼에도 불구하고 양자의 구체적인 내용을 살펴보면 양자는 밀접한 연관을 지니며 결코 대립적인 이론으로 간주될 수 있는 것이 아니다. 이 점을 살펴보기에 앞서 근거이론이 무엇인지 살펴보자.

근거이론의 초석은 글레이저(B.R. Glaser)와 스트라우스(A.L. Strauss)에 의해 놓였다.(Glaser and Strauss 1967) 이들은 사회학자로서 당시 사회학 연구의 전반적인 경향을 비판하면서 근거이론을 제시하였다. 그들의 견해에 따르면 근거이론은 사회연구를 통해 체계적으로 획득된 자료들을 토대로 수립된 이론을 의미한다.[2] 자료를 토대로 수립된 이론이라는 근거이론에 대한 이러한 정의에서 알 수 있듯이, 근거이론가들은 다음과 같이 두 가지 이론적인 경향을 비판하면서 근거이론을 제시하고자 하였다.

첫째, 근거이론가들은 우선 구체적인 경험적 자료도 없이 선험적 방식, 논리적 방식, 형이상학적 방식으로 정립된 일체의 거대이론을 비판하면서 근거이론을 제시하고자 하였다. 이 점과 관련해 근거이론의 성장배경을 알아보기 위해서는 20세기 중반 미국 사회학계의 동향을 간단히 살펴볼 필요가 있다. 19세기에서 20세기 전반에 걸쳐 사회학 분야에서는 베버(M. Weber), 뒤르켐(E. Durkheim), 지멜(G. Simmel), 마르크스(K. Marx), 미드(C.D. Mead) 등 위대한 사회학자들이 등장해 각자 나름의 고유한 철학적 전제에 입각해 다양한 유형의 거대사회이론을 제시하였다. 그러나 20세기 중반에 이르면서 이러한 거대사회이론에 필적할 만한 사회이론은 더 이상 등장하지 않았다. 대부분의 사회학자들은 이전의 사회학자들처럼 거대사회이론을 제시하기보다는 나름대로 어떤 거대사회이론이 정당한 이론일 것이라고 전제한 후 그 이론이 왜 타당한지 검증하는 작업

---

[2] Glaser and Strauss 1967, 2 참조. 스트라우스와 코빈(J. Corbin)은 근거이론을 "연구과정을 통해 체계적으로 수집되고 분석된 자료로부터 도출된 이론"(theory that was derived from data, systematically gathered and analyzed through the research process[Strauss/Corbin 1998, 12])으로 정의한다.

에 몰두하였다. 그러나 그들은 검증작업에 몰두하면서 저 거장들의 거대 이론이 어떻게 형성되었으며, 그러한 이론들이 지니는 한계는 무엇인지 전혀 문제 삼지 않았다.(Glaser and Strauss 1967, 10)

근거이론가들은 바로 이 점을 문제 삼으면서 근거이론을 수립하고자 하였다. 그들의 견해에 따르면 사회학의 거장들도 사회현상 전체를 포괄할 수 있는 이론을 만든 것은 아니며, 그들의 이론 가운데 어떤 것들은 구체적인 자료에 토대를 두고 정립된 이론이 아니다. 이런 점에서 비록 사회학 분야에서 다양한 거대이론이 등장하긴 했지만 진정한 의미의 사회학 이론을 정초하기 위해서는 지금까지 등장한 이론들에 대한 고려 없이 우리가 실제로 경험할 수 있는 구체적인 자료들을 토대로 이론을 구축하여야 하는데, 이것이 바로 근거이론이다.

둘째, 근거이론가들은 자료에 기초하여 사태를 단순히 기술하는 일을 사회학의 과제로 간주하는 이론적 경향을 비판하면서 근거이론을 정립하고자 한다. 그들이 비판하는 이러한 이론적 경향은 흔히 질적 연구자들에게서 발견된다. 그렇다고 해서 이들이 질적 연구 자체에 대해서 비판적인 입장을 취하는 것은 아니다. 오히려 그들이 최종 목표로 삼는 것은 질적 연구를 토대로 이론을 정립하는 데 있다. 물론 그들은 이론 산출을 위해서는 질적 자료뿐 아니라 양적 자료도 사용할 수 있으며, 양자는 상호 보충적일 수 있다는 견해를 피력하고 있다.(Glaser and Strauss 1967, 18) 그러나 그들의 견해에 따르면 사회학의 핵심은 질적 연구이며, 질적 연구야말로 현실적인 문제를 해결함에 있어 필요한 정보를 획득할 수 있는 가장 적절하고 효과적인 수단이다. 실제로 1930년대 후반의 미국 사회학에서 이론정립에 관심을 가지고 있었던 많은 사회학자들은 질적 자료를 사용하면서 사회학 이론을 정립하고자 하였다. 그러나 그들은 많은 문제점을 가지고 있었는데, 가장 심각한 문제점은 그들이 이론을 정립할 생각은 하지 않고 사실을 단순히 인상주의적으로 기술하려고만 한 데 있다.[3]

이처럼 당시 사회학에 있어서의 두 가지 이론적 경향을 비판하는 데서 알 수 있듯이, 근거이론가들은 질적 자료에 토대를 둔 이론인 근거이론의 정립을 목표로 삼고 있다. 근거이론의 경우 현장에서 자료를 수집하는 경험적 연구와 이론정립과정은 밀접하게 연결되어 있다. 바로 이 점에서 근거이론은 근거이론가들이 비판하는 이론적 경향과 구별된다. 근거이론가들이 비판하는 이론적 경향의 경우 현장에서 자료를 수집하는 경험적 연구와 이론정립 과정은 별개의 문제이다. 한편으로 거대이론의 정당성을 검증함을 목표로 삼는 이론가들의 경우 경험적 연구는 그 검증의 수단으로만 사용될 뿐 이론의 정립에는 아무런 기여도 하지 않으며, 다른 한편 근거이론가들이 비판하는 질적 연구자들의 경우 대부분 이론정립에 대해 관심을 가지고 있지 않다.

그러면 현상학적 체험연구와 근거이론이 어떤 관계에 있는지 살펴보자. 이 점과 관련해 우선 지적해야 할 점은 근거이론에서 '근거'라는 표현은 근거이론이 다루어야 할 사태를 지시하는 개념도 아니요, 근거이론이 근거이론으로 정립되기 위해서 따라야 할 '방법'을 지시하는 개념도 아니라는 사실이다. 근거이론에서 '근거'라는 표현은 어떤 이론이 정립되어야 할 방식을 지칭하는 개념이다. 앞에서 살펴보았듯이 그 방식은 선험적 방식, 형이상학적 방식, 단순한 논리적 방식 등에 반대해서 구체적인 자료에 기초해서 이론을 정립하려는 방식을 의미한다.

그런데 근거이론가들이 견지하는 이러한 입장은 철두철미 현상학의

---

3) 글레이저와 스트라우스는 이 점에 대해 다음과 같이 기술하고 있다. "대체적으로 볼 때 1930년대의 이론정립가들은 체계적이지 않으며 엄밀하지 않은 방식으로 [⋯] 그것도 그들 자신의 고유한 견해 및 상식과 결부지어 질적 자료들을 사용하였다. 거기에다 질적 자료들을 토대로 집필된 단행본들은 있다고 하더라도 소량의 이론만을 산출할 뿐인 길고 상세한 기술들로 이루어져 있다. [⋯] 간단히 말하자면 질적 자료들에 토대를 두고 있는 작품은 충분히 이론적이지 못하거나 그러한 이론들은 너무 '인상주의적'이었다."(Glaser and Strauss, 같은 책 15)

근본입장과 일치한다. 여기서 우리는 현상학의 근본입장에 따르면 사태에 대한 기술이 경험과학의 중요한 한 부분을 이루는 것이 사실이지만, 개별현상을 설명할 수 있는 일반이론의 정립 역시 경험과학의 중요한 또 하나의 부분이라는 사실에 유의할 필요가 있다. 이러한 사실은 자연과학에 대해서뿐 아니라 인문사회과학에 대해서도 타당하다.[4] 더 나아가 현상학의 근본입장에 따르면 모든 이론은 — 그것이 철학적 이론이든 경험과학적 이론이든 — 넓은 의미에서 구체적이며 생동하는 경험, 다시 말해 사태 자체를 근원적으로 제시해줄 수 있는 경험에 토대를 두고 전개되어야 한다. 이러한 이유에서 현상학의 근본입장은 일종의 '실증주의'라 할 수도 있다. 이 점에 대해 후설은 "'실증주의'가 '실증적인 것', 즉 근원적으로 파악가능한 것을 토대로 모든 학문을 절대적으로 가치중립적으로 정초시키자는 입장이라면 우리야말로 참된 실증주의자다"(Husserl 1976, 45)라고 밝히고 있다. 앞서 살펴보았듯이, 근거이론가들은 아무리 위대한 과거의 사회학자들이 제시한 거대이론이라고 하더라도 구체적인 자료, 사태에 조회해보지 않고서는 그 이론을 타당한 이론으로 간주해서는 안 된다고 주장하는데, 이러한 입장이 다름 아닌 현상학의 근본입장

---

4) 이 점과 관련해 후설은 1910/11년 겨울학기에 행한 '현상학의 근본문제'에 대한 강의에서 "물리적인 것에 관한 자연과학이 사물들을 기술하고 인과법칙적으로 설명하듯이 […] 심리학은 인격체들을 기술하고 인과법칙적인 방식으로 설명한다[…]" (Husserl 1973a, 122-123)고 말하고 있다. 이 경우 물론 자연과학적인 인과법칙적 설명과 심리학적인 인과법칙적 설명이 동일한 것은 아니다. 자연과학적인 의미의 인과법칙적 설명은 일상적인 의미의 자연인과적 설명을 의미하지만 심리학적 의미의 인과법칙적 설명은 '정신인과적 설명', 즉 '동기인과적 설명'을 의미한다. 정신인과적 설명 내지 동기인과적 설명의 경우 어떤 심리현상에 대한 설명은 '동기' 개념을 중심으로 이루어진다. 어떤 사람이 어떤 행위를 했다고 할 경우 이러한 행위에 대한 동기인과적 설명은 그 사람이 그러한 행위를 하게 된 동기를 제시하면서 이루어진다. 예를 들면 "어떤 사람이 등산을 했다"는 사실에 대한 동기인과적 설명은 "건강해지길 원했기 때문에 그 사람이 등산을 했다"는 식으로 이루어질 수 있다.

이다. 후설 역시 『엄밀학으로서의 철학』에서 "참으로 선입견이 없는 사람에게는 어떤 주장이 칸트에게서 유래한 것이든 토마스 아퀴나스에게서 유래한 것이든, 또는 그것이 다윈, 아리스토텔레스, 헬름홀츠, 또는 파라셀수스에게서 나왔든 아무 상관이 없다"(Husserl 1911, 341)고 말하면서 엄밀학으로서의 현상학을 위한 탐구의 추진력이 과거의 철학들이 아니라 사태에서부터 나와야 한다는 사실을 강조하고 있다.

이처럼 현상학의 근본입장과 근거이론의 근본입장은 원칙적으로 일치하기 때문에 현상학적 체험연구와 근거이론 사이에는 밀접한 연관이 존재하며, 양자는 서로 대립적인 이론으로 간주되어서는 안 된다. 현상학과 근거이론 사이의 밀접한 연관은 근거이론가들에 의해서도 이미 부분적으로 감지되었다. 예를 들면 근거이론의 창시자들인 글레이저와 스트라우스는 근거이론과 관련해 "우리의 입장은 논리적이 아니라 현상학적이다"(Glaser and Strauss 1967, 6)라고 밝히고 있다. 그리고 스트라우스와 코빈은 "연구자는 어떤 이론을 마음에 미리 품고 들어가면서 연구계획을 시작하는 것이 아니다"(Strauss and Corbin 1998, 12)라고 밝히고 있는데, 이들의 입장은 연구자가 어떤 사태를 연구하기 위해서는 그와 관련된 일체의 그릇된 선입견에 대해 판단중지하고 사태 자체로 들어가야 한다는 현상학적 환원의 근본요청을 연상케 한다.

앞서 우리는 현상학적 체험연구에 대해 논하면서 근거이론이 제시하는 방향으로 현상학적 체험연구를 수행할 수 있는 가능성에 대해서 살펴보지 않았다. 그러나 근거이론이 제시하는 대로 현상학적 체험연구를 어떤 일반적인 이론의 형태로 수립하는 일은 현상학적 관점에서 볼 때 가능한 일일 뿐 아니라 꼭 필요한 일이기도 하다. 이처럼 현상학적 체험연구를 통해 일반이론을 수립할 수 있기 위해서는 그에 선행해 생애사 연구, 사례연구, 집단연구 등 다양한 유형의 현상학적 체험연구가 다방면으로 이루어져야 할 것이다.

8

철학적 현상학의 이념과
현상학적 체험연구의 이념

제8장의 목표는 전통적 현상학의 이념과 현상학적 체험연구의 이념이 어떤 관계에 있는지 살펴보는 데 있다. 제2장에서 살펴보았듯이 현상학적 체험연구에 대한 비판자들은 현상학적 체험연구의 이념이 전통적 현상학의 이념과 다르다는 사실을 지적하면서 이를 비판의 근거로 삼고 있다.

이제 우리는 제1절에서 팰리와 크로티가 후설, 하이데거, 메를로-퐁티 등의 전통적 현상학자들을 일면적으로 이해하고 있다는 사실을 살펴본 후, 제2절에서 현상학적 체험연구가 후설의 현상학 및 하이데거의 현상학과 조화를 이룰 수 없다는 팰리의 견해를 비판적으로 고찰할 것이다. 제3절에서는 전통적 현상학이 객관주의적인 데 반해 현상학적 체험연구는 주관주의적이라는 크로티의 견해를 비판적으로 살펴보고, 마지막으로 제4절에서 전통적 현상학과 현상학적 체험연구 사이의 정초관계를 살펴볼 것이다. 이러한 논의를 통하여 우리는 현상학적 체험연구의 이념이 전통적 현상학의 이념과 모순되는 것이 아니라는 사실을 확인할 수 있을 것이다.

1 후설, 하이데거, 메를로-퐁티에 대한 일면적 이해[1]

전통적 현상학의 이념과 기존의 현상학적 체험연구의 이념이 다르다고 주장하면서 기존의 체험연구를 비판하는 팰리, 크로티 등의 비판자들은 무엇보다도 후설의 현상학, 하이데거의 현상학, 메를로-퐁티의 현상학에 대해 일면적으로 이해하고 있다. 예를 들어 그들은 하이데거의 현상학에 대해 논할 때 주로『존재와 시간』에서 전개된 현상학만을 논하고 그 후 전개된 하이데거의 현상학에 대해서는 거의 언급하지 않는다. 그리고 메를로-퐁티의 현상학에 대해 논할 때도 논의의 초점은 주로『지각의 현

---

[1] 후설과 하이데거의 관계와 후설과 메를로-퐁티의 관계에 대해서는 각각 이남인 2004와 이남인 2013을 참조할 것.

상학』이며 그 후 전개된 메를로-퐁티의 철학은 거의 언급하는 경우가 없다. 그들이 무엇보다도 일면적으로 이해하고 있는 것은 후설의 현상학인데, 우리는 전통적 현상학과 기존의 현상학적 체험연구의 관계를 올바로 이해하기 위해서 이 점을 자세하게 살펴볼 필요가 있다.

앞서 논의되었듯이, 팰리, 크로티 등이 전통적 현상학과 기존의 현상학적 체험연구의 관계를 논하면서 일차적으로 염두에 두고 있는 후설의 현상학은 초월론적 현상학이다. 이와 관련해 앞서 살펴보았듯이 팰리는 후설의 초월론적 주관을 초월론적 현상학적 판단중지를 통해 자연적 태도를 넘어선 상태에서 파악된 주관으로 간주하고 있으며, 크로티 역시 "자연적 태도를 넘어섬"(Crotty 1996, 151)을 후설의 현상학의 핵심적인 요소로 간주하고 있다.

그런데 지금까지의 논의를 통해서 밝혀졌듯이 후설의 현상학은 초월론적 현상학만을 포함하는 것이 아니다. 그것은 초월론적 현상학을 비롯해 형식적 존재론, 영역적 존재론 등의 철학적 현상학뿐 아니라 철학적 현상학에 정초된 다양한 유형의 경험적 현상학을 포괄하는 보편학의 체계이다. 팰리와 크로티는 후설의 현상학을 초월론적 현상학과 동일시하면서 그것이 형식적 존재론, 영역적 존재론을 비롯해 다양한 유형의 경험적 현상학을 포괄하고 있다는 사실을 간과하고 그에 대해 전혀 언급조차 하고 있지 않다. 이 점과 관련해 그들이 가지고 있는 무엇보다도 심각한 문제는 그들이 후설의 현상학을 논하면서 현상학적 심리학에 대해 전혀 논의하고 있지 않다는 사실이다. 앞서 살펴보았듯이, 현상학적 심리학은 현상학적 체험연구를 위해 결정적으로 중요한 의미를 지니고 있다. 이처럼 후설의 현상학에 대한 크로티와 팰리의 이해는 일면적이며 그야말로 '장님 코끼리 만지기 식'이라 할 수 있다.

크로티는 하이데거의 현상학, 메를로-퐁티의 현상학, 사르트르의 현상학 등과 더불어 후설의 현상학을 지칭하기 위하여 전통적 현상학이라는 개념을 사용하며, 현상학적 체험연구를 전통적 현상학과 대비시키고 있다. 그에 따르면 전통적 현상학과 현상학적 체험연구는 각기 철학과 경험과학으로서 연구영역을 달리하며, 그러한 점에서 양자는 연구영역에 있어 배타적인 관계에 있는 서로 다른 두 가지 유형의 학문이다. 그러나 후설의 현상학의 전체적인 구도에 대한 앞서의 논의가 보여주듯이 크로티의 이러한 견해는 타당하지 못하다. 그 이유는 기존의 현상학적 체험연구는 ── 우리가 현상학적 체험연구의 다양한 차원 가운데 사실적 현상학적 심리학적 체험연구에 한정시켜 논의할 경우 ── 보편학으로서의 후설의 현상학의 한 차원인 경험적 현상학에 해당하기 때문이다.

팰리와 크로티는 후설의 현상학의 한 차원인 초월론적 현상학에 대해서도 충분하게 이해하고 있지 못하다. 후설의 초월론적 현상학은 정적 현상학과 발생적 현상학을 포괄하며 이 둘은 각기 다양한 영역들로 나누어져 있다.(이남인 2004 참조) 그런데 팰리와 크로티는 후설의 초월론적 현상학에 대해 논하면서 오직 한 가지 유형의 초월론적 현상학이 존재하는 것으로 생각하고 있다. 더 나아가 후설의 초월론적 현상학이 다양한 영역들로 이루어져 있기 때문에, 이처럼 다양한 영역을 사태의 본성에 맞게 연구할 수 있기 위해서는 다양한 유형의 초월론적 현상학적 환원이 필요하다. 이 점과 관련해 후설은, 앞서도 지적되었듯이 데카르트적 길을 통한 초월론적 현상학적 환원, 현상학적 심리학을 통한 초월론적 현상학적 환원, 생활세계를 통한 현상학적 심리학적 환원 등 다양한 유형의 초월론적 현상학적 환원을 개척하였다. 그러나 팰리와 크로티는 현상학적 판단중지, 자연적 태도를 넘어섬 등에 대해 언급하면서 초월론적 현상학적 환원에 대해 언급하고 있음에도 실제로 다양한 유형의 초월론적 현상학적 환원이 가능하다는 사실에 대해서는 알지 못하고 있다.

후설의 초월론적 현상학에 대한 팰리와 크로티의 이해가 충분하지 못하다는 사실과 관련해 우리는 이 둘 각각이 이해하고 있는 후설의 초월론적 현상학이 서로 동일하지 않다는 사실에 유의할 필요가 있다.

팰리는 후설의 현상학이 다루는 초월론적 주관이 유아론적 주관이라고 말한다. 그런데 그가 염두에 두고 있는 후설의 초월론적 현상학은 『이념들』제1권에서 전개된 정적 현상학이라 할 수 있다. 그 이유는 정적 현상학의 초월론적 주관은 "유아론적 가상"(Husserl 1950a, 176)을 보이고 있어 유아론적 주관처럼 보이기 때문이다. 물론 필자가 다른 곳에서 여러 번 논의하였듯이(Nam-In Lee 2002; Nam-In Lee 2006) 후설의 현상학에서 초월론적 주관은 유아론적 주관이 아니라 처음부터 끝까지 상호주관적 주관이다. 이 점과 관련해 후설은 후기 유고에서 다음과 같이 적고 있다.

"그 어떤 절대적인 존재[즉 초월론적 주관]도 보편적인 공존의 운명을 벗어날 수 없다. 그 어떤 것이 다른 어떤 것과 공존함 없이 존재한다는 것, 그것이 홀로 있다는 것은 모순이다. 나만이 유아(solus ipse)가 아닌 것이 아니라 우리가 생각해볼 수 있는 그 어떤 절대적인 존재도 유아가 아니다. 그것은 모순이다."(Husserl 1973c, 371)

이와는 달리 크로티는 후설의 초월론적 현상학을 정적현상학으로 이해하지 않는다. 이와 관련하여 그는 초월론적 현상학이 해명하는 사태를 "선반성적 체험, 선술어적 체험", 즉 "우리가 그에 대해 의미를 부여하기 이전에 우리에게 직접적으로 주어지는 체험"(Crotty 1996, 5)으로 규정하며, 이것을 "직접적이고 근원적이며 원초적인 체험"(Crotty 1996, 51 이하)과 동일한 것으로 간주한다. 그런데 크로티가 언급하고 있는 '선반성적 체험, 선술어적 체험', 즉 '우리가 그에 대해 의미를 부여하기 이전에 우리에게 직접적으로 주어지는 체험'은 후설이 발생적 현상학을 전개하면서 능동적 종합을 분석한 후 도달한 '수동적 종합의 영역'을 뜻한다. 여기서 우리는 크로티가 후설의 초월론적 현상학으로 간주하는 것이 다름 아닌 후설의 발생적 현상학의 하부층에 해당함을 알 수 있다.

여기서 알 수 있듯이 팰리가 이해한 후설의 초월론적 현상학도 일면적이며 크로티가 이해한 후설의 초월론적 현상학도 일면적이다. 팰리의 경우 후설이 정적 현상학으로서의 초월론적 현상학만을 발전시켰다고 생각하면서 후설의 발생적 현상학이 존재한다는 사실을 깨닫지 못했고, 크로티는 후설이 발생적 현상학으로서의 초월론적 현상학을 발전시켰다고 생각하면서 후설이 정적 현상학을 발전시켰다는 사실을 깨닫지 못하였다. 후설의 현상학에 대해서와 마찬가지로 후설의 초월론적 현상학에 대해서도 팰리와 크로티는 일면적으로 이해하고 있다고 할 수 있다.

그런데 후설의 초월론적 현상학에 대한 일면적인 이해는 크로티의 경우에 특히 두드러진다고 할 수 있다. 그 이유는 후설이 발생적 현상학을 발전시켰다는 사실을 깨닫기는 했지만 크로티가 염두에 두고 있는 발생적 현상학은 그 전 영역 가운데 하나의 부분영역에 불과하기 때문이다. 앞서 살펴보았듯이 그는 수동적 종합을 해명하는 후설의 발생적 현상학만을 염두에 두고 있는데, 실제로 후설의 발생적 현상학은 수동적 종합뿐 아니라 능동적 종합, 상호주관적 발생, 세대간적 발생, 역사적 발생 등 다양한 유형의 발생을 탐구주제로 삼고 있다.

팰리와 크로티는 이처럼 후설의 초월론적 현상학을 일면적으로 이해하고 있을 뿐 아니라, 경우에 따라 후설의 초월론적 현상학의 많은 부분에 대해 오해하고 있다. 예를 들어 팰리는 후설의 초월론적 현상학의 핵심주제인 초월론적 주관이 세계와의 관련을 상실한 주관이라고 생각한다. 이 점과 관련해 그는 판단중지, 즉 초월론적 판단중지를 수행하게 되면 판단중지를 수행하는 자에게는 자연적 태도가 무효화되기 때문에 세계와의 관련이 상실된다고 말한다. 그러나 앞에서 현상학적 환원에 대한 논의를 통해 밝혀졌듯이, 모든 유형의 현상학적 환원과 마찬가지로 초월론적 현상학적 환원 역시 태도변경을 의미하는 것이며 태도변경을 통해서 세계는 이전과는 다른 모습으로 주체에게 드러나는 것이지, 배제됨으로써 주체가 그와의 단절을 경험하게 되는 것은 아니다. 이 점과 관련해 우리는 현상학의 근본진리인 노에시스-노에마 상관관계에 따라 볼 때 초월론적 주관이란 언제나 세계의식을 통해 세계와 관련을 맺고 있는 주관이라는 사실에 유의할 필요가 있다.

2 팰리의 견해에 대한 비판적 검토

1) 후설의 현상학과 하이데거의 현상학

팰리에 따르면 후설의 현상학은 초월론적 관념론이요 하이데거의 현상학은 실재론이며, 따라서 양자 사이에는 추구하는 이념에 있어서 "근원적인 차이"(Paley 1997, 187)가 존재한다. 말하자면 이 두 가지 현상학은 서로 상반되는 이념을 추구한다. 팰리에 따르면 후설의 현상학이 초월론적 관념론이 되는 이유는, 후설의 현상학의 핵심적인 주제인 초월론적 주관이 초월론적 현상학적 판단중지를 통해 자연적 태도를 넘어선 상태에서 자신의 모습을 드러내는 주관으로 자연적 태도에서 경험되는 '세계'와의 관련이 상실된 주관이기 때문이다. 이와는 달리 하이데거의 현상학이 실재론이 되는 이유는, 그것이 해명하고자 하는 현존재가 후설의 초월론적 주관과는 달리 자연적 태도에서 존재하며 언제나 세계연관성을 지니고 있는 주체이며 다른 현존재들과 부단한 교섭활동을 해가면서 살아가는 주체이기 때문이다.

이처럼 후설의 현상학과 하이데거의 현상학이 각각 관념론과 실재론에 해당하며, 따라서 양자 사이에 근본적인 차이가 존재한다는 팰리의 견해는 그 자신만의 독창적인 견해가 아니다. 그동안 양자의 관계에 대한 전문 연구자들을 살펴보면 우리는 많은 연구자들이 이러한 견해를 피력하고 있음을 확인할 수 있다.[2] 그러나 필자가 다른 곳에서 자세하게 해명하였듯이[3] 이것은 양자의 관계를 포괄적으로 검토하지 못한 데서 나온 그릇된 견해다. 이 점과 관련해 우리는 다음 몇 가지 사실을 지적하고자 한다.

첫째. 앞서도 반복해서 논의되었듯이, 후설은 한 가지 유형의 초월론적 현상학만을 전개하지 않았다. 그는 1913년에 출간된『이념들』제1권(Husserl 1976)에서 초월론적 현상학을 정적 현상학으로서 전개하였다. 그러나 그는 그 후『이념들』제1권에서 전개된 정적 현상학과는 다른 유형의 초월론적 현상학인 발생적 현상학을 전개해나갔다. 말하자면 후설의 초월론적 현상학은 정적 현상학과 발생적 현상학을 포괄하는 철학이다. 그런데 이러한 두 가지 유형의 초월론적 현상학 가운데 정적 현상학은 하이데거의 해석학적 현상학과 다르지만, 발생적 현상학은 여러 가지 점에서 하이데거의 해석학적 현상학과 유사성을 보이고 있다.(이남인 2004 참조)

둘째, 후설의 발생적 현상학과 하이데거의 해석학적 현상학 사이에 존재하는 여러 가지 유사성과 관련해 우리는 하이데거의 현존재와 마찬가지로 후설의 초월론적 주관도 세계와의 연관을 상실한 주관이 아니라 세계연관성을 지니고 있는 주관이라는 사실에 유의할 필요가 있다. 그리고, 앞서도 논의되었듯이, 하이데거의 현존재와 마찬가지로 후설의 초월론적 주관 역시 다른 주관들과 부단히 관계를 맺으면서 살아가는 상호주관적인 주관이지 유아론적 주관이 아니다.

셋째, 후설의 발생적 현상학에서 초월론적 주관이 세계와 관계를 맺고 있는 방식과 하이데거의 현상학에서 현존재가 세계와 관계를 맺고 있는 방식 사이에는 근원적인 유사성이 존재한다. 후설의 발생적 현상학의 경우 초월론적 주관이 존재하지 않으면 세계가 존재할 수 없으며, 그러한

2) 이 점에 대해서는 이남인 2004, 518 이하 참조.
3) 같은 곳.

점에서 초월론적 주관은 세계에 대해 우선성을 지닌다. 우선성을 지니는 이유는 초월론적 주관이 세계를 구성하는 주관이기 때문이다. 이와 마찬가지로 하이데거의 현상학에서도 세계는 현존재가 없이는 존재할 수 없으며, 그러한 점에서 현존재는 세계에 대해 우선성을 지니고 있다. 이 점과 관련해 하이데거는 『존재와 시간』에서 "현존재가 실존하지 않는다면 세계 역시 존재할 수 없다"(Heidegger 1972, 365)고 분명히 밝히고 있다. 하이데거의 현상학에서도 현존재가 세계에 대해서 우선성을 가지고 있는 이유는 현존재가 세계를 구성하는 주관이기 때문이다.

넷째, 이처럼 하이데거의 현존재가 세계를 구성하며 그러한 점에서 세계에 대해 우선성을 가지고 있기 때문에, 그것은 후설의 발생적 현상학의 주제인 초월론적 주관과 마찬가지로 일종의 초월론적 주관이라 불릴 수 있다. 이처럼 일종의 초월론적 주관을 탐구주제로 삼는 하이데거의 현상학은 후설의 발생적 현상학과 마찬가지로 초월론적 현상학으로 규정될 수 있다.

다섯째, 방법적인 측면에서도 초월론적 주관의 한 유형으로서의 현존재 및 그에 의해 구성되는 세계의 구조를 해명하기 위해서 하이데거의 현상학은 후설의 발생적 현상학과 마찬가지로 초월론적 현상학적 환원의 방법을 사용하지 않을 수 없다. 비록 하이데거가 『존재와 시간』을 비롯해 그 어느 곳에서도 자신의 현상학을 전개하기 위해서 초월론적 현상학적 환원의 방법을 사용하고 있다고 밝히지 않았음에도 불구하고, 그는 자신의 현상학을 전개하기 위하여 초월론적 현상학의 방법을 사용하지 않을 수 없는 것이다.

여섯째, 후설의 발생적 현상학과 하이데거의 해석학적 현상학이 여러 가지 점에서 근원적인 유사성을 가지고 있기 때문에 후설의 발생적 현상학이 초월론적 관념론으로 규정될 수 있다면 하이데거의 현상학 역시 초월론적 관념론으로 규정될 수 있으며, 반대로 하이데거의 현상학이 "실천의 실재론"(Paley 1998, 822)으로 규정될 수 있다면 후설의 발생적 현상학 역시 '실천의 실재론'으로 규정될 수 있다. 이 점과 관련해 우리는 후설이 발생적 현상학을 포괄하는 자신의 초월론적 현상학 전체를 초월론적 현상학적 관념론으로 이해하면서, 그것이 그 어떤 철학보다도 더 실재론적이라고 말하는데,[4] 그가 언급하고 있는 실재론은 '실천의 실재론'까지 포함할 수 있다. 이러한 논의를 통해 알 수 있듯이, 후설의 발생적 현상학이 추구하는 이념과 하이데거의 현상학이 추구하는 이념 사이에는 근본적인 차이가 존재하지 않는다.

2) 후설의 현상학과 체험연구의 관계

팰리에 따르면 기존의 현상학적 체험연구는 그 근본이념에서 볼 때 후설의 현상학과 조화될 수 없는데, 그 이유는 후설의 현상학이 초월론적 관념론의 이념을 추구하는데 반해 그것은 그렇지 않기 때문이다. 그에 따르면 초월론적 관념론의 이념을 추구하는 후설의 현상학의 입장에서 보면 기존의 현상학적 체험연구는 불가능하다.

그러나 이러한 팰리의 견해가 부당함은 두말할 것도 없다. 이미 앞서 논의되었듯이, 후설의 초월론적 주관은 근원적으로 다른 초월론적 주관들과 더불어 살고 있는 상호주관적 주관이기 때문이다. 후설의 초월론적 현상학 역시 다른 주관과 단절되어 고립적으로 존재하는 '유아론적' 주관을 탐구하는 것이 아니라, 다른 주관과 더불어 살고 있는 주관을 탐구한다. 물론 후설의 초월론적 현상학이 해명하고자 하는 초월론적 주관과 기존의 현상학적 체험연구가 해명하고자 하는 주관 사이에는 차이가 존재한다. 그러나 이러한 차이는 단지 태도의 차이에서 연유하는 것이며, 따라서 후설의 초월론적 현상학과 기존의 현상학적 체험연구가 부조화

---

4) 같은 책, 364 참조.

관계에 있는 것은 아니다. 앞서 살펴보았듯이, 후설의 초월론적 현상학과 사실적 현상학적 심리학적 체험연구 사이에는 단순한 조화관계를 넘어 정초관계가 존재한다. 따라서 후설의 현상학의 입장에서 볼 때 기존의 현상학적 체험연구는 불가능하다는 팰리의 주장은 타당하지 않다.

실제로 제1장에서 살펴본 다섯 가지 유형의 현상학적 체험연구 가운데 그 어떤 연구도 팰리가 생각하듯이 후설의 현상학과 조화될 수 없는 체험연구는 존재하지 않는다. 팰리가 후설의 현상학과 현상학적 체험연구가 서로 조화될 수 없다고 생각하게 된 결정적인 이유는, 그가 한편으로는 기존의 현상학적 체험연구에 대해 오해하고 있고, 다른 한편으로는 후설의 현상학에 대해서도 근본적으로 오해하고 있기 때문이다.

3) 하이데거의 현상학과 체험연구의 관계

제2장에서 살펴보았듯이, 팰리에 따르면 기존의 현상학적 체험연구는 다음 두 가지 점에서 하이데거의 현상학의 근본전제와 모순적이다. 첫째, 현상학적 체험연구는 "사람들의 체험, 그리고 그에 대한 그들의 설명은 틀릴 수 없다는 […] 암묵적인 전제"(Paley 1998, 821)에서 출발하지만, 하이데거의 현상학은 현존재의 체험이 현존재 자신에게 언제나 필증적인 명증의 양상에서 주어지는 것은 아니라는 사실에서 출발한다. 둘째, 후설의 현상학에 호소하는 체험연구와 마찬가지로 하이데거의 현상학에 호소하는 체험연구 역시 주관적인 상태로서의 체험에 대해 연구하면서 외적 비판이 불가능한, 외부세계의 존재와 분리된 '주체라는 좁은 영역'만을 다루게 되었으며, 이를 통해 일종의 데카르트주의로 전락하게 되었는데, 이러한 데카르트주의는 하이데거의 현상학의 근본이념과 상치된다.

그러나 이러한 팰리의 견해는 타당하지 않다. 그의 첫 번째 논점과 관련해 그가 피력하는 견해, 즉 현상학적 체험연구는 '사람들의 체험, 그리고 그에 대한 그들의 설명은 틀릴 수 없다는 […] 암묵적인 전제'에서 출발한다는 견해는 타당하지 않다. 무엇보다도 사실적 현상학적 심리학적 체험연구는 그것이 경험적 연구이기 때문에 연구결과가 필증적 명증의 양상에서 참일 수 없기 때문이다. 말하자면 사실적 현상학적 심리학적 체험연구는 그 연구결과가 개연적 명증밖에 지니지 못하며, 그러한 점에서 언제나 수정가능한 것이지 '틀릴 수 없는' 것이 아니다.

팰리의 두 번째 논점과 관련해 그가 피력하는 견해, 즉 현상학적 체험연구는 외적 비판이 불가능한, 외부세계의 존재와 분리된 '주체라는 좁은 영역'만을 다루게 되었으며, 그를 통해 데카르트주의로 전락하고 말았다는 주장 역시 타당하지 않다. 그 이유는 사실적 현상학적 심리학적 체험연구의 경우 외부세계와 분리된 주체라는 좁은 영역만을 다루는 것이 아니라 어디까지나 세계와 관계를 맺고 있는 주체를 다루고 있으며, 이러한 주체는 외적 비판이 불가능한 영역이 아니기 때문이다. 이러한 이유에서 현상학적 체험연구가 데카르트주의로 전락하고 말았다는 팰리의 견해 역시 설득력이 없다.

실제로 제1장에서 살펴본 다섯 가지 유형의 현상학적 체험연구 가운데 그 어떤 연구에도 데카르트주의로 규정될 수 있는 연구는 존재하지 않는다. 다섯 가지 유형의 체험연구 가운데 우리의 논의 맥락에서 특히 중요한 의미를 지니는 것은 하이데거의 현상학과 밀접히 연결된 벤너와 디켈만의 연구인데, 이 두 연구를 살펴보아도 그것들이 데카르트주의와는 아무런 관련이 없다. 팰리가 하이데거의 현상학과 현상학적 체험연구가 서로 조화될 수 없다고 생각하게 된 결정적인 이유는 그가 기존의 현상학적 체험연구에 대해 오해하고 있기 때문이다.

3 크로티의 견해에 대한 비판적 검토

1) 후설, 하이데거, 메를로-퐁티의 관계

앞서 살펴보았듯이, 팰리가 후설의 현상학이 추구하는 이념과 하이데거의 현상학이 추구하는 이념이 다르다고 주장하는 것과는 달리 크로티는 이 두 현상학이 추구하는 이념 사이에 커다란 차이가 없다고 주장한다. 더 나아가 그는 이 두 유형의 현상학이 추구하는 이념이 메를로-퐁티의 현상학이 추구하는 이념과도 다르지 않다고 주장하면서, 이러한 현상학들을 하나로 묶어서 모두 전통적 현상학이라고 부르고 있다. 필자가 다른 곳에서 자세하게 다루었듯이(이남인 2004; 이남인 2013) 후설의 현상학 가운데 초월론적 현상학을 염두에 둔다면 하이데거의 현상학도 넓은 의미의 초월론적 현상학이요, 메를로-퐁티의 지각의 현상학도 넓은 의미에서 초월론적 현상학이기 때문에 이 세 유형의 현상학이 추구하는 이념이 같다고 할 수도 있다.

그럼에도 불구하고 후설의 초월론적 현상학이 정적 현상학과 발생적 현상학으로 나누어지며 이 두 유형의 현상학이 그 구체적인 목표에서 볼 때 서로 이념을 달리하기 때문에 우리는 후설의 현상학이 하이데거의 현상학, 메를로-퐁티의 현상학과 동일한 이념을 추구한다고 간단히 말할 수 없다. 필자가 다른 곳에서 자세하게 다루었듯이(이남인 2004; 이남인 2013), 후설의 초월론적 현상학 가운데 발생적 현상학만이 하이데거의 현상학, 메를로-퐁티의 현상학과 추구하는 이념이 유사하며, 후설의 정적 현상학은 그렇지 않다. 후설이 발생적 현상학과 더불어 정적 현상학을 전개하면서 정적 현상학 역시 나름의 고유한 권리를 지니는 중요한 현상학으로 간주하는 것과는 달리 하이데거와 메를로-퐁티는 후설의 정적 현상학에 대응하는 현상학을 전개하고 있지 않다.

2) 객관성의 이념에 대한 크로티의 견해

크로티는 전통적 현상학이 객관성의 이념을 추구하는 데 반해 기존의 체험연구는 주관주의적이라고 말한다. 전통적 현상학이 객관성의 이념을 추구한다 함은 그것이 "대상을 향한 정향"(the orientation to object

[Crotty 1996, 4])을 강하게 지니고 있음을 뜻한다. 이 경우 대상이란 "거기에 사람들이 의미를 부여하는 현상"(Crotty 1996, 3)을 뜻하기도 하고 "직접적인 체험의 영역"(Crotty 1996, 3), 다시 말해 '선반성적 체험, 선술어적 체험', 즉 '우리가 그에 대해 의미를 부여하기 이전에 우리에게 직접적으로 주어지는 우리의 체험'을 뜻하기도 한다. 이러한 체험의 영역은 "우리가 타인과 공유하면서 타당한 것으로 받아들이는 의미들"(Crotty 1996, 5) 이전에 존재하는 영역으로서 근원적인 객관적 실재의 영역이다. 크로티는 이러한 영역을 '인간경험의 대상', '사람들이 경험하는 것' 등이라고 부르기도 하면서 그것을 '현상', '사태'라고 부르기도 한다. 이러한 전통적 현상학과는 달리 기존의 체험연구는 "우리가 타인과 공유하면서 자명한 것으로 받아들이는 의미들"(Crotty 1996, 5), 즉 주체들이 주관적인 의미들을 부여하여 형성된 현상을 해명함을 목표로 한다.

그러나 객관성과 관련된 크로티의 견해는 적지 않은 문제점을 안고 있다. 우선 그는 근원적인 객관적 실재의 영역을 '선반성적 체험, 선술어적 체험', 즉 '우리가 그에 대해 의미를 부여하기 이전에 우리에게 직접적으로 주어지는 우리의 체험'이라 부르기도 하고 '인간경험의 대상', '사람들이 경험하는 것' 등이라고 부르기도 하는데, 필자의 견해에 따르면 근원적인 객관적 실재에 대한 그의 이해는 상당히 혼란스럽다. 우선 '선반성적 체험, 선술어적 체험', 즉 '우리가 그에 대해 의미를 부여하기 이전에 우리에게 직접적으로 주어지는 우리의 체험'은 체험이요, '인간경험의 대상', '사람들이 경험하는 것'은 대상이기 때문에 우리는 아무런 조건도 없이 양자를 동일시해서는 안 된다. 물론 우리는 크로티가 '인간경험의 대상'이라고 부르는 것을 체험과 더불어 그의 노에마적 상관자인 대상, 즉 수동적 종합의 대상을 뜻하는 것으로 해석할 수 있다. 그러나 이 경우에도 수동적 대상이 '인간경험의 대상', '사람들이 경험하는 것'과 동일한 것일 수 없다. 그 이유는 수동적 대상은 '인간경험의 대상', '사람들이 경험하는 것'의 한 유형에 불과하기 때문이다.

필자는 크로티가 근원적인 객관적 실재로서 '선반성적 체험, 선술어적 체험'을 염두에 두고 있다고 생각한다. 이러한 근원적인 체험의 영역은 초월론적 주관의 능동적인 구성작용이 작동하기 이전에 앞서 주어진 수동적인 종합의 층이다. 이러한 수동적인 종합의 층이 '우리가 타인과 공유하면서 타당한 것으로 받아들이는 의미들' 이전에 존재하는 영역이기 때문에 그는 이러한 영역을 근원적인 객관적 실재라 부르는 것이다. 물론 이러한 체험을 '근원적인' 실재라 부르는 것은 전적으로 타당한 일이다. 실제로 그것은 발생적 관점에서 볼 때 근원적인 영역으로서 그로부터 능동적인 종합의 영역이 발생하기 때문이다. 그러나 필자는 현상학적 관점에서 볼 때 이러한 영역을 '객관적' 실재의 영역이라고 부르는 것은 문제가 있다고 생각한다. 필자의 견해에 따르면 크로티가 이러한 영역을 객관적 실재의 영역이라고 부르는 이유는 그가 이 영역을 초월론적 주관의 모든 능동적 구성작용 이전에 존재하는 것이요, 그러한 점에서 그것은 초월론적 주관의 구성작용 이전에 객관적으로 실재하는 영역이라고 생각하기 때문이다.

그러나 현상학적 관점에서 볼 때 이러한 원초적인 체험의 영역은 결코 초월론적 주관과 무관하게 존재하는 '객관적인 실재'의 영역이 아니다. 이 원초적인 체험의 영역은 바로 초월론적 주관의 수동적인 종합작용을 통해 구성된 영역으로서 그것은 어디까지나 주관적인 영역이다. 이러한 원초적인 체험의 영역에서 작동하는 수동적인 종합작용은 아직 상호주관적 소통이 충분하게 이루어지지 않은 영역이기 때문에 극단적인 의미에서 주관적인 영역이라 할 수 있다. 말하자면 이처럼 원초적인 체험의 영역은 어떤 두 초월론적 주관도 공유할 수 없는 영역이라 할 수 있으며, 하나의 초월론적 주관에 한정시켜 보더라도 매 순간 그 구체적인 내용이 바뀌는 영역이다. 바로 이러한 이유에서 '선반성적 체험, 선술어적 체험',

즉 "우리가 그에 대해 의미를 부여하기 이전에 우리에게 직접적으로 주어지는 우리의 체험"(Crotty 1996, 4)은 객관적 실재의 영역이 아니라 극단적으로 주관적인 영역이라 할 수 있다.

크로티는 객관성의 이념에 대해 논하면서 '선반성적 체험, 선술어적 체험'을 전통적 현상학이 다루는 사태와 동일시하는데, 이러한 그의 견해는 타당하지 않다. 그의 견해가 문제점을 안게 된 이유는 전통적 현상학에 대한 그의 이해가 너무 협소하기 때문이다. 후설의 현상학에 한정시켜 보더라도 전통적 현상학은 '선반성적 체험, 선술어적 체험'을 해명함을 목표로 하는 현상학, 즉 수동적 발생의 현상학과 동일한 것일 수 없다. 후설의 현상학은 수동적 발생의 현상학뿐 아니라, 능동적 발생의 현상학, 세대간적 발생의 현상학 등 다양한 유형의 발생적 현상학, 더 나아가 정적 현상학, 형식적 존재론, 영역적 존재론 등도 포함한다. 따라서 우리는 '선반성적 체험, 선술어적 체험'을 전통적 현상학이 다루는 사태와 동일시해서는 안 된다. 전통적 현상학이 다루는 사태는 그보다 훨씬 더 넓다. 그것은 능동적 발생의 현상학, 세대간적 발생의 현상학 등 다양한 유형의 발생적 현상학이 다루는 사태뿐 아니라, 정적 현상학이 다루는 사태, 형식적 존재론이 다루는 사태, 영역적 존재론이 다루는 사태 등도 포함한다.

그리고 크로티는 '선반성적 체험, 선술어적 체험'을 전통적 현상학이 다루는 사태로 규정하면서 '우리가 타인과 공유하면서 자명한 것으로 받아들이는 의미들'을 전통적 현상학이 다루어야 할 사태로 간주하지 않는데, 이러한 그의 견해 역시 타당하지 않다. '우리가 타인과 공유하면서 자명한 것으로 받아들이는 의미들'의 층은 상호주관적 작용을 통해 구성된 것으로서 초월론적 구성의 다양한 층들 가운데 하나에 해당하며, 따라서 그것 역시 전통적 현상학이 다루어야 할 사태 중의 하나이다.

3) 비판성의 문제에 대한 크로티의 견해

크로티에 따르면 기존의 현상학적 체험연구는 비판적이지 않다. 이와는 달리 근원적인 객관적 실재의 영역인 '선반성적 체험, 선술어적 체험'을 해명함을 목표로 하는 전통적 현상학, 즉 수동적 발생의 현상학은 비판적이다. 그 이유는 이러한 체험의 영역으로 진입할 수 있기 위해서는 '우리가 타인과 공유하면서 자명한 것으로 받아들이는 의미들', 즉 주체들이 주관적인 의미들을 부여하여 형성된 현상의 영역에 대해 비판적인 자세를 취해야만 하기 때문이다. 두 말할 것도 없이 전통적 현상학이 비판적이라는 그의 견해는 타당하다. 그럼에도 불구하고 비판성과 관련해 그의 견해는 다음과 같이 두 가지 문제점을 안고 있다.

첫째, 그는 전통적 현상학이 가지고 있는 비판적 잠재력을 충분히 평가하지 못하고 있다. 그는 전통적 현상학의 비판적 잠재력을 논의하면서 단지 수동적 발생의 현상학이 가지고 있는 잠재력만을 논의하고 있다. 그러나 앞서도 논의되었듯이 전통적 현상학은 수동적 발생의 현상학을 한 영역으로 포함하는 발생적 현상학뿐 아니라, 정적 현상학, 형식적 존재론, 영역적 존재론 등 다양한 유형의 현상학으로 이루어져 있다. 그리고 수동적 발생의 현상학 이외의 모든 유형의 현상학 역시 나름의 방식으로 비판적이다.

예를 들어 영역적 존재론 역시 비판적이다. 앞서 살펴보았듯이 다양한 유형의 영역적 존재론이 가능하며, 각각의 영역적 존재론의 목표 중의 하나는 그것이 정초하고자 하는 해당 경험과학이 가능하기 위해 필요한 내용적인 본질적 전제들의 타당성을 검토하는데 있다. 그런데 이러한 작업을 하기 위하여 영역적 존재론은 앞서 주어진 내용적인 본질적 전제들에 대해 비판적인 태도를 취하지 않을 수 없다. 영역적 존재론적 연구는 비판적 능력이 없이는 불가능하다.

그리고 정적 현상학과 발생적 현상학을 아우르는 초월론적 현상학 역시 비판적이다. 앞서 살펴보았듯이 초월론적 현상학은 자연적 태도의 한계를 자각하고 그에 대한 근원적인 반성에서 출발하기 때문에 본성상 비판적이지 않을 수 없다. 그런데 초월론적 현상학은 앞서 살펴본 영역적 존재론보다 훨씬 더 철저한 방식으로 비판적이다. 그 이유는 영역적 존재론이 자연적 태도를 자명한 것으로 간주하는데 반해 초월론적 현상학은 그것의 한계를 자각하고 그에 대한 근원적인 반성에서 출발하기 때문이다.

둘째, 크로티는 기존의 현상학적 체험연구가 가지고 있는 비판적 잠재력을 이해하지 못하고 있다. 그의 견해와는 달리 기존의 현상학적 체험연구 역시 나름의 방식으로 비판적이다. 이 점을 이해하기 위하여 우리는 모든 유형의 비판적 능력이 이성에 토대를 두고 있다는 사실에 유의해야 한다. 이성이란 옳고 그름을 분별할 줄 아는 능력을 뜻한다. 따라서 이성의 중요한 기능 중의 하나는 옳지 않은 것에 대해 옳지 않다고 지적하면서 옳은 것을 찾아나가는 능력이라 할 수 있는데, 이것이 바로 비판적 능력이다. 그런데 기존의 현상학적 체험연구 역시 이성을 통해 수행되기 때문에 나름의 방식으로 비판적이지 않을 수 없다. 기존의 현상학적 체험연구는 매 단계마다 비판적 능력을 통해 수행된다. 예를 들어 기존의 현상학적 체험연구를 위해 필요한 방법인 현상학적 환원은 태도변경을 뜻하며 태도변경은 이전의 태도가 지닌 한계에 대한 비판적 자각이 있어야 수행될 수 있기 때문에 현상학적 환원은 비판적 능력을 통해 수행된다. 그리고 기존의 현상학적 체험연구가 최종 목표로 삼는 것은 현장 개선이며, 그러한 한에서 그것은 현장에 대한 비판적 능력이 없이는 불가능하다.

4 전통적 현상학과 현상학적 체험연구 사이의 정초관계

지금까지 살펴보았듯이, 기존의 현상학적 체험연구에 대한 비판자들은 기존의 현상학적 체험연구가 그의 이념·사태·방법 등에서 전통적 현상학과 전혀 다르기 때문에 전통적 현상학에 정초해 있지 않다고 주장한다. 그들의 견해에 따르면, 기존의 체험연구가 전통적 현상학에 정초되어 있으려면 그것은 전통적 현상학과 동일한 이념을 추구해야 하고 동일한 사태를 해명해야 하며 동일한 방법을 사용해야 한다.

두말할 것도 없이 기존의 현상학적 체험연구가 진정한 의미에서 현상학적 체험연구가 될 수 있기 위해서는 그것이 후설, 하이데거, 메를로-퐁티 등에 의해 전개된 전통적 현상학에 정초해 있어야 한다는 이들 비판자들의 견해는 적어도 형식적인 면에서 볼 때 전적으로 타당하다고 할 수 있다. 어떤 체험연구가 '현상학적' 체험연구라고 불릴 수 있기 위해서 그것이 전통적 현상학에 토대를 두고 있어야 함은 당연한 일이기 때문이다.

그러나 기존의 현상학적 체험연구가 전통적 현상학과 동일한 이념을 추구하고 동일한 방법을 사용하여 동일한 사태를 해명할 경우에만 그것이 전통적 현상학에 정초해 있다는 그들의 견해는 심각한 문제점을 안고 있다. 한마디로 이러한 그들의 견해는 현상학의 근본이념에 위배되는 것으로서 비현상학적인 견해라 할 수 있다. 그러면 현상학적 체험연구와 전통적 현상학의 관계에 대해 여기저기서 살펴본 내용, 무엇보다도 제6장에서 논의된 사실적 현상학적 심리학적 체험연구의 철학적 정초에 대한 논의를 다시 살펴보면서 이 점을 해명하기로 하자.

제6장에서 우리는 사실적 현상학적 심리학적 체험연구의 철학적 정초의 문제를 검토하면서 우선 양적 연구의 분야에서 확인할 수 있는 다양한 차원의 학문들, 즉 응용자연과학, 순수자연과학, 영역적 존재론, 형식적 존재론, 초월론적 현상학 등에 대해 살펴보았다. 자세하게 논의하였듯이, 이 학문들은 서로 무관하게 존재하는 것이 아니라 논리적인 관점에서 볼 때 일련의 정초관계 속에서 존재한다. 말하자면 응용자연과학은 순수

자연과학에 정초되어 있고, 이 둘은 다시 영역적 존재론에, 이 세 가지 학문들은 다시 형식적 존재론에, 마지막으로 이 모든 학문은 최종적으로 초월론적 현상학에 정초되어 있다. 그런데 유의해야 할 점은 이들 학문이 서로서로 일련의 정초연관 속에서 존재함에도 불구하고 그들이 추구하는 이념, 해명하고자 하는 사태, 사용하는 방법 등이 동일한 것이 아니라 서로 다르다는 사실이다.

우선 이들 다양한 학문이 추구하는 이념을 살펴보자. 각각의 유형의 학문은 그 근본이념을 달리한다. 예를 들어 응용경험과학이 추구하는 이념은 순수경험과학이 추구하는 이념과 다르다. 응용경험과학의 이념은 우리 인간이 현실적으로 당면하고 있는 구체적인 문제들을 해결하는 데 있으며, 따라서 응용경험과학의 성공 여부에 대한 평가 역시 전적으로 그것이 구체적인 문제를 해결함에 있어 얼마나 효과적인가 하는 기준에 따라 이루어진다. 그러나 순수경험과학의 이념은 인간이 구체적으로 당면하고 있는 문제들로부터 한 발짝 물러나 사태의 진상을 해명하는 데 있으며, 따라서 그것의 성공 여부에 대한 평가가 구체적인 문제를 해결함에 있어 얼마나 효과적인가 하는 기준에 따라서만 이루어질 수 없음은 물론이다. 더 나아가 두 학문의 이념은 다시 영역적 존재론의 이념과 동일할 수 없으며, 영역적 존재론의 이념은 형식적 존재론의 이념과 동일할 수 없고, 형식적 존재론의 이념은 초월론적 현상학의 이념과 동일할 수도 없다.

더 나아가 이처럼 다양한 유형의 학문들이 해명하고자 하는 대상 내지 사태 역시 서로 동일한 것이 아니다. 예를 들어 응용자연과학과 순수자연과학이 모두 자연 속에 존재하는 자연적 대상을 다루지만, 응용자연과학의 대상이 어떤 특정한 실용적 관점에서 파악된 자연현상인 데 반해 순수자연과학의 대상은 어떤 특정한 실용적 관점을 벗어나 순수이론적인 관점에서 파악된 대상이다. 예를 들어 기계공학과 물리학은 모두 자연적 대상을 다루지만 전자는 기계의 제작이라는 특정한 실용적 관점에서 파악된 대상이요, 후자는 실용적 관점을 벗어나 순수이론적인 태도에서 파악된 대상이다. 그러나 물리학의 대상은 물리학의 영역적 존재론이 다루는 대상과 동일한 것이 아니다. 그 이유는 물리학의 대상이 현실적으로 존재하는 자연적 대상인 데 반해 물리학의 영역적 존재론은 물리학적 대상의 본질을 다루기 때문이다. 그리고 영역적 존재론이 다루는 대상은 다시 형식적 존재론이 다루는 대상과 다르며 또 형식적 존재론이 다루는 대상은 초월론적 현상학이 다루는 대상과 다르다.

마지막으로 이 다양한 유형의 학문이 각기 자신에게 할당된 대상을 해명하기 위하여 동일한 방법을 사용하는 것은 아니다. 예를 들어 응용자연과학의 일종인 기계공학과 순수자연과학의 일종인 물리학이 모두 실험과 관찰의 방법을 사용하지만 기계공학은 물리학에 비해 보다 더 많이 실험적 방법에 의존한다. 그리고 물리적 대상의 영역적 본질을 파악함을 목표로 하는 물리학의 영역적 존재론은 실험과 관찰의 방법이 아니라 본질직관의 방법을 사용한다. 그리고 형식적 존재론은 물리학의 영역적 존재론과 마찬가지로 본질직관의 방법을 사용하며, 그러한 점에서 양자는 유사한 방법을 사용한다. 그럼에도 불구하고 내용적 본질을 파악하기 위하여 물리학의 영역적 존재론이 내용적인 본질직관의 방법을 사용하는데 반해 형식적 존재론은 본질의 내용적 성격을 완전히 도외시하는 형식적 본질직관의 방법을 사용한다. 마지막으로 초월론적 현상학은 초월론적 현상학적 환원의 방법을 사용한다는 점에서 앞서 살펴본 여러 학문들과는 전혀 다르다.

우리는 이와 유사한 사실을 현상학적 체험연구와 관련해서도 확인할 수 있다. 이 점과 관련해 우리는 제6장에서 사실적 현상학적 심리학적 체험연구의 철학적 정초를 다룰 때 그것이 본질적 현상학적 심리학과 본질적 초월론적 현상학에 정초되어 있다는 사실을 살펴보았다. 우리가 그 자리에서 다루지는 않았지만 이 가운데 본질적 현상학적 심리학은 다시 본질적 초월론적 현상학에 정초되어 있다. 말하자면 우리는 사실적 현상학적 심리학적 체험연구, 본질적 현상학적 심리학, 본질적 초월론적 현상학이 일련의 정초연관 속에서 존재하는 것이라는 사실에 유의할 필요가 있다.

그러나 이 점과 관련하여 우리는 이처럼 세 가지 유형의 현상학이 일련의 정초연관 속에서 존재한다고 해서 이들이 동일한 이념을 추구하며 동일한 사태를 다루고 동일한 방법을 사용하는 것이 아니라는 사실에 유의해야 한다. 우선 이 세 유형의 현상학이 추구하는 이념은 동일하지 않다. 사실적 현상학적 심리학적 체험연구의 이념은 자연적 태도에서 체험을 구체적인 사회적·문화적·역사적 맥락 속에서 사실적으로 존재하는 체험으로 간주하고 그 정체를 다각도로 해명하는 데 있다. 이와는 달리 본질적 현상학적 심리학의 이념은 자연적 태도에서 주어지는 다양한 체험, 즉 심리현상의 본질구조를 해명하는 데 있다. 반면 본질적 초월론적 현상학의 이념 중 하나는 자연적 태도가 아니라 초월론적 태도에서 사실적 현상학적 심리학적 체험연구와 본질적 현상학적 심리학의 학으로서의 가능근거를 해명하는 데 있다.

이미 살펴보았듯이, 이 세 유형의 현상학이 다루는 사태 내지 대상과 그들이 사용하는 방법은 서로 다르다. 사실적 현상학적 심리학적 체험연구의 대상은 구체적인 사회적·문화적·역사적 맥락 안에서 사실적으로 존재하는 체험이며, 이러한 체험을 연구하기 위하여 그것은 사실적 현상학적 심리학적 환원의 방법을 사용한다. 본질적 현상학적 심리학의 대상은 다양한 체험의 본질구조이며, 이를 연구하기 위하여 그것은 사실적 현상학적 심리학적 환원과 본질직관의 방법을 사용한다. 그리고 본질적 초월론적 현상학의 대상은 다양한 유형의 체험이 가지고 있는 대상 및 세계를 구성하는 기능이며, 이를 연구하기 위하여 그것은 초월론적 현상학적 환원과 본질직관의 방법을 사용한다.

　지금까지의 논의를 통해서 알 수 있듯이 서로 구별되는 다양한 유형의 학문은 추구하는 이념이 서로 다르고, 해명하고자 하는 대상도 다르며, 사용하는 방법도 다르다. 따라서 우리는 기존의 현상학적 체험연구에 대한 비판자들이 기존의 현상학적 체험연구와 전통적 현상학 사이에 정초관계가 존재한다고 주장하면서 그들이 이해하고 있는 정초개념에 결정적인 문제점이 있음을 알 수 있다. 그들은 기존의 현상학적 체험연구가 전통적인 현상학에 정초되어 있다 함을 양자가 동일한 이념을 추구하고 동일한 대상을 다루며 동일한 방법을 사용하는 것으로 이해하고 있다. 그러나 그들이 이해하고 있는 정초개념은 현상학적 의미의 정초개념과는 거리가 멀다. 이러한 의미의 정초개념에 따라 현상학적 체험연구를 수행할 경우 그렇게 수행되는 현상학적 체험연구는 비현상학적 체험연구로 전락하고 마는데, 이 점을 사실적 현상학적 심리학적 체험연구를 예로 들어 조금 더 자세하게 살펴보자.

　앞서도 논의되었듯이, 현상학에 따르면 어떤 학문이 연구하고자 하는 사태와 그 사태를 해명하는 방법 사이에는 밀접한 연관이 있다. 말하자면 어떤 학문이 무엇을 연구하기 위해서 사용하는 방법은 그 탐구대상의 본질적 속성에 토대를 두고 정립되어야 한다는 것이 현상학의 근본입장이다. 이 점과 관련해 『이념들』 제1권에 나오는 중요한 한 구절을 다시 떠올릴 필요가 있다. 후설은 거기서 어떤 한 학문이 사용해야 할 방법과 그 사태영역의 관계에 대해 다음과 같이 진술하고 있다.

　　"방법은 밖으로부터 어떤 한 영역에 '자의적으로' 끌어다 놓은 것도, 끌어다 놓을 수 있는 것도 아니다. […] 특정한 방법은 […] 한 영역과 그 영역의 일반적 구조들의 근본적 유형에서 유래하는 근본규범이다."
　　(Husserl 1976, 161)

어떤 하나의 학문이 현상학적이라 불릴 수 있기 위해서 그것은 그 사태를 해명하기에 합당한 방법을 사용해야 한다. 이러한 입장에 따르면 새로운 대상영역을 탐구하는 어떤 하나의 새로운 학문은 이전의 학문과는 다른 방법을 사용해야 한다. 이러한 이유에서 앞서 살펴본바, 양적 학문의 영역에서 일련의 정초관계에서 존재하는 다양한 학문들, 즉 응용자연과학으로서의 기계공학, 순수자연과학으로서의 물리학, 물리학의 영역적 존재론, 형식적 존재론, 초월론적 현상학은 그것들이 다루는 대상영역들이 다르기 때문에 각기 다른 방법을 사용해야 하는 것이다. 이와 마찬가지로 질적 학문의 영역에서도 일련의 정초관계에서 존재하는 다양한 학문들, 즉 사실적 현상학적 심리학적 체험연구, 본질적 현상학적 심리학, 본질적 초월론적 현상학은 그것들이 다루는 대상영역들이 다르기 때문에 각기 다른 방법을 사용해야 한다. 이처럼 각각의 학문이 다루는 대상영역의 본질적인 성격에 적합한 방법을 사용하여 어떤 학문이 전개될 때만 그 학문은 대상영역의 본질에 합당한 학문, 즉 엄밀학이 될 수 있는 것이며, 이처럼 학문이 엄밀학으로 전개될 때 그것은 비로소 진정한 의미에서 현상학적 학문이 될 수 있다.

여기서 우리는 현상학이 방법론적 다원주의를 표방함을 알 수 있다. 그리고 방법론적 다원주의를 표방하는 현상학이 어떤 형태의 것이든 방법론적 일원주의를 비판함은 두말할 필요도 없다. 이 점과 관련해 후설 자신이 현상학의 근본이념을 해명하면서 여기저기서 방법론적 일원주의인 실증주의를 비판하고 있다는 사실에 주목해야 한다. 예를 들어 그는 방법론적 일원주의인 실증주의로서 자연주의·역사주의 등을 비판하고 있다. 자연주의에 따르면 이 세상에는 자연과학적 진리 밖에 존재하지 않으며, 역사주의에 따르면 모든 진리는 역사성을 가지며 역사성을 초월한 자체상의 진리는 존재하지 않는다.[5]

그런데 실증주의의 문제점은 그것이 특정한 사태영역에서만 타당한 방법을 진리를 발견하기 위한 유일한 방법으로 간주하면서, 다양한 사태영역이 존재하고 그에 따라 다양한 방법이 가능하다는 사실을 망각한 데 있다. 그 가장 전형적인 예는 물리학적 실증주의이다. 물리학적 실증주의에 따르면 물리현상을 탐구하기 위한 물리학적 방법만이 진리 발견을 위한 유일한 것이며 그 이외에 진리를 발견하기 위한 타당한 방법은 존재하지 않는다. 그러나 현상학의 입장에서 보자면 물리학적 실증주의는 근본적으로 그릇된 철학이다. 그 이유는 물리학이 다루는 대상영역 이외에 무수히 다양한 대상영역들이 존재하며, 다양한 대상영역들을 그 본성에 적합하게 탐구하기 위해서는 서로 다른 다양한 유형의 방법들을 사용해야 하기 때문이다.

여기서 우리는 실증주의뿐 아니라 방법론적 일원주의를 표방하는 여타의 모든 철학적 입장이 본질적으로 실증주의가 가지고 있는 근본적인 문제점을 그대로 안고 있으며, 따라서 그것들은 비현상학적인 입장으로 전락할 수밖에 없다는 사실을 지적하고자 한다. 이 점에 있어서는 팰리, 크로티 등 기존의 현상학적 체험연구를 비판하는 연구자들이 견지하는 철학적 입장도 마찬가지다. 그들의 견해에 따르면, 모든 유형의 현상학적 체험연구가 진정한 의미에서 현상학적 체험연구가 되기 위해서는 그것들은 모두 전통적 현상학의 방법을 사용해야 한다. 이 점과 관련해 크로티는 현상학적 체험연구가 진정한 의미의 현상학적 체험연구가 될 수 있기 위해서는 초월론적 현상학적 환원의 방법을 사용해야 한다고 주장한다. 그러나 앞서 살펴보았듯이, 이러한 주장은 타당하지 않다. 초월론적 현상학적 환원의 방법은 초월론적 현상학이 해명하고자 하는 사태인, 체험이 지니고 있는 대상 및 세계구성의 기능을 해명하기 위한 방법이기 때문이다.

---

5) 방법론적 일원주의에 대한 후설의 비판에 대해서는 같은 책, 22 이하 참조.

따라서 우리는 초월론적 현상학적 환원의 방법을 초월론적 현상학의 사태를 해명하기 위해서만 사용해야지 여타 대상영역들을 해명하기 위하여 사용해서는 안 된다. 초월론적 현상학적 환원의 방법은 초월론적 현상학의 방법일 뿐 여타 학문들의 방법이 될 수 없다. 예를 들어 그것은 물리학의 방법이 될 수 없으며, 만일 물리학이 초월론적 현상학적 환원의 방법을 사용하여 물리현상을 연구할 경우 물리학은 진정한 의미의 물리학이 될 수 없는 것이다. 이와 마찬가지로 초월론적 현상학적 환원은 사실적 현상학적 심리학적 체험연구의 방법이 될 수 없다. 그 이유는 사실적 현상학적 심리학적 체험연구는 자연적 태도에서 전개되는 학문이며, 만일 그것이 초월론적 현상학적 환원의 방법을 사용할 경우 사실적 현상학적 심리학적 체험연구의 대상으로 자연적 태도에서 주어지는 체험은 연구자의 시야에서 사라져 아예 그에 대해 탐구하는 일이 불가능할 것이기 때문이다. 이 점과 관련해 우리는 사실적 현상학적 심리학적 체험연구의 대상인바 자연적 태도에서 주어지는 일상적인 체험은, 우리가 그에 대해 초월론적 현상학적 환원을 수행하면 초월론적 체험으로 탈바꿈하면서 연구자의 시야에서 완전히 사라져버리고 만다는 사실에 유의해야 한다.

이러한 논의를 통하여 우리는 크로티 등 기존의 현상학적 체험연구를 비판하는 일군의 연구자들이 물리학적 실증주의와 본질적으로 동일한 유형의 근본적인 오류를 범하고 있다는 사실을 알 수 있다. 물리학적 실증주의가 물리학적 연구방법을 모든 유형의 학문이 사용해야 할 방법으로 간주한 것과 마찬가지로 기존의 현상학적 체험연구를 비판하는 연구자들은 전통적 현상학의 방법을 모든 유형의 체험연구, 모든 유형의 현상학적 연구를 위하여 사용해야 할 방법으로 간주하고 있다. 예를 들어 크로티는 초월론적 현상학적 환원의 방법을 기존의 현상학적 체험연구를 비롯해 모든 유형의 현상학적 연구를 위해 사용해야 할 방법으로 간주하고 있다. 이러한 중대한 오류를 범하게 된 결정적인 이유는 그가 현상학적 정초개념의 의미를 올바로 이해하지 못하였기 때문이다.

양적 연구와 질적 연구의 구별

우리는 제1장과 제2장에서 기존의 현상학적 체험연구의 방법을 살펴보고 그에 대한 비판자들의 견해를 검토한 후, 제3장에서 제8장에 걸쳐 현상학적 체험연구의 정체, 다양한 차원과 사태, 방법으로서의 현상학적 환원, 사실적 현상학적 체험연구의 철학적 정초, 현상학적 체험연구의 지평, 전통적 현상학의 이념과 현상학적 체험연구의 이념 등에 대해 살펴보았다. 그러나 현상학적 질적 연구가 현상학적 체험연구에만 국한되는 것은 아니다. 지금까지 살펴본 현상학적 체험연구 이외에도 다양한 유형의 현상학적 질적 연구가 수행될 수 있으며, 그 지평은 다양하다. 그런데 현상학적 질적 연구의 다양한 가능성을 살펴보기 위해서 우리는 그 탐구대상인 '질'이 정확하게 무엇을 뜻하며 '양'과 어떻게 구별되는지 해명할 필요가 있다. 제9장의 목표는 현상학적 질적 연구의 다양한 지평을 검토할 토대를 마련하기 위하여 양적 연구와 질적 연구를 구별하면서 질의 정체가 무엇인지 해명하는 데 있다.

질적 연구방법에 대한 그동안의 논의를 살펴보면 우리는 많은 연구자들이 다양한 방식으로 양적 연구와 구별하면서 질적 연구의 정체를 규정하고자 하고 있음을 확인할 수 있다. 콜레지는 실험심리학과 현상학적 심리학을 구별하면서 양자가 방법적인 면에서는 각각 실험의 방법과 기술의 방법을 사용하고, 연구목표에 있어서는 인과적 분석과 체험의 정체확인을 겨냥하며, 사유방식에 있어서는 계산적 사유방식과 성찰적 사유방식을 활용하고, 지향하는 생활방식에 있어서는 자연을 지배할 수 있는 기술과 거주적 삶 및 이해를 지향한다는 사실을 서로 대조하면서 지적하고 있다.(Colaizzi 1978, 69) 이외에도 메리엄(S.B. Merriam)은 질적 연구와 양적 연구를 대비시키면서 전자가 성질·본성·본질 등을 연구의 초점으로 삼는 데 반해 후자는 양을 연구의 초점으로 삼으며, 전자가 귀납적인 분석방식을 택하는 데 반해 후자는 연역적인 분석방식을 택하는 등 모두 아홉 가지 기준에 따라 양자를 구별하며(Merriam 1998, 9), 덴진(N.K.

Denzin)과 링컨(Y.S. Lincoln)은 질적 연구의 특징으로 개인의 관점을 취함, 일상적 삶의 구속 여건들을 검토함, 풍부한 기술을 확보함 등을 제시한다.(Denzin and Lincoln 2000, 8 이하)

비록 이와 같은 다양한 시도들이 그 구체적인 내용에 있어서는 정확하게 일치하지 않는다고 할지라도 우리는 이러한 시도들을 검토하면서 질적 연구의 일반적인 특성을 이해할 수 있다. 그럼에도 불구하고 우리는 이러한 시도들을 통해 질적 연구의 일반적인 성격이 총체적이며 체계적으로 드러나지 않았다는 인상을 받게 된다. 이제 우리는 양적 연구 프로그램의 성격을 띠고 있는 데카르트의 과학론적 프로그램과 질적 연구 프로그램의 성격을 띠고 있는 아리스토텔레스의 과학론적 프로그램을 검토하고 후자를 비판적으로 고찰하면서, 현상학적 관점에서 양적 연구와 질적 연구가 어떻게 구별되며 그중에서도 질적 연구의 특성이 무엇인지 해명하고자 한다.

이러한 목표를 위해 우리는 우선 제1절에서 양적 연구 프로그램으로 규정될 수 있는 데카르트의 과학론적 프로그램을 살펴보고, 이어 제2절에서 양과 질의 구별에 대한 아리스토텔레스의 견해를 검토하면서 질적 연구 프로그램으로 규정될 수 있는 아리스토텔레스의 과학론적 프로그램을 살펴볼 것이다. 제3절에서는 데카르트의 양적 연구 프로그램과 아리스토텔레스의 질적 연구 프로그램을 염두에 두면서 양적 연구와 질적 연구의 구별에 대한 두 가지 오해를 살펴볼 것이다. 제4절에서는 현상학적 관점에서 볼 때 양적 연구와 질적 연구를 구별하는 기준이 다름 아닌 태도라는 사실을 해명할 것이다. 마지막으로 제5절에서 질적 연구의 정체에 대한 규정과 관련해 중요한 의미를 지니는 아리스토텔레스의 질적 연구 프로그램을 현상학적 관점에서 비판적으로 검토하며 질적 연구의 지평이 무한하다는 사실을 해명할 것이다.

1 데카르트의 양적 연구 프로그램

데카르트는 실체에 대한 논의를 출발점으로 삼아 자신의 형이상학적 논의를 전개한다. 그에 따르면 실체는 "존재하기 위해서 그 어떤 다른 것도 필요로 하지 않는 방식으로 존재하는 것"(Descartes 1985a, 210)이다. 실체를 이처럼 정의할 경우 엄밀한 의미의 실체개념을 충족시키는 것은 이 세상의 만물을 창조하고 그것들이 자신의 정체성을 지켜가면서 존재할 수 있도록 도와주는 신밖에 없다. 신 이외의 일체의 피조물은 창조주인 신에 의존적이기 때문에 참다운 의미에서 실체라 불릴 수 없다. 그러나 우리는 실체개념을 완화하면 창조된 것 가운데도 실체라고 부를 수 있는 것이 있음을 알 수 있다. 이러한 완화된 실체개념에 따르면 실체란 '존재하기 위해서 신 이외의 그 어떤 다른 것도 필요로 하지 않는 것'이다. 우리는 이처럼 완화된 의미의 실체가 무한한 신과는 구별되는 유한한 것이기 때문에 신을 무한실체라고 부른다면 이러한 실체를 유한실체라 부를 수 있을 것이다. 데카르트에 따르면 유한실체에는 정신과 물체 두 가지가 있다. 이 세상에 존재하는 피조물은 정신이거나 물체 가운데 하나이다. 정신은 존재하기 위해서 물체의 도움을 필요로 하지 않고 물체 역시 존재하기 위해서 정신의 도움을 필요로 하지 않기 때문에 정신과 물체는 실체, 더 정확히 말하자면 유한실체이다.

그런데 이처럼 존재하기 위해서 그 어떤 것도 필요로 하지 않는 것인 실체에 붙어서 존재하는 것들이 있다. 우리는 우선 이 경우 실체에 붙어서 존재하는 것이 구체적으로 뜻하는 바가 무엇인지 몇 가지 예를 통해 해명할 필요가 있다. 예를 들어 신은 완벽하고 전지전능한 존재이며, 이러한 점에서 완벽함과 전지전능함은 신이라는 무한실체에 의존해서 존재하는 것이라고 할 수 있다. 두말할 것도 없이 완벽함과 전지전능함 이외에도 이와 같은 방식으로 신에게 붙어 있는 것은 여러 가지가 있을 수 있다. 그리고 그 어떤 물체도 펼쳐져 있지 않고서는 존재할 수 없으며, 이러한 점에서 펼쳐져 있음, 즉 연장은 물체라는 유한실체에 붙어서 존재하는 것이다. 이 경우에도 연장 이외에 물체라는 유한실체에 붙어서 존재하는 것은 여러 가지가 있을 수 있는데, 크기·형태·운동 등이 그 대표적인 예다. 더 나아가 정신의 경우 사유하지 않는 정신은 없으며, 따라서 사유함은 정신이라는 실체에 붙어서 존재하는 것이다. 물론 사유함은 표상함·판단함·의지함·느낌 등을 통해 구체적으로 실현되며, 이러한 점에서 이것들 모두 정신이라는 실체에 붙어서 존재하는 것이라 할 수 있다. 이러한 예에서 알 수 있듯이, 실체에 붙어서 존재하는 것은 모두 실체를 구성하는 내용이라고 할 수 있다.

이처럼 실체에 붙어서 존재하며 실체의 내용을 구성하는 일체의 것들은 속성(attribute)이라 불린다. 실체는 다양한 속성을 지닌다. 예를 들어 무한실체인 신은 전지전능·완전함 등, 물체는 연장·크기·형태·운동 등, 정신은 사유함·표상함·판단함·의지함 등 다양한 속성을 지닌다. 그리고 우리는 실체의 다양한 속성을 통하여 실체에 대한 지식을 획득한다. 그런데 유한실체의 경우 다양한 속성들 가운데 "가장 중요한 속성"(one principle attribute[Descartes 1985a, 210])이 존재한다. 예를 들어 물체의 경우 그것은 연장이며 정신의 경우 사유이다. 이 가장 중요한 속성은 "실체의 본성과 본질을 구성하는바 실체의 가장 중요한 속성"(one principle property[Descartes 1985a, 210])으로서 모든 여타의 속성은 가장 중요한 이 속성에 의존해 있으며, 이 속성 없이는 존재할 수 없다. 예를 들어 물체의 경우 연장 없이는 여타의 속성들, 즉 크기·형태·운동 등은 존재할 수 없으며, 정신의 경우 사유가 없이는 여타의 속성들, 즉 표상함·판단함·의지함 등은 존재할 수 없다.

데카르트는 이러한 실체의 가장 중요한 속성과 구별되는 여타 일체의 속성들을 '양태'(mode)라고 부른다. 연장이라는 속성 이외에 우리가 물체 속에서 발견할 수 있는 일체의 속성들, 즉 크기·형태·운동 등은 물체의 양태이며, 사유라는 속성 이외에 우리가 정신 안에서 발견할 수 있는 일체의 속성들, 예를 들어 표상함·판단함·의지함 등은 정신의 양태이다. 그런데 여기서 유의해야 할 점은 양태란 그것을 통해 실체가 자신의 모습, 즉 양상을 바꾸어나갈 수 있는 것, 다시 말해 변양될 수 있는 것을 의미한다는 것이다.(Descartes 1985a, 211) 예를 들어 정신은 구체적으로 표상·판단·의지·감정 등을 통해서 다양한 방식으로 자신의 모습을 바꾸어나갈 수 있으며, 물체는 모양·크기·운동 등을 통해서 자신의 모습을 다양한 방식으로 바꾸어나갈 수 있다. 이러한 점에서 표상함·판단함·의지함 등은 정신의 양태이며, 모양·크기·운동 등은 물체의 양태이다.

양태가 그것을 통해 실체가 자신의 모습을 바꾸어나갈 수 있는 것을 의미하기 때문에 앞서 살펴본 실체의 가장 중요한 속성은 양태가 될 수 없다. 실제로 실체는 자신의 가장 중요한 속성을 통해 자신의 모습을 바꾸어나갈 수 없다. 예를 들어 물체는 자신의 가장 중요한 속성인 연장을 통해 자신의 모습을 바꾸어나갈 수 없으며, 정신 역시 자신의 가장 중요한 속성인 사유를 통해 자신의 모습을 바꾸어나갈 수 없다. 물체는 그 자체가 연장이요, 정신은 그 자체가 사유이기 때문이다. 그러나 물체는 모양·크기·운동 등을 통해서 자신의 모습을 바꾸어나갈 수 있으며, 정신 역시 표상함·판단함·의지함 등을 통해 자신의 모습을 바꾸어나갈 수 있다. 이처럼 가장 중요한 속성을 통해 실체가 자신의 모습을 바꾸어나갈 수 없기 때문에 그것은 실체의 양태라 불릴 수 없다. 실체의 가장 중요한 속성은 속성이라 불릴 수 있을 뿐이다.

그러면 지금까지의 논의를 토대로 양적 연구의 정체를 이해하기 위하여 데카르트의 경우 양이 무엇을 뜻하는지 살펴보기로 하자. 앞서 우리는 물체의 가장 근본적인 실재적 속성으로서 '연장'을 제시했는데, 데카르트는 연장을 양과 동일시하고 있다.(Descartes 1985a, 226) 데카르트에 따르면 물체의 본질적인 성격인 연장이란 펼쳐져 있음을 의미하며, 펼쳐져 있음은 그 자체상 양이다. 이러한 이유에서 그는 연장과 양을 동일한 개념으로 간주하면서 이 두 가지를 서로 교환가능한 개념으로 사용하고 "연장 혹은 양"(Descartes 1985a, 226)이라는 표현을 사용하기도 한다. 이러한 데카르트의 이해에 따르면 양은 연장실체의 가장 핵심적인 본질적 속성이 된다. 이처럼 데카르트의 경우에 양이 연장과 동일한 것을 의미하지만, 그는 양이라는 개념보다 연장이라는 개념을 주로 사용한다. 이 점과 관련해 그는 자신이 "의도적으로 양이라는 단어를 사용하기를 꺼린다"고 말하면서 그 이유에 대해 양을 연장과 구별해야 한다고 주장하는 세심한 철학자들이 있기 때문이라고 말한다.(Descartes 1985b, 62)

그런데 연장으로 이해된 이러한 양이 다름 아닌 양적 연구의 근본범주인 양을 의미한다. 이 경우 연장, 즉 양은 모든 물체의 밑에 있는 "자족적인 질료"(Descartes 1985a, 230)를 의미한다. 물론 우리는 이 경우 모든 물체의 근저에 놓여 있는 질료를 그 어떤 구체적인 물체와 혼동해서는 안된다. 그러면 한 가지 예를 들어 모든 물체의 근저에 놓인 질료가 무엇인지 살펴보자.

여기에 주전자가 하나 있다고 하자. 이 주전자에 물이 가득 들어 있을 경우 우리는 주전자가 물로 가득 차 있다고 말하며, 물이 조금도 들어 있지 않을 경우 그 주전자는 "비어 있다"고 말한다. 그러나 자세히 살펴보면 우리가 물이 들어 있지 않기 때문에 "비어 있다"고 말하는 주전자 역시 실제로는 빈 주전자가 아니다. 그 이유는 비록 물은 들어 있지 않아도 그 주전자는 물 대신 공기로 가득 차 있기 때문이다. 여기서 한 걸음 더 나아가 만일 주전자에 들어 있는 공기를 모두 제거할 경우 과연 비어 있는 주전자라고 부를 수 있을지 생각해보자. 이 경우 우리는 공기마저 들어 있지 않기 때문에 빈 주전자라 부르며 주전자 속의 공간을 아무것도 없는 텅 빈 공간이라고 부르고 싶을 것이다.

그러나 데카르트에 따르면 이러한 견해는 타당하지 않다. 그 이유는 비록 공기가 들어 있지 않긴 하지만, 주전자 속의 공간은 절대적인 의미의 텅 빈 공간이 아니라 우리의 감각능력을 통해서는 지각될 수 없는 그 어떤 재료로 가득 채워져 있다고 할 수 있다. 이처럼 감각을 통해서 지각될 수 없는 재료가 다름 아닌 질료다. 이러한 질료는 단지 그 주전자 속에 있는 공간뿐 아니라 그 바깥에 있는 모든 공간에도 두루 퍼져 있는 것으로서 일체의 구체적인 물체들이 존재할 수 있는 터라 할 수 있다.

질료의 근본적인 속성은 그것이 우주공간 전체에 두루 균질적으로 퍼져 있다는 데 있다. 다시 말해 우주공간 전체를 통해 단 "한 가지 유형의 질료"(Descartes 1985a, 232)가 존재할 뿐이며, 따라서 "천상의 질료는 지구의 질료와 다르지 않다."(Descartes 1985a, 232) 이러한 질료의 본성은 그것이 단지 무한한 우주공간을 통해 한결같이 펼쳐져 있다는 데, 즉 연장을 지니고 있다는 데 있으며, 연장을 지니고 있기 때문에 그것은 본질적으로 '양'을 지니고 있다. 데카르트에 따르면 신은 세계를 창조하면서 물체의 세계를 이와 같이 수학적 수단을 통해서 일의적으로 규정될 수 있는 양을 지닌 질료로 창조하고, 이러한 질료를 토대로 다양한 물체들을 창조하였다. 여기서 우리는 데카르트의 우주관이 아리스토텔레스의 우주관과 본질적으로 다름을 알 수 있다. 아리스토텔레스의 우주관에 따르면 우주는 그 본성에 있어 서로 다른 항성계·행성계·태양계·월하계·지구계 등으로 구별되며, 지구계 역시 그 본성에 있어 서로 다른 불의 영역, 공기의 영역, 물의 영역, 흙의 영역 등으로 구별된다.(Aristoteles 1960) 그러나 데카르트는 우주가 그 본성상 서로 다른 다양한 공간 혹은 영역으로 구별된다는 아리스토텔레스의 견해를 거부하고 우주 전체는 동일한 단 하나의 질료로 구성되어 있다는 세계관을 제시한다.

따라서 데카르트의 세계관에 따르면, 물리학을 비롯해 식물학·동물학·심리학·생리학 등 모든 과학은 양적인 과학으로 전개될 수 있으며, 더 나아가 의학·역학 등 모든 응용과학 역시 양적인 과학으로 전개될 수 있다. 다시 말해 이러한 데카르트의 구상에 따르면 우리가 경험과학이라고 부르는 모든 학문은 양적 과학으로 전개될 수 있다. 모든 경험과학이 양적 과학으로 전개될 가능성을 발견하면서 데카르트는 이 모든 과학에 보편적으로 들어 있는 수학적 구조를 탐구하는 학을 발전시킬 수 있으리라는 구상을 하였는데, 이러한 학이 다름 아닌 "보편수학"(Mathesis Universalis)이다.(Descartes 1985b, 19)

데카르트에 따르면, 보편수학은 모든 수학적 대상에 공통으로 들어 있다고 생각되는 "순서와 척도"(order and measurement[Descartes 1985b, 19])의 탐구를 목표로 삼는다. 데카르트에게 산수학, 기하학 등 일상적 의미의 수학뿐 아니라 '천문학·음악·광학·역학'을 비롯한 일체의 자연에 관한 경험과학은 이러한 보편수학이 다양한 형태로 구체화된 것에 불과하다. 이러한 그의 견해에 따르면, 비록 무수한 대상들이 존재하지만 그들을 비추는 태양이 하나이듯이, 비록 인간의 지혜를 담고 있는 학문이 그처럼 다양하지만 모두 '하나이며 동일한 인간의 지혜'를 표현하고 있을 뿐인데, 이것이 다름 아닌 보편수학의 지혜이다. 데카르트는 이러한 보편수학이 모든 가능한 학문의 보편적인 방법적 규칙을 제시해줄 수 있을 것으로 생각하였다.

데카르트는 보편수학의 이념을 토대로 모든 경험과학을 양적인 과학으로 전개시키려는 과학론적 프로그램을 구상하였다. 물론 그가 이러한 프로그램을 완성할 수 있었던 것은 아니지만, 그는 프로그램에 따라 실제로 물리학을 비롯하여 몇몇 경험과학을 양적인 과학으로 전개하고자 시도하였다. 그리고 이후에 전개되는 근대 및 현대과학의 전개과정을 보면 우리는 수많은 연구자들이 데카르트가 제시한 프로그램에 따라 경험과학을 양적인 과학으로 전개시키고자 해왔음을 알 수 있다. 예를 들어 데카르트에게서 확인할 수 있는바 생물학·동물학·생리학·심리학 등을 양적인 과학으로 전개하려는 시도는 그 후 더욱더 활발하게 추진되어왔다. 더 나아가 데카르트가 아직 그에 대한 어떤 구상도 하고 있지 않았던 새로운 경험과학들 역시 이러한 연구 프로그램에 따라 양적인 과학으로 전개되어나가기 시작했다. 그 가장 대표적인 예는 앞서 살펴본 뇌과학과 수리경제학이다.

데카르트의 과학론적 프로그램은 경험세계와 관련하여 질적 연구의 가능성은 전혀 고려하지 않은 채 양적 연구만이 가능하다고 생각한 프로그램이다. 따라서 그것은 우리가 경험할 수 있는 세계에서 양적으로 규정될 수 없는 일체의 것을 학적으로 탐구될 수 있는 대상영역으로부터 배제해버린 프로그램이다. 그렇기 때문에 이러한 과학론적 프로그램에서는 양적으로 파악될 수 있는 성질들만이 "실재적인 성질들"(Descartes 1984, 30)이며, 양적으로 파악될 수 없는 성질들은 단순한 주관적 성질에 불과하다.

이러한 점에서 데카르트의 과학론적 프로그램은 빛과 그늘이라는 양면을 지니고 있다고 할 수 있다. 그 빛은 이러한 프로그램을 토대로 수학적인 양적 경험과학이 등장할 수 있었다는 데 있으며, 그늘은 양적으로 파악될 수 없는 일체의 것들이 이 프로그램을 통해 과학적인 논의 밖으로 내몰렸음을 의미한다. 후설은 근대 수리물리학의 창시자인 갈릴레이 (G. Galilei)가 수학적으로 파악될 수 있는 객관적인 물리적 세계를 파악함과 동시에 그러한 세계가 뿌리박고 있는 '생활세계'를 철저히 망각했다는 사실에 주목하며 갈릴레이를 발견의 천재이자 은폐의 천재라고 부르고 있다.(Husserl 1976, 53) 이러한 후설의 지적은 데카르트의 경우에도 전적으로 타당하다고 할 수 있다.

2 아리스토텔레스의 질적 연구 프로그램

그러면 데카르트의 과학론적 프로그램과 대척점에 있는 아리스토텔레스의 과학론적 프로그램을 살펴보자. 우선 양과 질의 구별에 대한 아리스토텔레스의 견해를 검토해보자.

아리스토텔레스에 따르면 양은 그 구성부분으로 나누어질 수 있는 것을 의미하는데(Aristoteles 2003, 1020a-b), 그 대표적인 예로는 길이·넓이·깊이 등이 있다. 이외에도 수·음성언어[1]·직선·표면·입체·시간·공간 등을 제시한다. 그는『범주론』에서 양을 두 가지 기준에 따라 고찰하고 있다.(Aristoteles 1962, 4b)

첫 번째 기준은 양을 구성하는 부분들이 연속적인가 그렇지 않은가이다. 양을 구성하는 부분들이 연속적일 경우 연속적인 양이라 부르고 그렇지 않을 경우 비연속적인 양이라 부를 수 있다. 연속적인 양의 대표적인 예는 직선이다. 직선은 그것을 어떻게 나누어도 나누어진 두 개의 직선을 연속적으로 결합시켜주는 연속적인 공동의 경계인 점이 존재한다. 직선뿐 아니라 표면·입체·시간·공간 등도 연속적인 양에 해당한다. 비연속적인 양의 대표적인 예는 수다. 수는 그것을 구성하는 부분들을 연속적으로 결합시켜줄 수 있는 공동의 경계가 존재하지 않는다. 예를 들어 10은 3과 7이라는 두 개의 부분으로 이루어져 있는데, 3과 7을 연속적으로 결합시켜줄 수 있는 공동의 경계는 존재하지 않는다.

두 번째 기준은 양을 구성하는 부분들이 다른 부분들과의 관계에서 어떤 특정한 공간적 위치를 차지하고 있는가 그렇지 않은가이다. 직선의 부분들인 점들 각각은 다른 점들과의 관계에서 어떤 특정한 공간적 위치를 차지하고 있으며, 따라서 직선은 첫 번째 유형의 양에 해당한다. 이외에도 이러한 양의 예로는 평면·입체 등을 들 수 있다. 이와는 달리 음성언어는 두 번째 유형의 양에 해당한다. 그 이유는 음성언어를 구성하는 부분들인 각 음절들은 비록 그것들이 시간적인 선후관계는 있을지라도 다

---

[1] 음성언어가 양으로 규정될 수 있는 이유는 그것의 길이가 "길고 짧은 음절을 통해 측정될 수 있기" 때문이다.(Aristoteles 1962, 4b)

른 것들과의 관계에서 어떤 특정한 공간적인 위치를 차지하고 있지 않기 때문이다.

양에 대해서 비교적 명확한 정의를 내리는 것과는 달리 아리스토텔레스는 성질에 대해서는 명확한 정의를 내리지 않고 있다. 그는 "나는 성질이란 그것을 통해 어떤 사람이 어떠어떠하다고 일컬어질 수 있는 바의 그것을 의미한다"(Aristoteles 1962, 8b)고 말하면서 성질의 예를 제시한다. 그는 성질은 모든 형이상학적 핵심개념이 그러하듯이 다양한 방식으로 일컬어진다고 하면서, 그에 따라 다양한 유형의 성질에 대해 논한다. 『범주론』에서 그는 다음과 같이 네 가지 유형의 성질을 제시한다.(Aristoteles 1962, 8b 이하)

첫째 유형의 성질은 어떤 사람의 신체적 혹은 정신적 습성이나 상태를 의미한다. 예를 들어 어떤 사람이 덕·지식·정의·절제 등을 갖추고 있을 경우 이러한 것들이 있는 습성, 혹은 어떤 사람이 더위나 추위를 느끼거나 혹은 건강하거나 아플 경우 이러한 신체적 또는 정신적 상태 등이 그 대표적인 예에 해당한다. 아리스토텔레스에 따르면 이 경우 습성은 보다 더 지속적인 성질을 의미하고 상태는 보다 더 가변적인 성질을 의미한다.

두 번째 유형의 성질은 무엇을 쉽게 할 수 있는 선천적인 능력 또는 자연적인 소질을 의미한다. 예를 들어 누군가가 건강한 소질, 권투선수가 될 수 있는 소질, 달리기 선수가 될 수 있는 소질 등이 있다고 할 경우 이러한 소질이 두 번째 유형의 성질에 해당한다.

세 번째 유형의 성질은 감각적인 성질 또는 감각을 의미하며, 그 대표적인 예로는 달콤함, 맛이 씀, 맛이 심, 뜨거움, 더움, 차가움, 창백함, 어두움 등의 감각적 성질을 들 수 있다. 이러한 것들이 감각적 성질이라 불리는 이유는 그것들이 그에 해당하는 감각을 산출할 수 있기 때문이다. 여기서 알 수 있듯이, 아리스토텔레스는 이러한 감각적 성질이 외부세계에 실재하며 그것이 우리의 영혼을 자극해서 우리가 그러한 감각적 성질을 경험하게 되는 것으로 간주하고 있다.

네 번째 유형의 성질은 어떤 것의 형태나 모양 등을 의미한다. 이러한 것들이 성질이라 불리는 이유는 바로 그것 때문에 어떤 것이 그러한 성질을 지닌 것으로 불리기 때문이다.

이처럼 네 가지 유형의 성질에 대해 논한 후 아리스토텔레스는 이러한 네 가지가 가장 적절하게 성질이라 불리는 것들이라고 말한다.(Aristoteles 1962, 10a) 그런데 그는 『형이상학』제5권에서 『범주론』에서 언급되지 않은 또 하나의 성질을 다루고 있다.(Aristoteles 2003, 1020a- b) 그것은 다름 아닌 본질의 '종차'이다. 예를 들어 인간이 '이성적인 동물'이라고 정의될 경우 '이성적임'은 동물의 일종인 인간을 여타 동물들과 구별시켜주는 종차라 할 수 있는데, 이러한 종차 역시 성질이라 불릴 수 있다. 그 이유는 "인간은 이성적인 동물이다"라는 정의는 "인간은 이성적임이라는 성질을 가지고 있는 동물이다"를 의미하기 때문이다. 아리스토텔레스는 이러한 의미의 성질을 "일차적인 의미의 성질"(Aristoteles 2003, 1020b)이라고 부르고 있다.

아리스토텔레스에 따르면 양과 성질은 다음 세 가지 점에서 본질적으로 구별된다.

첫째, 성질은 많은 경우 서로 대립적인 것 혹은 반대되는 것을 허용하나 양은 그렇지 않다. 다시 말해 어떤 하나의 성질이 존재하면 그와 반대되는 성질이 존재할 수 있다.(Aristoteles 1962, 10b) 예를 들어 어떤 하나의 성질인 정의로움이 존재하면 그와 대립적인 성질인 정의롭지 않음도 존재한다. 그러나 이와는 달리 양은 대립적인 것을 허용하지 않는다. 특정한 양의 경우 이러한 양이 대립적인 것을 가지고 있지 않음은 분명하다. 예를 들어 4피트, 5피트 등에 대해 대립적인 양은 존재할 수 없다. 물론 혹자는 큰 공간과 작은 공간은 대립적이며 이러한 사실을 지적하면서 양 역시 대립적일 수 있다고 주장할 수도 있다. 그러나 아리스토텔레스에 따르면 큰 공간, 작은 공간 등은 양이 아니라 관계의 범주에 속한다. 그 이유는 어떤 공간도 다른 공간과의 관계에서만 큰 공간, 작은 공간이라고 불릴 수 있기 때문이다.(Aristoteles 1962, 5a)

둘째, 성질은 정도의 차를 허용할 수 있지만 양은 그렇지 않다. 예를 들어 어떤 사람의 얼굴이 창백할 경우 그의 얼굴은 더 창백해질 수도 있고 덜 창백해질 수도 있으며, 현재 그의 얼굴은 다른 사람의 얼굴보다 더 창백할 수도 있고 덜 창백할 수도 있다. 그러나 양은 정도의 차를 허용하지 않는다.(Aristoteles 1962, 6a) 두 개의 사물이 모두 4피트인 경우 하나가 다른 하나보다 더 혹은 덜 4피트의 크기를 가지고 있을 수 없다. 그리고 두 개의 도형이 모두 삼각형일 경우 그중 어떤 하나가 다른 하나보다 더 삼각형이라거나 덜 삼각형이라고 말할 수 없다. 수의 경우에도 "3이 5보다 더 3이다"라거나 "5가 3보다 덜 3이다"라고 말할 수 없다.

셋째, 성질이란 그것을 토대로 어떤 두 가지가 "유사하다 혹은 유사하지 않다"고 불릴 수 있는 것이다.(Aristoteles 1962, 11a) 예를 들어 어떤 한 사물은 갈색이라는 성질의 관점에서 볼 때 어떤 다른 사물과 유사하거나 유사하지 않다고 불릴 수 있다. 그러나 양은 그것을 토대로 어떤 하나의 사물이 다른 사물과 유사하다거나 유사하지 않다고 불릴 수 있는 것이 아니다. 어떤 하나의 양은 다른 양과 같다 혹은 같지 않다고 불릴 수 있을 뿐이다.(Aristoteles 1962, 6a)

그러면 양과 질의 구별에 대한 아리스토텔레스의 견해에 대한 논의를 토대로 질적 연구의 대상인 질이 무엇을 뜻하는지 살펴보자. 이 점과 관련해 우리는 아리스토텔레스의 경우 양은 현대적인 의미에서 양적 연구의 대상이요, 성질은 현대적인 의미에서 질적 연구의 대상일 것이라고 속단해서는 안 된다. 뒤에서 논하겠지만, 아리스토텔레스의 양의 범주에 속하는 것이 데카르트의 과학론적 프로그램이 추구하는 양적 연구의 대상과 동일한 것이 아니다. 오히려 아리스토텔레스의 양의 범주에 속하는 것은 대부분 데카르트의 양적 과학론적 프로그램이 해명하고자 하는 양이 아니다. 그리고 아리스토텔레스의 질의 범주에 속하는 것이 질적 연구의 대상 전체를 대변하는 것도 아니다. 아리스토텔레스의 질의 범주에 속하는 것은 질적 연구의 대상의 한 부분에 불과할 뿐이다.

이제 지금까지의 논의와 더불어 아리스토텔레스의 범주론 및 형이상학의 몇 가지 측면을 살펴보면서 질적 연구가 해명하고자 하는 대상에 어떤 유형의 것들이 있는지 검토하자.

첫째, 질적 연구가 해명하고자 하는 첫 번째 유형의 성질은 아리스토텔레스가 범주론을 전개해나가면서 성질로 분류했던 것을 포함한다. 아리스토텔레스가 성질로 분류했던 것은 데카르트의 연장실체의 본질적 속성인 연장, 즉 양을 가지고 있지 않기 때문이다. 앞서 살펴본바 여기에는 ①어떤 사람의 신체적·정신적 습성 혹은 상태, ②어떤 사람 혹은 사물이 지니고 있는바 무엇을 쉽게 할 수 있는 선천적인 능력 또는 소질, ③달콤함·뜨거움·더움 등의 감각적 성질, ④어떤 것의 형태나 모양 등이 속한다. 더 나아가 아리스토텔레스는 『형이상학』에서 종차 역시 질의 범주에 속하는 것으로 규정하고 있다. 이처럼 아리스토텔레스가 질의 범주에 속하는 것으로 간주한 것들은 수학적인 양적 분석을 통해서는 그 정체가 해명될 수 없는 것들이다. 예를 들면 달콤함이라는 감각적 성질 그 자체는 수학적인 양적 분석을 통해서는 그 정체가 해명될 수 없다. 따라서 이러한 것들은 모두 질적 연구가 해명하고자 하는 질에 해당한다.

둘째, 그러나 질적 연구의 대상인 성질이 아리스토텔레스가 성질로 규정한 것만을 포함하지는 않는다. 그것은 더 나아가 양이라고 규정한 것들도 상당수 포함한다. 물론 그가 양이라고 규정한 것 가운데 분명히 수학적인 양적 분석의 대상이 있음은 부정할 수 없다. 예를 들어 측정할 수 있는 어떤 크기를 지니고 있는 것, 즉 길이·넓이·깊이 등은 수학적인 양적 분석의 대상이다.

그러나 아리스토텔레스가 양으로 규정한 모든 것이 수학적인 양적 분석의 대상은 아니다. 그 대표적인 예는 공간이다. 아리스토텔레스의 공간은 데카르트의 연장실체인 물체의 본질적 속성인 연장, 즉 양을 가지고 있는 공간이 아니기 때문이다. 이런 점에서 아리스토텔레스의 공간은 데카르트의 공간과는 전혀 다르다. 데카르트의 공간은 그야말로 텅 빈 균질적인 공간으로서 공간을 구성하는 부분공간들 사이의 질적인 차이는 존재하지 않는다. 예를 들어 어떤 돌이 있는 특정한 공간에 돌이 빠지고 대신 그 자리에 물이나 공기 또는 여타의 물체가 들어올 경우에도 저 공간은 이전과 동일한 공간으로 남는다.(Descartes 1985a, 228) 이러한 이유에서 데카르트의 공간은 수학적인 양적 분석을 통해 그 정체가 해명될 수 있는 공간이다. 그러나 아리스토텔레스의 경우는 다르다. 아리스토텔레스의 경우 모든 사물은 나름의 본성·본질을 지니며, 따라서 어떤 특정의 본질을 공유하는 사물들과 다른 본질을 공유하는 사물들 사이에는 질적 차이가 존재한다. 이처럼 나름대로 고유한 본질을 지니는 여러 가지 사물들은 그들 자신의 "고유한 장소"를 향해서 운동한다.(Aristoteles 1980, 211a) 따라서 어떤 특정한 본성을 가지고 있는 사물에게 고유한 공간은 그와는 다른 본성을 가지고 있는 다른 사물에게 고유한 공간과 다른 성질이 있다. 따라서 아리스토텔레스의 공간은 데카르트의 경우와는 달리 등질적인 공간이 아니라 그 부분들이 각기 서로 다른 나름의 고유한 본성을 지니는 공간이며, 그와 관련해 "위와 아래", "앞과 뒤", "오른쪽과 왼쪽"(Aristoteles 1980, 205b, 211a) 등을 구별할 수 있는 공간이다. 이처럼 아리스토텔레스의 공간은 질적 특성을 가지고 있다.

셋째, 아리스토텔레스의 범주론 및 형이상학에서 가장 중요한 위치를 차지하는 실체 역시 수학적인 양적 분석의 방법으로 파악될 수 없는 것으로서 질적 연구의 대상인 질에 해당한다. 이 점과 관련해 우리는 아리스토텔레스의 경험적 실체는 데카르트의 연장실체와 전혀 다른 것이라는 사실에 유의해야 할 필요가 있다. 데카르트의 연장실체가 연장이라는 본성 이외의 본성을 지니고 있지 않으며, 그러한 점에서 개별적인 연장실체들 사이에 본질적인 차이가 존재하지 않지만, 방금 전에도 지적되었듯이, 아리스토텔레스의 경우 어떤 특정 부류에 속하는 경험적 실체는 그 고유한 본질을 지닌다. 따라서 어떤 특정 부류에 속하는 경험적 실체는 다른 부류에 속하는 경험적 실체와 전혀 다른 성질을 지니고 있다. 아리스토텔레스는 이러한 경험적 실체를 제일실체라고 부르며 그와 구별되는 제이실체의 존재에 대해 논하고 있다.(Aristoteles 1962, 2a-b)

그런데 이러한 제이실체 역시 수학적인 양적 분석을 통해 그 정체가 파악될 수 없다. 이 점을 이해하기 위해서 우리는 우선 제이실체가 무엇을 의미하는지 살펴볼 필요가 있다. 현실에 존재하며 우리가 경험을 통해 그 존재를 확인할 수 있는 어떤 특정한 인간이 제일실체라고 한다면 그가 다른 인간들과 공유하는 보편적 성질인 '인간', '동물' 등이 있는데, 이러한 보편적 성질이 제이실체이다. 이러한 제이실체는 어떤 제일실체를 그 무엇이라 부를 수 있는 토대가 되는 것으로서 제일실체의 본질적 성질을 의미하며, 따라서 그것은 수학적인 양적 분석을 통해서는 파악될 수 없다. 그것은 질적 분석을 통해서만 그 정체가 해명될 수 있는 일종의 질이다.

마지막으로 질적 연구의 대상으로서의 질은 지금까지 살펴본 것 이외에도 아리스토텔레스의 범주론에 등장하는 여타의 범주에 속하는 대부분의 것들도 포함한다. 예를 들어 아리스토텔레스의 경우 시간 역시 질적인 것으로 파악된 시간이지, 데카르트의 경우처럼 수학적인 의미에서 엄밀하게 양적인 것으로 파악된 것은 아니다. 아리스토텔레스는 운동개념에 기초해서 시간개념을 해명하고 있다. 이 경우 운동이란 어떤 사건이 흘러감을 의미한다. 우리는 이러한 흘러감으로서의 운동을 '이전-지금-이후'라는 운동의 연속적인 차원을 통해서 파악하게 되는데, 이러한 연속적인 차원이 다름 아닌 시간이다. 이러한 이유에서 아리스토텔레스는 시간은 '이전임'과 '이후임' 속에서 이루어지는 운동의 차원이며, 운동이 연속적이기 때문에 시간은 연속적이라고 주장한다.(Aristoteles 1980, 220a) 이처럼 시간이 운동과 밀접히 연결되어 있기 때문에 아리스토텔레스는 시간을 이전-이후와 관련된 운동의 수로 규정한다.(Aristoteles 1980, 219a-b) 물론 시간이 운동의 수로 규정된다고 해서 그것이 데카르트적인 의미의 양을 가지고 있는 것은 아니다. 이런 맥락에서 아리스토텔레스는 '지금'의 의미를 분석하면서 '지금'이 지나간 시간과 다가올 시간을 연결시켜주는 '순간'을 의미할 수도 있지만, 경우에 따라서 오늘 오기로 한 사람을 보고 "그가 '지금' 온다"고 말할 때처럼 '지금'이 '오늘'을 의미할 수도 있다고 말한다.(Aristoteles 1980, 222a) '지금'이 이처럼 여러 가지 뜻으로 말해질 수 있다 함은 그것이 데카르트적인 의미의 양이 아니라 성질을 가지고 있는 시간임을 뜻한다.

지금까지의 논의를 통해 밝혀졌듯이, 아리스토텔레스의 범주론에 따르면 우리가 경험할 수 있는 대부분의 경험적 대상은 양적인 탐구의 대상이 아니라 질적인 탐구의 대상에 해당한다. 아리스토텔레스는 경험적 대상을 연구하는 대부분의 학문을 일종의 질적 연구로서 정립하려는 과학론적 프로그램을 가지고 있었다. 이러한 점에서 아리스토텔레스는 경험적 대상에 대한 모든 학문을 양적 연구로 정립하고자 한 데카르트와는 정반대되는 과학론적 프로그램을 가지고 있었다고 할 수 있다. 따라서 아리스토텔레스의 과학론적 프로그램은 질적 연구와 관련된 현대적인 논의에 대해 시사하는 바가 크다. 어떤 점에서 질적 연구에 대한 현대적 논의는 부분적으로 데카르트의 과학론적 프로그램으로 인해 퇴출당할 위기에 처해 있던 아리스토텔레스의 과학론적 프로그램을 부활시키려는 시도로 이해될 수도 있다.

3 양적 연구와 질적 연구의 구별에 대한 두 가지 오해

지금까지 우리는 데카르트의 양적 연구 프로그램과 아리스토텔레스의 질적 연구 프로그램을 살펴보았다. 이러한 논의를 통하여 우리는 양적 연구 프로그램과 질적 연구 프로그램이 각각 무엇이며 양자가 어떻게 구별되는지 개괄적으로 이해할 수 있게 되었다. 데카르트의 과학론적 프로그램과 아리스토텔레스의 과학론적 프로그램은 양적 연구와 질적 연구의 구별을 위해 아주 중요한 의미가 있다. 이제 우리는 이 양자를 돌아보면서 양적 연구와 질적 연구가 정확하게 어떻게 구별되는지 살펴보고자 한다. 이러한 작업을 하기에 앞서 양적 연구와 질적 연구의 구별과 관련한 오해 두 가지를 검토하고 넘어가기로 하자.

1) 양과 질의 구별에 대한 전통철학적 논의와 양적 연구와 질적 연구의 구별

전통적으로 많은 철학자들은 각기 자신이 처한 철학적 문제의 맥락에서 양과 질의 구별을 수행하고 있다. 이 점과 관련해 우리는 흔히 양과 질의 구별에 대한 전통철학의 논의가 양적 연구와 질적 연구의 구별에 대한 현대적 논의를 위해 커다란 도움을 줄 것으로 기대할 수 있다. 그러나 이러한 견해는 사실과 다르다. 필자의 견해에 따르면, 전통적으로 철학자들이 다양한 맥락에서 수행한 양과 질에 대한 구별은 양적 연구와 질적 연구를 구별함에 있어 거의 아무런 도움도 주지 못한다. 그 이유는 양과 질에 대한 그들의 구별이 대부분 양적 연구와 질적 연구의 구별이 첨예한 철학적 문제로 등장하기 시작한 20세기 이전에 이루어졌기 때문이다. 말하자면 대부분의 전통철학자들이 양과 질의 구별에 대한 논의를 진행할 경우 그들은 현대적인 의미의 양과 질의 구별에 대한 논의를 염두에 두고 진행하지 않았던 것이며, 그러한 점에서 그들의 논의는 양적 연구와 질적 연구의 구별에 대한 현대적 논의에 커다란 도움을 주지 못한다. 그러면 이 점을 앞서 살펴본 아리스토텔레스와 데카르트의 경우를 예로 들어 검토해보자. 아리스토텔레스의 경우 양과 질은 실체·장소·시간 등과 더불어 그가 제시한 열 가지 범주에 속한다. 물론 그가 제시한 질이 질적 연구의 대상인 것은 확실하다. 그렇지만 그가 제시한 양은 대부분의 경우 질적인 성격을 지니고 있으며, 따라서 그것은 양적 연구의 대상이라기보다 질적 연구의 대상이다. 그 경우 양과 질의 범주 이외에도 다양한 범주들이 존재하는데, 그것들은 대부분 질적 연구의 대상이다. 여기서 알 수 있듯이, 아리스토텔레스의 경우 열 가지 범주에 속하는 양과 질의 구별은 양적 연구와 질적 연구의 구별을 위해 아무런 역할도 담당하지 못한다.

데카르트의 경우에도 그가 제시하는 양과 질의 구별이 양적 연구와 질적 연구의 구별을 위해 아무런 의미도 가지고 있지 않다. 이 점을 이해하기 위하여 우리는 데카르트의 성질개념에 대해 살펴볼 필요가 있다. 데카르트는 두 가지 종류의 성질을 구별하는데, 그것은 "실재적인 성질들"과 "촉각적 성질"들을 비롯한 감각적 성질이다.(Descartes 1984, 30)

감각적 성질은 실체에 실제로 귀속되는 객관적 성질이 아니라, 주체가 감각을 통하여 실체를 만날 때 주체가 느끼는 주관적 성질이다. 데카르트는 주관적 성질의 예로 빛·색깔·소리·냄새·맛·더위·추위, 그리고 기타 촉각적 성질들을 들고 있다. 이러한 성질들은 연장실체의 '실재적인 성질들'이 아니라 우리의 신체가 연장실체를 만날 때 우리의 정신이 연장실체가 지니고 있다고 주관적으로 생각하는 성질에 불과하다. '감각적 성질'은 연장실체의 실재적인 성질이 아니라 인간의 신체에 그 뿌리를 두고 있는 단순한 주관적인 성질에 불과하다.

감각적 성질과는 달리 실재적인 성질이란 실체에 실제로 귀속되는 객관적 성질을 의미한다. 앞서 우리는 실체의 양태에 대해 살펴보았는데, 실체의 양태가 다름 아닌 실체의 성질이다. 데카르트에 따르면 실체의 양태와 실체의 성질은 용어만 다를 뿐 동일한 것을 의미한다. 앞서 실체의 양태는 그것을 통해 실체가 자신의 모습을 바꾸어나갈 수 있는 것으로 정의되었다. 데카르트에 따르면 실체가 양태에 따라 변화한다는 사실을 토대로 실체가 양태에 따라 그처럼 변화하는 성격을 가진 것임을 지칭하고 싶을 때 성질이라는 용어를 사용한다.(Descartes 1985a, 211) 따라서 우리는 실체의 성질이 실체의 양태와 동일한 것을 지칭하고, 다만 그 지칭하는 방식에서 후자와 차이가 있을 뿐임을 알 수 있다.

앞서 논의되었듯이, 실체의 가장 중요한 속성 이외의 여타 모든 속성이 양태이며 바로 이러한 속성들이 실체의 성질이다. 물체를 예로 들자면 그 가장 중요한 속성인 연장을 제외한 여타의 모든 속성, 즉 크기·형태·운동 등이 실체의 성질이라 할 수 있다. 이처럼 실체의 양태와 동일한 것을 지칭하는 실체의 성질은 실체에 실제로 귀속되는 객관적 성질을 뜻하며, 그러한 점에서 그것은 '실재적 성질'이라 불릴 수 있다. 그런데 이와 관련해 유의해야 할 점은 물체적 실체에 한정시켜 논의할 경우 물체적 실체의 실재적 성질은 철저하게 양적인 성격을 지닌다는 사실이다. 그 이유는, 앞서 살펴보았듯이, 물체적 실체의 가장 중요한 속성은 연장이며 연장이 수학적으로 측정가능한 양을 지닌 것이라서, 이러한 연장에 의존적인 여타의 모든 속성, 즉 실체의 성질들은 양적인 성격을 지니기 때문이다.

이러한 논의를 통하여 알 수 있듯이, 데카르트의 경우 양과 질이 언제나 대립적인 관계에 있는 것은 아니다. 주관적인 성질이라 불릴 수 있는 감각적 성질이 양과 대립관계에 있음은 물론이다. 그러나 객관적인 성질이라 불리는 실재적 성질은 양과 대립적인 관계에 있는 것이 아니라 수학적으로 정의될 수 있는 양이다. 데카르트의 경우 이처럼 양과 질이 언제나 대립적인 관계에 있는 것이 아니기 때문에 양자의 구별은 양적 연구와 질적 연구의 구별을 위해 아무런 단서도 제공할 수 없다.

2) 자연과 정신의 구별과 양적 연구와 질적 연구의 구별

혹자는 자연과 정신의 구별이 양적 연구와 질적 연구의 구별에 대한 논의를 위해 결정적인 의미를 가지는 것으로 생각할 수 있다. 이러한 견해에 따르면 양적 연구는 자연을 연구대상으로 삼고 질적 연구는 정신을 연구대상으로 삼는다. 이와 관련하여 연구자들은 자연과학과 정신과학을 구별하기도 하는데, 이러한 구별에 따르면 자연과학은 양을 본성으로 하는 자연을 연구대상으로 삼는 학문으로서 양적 연구와 동일하며, 정신과학은 질을 본성으로 하는 정신을 연구대상으로 삼는 학문으로서 질적 연구와 동일하다. 양적 연구와 질적 연구에 대한 이런 식의 구별이 부분적으로 데카르트의 존재론적 근본도식으로부터 영향을 받았음은 두말할 필요도 없다. 앞서도 논의되었듯이, 데카르트는 유한실체를 물체와 정신으로 나누는데, 이 경우 물체는 자연에 해당하며 영혼은 정신에 해당한다고 할 수 있기 때문이다.

그러나 현상학적 관점에서 분석해보면 양적 연구가 자연을 대상으로 하는 자연과학과 동일한 것이요, 질적 연구가 정신을 대상으로 하는 정신과학과 동일한 것이라는 이러한 견해는 타당하지 않다. 이와 관련해 다음 두 가지 사실에 유의할 필요가 있다.

첫째, 우리가 자연이라고 부르는 것이 일차적으로 양적 연구의 대상이 될 수 있음은 물론이다. 예를 들어 물리적 자연은 양적 학문인 물리학의 대상이다. 그러나 자연이 언제나 양적 학문의 대상인 것은 아니다. 우리는 양적인 관점이 아니라 질적인 관점에서도 자연을 연구할 수 있기 때문이다. 예를 들어 미학자는 자연을 경험하면서 그 아름다움에 초점을 맞추어 연구할 수 있고 인문지리학자는 자연을 경험하면서 그것의 인문지리적 특성에 초점을 맞추어 연구할 수 있는데, 이 두 경우 자연은 양적 연구의 대상이 아니라 질적 연구의 대상이다.

둘째, 이와 마찬가지로 우리가 정신이라고 부르는 것이 일차적으로 질적 연구의 대상이 될 수 있음은 두말할 필요도 없다. 예를 들어 정신은 질적 연구로서 역사학의 대상이 될 수 있다. 그러나 정신이 언제나 질적 연구의 대상이 되는 것은 아니다. 우리는 정신을 질적인 관점이 아니라 양적인 관점에서도 연구할 수 있기 때문이다. 그 대표적인 예로는 뇌과학·실험심리학·수리경제학 등을 들 수 있다. 의식이 뇌과학·실험심리학·수리경제학 등에서 연구될 경우, 그것은 질적 연구의 대상이 아니라 양적 연구의 대상이 되는 된다.

이와 같이 대상영역 또는 존재영역의 구별로서의 자연과 정신의 구별은 양적 연구와 질적 연구의 구별에 대한 논의를 위해 아무런 도움도 주지 못한다. 양적 연구가 자연과학과 동일한 것을 뜻하는 것도 아니요, 질적 연구가 정신과학과 동일한 것을 뜻하는 것도 아니기 때문이다. 따라서 아리스토텔레스의 질적 연구 프로그램에 따른 제반학문들이 존재영역의 하나인 정신의 영역을 연구하는 것도 아니고, 반대로 데카르트의 양적 연구 프로그램에 따른 제반학문들이 존재영역의 하나인 자연의 영역을 연구하는 것도 아니다.

4 현상학적 관점에서 본 양적 연구와 질적 연구의 구별

그러면 현상학적 관점에서 볼 때 양적 연구와 질적 연구의 구별을 위해 결정적으로 중요한 역할을 하는 것은 무엇인가? 그것은 다름 아닌 태도(Einstellung)이다. 앞서 제3장 1절과 제5장 1절에서 살펴보았듯이, 태도는 주체가 대상 및 세계를 경험하는 다양한 방식을 뜻한다. 따라서 주체가 가지고 들어가는 태도가 다름에 따라 세계는 주체에게 각기 다른 의미를 지닌 세계로 현출하며, 세계 속에서 현출하는 개별적인 대상 역시 각기 다른 의미를 지닌 대상으로 현출한다.

태도는 질적 연구와 양적 연구의 정체를 이해함에 있어 결정적으로 중요한 역할을 담당한다. 질적 연구뿐 아니라 양적 연구 역시 주체가 대상에 대해 어떤 특정한 태도를 취하면서 대상이 주체에게 경험되기 때문에 가능하다. 주체가 대상에 대해 어떤 태도도 취하지 않을 경우 대상은 경험될 수 없으며, 그러면 양적 연구든 질적 연구든 대상에 대한 어떤 유형의 연구도 가능하지 않다. 그런데 주체가 세계에 대해 다양한 태도를 취하면서 경험하게 되는 다양한 유형의 세계 가운데 발생적 관점에서 볼 때 가장 근원적으로 구성되어 주체에게 현출하는 세계는 바로 일상적인 생활세계이다. 일상적인 생활세계는 미적 세계, 윤리적 세계, 종교적 세계, 경제적 세계 등을 비롯해 무수한 세계들이 혼재해 있는 영역으로서 일종의 질적인 세계이다.

이러한 일상적인 생활세계를 토대로 다양한 방식의 추상작업을 거쳐 다양한 유형의 세계가 구성될 수 있다. 이러한 점에서 일상적인 생활세계는 모든 여타 세계의 모태에 비유될 수 있으며, 따라서 생활세계는 발생적 관점에서 볼 때 여타의 세계들에 비해 특수한 위치를 차지한다. 생활세계라는 모태가 없으면 어떤 유형의 세계도 존재할 수 없는 것이다. 이처럼 일상적인 생활세계를 토대로 추상작업을 거쳐서 이루어지는 다양한 세계들이 추상되는 방식에 따라 그것들은 질적 연구의 대상인 질적인 세계와 양적 연구의 대상인 양적인 세계로 나누어진다.

우선 생활세계로부터의 추상이 '수학적인 수단'을 매개로 하여 수행될 경우 양적 연구의 대상인 양적인 세계가 현출한다. 이처럼 주체가 생활세계로부터 수학적인 수단을 매개로 하여 추상작업을 수행할 경우 주체에게 현출하는 세계는 '수학적으로 계량가능한 세계'로 탈바꿈한다. 이는 주체가 '수학적인 틀'을 통해서 생활세계에 들어 있는 무수히 다양한 질적인 요소들을 추상하고 생활세계가 지니고 있는 '수학적으로 계량가능한 측면'만을 파악하기 때문에 가능하다. 하이데거는 주체가 생활세계를 토대로 수학적으로 계량가능한 세계를 구성하기 위한 수단인 수학적인 틀을 "자연 자체에 대한 수학적 기투"(Heidegger 1972, 362)라 부른다. 하이데거적인 용어를 사용하여 표현하면, 앞서 살펴본 데카르트의 양적 연구의 프로그램은 '자연 자체에 대한 수학적 기투'에 토대를 두고 있다. 양적 연구의 대상 전체는 바로 이러한 '자연 자체에 대한 수학적 기투'를 통해 구성된, 수학적으로 계량가능한 세계이다. 물론 수학적으로 계량가능한 이러한 세계는 다양한 부분영역들로 구성되어 있는데, 다양한 영역들 각각은 각기 다른 양적 과학을 통해 탐구될 수 있다. 앞서 우리는 다양한 유형의 세계를 검토하면서 생물학적 세계와 물리학적 세계에 대해 살펴보았는데, 이러한 세계들이 양적 세계의 대표적인 예이다.

양적 연구와는 달리 질적 연구는 이처럼 생활세계를 토대로 수학적 기투를 통해서 구성된 세계 이외의 다양한 세계들을 해명함을 목표로 하는 연구를 뜻한다. 이처럼 수학적 기투를 통해 구성된 세계 이외의 다양한 세계들이 다름 아닌 질적 세계들이기 때문이다. 앞에서 우리는 이러한 질적 세계의 예로 미학적 세계, 도덕적 세계, 종교적 세계, 경제적 세계 등을 제시하였다. 그러나 질적인 세계의 예는 이외에도 수없이 존재한다. 일상적인 생활세계는 그야말로 '수학적 기투'를 통해서는 포착될 수 없는 무수한 성질들로 가득 찬 세계이며, 이러한 성질들 가운데 어떤 것들에 초점을 맞추어 추상작업을 수행하느냐에 따라 다양한 유형의 질적 세계가 구성될 수 있기 때문이다. 예를 들어 생활세계 속에 들어 있는 무수한 질적 요소들 가운데 사회적인 측면만을 추상할 경우 사회세계가, 정치적인 측면만을 추상할 경우 정치세계가, 간호적인 측면, 교육적인 측면, 문화적인 측면 등을 추상해내면 간호세계·교육세계·문화세계가 등장하는데, 이처럼 다양한 세계들이 모두 질적 연구의 대상이 된다.

5 현상학적 질적 연구의 다양성

아리스토텔레스의 과학론적 프로그램은 질적 연구의 대상인 질이 무엇을 뜻하는지 다양한 사례를 통해 나름대로 잘 보여주고 있다. 이러한 점에서 아리스토텔레스의 과학론적 프로그램은 질이 무엇이며, 양적 연구와 구별되는 질적 연구가 무엇인지에 대한 현상학적 해명을 위해 커다란 도움을 줄 수 있다. 그럼에도 불구하고 그것은 현상학적 관점에서 볼 때 질적 연구가 탐구대상으로 삼고 있는 다양한 유형의 질을 체계적으로 조망하기에는 여러 가지 한계를 안고 있다. 이 점과 관련해 우리는 다음 몇 가지 사실을 지적하고자 한다.

첫째, 질적 연구에 대한 현대적 논의와 관련해 아리스토텔레스의 입장이 지니고 있는 가장 커다란 난점은 그것이 실재론을 전제하고 있다는 데 있다. 이러한 실재론에 따르면, 인식하는 주관은 세계를 있는 그대로 모사하며 반영할 뿐이다. 아리스토텔레스는 범주론을 전개하면서 감각적 성질의 문제를 다룰 때조차 실재론을 벗어나지 못하고 있다. 이 점과 관련해 그는 '뜨거움', '차가움' 등의 감각적 성질의 문제를 다루면서 이러한 감각적 성질이 사물 속에 실재하며, 이처럼 사물 속에 실재하는 감각적 성질의 영향을 받아서 우리의 감각이 그러한 성질을 느끼는 것으로 간주하고 있다.(Aristoteles 1962, 9a) 그런데 이러한 실재론은 다양한 유형의 질을 주관과 무관하게 객관적으로 실재하는 것으로 상정하면서, 그러한 질이 그에 대해 주관이 다양한 태도를 취함에 따라 다양하게 자신의 모습을 드러낼 수 있다는 사실을 간과하고 있다. 이러한 아리스토텔레스의 과학론적 프로그램은 앞서 논의된 데카르트의 감각적 성질을 학문적으로 다룰 수 있는 여지조차 남겨놓고 있지 않다.

둘째, 그런데 우리가 후설의 현상학적 심리학적 입장을 고려하면 질적 연구와 관련해 아리스토텔레스의 실재론이 지닌 한계가 보다 더 분명하게 드러난다. 현상학적 심리학의 입장에 서게 되면 우리의 다양한 체험들이 그의 노에마적 상관자인 의미를 지닌 대상들과 더불어 질적 연구의 대상으로 등장하게 된다. 그러나 아리스토텔레스의 실재론은 현상학적 심리학의 차원에 대해 알지 못하기 때문에 이처럼 다양한 유형의 체험들과 더불어 그의 노에마적 상관자들이 질적 연구의 대상이 된다는 사실을 파악할 수 없다. 아리스토텔레스의 과학론적 프로그램에서 체험은 성질의 범주에 속하는 것으로 논의되면서, 그것이 지닌 현상학적 심리학적 의의가 전적으로 간과되고 있다.

셋째, 우리가 후설의 초월론적 현상학을 고려하면 질적 연구와 관련해 아리스토텔레스의 실재론이 지닌 한계가 더욱더 극명하게 드러난다. 후설의 초월론적 현상학적 입장에 따르면 초월론적 체험은 이 세상의 모든 것이 구성되는 토대다. 이러한 점에서 아리스토텔레스가 자신의 범주론을 통해 제시하는 다양한 유형의 범주들 역시 초월론적 주관과 무관하게 객관적으로 실재하는 세계에 존재하는 실재들이 아니라 초월론적 주관에 의해 구성된 것이다. 말하자면 아리스토텔레스의 과학론적 프로그램은 초월론적 주관에 의해 구성된 다양한 유형의 세계를 초월론적 주관과 무관하게 존재하는 객관적인 세계로 간주하므로 그처럼 구성된 세계의 질적 구조를 파악할 수도 없고, 그처럼 구성된 세계의 이면에 그것을 구성하는 초월론적 주관이 존재한다는 사실을 깨닫지 못하고, 그에 대한 질적 연구를 수행할 수도 없는 것이다.

물론 아리스토텔레스 역시 현상학적 심리학적 문제지평과 초월론적 현상학적 문제지평이 존재한다는 사실을 전혀 몰랐던 것은 아니다. 이 점과 관련해 그는 시간의 문제를 다루면서 시간의 정체를 해명하기 위해서는 "시간과 의식의 관계"(Aristoteles 1980, 223a)를 해명해야 할 필요성이 있음을 지적하고 있다. 그뿐 아니라 그는 다양한 유형의 경험의 토대가 되는 주체의 영혼활동과 관련해 "어떤 점에서 영혼은 있는 것들의 전체이다"(Aristoteles 1969, 431b)[2]라고 천명하고 있는데, 이는 주체에게 현출할 수 있는 모든 유형의 존재자가 영혼의 구성활동을 통해서 비로소 주체에게 현출할 수 있다는 사실을 그가 인식하고 있었음을 의미한다. 그럼에도 불구하고 그는 실재론에 대한 믿음이 너무 강해서 현상학적 심리학적 문제와 초월론적 현상학적 문제를 체계적으로 천착할 수 없었다.

---

2) 이 점에 대해서는 Heidegger 1972, 14 참조.

아리스토텔레스는 자신의 범주론을 통해 질적 연구의 대상인 다양한 유형의 질이 존재한다는 사실을 해명하였으며, 그러한 점에서 그는 질적 연구의 대상인 질의 규정을 위해 커다란 기여를 하였다. 그러나 이러한 공헌에도 불구하고 그는 자신의 철학이 지닌 실재론 때문에 현상학적 질적 연구가 해명해야 할 다양한 차원과 유형의 질의 존재를 체계적으로 파악할 수 없었다. 그런데 아리스토텔레스의 질적 연구 프로그램이 가지고 있는 한계를 극복하고 다양한 차원과 유형의 질이 존재한다는 사실을 체계적으로 검토하기 위하여, 우리는 지금까지 논의된 아리스토텔레스의 과학론적 프로그램을 염두에 두면서 앞서 살펴본 질적 태도에 대해서 다시 한 번 검토할 필요가 있다.

앞서 우리는 몇 가지 예를 통해 질적 태도가 양적 태도와 본질적으로 구별된다는 사실을 살펴보았다. 그런데 대상 및 세계에 대해서 우리가 취할 수 있는 질적 태도에는 크게 두 가지 유형의 것이 존재한다.

첫 번째 유형의 질적 태도는 생활세계적 태도 내지 현상학적 심리학적 태도이다. 생활세계적 태도는 우리가 일상적 삶을 살아가는 자연스런 태도를 말하는 것으로서 우리는 그것을 자연과학적 태도와 구별해 자연적 태도라 부를 수 있다. 자연적 태도로서의 생활세계적 태도는 개인에 따른 다양한 직업적 삶의 태도 및 미학적 · 윤리적 · 종교적 · 역사적 · 언어적 · 사회적 · 정치적 · 경제적 · 문화적 · 법률적 · 교육적 · 간호적 · 의료적 태도 등 수없이 다양한 태도들을 포함하며, 이 각각은 다시 다양한 부분적인 태도들을 포함한다. 예를 들어 윤리적 태도의 경우 개인윤리적 · 사회윤리적 · 직업윤리적 · 환경윤리적 · 성윤리적 태도 등 다양한 부분을 포함한다.

두 번째 유형의 질적 태도는 초월론적 현상학적 태도이다. 앞서 살펴본 생활세계적 태도 내지 현상학적 심리학적 태도가 자연적 태도의 일반정립을 토대로 한 태도인 데 반해, 초월론적 현상학적 태도는 자연적 태도의 일반정립에 대해 판단중지를 수행할 때 가능한 태도이다. 물론 이러한 초월론적 현상학적 태도 역시 관점에 따라 여러 가지로 구별할 수 있는데, 그 대표적인 예는 정적 현상학적 초월론적 태도와 발생적 현상학적 초월론적 태도의 구별이다.

이처럼 다양한 유형의 태도에 따라 어떤 하나의 대상도 다양한 방식으로 현출하면서 다양한 유형의 질적 연구의 대상이 될 수 있다. 앞서 살펴본 나무의 예를 통해 알 수 있듯이, 모든 대상은 우선 다양한 유형의 생활세계적 태도에서 경험되고 연구될 수 있다. 그것은 더 나아가 초월론적 현상학적 태도에서 정적 현상학적 태도, 발생적 현상학적 태도 등에서 연구될 수 있다. 그런데 이 점에 있어서는 아리스토텔레스가 제시한 다양한 유형의 범주에 속하는 모든 존재자도 마찬가지다. 그 어떤 범주에 속하는 존재자건 모두 다양한 유형의 생활세계적 태도에서 경험되면서 연구될 수 있을 뿐 아니라, 더 나아가 초월론적 현상학적 태도에서 경험되면서 연구될 수도 있는 것이다.

아리스토텔레스는 실재론에 머물면서 주체가 취할 수 있는 다양한 태도에 따라 각각의 존재자가 무수히 다양한 유형의 질적 연구의 대상이 될 수 있다는 사실을 간과하였다. 바로 여기에 아리스토텔레스의 질적 연구 프로그램의 한계가 있다. 앞서 우리는 아리스토텔레스의 범주론을 살펴본바 다양한 유형의 질에 대한 아리스토텔레스의 논의는 다양한 유형의 태도에 대한 현상학적 논의를 통해 보충되어야 한다. 이와 같이 보충될 때 우리 인간이 수행할 수 있는 무수한 현상학적 질적 연구의 총체적인 가능성이 그 모습을 드러낼 수 있다.

10

현상학적 질적 연구의 다양한 가능성

우리는 제9장의 논의를 통하여 질적 연구의 대상인 질이 무한히 다양한 내용을 포괄하는 것이라는 사실을 살펴보았다. 질적 세계란 수학적 기투를 통해 이념화되어 양적으로 파악된 세계를 제외한 일체의 세계를 포괄하는 것이다. 이처럼 질적 세계가 다양하기 때문에 질적 연구가 다양한 방식으로 전개될 수 있음은 물론이다.

이제 우리는 제1절에서 현상학적 사회학을 예로 들어 현상학적 질적 연구가 얼마나 다양한 방식으로 전개될 수 있는지 살펴볼 것이다. 이어 제2절에서는 사회학 이외의 다양한 학문분야에서 현상학적 질적 연구가 다양한 방식으로 전개될 수 있다는 사실을 살펴보면서 질적 연구의 다양한 가능성을 확인하고, 그와 관련해 우리가 해결해야 할 과제들이 무엇인지 살펴보면서 이 책 전체의 논의를 마무리하고자 한다.

1 현상학적 질적 연구로서의 현상학적 사회학의 다양한 가능성

1960년대 중반에서 1970년대 중반 사이에 미국 사회학계에서는 현상학적 사회학을 두고 열띤 논쟁이 있었다. 티랴키안(E.A. Tiryakian)은 1965년 발표한 「실존적 현상학과 사회학적 전통」이라는 논문에서 그때까지 전개된 다양한 유형의 사회학 가운데 현상학적 사회학으로 분류될 수 있으리라고 생각되는 사회학의 목록을 제시하면서, 피어칸트(A. Vierkandt), 거비치(G. Gurvitch), 셸러(M. Scheler), 베버, 지멜, 뒤르켐, 토마스(W.I. Thomas), 파슨스(T. Parsons) 등 여러 현상학자 및 사회학자들이 전개시킨 사회학을 그 목록에 포함시켰다.[1] 그러나 이러한 견해는 곧바로 심각한 도전에 직면한다. 논문이 발표되고 난 후 1966년 콜라자(J. Kolaja), 버

---

1) Tiryakian 1965. 현상학적 사회학과 관련해서 다음과 같은 국내 연구들이 있다. 강수택 1981; 김광기 2000; 김광기 2002; 김광기 2003; 김광기 2005; 심영희 1972; 최재식 2001.

거(P.L. Berger) 등이 티랴키안의 견해를 비판하였고 티랴키안 역시 같은 해 콜라자와 버거의 비판에 대한 반박을 시도하였으며, 1973년에는 히프 (J.L. Heap)와 로트(P.A. Roth) 등이 다시 그의 견해를 비판하였다.[2] 그러나 이러한 논쟁을 통해서도 현상학적 사회학이 무엇인지에 대해서 일치된 견해가 정립되지 못하였다. 예를 들어 히프와 로트는 티랴키안의 견해를 비판하면서 그가 제시한 현상학적 사회학의 목록과는 다른 목록을 제시하였는데, 그에 따르면 현상학적 사회학에는 해석학적 사회학, 슈츠적인 사회학, 반성적 사회학, 민속방법론(ethonomethodology) 등 네 가지 유형의 사회학이 존재한다.

이제 우리는 현상학적 사회학을 둘러싼 이러한 논쟁을 비판적으로 검토하면서, 현상학적 사회학이 정확하게 무엇을 의미하는지 규정하고, 다양한 차원에서 다양한 유형의 현상학적 사회학이 전개될 수 있다는 사실을 제시하고자 한다. 아래의 논의는 다음과 같은 방식으로 진행될 것이다. 우리는 우선 현상학적 사회학에 대한 티랴키안의 견해를 살펴보고 이러한 견해에 대한 비판들을 정리할 것이다. 이어 보편학으로서의 현상학의 구상을 토대로 다양한 차원의 현상학적 사회학이 가능함을 살펴보고, 그것을 토대로 티랴키안의 견해에 대한 비판을 비판적으로 검토한 후, 마지막으로 현상학적 사회학의 다양한 가능성이 존재한다는 사실을 보여줄 것이다.

1) 현상학적 사회학에 대한 티랴키안의 견해

티랴키안은 현상학을 실존적 현상학과 동일시하면서 "사회학에 있어서의 현상학적 전통"(Tiryakian 1965, 678)에 속하는 사회학, 즉 현상학적

---

2) 이 점에 대해서는 Kolaja 1966; Berger 1966; Tiryakian 1966; Heap and Roth 1973 등 참조.

사회학으로 분류될 사회학에 두 가지 유형이 존재한다고 주장한다. 그는 첫 번째 유형의 현상학적 사회학을 "사회학에 있어서의 현상학파"(Tiryakian 1965, 674)에 속하는 사회학이라 부르고, 두 번째 유형의 현상학적 사회학을 "주류사회학에 있어서의 실존적 현상학"(Tiryakian 1965, 678)을 대변하는 사회학이라 부른다. 그러면 이 두 유형의 현상학적 사회학에 대해 보다 더 자세히 살펴보기로 하자.

우선 사회학에 있어서의 현상학파에 속하는 사회학은 제1차 세계대전과 제2차 세계대전 사이에 유럽의 독일어권 지역에서 번성하였다. 이러한 의미의 사회학을 발전시킨 학자들은 후설과 하이데거로부터 직접적인 영향을 받았는데 피어칸트, 만하임(K. Mannheim), 셸러, 거비치 등을 들 수 있다. 피어칸트는 "사회학을 사회현상에 대한 철저하게 형식적인 학"(Tiryakian 1965, 674)으로 규정하면서 형식적 사회학을 전개해나갔다. 만하임과 셸러의 지식사회학은 "사회학에 있어서의 현상학적 접근법을 구성하는 한 부분"(Tiryakian 1965, 675)이다. 거비치의 경우 형식적 현상학과 거리를 둔 것은 사실이지만, 사회구조를 역동적인 상호주관적 실재로 간주하는 견해나 사회결정론을 거부하는 입장 등에서 알 수 있듯이 그의 사회학은 "실존적 현상학의 표현"(Tiryakian 1965, 677)이며, 그러한 점에서 그것은 현상학적이라 불릴 수 있다.

다음으로 주류 사회학에 있어서의 실존적 현상학을 대변하는 사회학은 흔히 현상학적 사회학이라 불리지 않는다. 그러나 실존적 현상학과 동일한 근본전제를 공유하고 있기 때문에 그것은 현상학적 사회학으로 분류되어야 마땅하다. 이러한 의미의 현상학적 사회학으로 분류될 수 있는 것으로는 베버, 지멜, 뒤르켐, 토마스, 파슨스 등의 사회학을 들 수 있다. 티랴키안은 이들이 전개시킨 다양한 유형의 사회학이 방법론적 유사성을 지니고 있다고 주장한다. 이 점을 베버, 뒤르켐, 파슨스 등을 예로 들어 살펴보자.

베버의 사회학은 다음 몇 가지 이유 때문에 실존적 현상학을 대변하는 사회학으로 규정될 수 있다.[3] 첫째, 그는 실존적 현상학과 마찬가지로 경제적 결정론을 매개로 하여 역사를 유물론적이며 인과적으로 해석하는 일을 거부하였다. 둘째, 그는 인간의 행위는 주체의 동기 및 주체가 행위에 부여하는 의미를 해명하지 않고서는 이해될 수 없다는 사실을 간파하였다. 동기와 주관적 의미에 대한 강조는 베버의 사회학의 핵심이라 할 수 있으며, 바로 이 점이 베버와 실존적 현상학을 연결시켜주는 지점이라 할 수 있다. 셋째, 그는 직관과 이해라는 정신과학의 방법을 받아들여 자신의 사회학을 전개해나갔는데, 직관과 이해는 실존적 현상학의 핵심적인 방법이다.

뒤르켐의 사회학 역시 실존적 현상학을 대변하는 사회학의 한 유형으로 간주될 수 있다.[4] "사회적 사실을 일종의 사물처럼 간주하라"는 모토에 표현되어 있듯이, 실증주의적 방법론을 표방하는 것처럼 보이기 때문에 그의 사회학을 현상학적 사회학의 한 유형으로 간주하는 것은 이상하게 들릴 수도 있다. 그러나 이러란 모토는 사회적 사실을 그의 고유성에서 파악해야지, 그와는 다른 현상들, 예를 들면 물리적 현상으로 환원하여 파악해서는 안 된다는 사실을 의미한다.

이처럼 사회적 사실을 그 고유성에서 파악할 수 있기 위해서 우리는 물리학적 실증주의의 토대가 되는 자연인과적 파악방식에 대해 판단중지를 수행해야한다. 여기서 알 수 있듯이 "사회적 사실을 일종의 사물처럼 간주하라"는 구호는 바로 "사태 자체로 귀환하라"는 현상학의 근본구호와 동일한 것이라 할 수 있다. 실제로 그의 사회학이 지닌 현상학적 성격

---

3) 여기서 필자가 정리한 베버의 현상학적 사회학에 대한 티랴키안의 견해에 대해서는 Tiryakian 1965, 679 이하 참조.
4) 여기서 필자가 정리한 뒤르켐의 현상학적 사회학에 대한 티랴키안의 견해에 대해서는 같은 논문, 681 참조.

은 도처에서 확인할 수 있다. 그 대표적인 예로는 자살의 '객관적인 양적 요소들'로부터 그 밑에 있는 "사회구조의 층"(Tiryakian 1965, 681)으로 시선을 돌리는 과정을 들 수 있는데, 이러한 과정은 일종의 현상학적 환원이라 할 수 있다.

파슨스는 구조기능주의자로 잘 알려져 있다. 따라서 그의 사회학은 실존적 현상학과 무관한 것처럼 보인다.[5] 예를 들어 사회를 구조기능주의적 관점에서 접근하기 때문에 그의 사회학은 현대의 위기의 문제를 다루고 있지 않으며, 따라서 그것은 현대의 위기를 철학의 핵심 주제로 삼고 있는 후설, 하이데거 등의 현상학과 조화될 수 없는 것처럼 보인다. 그러나 이러한 상이점에도 불구하고 그것은 중요한 점에서 실존적 현상학과 유사성을 보이고 있기 때문에 실존적 현상학을 대변하는 사회학으로 분류될 수 있다.

이 점과 관련해 우리는 파슨스의 사회학이 암암리에 인간행위에 대한 상반되는 모델을 사용하고 있다는 사실에 유의할 필요가 있다. 그 중의 하나는 현상학적 관점에 토대를 두고 있으며, 또 다른 하나는 비현상학적 관점, 즉 공리주의·행동주의·결정론 등의 관점에 토대를 두고 있다. 그런데 비현상학적 관점에 토대를 두고 있는 두 번째 모델은 1951년 출간된 『일반적 행위론을 향하여』(*Towards A General Theory of Action*)를 중심으로 한 그의 후기사상에서 비로소 선보이고 있으며, 바로 이 점을 염두에 두고 연구자들은 그의 사회학이 현상학과 무관하다고 간주하는 것이다. 그러나 1937년 출간된 『사회적 구조와 행위』(*The Structure of Social Action*)에서 전개된 그의 초기 사회학은 개인의 의지를 강조하면서 주의주의적 관점에서 전개되었기 때문에 현상학적 관점과 조화를 이룰 수 있다. 행위

---

5) 여기서 필자가 정리한 파슨스의 현상학적 사회학에 대한 티랴키안의 견해에 대해서는 같은 논문, 684 이하 참조.

자의 자유와 변화를 사회적 존재의 중요한 구성부분으로 간주하는 그의 초기 행위론은 실제로 일종의 현상학적 사회학이라 할 수 있다.

2) 티랴키안의 견해에 대한 기존의 비판들

티랴키안의 논문이 발표된 후 콜라자, 버거, 히프와 로트 등은 현상학적 사회학에 대한 그의 견해를 비판하였다. 그들이 제시하는 비판은 다양하다. 그러나 우리는 여기에서 그들의 비판을 모두 다루지 않고 다만 현상학적 사회학의 정체 해명을 위해 결정적인 의미를 지니는 두 가지만을 정리하고자 한다.[6]

첫 번째 비판은 티랴키안이 후설의 현상학으로 간주하고 있는 것이 실제로는 후설의 현상학이 아니기 때문에, 그가 제시하는 현상학적 사회학이 참다운 의미에서 현상학적 사회학이라 불릴 수 없다는 것이다. 후설의 현상학과 티랴키안이 후설의 현상학으로 간주하는 것 사이에는 현격한 차이가 존재한다.

이러한 맥락에서 콜라자는 비록 후설과 뒤르켐 사이에 유사성이 존재하는 것은 사실이지만 "양자가 탐구하고 있는 현상의 존재론적 성격과 관련해 중요한 차이점"(Kolaja 1966, 258)이 있다고 말한다. 후설의 초월론적 자아가 자연의 한계를 넘어서는 데 반해 개인적 의식을 넘어서는 뒤르켐의 집단적 의식은 부분적으로 자연에 뿌리를 두고 있다.(Kolaja 1966,

---

6) 또 다른 중요한 비판적인 논점 가운데 하나는 티랴키안이 사용하고 있는 실존적 현상학의 개념이 불투명하다는 것인데, 이 점과 관련해 버거는 다음과 같이 말한다. "사실 실존주의와 현상학은 두 가지 서로 다른 사조로서 주로 하이데거와 사르트르의 저작에서만 직접적으로 연결되어 나타나며, 그것도 그들의 초기 저작에서만 그러하다."(Berger 1966, 259) 더 나아가 버거는 후설이 실존주의자로 분류될 수 없는 것과 마찬가지로 키르케고르는 현상학자로 분류될 수 없다고 주장한다. 이처럼 "티랴키안이 제시하는 실존적 현상학적 전통은 기껏해야 의심스러운 구성물에 불과하다."(같은 곳)

258) 다시 말해 후설의 초월론적 자아가 세속적인 자아가 아닌 데 반해 뒤르켐의 집단적 의식은 세속적 자아다.

버거는 티랴키안의 견해에 대해 콜라자보다도 더 극단적인 유형의 비판을 가하고 있다. 그는 티랴키안이 현상학적 사회학으로 간주하는 다양한 유형의 사회학 가운데 진정한 의미의 현상학적 사회학으로 간주될 수 있는 것은 피어칸트의 형식적 사회학뿐이라고 주장한다. 그에 따르면 티랴키안이 제시하는 여러 사회학자들 가운데 "피어칸트만이 [현상학적 사회학자라는] 명칭이 아무 문제 없이 분명하게 적용될 수 있는 유일한 학자이다."(Berger 1966, 259)

그러나 티랴키안이 현상학적 사회학자로 간주하는 다른 학자들의 경우에는 심각한 문제가 있다.[7] 예를 들어 셸러와 만하임은 그들의 초기 저작에서는 후설의 현상학의 영향을 받았으나 후기 저작에서는 그와 결별하였다. 즉 후설과 달리 셸러는 철학적 인간학의 방향으로 나아갔고, 만하임은 경험적·역사적 사회학의 방향으로 나아갔다. 티랴키안은 현상학적 사회학의 본질적인 특징이 무엇인지 드러내지 못하고 있다. 그는 다만 어떤 사회학이 사회현상의 '구조'나 사회현상의 '의미'를 강조할 경우 현상학적 사회학이라 불릴 수 있다고 주장한다. 그러나 현상학적 사회학을 이런 식으로 규정할 경우 대부분의 사회학을 현상학적 사회학이라 부를 수 있는데, 그 이유는 대부분의 사회학이 '구조'나 '의미'의 문제를 다루고 있기 때문이다.

히프와 로트 역시 티랴키안을 비판함에 있어서 버거와 같은 노선을 취하고 있으나, 그들의 비판은 버거의 비판보다 더 상세하다. 그들에 따르면 티랴키안은 현상학과 사회학의 관계를 올바로 이해하지 못하고 그에 따라 현상학적 사회학의 정체를 올바로 규정하고 있지 못한다. 그 결정적

---

7) 아래에 정리된 이 점과 관련된 논점에 대해서는 같은 논문, 259 참조.

인 이유는 그가 철학으로서의 현상학을 올바로 이해하고 있지 못하기 때문이다.[8] 그는 지향성·환원·현상 등 현상학의 핵심개념들을 후설이 이해하는 방식으로 이해하지 않고 그것이 일상언어에서 이해되는 방식으로 그릇되게 이해하고 있다. 예를 들어 그는 토마스가 '주의함'을 "외부 세계에 대해 주목하고 그것에 조작을 가하는 심적 태도"(Tiryakian 1966, 682; Heap and Roth 1973, 355)로 규정한다고 말하면서 이처럼 이해된 '주의함'이 후설의 현상학에 나타난 지향성 개념과 같다고 주장하는데, 사실 토마스의 '주의함'은 후설의 지향성과는 전혀 다른 것이다. 그리고 티랴키안은 뒤르켐이 사회학을 전개해나가기 위해서 현상학적 환원을 수행하고 있다고 주장하면서 다음의 구절을 인용하고 있다.

"자살의 '표면적인' 드러남은 자신의 현존을 사회적 현상으로서 제시한다. 그 다음 이러한 객관적인 양적 요소들은 현상학적으로 그 안에서 자살행위가 생겨나는 사회구조의 하부구조로 '환원된다'."(Tiryakian 1965, 681; Heap and Roth 1973, 356).

여기서 알 수 있듯이, 티랴키안은 환원을 '경험적 영역'에서 작동하고 있는 것으로 이해하고 있다. 그러나 환원에 대한 이런 식의 이해는 온당하지 못한데, 그 이유는 후설의 경우 현상학적 환원은 어디까지나 경험적 영역을 괄호 안에 넣어 배제하는 것을 의미하기 때문이다. 더 나아가 티랴키안은 후설의 '현상'개념에 대해서도 오해하고 있다. 후설의 경우 현상은 소박한 자연적 의식에 의해 부여된 '실재성'으로부터 순화된 것, 즉

---

8) 아래에 정리된 이 점과 관련된 논점에 대해서는 Heap and Roth 1973, 354 이하 참조. 히프와 로트에 따르면, 티랴키안은 후설의 '본질'개념에 대해서도 오해하고 있다.

초월론적인 것을 의미한다. 그러나 티랴키안은 현상을 초월론적인 것이 아니라 순전히 세속적인 의미를 지니고 있는 것으로 이해하고 있다.

티랴키안의 견해에 대한 또 하나의 비판은 그가 현상학적 사회학의 출발점으로 간주하는 후설의 현상학이 현상학적 사회학을 전개시킬 수 있는 가능성을 전혀 가지고 있지 않다는 것이다.[9] 히프와 로트에 따르면 사회학의 영역은 '경험적 세계'를 다루며, 그러한 점에서 사회학은 경험적 사회학일 수밖에 없는데, 후설은 경험적 사회학에 앞서 본질적 사회학과 초월론적 현상학이 존재할 수 있다는 입장을 취한다. 그러나 이러한 견해는 타당하지 않다. 우선 본질적 사회학은 불가능하다. 그 이유는 타자의 존재를 전제하지 않는 심리현상의 경우 환원된 영역 안에서 각자 자신의 경험을 기술하면 되기 때문에 그 본질을 파악하는 일이 가능하지만, 타인의 존재를 전제해야 하는 사회현상의 경우 환원을 수행할 경우 타인의 존재가 배제되어 사회현상의 본질을 파악하는 일이 불가능하기 때문이다. 더 나아가 사회현상에 대한 초월론적 현상학 역시 불가능하다. 그 이유는 사회적 차원을 추상한 후 개별적 자아의 영역에서 전개되는 후설의 초월론적 현상학은 '초월론적 상호주관성의 문제'를 해결할 수 없기 때문이다. 경험적 차원에서 전개되는 경험적 사회학과는 달리 초월론적 차원에서 전개되는 후설의 초월론적 현상학에서는 상호주관성의 문제는 해결될 수 없다.

3) 보편학으로서의 현상학과 다양한 차원의 현상학적 사회학

현상학적 사회학에 대한 티랴키안의 견해를 비롯해 그에 대한 다양한 비판들을 비판적으로 검토하면서 그것을 토대로 현상학적 사회학을 올

---

9) 아래에 정리된 이 점과 관련된 논점에 대해서는 Heap and Roth 1973, 359 이하 참조.

바로 규정하고, 더 나아가 현상학적 사회학의 다양한 가능성을 제시하기 위해서 우리가 일차적으로 해야 할 작업은 보편학으로서의 현상학에 대한 후설의 구상을 올바로 이해하는 일이다.[10] 모든 다른 학문과 마찬가지로 현상학적 사회학 역시 보편학으로서의 현상학 안에 위치하고 있기 때문이다.

후설에 따르면 현상학은 우리 인간이 생각해볼 수 있는 모든 가능한 학문을 포괄할 수 있는 보편학이다. 보편학으로서의 현상학은 ①물리학·화학·생물학·역사학·경제학·정치학·인류학·심리학 등 다양한 유형의 경험과학, ②순수시간론·순수운동론·현상학적 심리학 등 다양한 유형의 영역적 존재론, ③전통적인 형식논리학, 순수문법학, 산수학, 전체와 부분에 관한 이론 등 형식적 존재론, ④초월론적 현상학 등을 포함한다.[11]

이처럼 보편학으로서의 현상학을 구성하는 다양한 차원의 학이 존재하며 사회현상 역시 다양한 차원에서 다루어질 수 있기 때문에 다양한 차원의 현상학적 사회학이 존재한다. 경험적 차원의 현상학적 사회학, 영역적 존재론적 차원의 현상학적 사회학, 초월론적 현상학적 차원의 현상학적 사회학이 그것이다. 여기서 유의하여야 할 점은 형식적 존재론의 차원에서는 현상학적 사회학을 전개할 수 없다는 사실이다. 그 이유는 형식적 존재론이란 모든 대상에 공통되는 공허한 형식적 본질을 다루는 학이기 때문이다. 이처럼 세 가지 차원의 현상학적 사회학을 구별해야 하는데, 우리는 그 각각을 경험적 현상학적 사회학, 존재론적 현상학적 사회학, 초월론적 현상학적 사회학이라 부르고자 한다.

---

10) 보편학으로서의 현상학에 대한 보다 자세한 논의는 이남인 2004, 32 이하 참조.

11) 이와 관련하여 우리는 제6장 제1절에서 ①응용자연과학, ②순수자연과학, ③영역적 존재론, ④형식적 존재론, ⑤초월적 현상학 등을 포함하는 양적 연구의 지형도를 살펴보았다.

• 경험적 현상학적 사회학

후설이 "사회성은 고유하게 사회적인, 의사소통적인 작용을 통해 구성된다"(Husserl 1952, 194)고 지적하듯이 현상학적 관점에서 볼 때 다양한 사회현상은 사회구성원의 사회적 작용 내지 의사소통적 작용, 즉 사회적 지향성의 구성 산물이다. 지향성의 구성 산물인 사회현상은 의미를 가지고 있으며, 이 점이 사회현상을 자연현상과 구별시켜주는 결정적인 징표이다. 따라서 현상학적 사회학에서는 사회현상을 해명하기 위하여 지향성과 의미가 핵심적인 역할을 담당한다. 현상학적 사회학은 지향성과 의미에 초점을 맞추어 사회현상을 해명하는 학문이라 할 수 있다.

경험적 현상학적 사회학은 지향성과 의미에 초점을 맞추어 사회현상을 경험과학적 입장에서 연구하는 경험과학의 일종이다. 따라서 경험적 현상학적 사회학은 뒤에서 살펴볼 존재론적 현상학적 사회학과 구별된다. 양자 모두 사회현상을 연구대상으로 삼는다는 점에서는 공통점을 지니고 있다. 그러나 존재론적 현상학적 사회학이 사회현상의 본질구조를 해명하려고 하는 데 반해, 경험적 현상학적 사회학은 다양한 사회현상을 특정한 역사적·사회적 상황 속에서 주어진 경험적 사실들로 간주하고 이러한 경험적 사실들의 다양한 변화가능한 측면을 해명함을 목표로 한다. 따라서 존재론적 현상학적 사회학의 명제들이 역사적 제약, 사회적 제약을 넘어서 초역사적·초사회적 타당성을 지니는 데 반해 경험적 현상학적 사회학의 명제들은 역사·사회 등이 바뀜에 따라 가변적이며 제한적인 타당성을 지닌다. 존재론적 현상학적 사회학은 실제로 존재했거나 현실적으로 존재하는 사회에 대해서뿐만 아니라, 우리가 상상해볼 수 있는 모든 가능한 사회에 대해서도 타당한 본질적인 진리를 추구함을 목표로 한다. 반면 경험적 현상학적 사회학은 과거에 실제로 존재했거나 현실적으로 존재하는 사회에 대해서만 타당한 가변적 진리를 추구한다.

• 존재론적 현상학적 사회학

앞서 논의되었듯이 존재론적 현상학적 사회학은 영역적 존재론의 한 유형으로서 사회현상의 다양한 본질구조를 탐구함을 목표로 한다. 존재론적 현상학적 사회학의 과제는 가장 일반적인 것에서부터 시작해서 보다 더 구체적인 것들에 이르기까지 다양하다. 그 과제 가운데 가장 일반적인 것은 다양한 유형의 사회가 존재할 경우 이 모든 유형의 사회의 본질적인 구조를 해명하는 일이다. 이처럼 가장 일반적인 존재론적 현상학적 사회학의 과제는 "사회란 무엇인가" 또는 "사회 일반의 본질구조는 무엇인가"라는 물음으로 요약될 수 있다. 그러나 존재론적 현상학적 사회학은 이처럼 일반적인 유형의 문제뿐 아니라 보다 더 구체적인 유형의 문제들, 예를 들면 "가족이란 무엇인가", "우정이란 무엇인가", "학교란 무엇인가", "회사란 무엇인가", "종교사회란 무엇인가", "경제사회란 무엇인가", "정당이란 무엇인가", "국가란 무엇인가" 등의 문제들 역시 해명함을 목표로 한다. 이러한 사실을 감안하면 우리는 존재론적 현상학적 사회학의 과제가 다양함을 알 수 있다.

• 초월론적 현상학적 사회학

초월론적 현상학적 사회학은 초월론적 현상학의 관점에서 사회현상을 해명함을 목표로 한다. 이 경우 초월론적 현상학의 관점에서 해명한다 함은 "초월론적 구성"의 관점에서 해명함을 뜻한다. 따라서 초월론적 현상학적 사회학의 핵심 문제는 사회현상의 초월론적 구성의 문제이다. 그 예로는 사회적 지향성을 통해 사회현상이 어떤 방식으로 구성되는지, 또 나름의 의미를 지닌 사회현상이 초월론적 주관에게 어떻게 인식되는지 등의 문제를 들 수 있다.

초월론적 현상학적 사회학은 사실적 초월론적 현상학적 사회학과 본질적 초월론적 현상학적 사회학으로 나누어진다. 사실적 초월론적 현상학적 사회학은 사회현상의 구성을 그의 사실적인 측면에 초점을 맞추어 연구하는 학문이다. 따라서 개인적 특수성, 사회적 특수성, 역사적 특수성 등을 고려하면서 사회현상의 구성을 연구한다. 이와는 달리 본질적 초월론적 현상학적 사회학은 사회현상의 구성을 그의 본질적인 측면에 초점을 맞추어 연구하는 학문이다. 따라서 개인적 특수성, 사회적 특수성, 역사직 특수성 등을 넘어서 본질의 차원에서 사회현상의 구성을 연구한다.

4) 현상학적 사회학과 현상학적 환원

이러한 세 차원의 현상학적 사회학을 전개하기 위해서는 현상학적 환원이 필요하다. 그러나 여기서 유의해야할 점은 그 모두 서로 다른 유형의 현상학적 환원의 방법을 사용한다는 사실이다.

첫째, 지향성과 의미에 초점을 맞추어 사회현상을 경험과학의 입장에서 연구하기 위하여 경험적 현상학적 사회학은 우선 앞서 제5장 제2절에서 살펴본 사실적 현상학적 심리학적 환원을 필요로 한다. 우선 지향성과 의미에 초점을 맞추기 위하여 그것을 방해하는 자연주의적 선입견으로부터 해방되기 위한 태도변경이 필요한데, 그것이 앞에서 살펴본 사실적 현상학적 심리학적 환원이다. 이러한 환원을 통해 우리는 지향성과 의미로 이루어진 생활세계로 우리의 주제적 시선을 돌릴 수 있다.

그런데 생활세계는 사회적 세계를 포함하여 종교세계, 윤리세계, 예술세계, 정치세계, 문화세계 등 다양한 질적 세계들로 구성된다. 따라서 그 가운데 사회적 세계로 주제적 시선을 돌리기 위해서는 또 다른 환원이 필요한데, 바로 경험적 현상학적 사회학적 환원이다. 앞서 제5장 제2절에서 사실적 현상학적 심리학적 환원을 살펴보면서 포괄적인 사실적 현상학적 심리학적 환원과 구체적인 사실적 현상학적 심리학적 환원을 구별하였는데, 경험적 현상학적 사회학적 환원은 구체적인 사실적 현상학적 심리학적 환원에 해당한다고 볼 수 있다. 말하자면 경험적 현상학적 사회학을 전개하기 위해서는 포괄적인 현상학적 심리학적 환원을 수행한 후 구체적인 현상학적 심리학적 환원인 경험적 현상학적 심리학적 환원을 수행해야 하는 것이다.

실제로 경험적 현상학적 사회학을 전개해나간 학자들 중에 경험적 현상학적 사회학적 환원에 대해 논하고 있는 학자들도 있다. 예를 들어 프사타스(G. Psathas)는 민속방법론의 방법적 토대로서 "민속방법론적 태도 또는 환원"(the ethnomethodological attitude or reduction [Psathas 1977, 77])에 대해 언급하는데, "민속방법론적 환원"은 경험적 현상학적 사회학적 환원의 한 가지 유형이라 할 수 있다. 서로 구별되는 다양한 유형의 사회현상이 존재하기 때문에 서로 구별되는 다양한 유형의 경험적 현상학적 사회학적 환원이 존재한다. 예를 들어 지식사회학을 전개하기 위해서 필요한 경험적 현상학적 사회학적 환원의 방법은 민속방법론을 전개하기 위해서 필요한 경험적 현상학적 사회학적 환원의 방법과 구별된다.

둘째, 존재론적 현상학적 사회학을 전개할 수 있기 위해서 우리는 일차적으로 지향성과 의미에 초점을 맞추어 사회현상을 경험할 수 있어야 하며, 이를 위해서는 앞서 살펴본 경험적 현상학적 사회학적 환원을 필요로 한다. 존재론적 현상학적 사회학은 본질학이며 따라서 그를 전개하기 위해 경험적 현상학적 사회학적 환원만으로는 부족하다. 더불어 다양한 유형의 사회 현상의 본질구조를 분석하기 위한 방법적 절차인 형상적 환원, 즉 본질직관의 방법이 필요하다.

셋째, 다양한 사회현상을 초월론적 현상학의 관점에서 해명하면서 사실적 초월론적 현상학적 사회학을 전개하기 위해서는 사실적 초월론적 현상학적 환원이 필요하다. 이것은 자연적 태도의 일반정립의 배제를 의미하는 초월론적 현상학적 판단중지와 이러한 판단중지를 통해서 대상을 구성하는 초월론적 주관의 초월론적 기능으로 우리의 반성적 시선을 돌리는 작업을 의미한다. 더 나아가 본질적 초월론적 현상학적 사회학을 전개하기 위해서는 사실적 초월론적 현상학적 환원 이외에 형상적 환원의 방법이 필요하다.

현상학적 사회학의 본질적인 특징은 암묵적이든 명시적이든 다양한 유형의 현상학적 환원의 방법을 사용한다는 데 있다. 따라서 현상학적 사회학은 현상학적 환원의 방법을 사용하지 않는 사회학과 구별되는데, 이 것의 가장 전형적인 예로는 자연과학적 모델에 기초해 있거나 양적 연구방법을 사용하는 사회학을 들 수 있다. 뒤에서 다시 한 번 논의하겠지만, 버거의 주장과는 달리 대부분의 사회학을 현상학적 사회학으로 규정할 수 있는 것은 아니다.

현상학적 사회학 논쟁에 참여한 몇몇 학자들은 현상학적 환원의 사용 여부를 현상학적 사회학 여부를 가늠하기 위한 본질적인 징표로 간주한다. 그러나 그들은 다양한 유형이 존재한다는 사실을 간과하고 오직 한 가지 유형만 존재한다고 생각하면서 현상학적 환원을 특정한 유형의 현상학적 환원, 즉 초월론적 현상학적 환원과 동일시한다. 그들은 현상학적 이라 불릴 수 있기 위해서 경험적 사회학 역시 초월론적 현상학적 환원의 방법을 사용해야 하는 것으로 생각한다. 실제로 콜라자, 버거, 히프와 로트 등이 이러한 입장을 취하고 있다. 이 점과 관련해 그들은, 앞서 살펴보았듯이, 티랴키안이 현상학적 사회학으로 간주하고 있는 다양한 유형의 사회학이 초월론적 현상학적 환원의 방법을 사용하고 있지 않기 때문에 현상학적 사회학이라 불릴 수 없다고 주장한다.

그러나 이러한 견해는 현상학의 근본입장과 상충된다. 그 이유는 현상학에 따르면 모든 학문은 탐구방법을 그것이 다루고자 하는 사태에서 길어와야지, 다른 학문에서 빌려와서는 안 되기 때문이다. 이러한 입장에 따르면 경험적 현상학적 사회학은 자신의 탐구방법을 초월론적 현상학으로부터 빌려와서도 안 되는데, 그 이유는 그것이 탐구하는 대상이 초월론적 현상학의 탐구대상과 다르기 때문이다. 만일 경험적 현상학적 사회학이 자신의 탐구방법을 초월론적 현상학으로부터 빌려올 경우 그것은 비현상학적인 학으로 전락하고 만다. 그 이유는 경험적 사회학적 사실들을 제대로 포착하지 못하면서 그에 대한 올바른 탐구를 수행할 수 없기 때문이다.

5) 티랴키안의 견해에 대한 비판들에 대한 비판

이제 우리는 티랴키안의 견해에 대한 비판들을 보다 더 상세하게 비판적으로 검토하고자 한다. 이를 통하여 우리는 현상학적 사회학을 전개시킬 수 있는 다양한 가능성이 존재한다는 사실을 확인할 수 있을 것이다. 앞서 살펴본 두 가지 비판 가운데 우선 두 번째 비판, 즉 후설이 현상학적 사회학을 전개시킴에 있어 실패할 수밖에 없었다는 비판을 비판적으로 검토하고자 한다.

이러한 두 번째 비판은 많은 문제점이 있는데, 우선 히프와 로트는 다양한 차원의 현상학적 사회학이 존재한다는 사실을 이해하지 못하였다. 이 점과 관련해 그들은 사회학의 탐구영역이 경험적 사회학이라고 주장하면서 현상학적 사회학을 경험적 현상학적 사회학과 동일시하고, 경험적 현상학적 사회학 이외에 다른 차원의 현상학적 사회학, 즉 존재론적 현상학적 사회학과 초월론적 현상학적 사회학이 존재한다는 사실을 간과하고 있다. 더 나아가 그들은 경험적 현상학적 사회학이 자신의 정초토대로서 존재론적 현상학적 사회학과 초월론적 현상학적 사회학을 필요로 한다는 사실을 간과하고 있다. 철학자로서 후설이 존재론적 현상학적 사회학과 초월론적 현상학적 사회학을 전개시키려고 노력했던 이유 가운데 하나는 바로 그것들이 경험적 현상학적 사회학의 정초토대이기 때문이다.

히프와 로트는 사회적 대상의 본질을 파악하는 일이 불가능하기 때문에 본질학으로서의 존재론적 현상학적 사회학을 전개할 수 없다고 주장한다. 그러나 이러한 그들의 주장은 타당하지 않은데, 그 이유는 사회적 대상의 본질을 파악할 수 있기 때문이다. 예를 들어 우리는 사회적 대상 가운데 하나인 가정이 또 다른 사회적 대상인 학교와 다르다는 사실을 알고 있다. 이러한 앎이 가능하다는 사실은 우리가 암묵적으로 가정의 본질이 학교의 본질과 다르다는 사실을 알고 있음을 함축한다. 그리고 우리는 이처럼 우리가 일상적인 삶을 살아가면서 앞서 가지고 있는 이러한 가정의 본질, 학교의 본질 등에 대한 암묵적인 인식을 토대로 그에 대한 명료한 인식을 획득할 수 있다. 이처럼 그 무엇의 본질에 대한 암묵적인 지식을 토대로 그에 대한 명료한 지식을 획득하기 위한 방법이 앞서 논의된 자유변경을 토대로 한 본질직관의 방법이다. 우리는 본질직관의 방법을 토대로 존재론적 현상학적 사회학을 전개시키고자 하는 후설의 시도를 여기저기서 발견할 수 있는데, 대표적인 예는『상호주관성의 현상학』(Husserl 1973a)에 수록된 부록 텍스트 VIII이다. 여기서 그는 존재론적 현상학적 사회학으로서 "사회적 존재론"(soziale Ontologie [Husserl 1973a, 98])을 정립시키려 노력하고 있다.

더 나아가 후설은 초월론적 현상학적 사회학을 전개시키기 위해 다각도로 노력하였다. 그는 상호주관성의 현상학이라는 표제를 내걸고 초월론적 현상학적 사회학을 전개시키기 위해 심혈을 기울였다. 물론 그가 이렇게 한 이유는 초월론적 현상학의 성패 여부가 초월론적 현상학적 사회학의 성패 여부에 달려 있으며, 더 나아가 초월론적 현상학적 사회학이 경험적 현상학적 사회학의 정초를 위해 중요한 의미를 지니고 있기 때문이다.

초월론적 현상학적 사회학에 대한 후설의 체계적인 연구를 담고 있는 최초의 저술은『데카르트적 성찰』(Husserl 1950a)이다. 이 저술의 다섯 번째『성찰』에서 후설은 초월론적 현상학적 사회학을 체계적으로 전개시키고자 하였다. 이 다섯 번째『성찰』에서 전개된 후설의 상호주관성의 초월론적 현상학, 즉 초월론적 현상학적 사회학에 대한 연구를 토대로 많은 연구자들은 후설의 초월론적 현상학적 사회학에 대한 나름의 입장을 개진하면서 후설의 초월론적 현상학적 사회학이 상호주관성의 문제를 해결할 수 없었기 때문에 실패할 수밖에 없었다고 결론을 내리곤 하였다.[12] 히프와 로트 역시 이러한 연구자들의 견해를 받아들이면서 후설의 초월론적 현상학적 사회학이 실패할 수밖에 없었다고 주장하는 것이다.

그러나 필자가 다른 기회를 통해서 해명하였듯이[13], 후설의 초월론적 현상학적 사회학이 실패하였다고 주장하는 대부분의 연구자들은 그것이 지니고 있는 진정한 의미가 무엇인지 파악하지 못하고 있다. 후설은 초월론적 현상학적 사회학이 정적 현상학의 관점과 발생적 현상학의 관점에서 전개될 수 있으며, 제5『성찰』의 일차적인 관심사는 정적 현상학의 관점에서 상호주관성의 초월론적 현상학을 전개하는 일이라고 밝히고 있다.[14] 그런데 정적 현상학적 관점에서 전개된 초월론적 현상학적 사회학은 후설 스스로 밝히고 있듯이 "유아론이라는 가상"(Husserl 1950a, 176)을 독자들에게 심어줄 수 있다. 이러한 이유 때문에 많은 연구자들이 후설의 초월론적 현상학적 사회학이 유아론이 될 수밖에 없으며, 따라서 그것이 실패할 수밖에 없다고 비판하는 것이다. 그러나 정적 현상학의 관점에서 전개된 초월론적 현상학적 사회학은 비록 그것이 '유아론의 가상'을 불러일으킨다고 하더라도 결코 유아론이 아니며, 따라서 그것이 실패하였다고 결론짓는 일은 정당하지 않다. 더 나아가 초월론적 현상학적 사

---

12) 이 점에 대해서는 Schütz 1957; Zeltner 1959; Sallis 1971; Waldenfels 1971 등 참조.

13) 이 문단에서 정리된 기존의 견해의 부당함에 대해서는 다음의 두 논문 참조. N.-I. Lee 2002; N.-I. Lee 2006.

14) 이 점에 대해 후설은 "여기서 문제가 되는 것은 시간적으로 진행되는 발생의 해명이 아니라 정적 분석이다"(Husserl 1950a, 136)라고 밝히고 있다.

회학은 발생적 현상학의 관점에서도 전개될 수 있으며, 이처럼 발생적 현상학의 관점에서 전개된 초월론적 현상학적 사회학에서는 유아론이라는 가상조차 출현할 수 없다.

후설이 존재론적 현상학적 사회학과 초월론적 현상학적 사회학을 완전히 전개하지 않은 것은 사실이다. 이 두 유형의 사회학의 탐구영역은 무한히 넓기 때문에 그것들을 완진히 전개하는 일은 불가능하기 때문이다. 그러나 이처럼 후설이 그것들을 완전히 전개하지 않았다고 해서 그 근본구상이 실패하였다고 결론짓는 것은 부당하다.

그러면 후설의 현상학과 티랴키안이 제시하는 현상학적 사회학 사이에 근본적인 차이가 존재하며, 따라서 티랴키안이 제시한 현상학적 사회학이 진정한 의미의 현상학적 사회학이 될 수 없다는 비판을 검토해보자.

우선 뒤르켐과 후설 사이에 근본적인 차이가 존재한다는 콜라자의 견해는 심각한 문제를 안고 있다. 이 점과 관련해 그는 후설의 초월론적 자아는 세속적인 것이 아닌 데 반해 뒤르켐의 집단적 의식은 세속적인 것이라고 주장한다. 이러한 주장 자체는 전적으로 타당하지만 이것이 후설과 뒤르켐 사이에 근본적인 차이가 존재한다는 사실을 입증하기 위한 근거로 제시될 수 없다. 그 이유는 후설의 현상학이 단지 초월론적 현상학으로만 구성되어 있는 것이 아니라, 초월론적 현상학과 더불어 존재론적 현상학, 경험적 현상학 등 다양한 유형의 현상학으로 구성되어 있기 때문이다.

따라서 우리가 후설이 구상한 보편학으로서의 현상학의 한 부분인 경험적 현상학적 사회학을 예로 들어 살펴볼 경우, 그것과 뒤르켐의 사회학 사이에 유사성 내지 화해 가능성이 존재할 수도 있는 것이다. 그 이유는 경험적 현상학적 사회학은 뒤르켐의 사회학과 마찬가지로 초월론적 차원에서 전개되는 학이 아니라 세속적인 차원에서 전개되는 학이기 때문이다. 더 나아가 만일 뒤르켐이 암묵적으로 경험적 현상학적 사회학적 환원을 사용하고 있다는 사실이 밝혀지면, 뒤르켐의 사회학은 경험적 현상학적 사회학의 요소를 포함하고 있다는 사실이 밝혀질 수 있을 것이다.

이 점과 관련해 필자는 뒤르켐이 실제로 경험적 현상학적 사회학적 환원을 사용하고 있다고 생각한다. 티랴키안은 뒤르켐이 자살의 "객관적인 양적 요소들"로부터 이러한 양적 요소들 밑에 있는 "사회구조의 층" (Tiryakian 1965, 681; Heap and Roth 1973, 356)으로 시선을 돌리는 과정에 대해 언급하고 있다. 이러한 과정은 실증주의적 전제에 대한 판단중지 및 그를 통해 '사회구조의 층'이라는 사회현상으로 주제적 시선을 돌리는 작용을 포함하며, 따라서 그것은 경험적 현상학적 사회학적 환원이라 불릴 수 있다. 따라서 뒤르켐의 사회학은 현상학적 사회학의 요소를 포함하고 있다고 할 수 있다.

티랴키안이 현상학적 사회학자로 간주한 학자 가운데 진정한 의미에서 현상학적 사회학자로 분류될 수 있는 학자는 피어칸트뿐이라는 버거의 견해는 콜라자의 견해보다도 더 심각한 문제점을 지니고 있다. 이 점과 관련해 그는 셸러와 만하임이 초기에는 후설의 영향을 받았지만 후기에는 그와 결별한다는 견해를 피력하고 있다. 그러나 실제로 이 두 철학자가 후설과 결별했는지 하는 점은 검토해볼 필요가 있다. 물론 그들이 후기에 『논리연구』 등에서 전개된 후설의 초기 현상학과 결별했다고 말할 수 있는 가능성은 있을 것이다. 후설의 『논리연구』 등의 초기 저술에서 다루어지고 있는 문제들이 논리학·인식론 등에 대한 정적 현상학적 문제인 데 반해 셸러의 '일반적 철학적 인간학', 만하임의 '경험적·역사적 사회학'이 해명하고자 하는 문제는 정적 현상학적 문제가 아니기 때문이다.

그러나 보편학의 이념을 추구하는 후설의 현상학은 정적 현상학뿐 아니라 발생적 현상학, 존재론적 현상학, 경험적 현상학 등 다양한 유형의 현상학으로 구성되어 있다. 그 가운데 발생적 현상학은 셸러의 철학적 인간학 및 만하임의 지식사회학과 근본적인 유사성을 지니고 있는데, 그 이유는 그것이 이 후자들과 마찬가지로 구체적인 역사적·사회적 맥락에서 살아가고 있는 인간의 삶을 그 삶이 전개되는 구체적인 맥락 속에서 파악하고자 하기 때문이다. 말하자면 셸러와 만하임은 각기 '일반적·철학적 인간학'과 '경험적·역사적 사회학'을 전개해나가면서 후설의 발생적 현상학이 나아간 방향으로 향한 것이라 할 수 있다. 이러한 이유에서 양자가 후기에 후설과 결별하였으며 그들이 전개해나간 사회학이 현상학적 사회학으로 규정될 수 없다는 주장은 타당하지 않다.

티랴키안이 현상학적 사회학의 본질적인 특징을 체계적으로 해명하고 있지 않다는 버거의 비판은 타당하다. 앞서 살펴보았듯이, 어떤 사회학이 암묵적이든 명시적이든 다양한 유형의 현상학적 환원의 방법을 사용할 경우 그것은 현상학적 사회학으로 규정될 수 있다. 현상학적 사회학에 대한 자신의 입장을 정당화하기 위해서 티랴키안은 이 점을 분명하게 해명했어야만 했다. 그러나 버거의 주장과는 달리 그가 아무런 기준도 없이 대부분의 사회학을 현상학적 사회학으로 규정할 수 있으리라고 생각하고 있는 것은 아니다. 그 역시 현상학적 환원이라는 방법의 사용 여부가 현상학적 사회학의 규정을 위해 결정적인 의미를 지닐 수 있다는 사실을 막연하게나마 알고 있었다. 이 점과 관련해 그는 사회현상의 '의미'의 해명이 현상학적 사회학의 규정을 위해 중요한 의미를 지닐 수 있을 것으로 간주하고 있다. 의미의 해명이란 바로 현상학적 환원을 통해서만 가능하기 때문이다.

티랴키안이 현상학의 핵심적인 개념들을 올바로 이해하고 있지 못하다는 히프와 로트의 비판 역시 문제가 있다. 사회학자인 티랴키안이 현상학적 사회학에 대한 논의를 전개해나가면서 현상학의 핵심적인 개념들을 자세하게 설명하고 있지 않은 것은 사실이다. 그가 때때로 현상학의 핵심개념들을 다소 느슨하게 이해하면서 사용하고 있는 것도 사실이다.

그렇다고 해서 그가 현상학의 핵심개념들을 후설의 현상학의 맥락에서 사용되고 있는 것과 상반되게 잘못 사용하고 있는 것은 아니다. 이제 살펴보겠지만, 티랴키안이 현상학의 핵심개념들을 잘못 사용하고 있다는 그들의 주장은 사실은 그들이 현상학의 핵심개념들을 부분적으로 오해한 데서 비롯되고 있다.

먼저 티랴키안이 지향성 개념을 잘못 이해하고 있는지 하는 점부터 살펴보자. 히프와 로트의 주장과는 달리 토마스가 규정하고 있는바 '외부세계에 대해 주목하고 그것에 조작을 가하는 심적 태도'인 '주의함'이 후설의 지향성 개념과 아무런 관계도 없는 것이 아니다. 이런 의미로 규정된 주의함은 지향성의 일종이며 후설은 '외부세계에 대해 주의를 기울이고 그것을 조작하는 심적 태도'를 "지평적 지향성"(horizontale Intentionen [Husserl 1968, 182]) 또는 지평지향성(Horizontintentionalität [Husserl 1950a, 83])이라고 부른다.

티랴키안이 이해하고 있는 현상학적 환원개념에 대한 히프와 로트의 비판은 심각한 문제를 지니고 있다. 그들은 후설의 현상학적 환원개념을 너무 좁게 이해한다. 따라서 티랴키안이 이해하고 있는 현상학적 환원이 그들이 좁게 이해하고 있는 현상학적 환원과 동일하지 않기 때문에 그들은 현상학적 환원에 대한 티랴키안의 이해가 잘못되었다고 비판하고 있는 것이다.

히프와 로트는 초월론적 현상학적 환원만 존재하며 그 이외의 유형의 현상학적 환원은 존재하지 않는 것으로 간주한다. 물론 그들 역시 "적어도—형상적·심리학적·초월론적 [환원 등] — 세 가지 유형이 환원이 존재한다"(Heap and Roth 1973, 356)고 지적하면서 다양한 유형의 현상학적 환원이 존재한다는 사실을 언급하고 있다. 그럼에도 불구하고 그들은 초월론적 현상학적 환원과 여타 유형의 현상학적 환원 사이에 존재하는 본질적인 차이를 이해하지 못하고 있다. 이러한 본질적인 차이에 따르면

376

초월론적 현상학적 환원은 언제나 세계의 일반정립, 즉 자연적 태도의 일반정립에 대한 판단중지를 함축하나 후자는 꼭 그럴 필요가 없다. 예를 들어 형상적 환원은 경우에 따라 자연적 태도의 일반정립을 배제한 상태에서 이루어질 수도 있으나 자연적 태도의 일반정립을 배제하지 않은 채 자연적 태도에서도 수행될 수 있다. 그리고 현상학적 심리학적 환원은 어디까지나 늘 자연적 태도의 일반정립의 토대 위에서 수행되는 것으로서 자연적 태도의 일반정립에 대한 판단중지와 아무런 상관도 없다. 이처럼 자연적 태도의 일반정립의 토대 위에서 수행되는 현상학적 심리학적 환원은 일차적으로 "경험적 영역에서"(Heap and Roth 1973, 356) 작동하는 환원이다.

이와 같이 히프와 로트가 생각하는 것과는 달리 후설은 자연적 태도의 일반정립의 배제를 함축하는 초월론적 현상학적 환원뿐 아니라, 자연적 태도에서 수행될 수 있는 다양한 유형의 현상학적 환원이 가능함을 인정하고 있다. 이처럼 다양한 유형의 환원 가운데 '경험적 영역에서' 작동하는 환원의 한 가지가 다름 아닌 앞서 살펴본 경험적 현상학적 사회학적 환원이다. 이러한 논의를 통해서 알 수 있듯이, 티랴키안이 현상학적 사회학의 문제를 다루면서 언급하고 있는 현상학적 환원은 후설의 환원개념과 대립하는 것이 결코 아니며, 따라서 비판자들이 주장하는 것과는 달리 티랴키안이 후설의 현상학적 환원에 대해 오해하고 있는 것도 아니다.

히프와 로트의 비판과는 달리 티랴키안은 현상을 오해하고 있지 않다. 이 점과 관련해 주목해야 할 점은 그들이 특정한 유형의 현상에서 출발하여 현상에 대한 티랴키안의 이해를 비판하고 있다는 사실이다. 그들이 특정한 유형의 현상에 집착하는 것은 그들이 특정한 유형의 현상학적 환원 개념에 집착하는 데서 나온 필연적인 귀결이라 할 수 있다. 그들에 따르면 현상은 늘 '초월론적 현상'을 의미한다. 이와 관련해 그들은 "현상이라는 것으로 후설은 현상학적 환원이 이루어져 소박한 의식에 의해 그에 귀속된 실재성이 순화된 것을 의미한다"(Heap and Roth 1973, 357)고 주장한다. 그러나 현상학에서 현상이란 의식에 떠오를 수 있는 일체의 것을 의미하며, 그 무엇이 의식에 떠오를 수 있는 다양한 방식이 존재하기 때문에 다양한 유형의 현상이 존재한다. '초월론적 현상'이란 초월론적 현상학적 환원을 수행할 경우 우리의 반성적인 의식에 떠오르는 것으로서 다양한 유형의 현상 가운데 하나에 해당하며, 초월론적 현상 이외에도 본질현상, 경험적 현상 등 다양한 유형의 현상이 존재한다. 본질현상이란 형상적 태도를 취했을 때 우리의 의식에 떠오르는 것이며, 경험적 현상이란 초월론적 태도와 형상적 태도를 취하지 않은 채 자연적 태도의 일반정립을 토대로 우리의 의식에 떠오르는 것이다.

6) 현상학적 사회학의 다양한 가능성

지금까지의 논의를 통해서 우리는 세 가지 차원에서 현상학적 사회학이 전개될 수 있음을 알 수 있었다. 더 나아가 이 각각의 차원에서 다양한 유형의 현상학적 사회학이 전개될 수 있으며, 그러한 점에서 현상학적 사회학의 다양한 가능성이 존재한다고 할 수 있는데, 이제 그 점을 살펴보기로 하자.

• 경험적 현상학적 사회학의 가능성

경험적 현상학적 사회학은 경험적 사회학자들에게 가장 커다란 영향을 미칠 수 있는 분야다. 앞서 언급된 사회학자들이 발전시킨 사회학 가운데 경험적 현상학적 사회학으로 분류될 수 있는 것들이 있는데, 만하임의 지식사회학, 베버의 경험적 이해사회학, 토마스의 사회학 등이 그것이다. 그러나 이러한 예 이외에도 경험적 사회학을 전개해나갈 수 있는 다양한 가능성이 존재하는데, 그중 하나는 사회적 실재의 구성문제를 다루고 있는 기든스의 사회학(Giddens 1984)이다.

앞서 우리는 어떤 사회학이 경험적 현상학적 사회학으로 규정될 수 있는 이유는, 그것이 명시적이든 암묵적이든 경험적 현상학적 사회학적 환원을 사용하기 때문이라는 사실을 살펴보았다. 실제로 앞서 지적한 몇 가지 유형의 사회학은 암묵적이나마 경험적 현상학적 사회학적 환원의 방법을 사용하고 있다. 이 점을 베버의 경험적 이해사회학을 예로 들어 살펴보자.

베버의 이해사회학은 경험적 이해사회학과 일반적 이해사회학으로 나누어진다. 경험적 이해사회학은 "사회적 행위를 해석하면서 이해하고 그것을 토대로 그 진행과정과 결과에 있어서 사회적 행위를 설명하고자 하는 학문"(Weber 1988, 542)이다. 그리고 일반적 이해사회학은 경험적 이해사회학의 "근본개념들"(Grundbegriffe[Weber 1988, 541])과 "범주들"(Kategorien[Weber 1988, 427])을 해명함을 목표로 하는 학문이다.

경험적 이해사회학을 통해 사회적 행위를 해석하면서 그것을 이해하고 설명할 수 있기 위해서 우리는 사회적 행위로 우리의 주제적 시선을 돌려야 한다. 이 경우 사회적 행위란 행위자가 거기에 부여하는 "주관적 의미"(Weber 1988, 542)를 지닌 행위이며, 이처럼 주관적 의미를 지닌 사회적 행위는 자연과학적 방법을 통해서는 파악될 수 없다. 따라서 자연과학적 태도에 대해 판단중지를 행하면서 현상학적 환원을 수행할 때 비로소 주관적 의미를 지니고 있는 행위를 향해 우리의 시선을 집중시킬 수 있다. 이 경우 수행되는 현상학적 환원이 다름 아닌 경험적 현상학적 사회학적 환원이다. 이처럼 베버는 자신의 경험적 이해사회학을 전개해나가면서 암묵적이나마 경험적 현상학적 사회학적 환원을 수행했다고 할 수 있으며, 따라서 베버의 경험적 이해사회학은 경험적 현상학적 사회학의 일종이라 할 수 있다.

베버의 경험적 이해사회학뿐 아니라 만하임의 지식사회학, 토마스의 사회학, 가핑클의 민속방법론[15], 기든스의 사회학 등이 가능하기 위해서도 경험적 현상학적 사회학적 환원이 필요하다. 따라서 이것들 역시 정당하게 경험적 현상학적 사회학이라 불릴 수 있다.

그러나 이와 관련해 주의해야 할 점은 단 한 가지 유형의 경험적 현상학적 사회학적 환원만 존재하는 것이 아니라는 사실이다. 베버의 경험적 이해사회학의 토대인 경험적 현상학적 사회학적 환원 이외에도 그와는 구별되는 다양한 유형의 현상학적 사회학적 환원이 존재한다. 예를 들어 가핑클의 민속방법론의 방법적 토대인 경험적 현상학적 사회학적 환원은 베버의 경험적 이해사회학의 방법적 토대인 경험적 현상학적 사회학적 환원과 그 구체적인 내용이 다르다. 그 이유는 베버의 경험적 이해사회학의 방법적 토대인 경험적 현상학적 사회학적 환원이 주관적 의미를 지니는 '행위', '사회적 행위' 등으로 연구자의 시선을 돌리는 일을 가능하게 해주는 방법인 데 반해, 가핑클의 민속방법론의 방법적 토대인 경험적 현상학적 사회학적 환원은 "일상생활의 가장 흔한 상식적 활동들"(H. Garfinkel 1967, 1)로 연구자의 시선을 돌리는 일을 가능하게 해주는 방법이기 때문이다.

• 존재론적 현상학적 사회학의 가능성

기존의 현상학적 사회학 논쟁에서 제시된 사회학 가운데 많은 것들은 존재론적 현상학적 사회학으로 분류될 수 있는데, 그 가장 대표적인 예는 베버의 일반적 이해사회학이다. 앞서 지적되었듯이, 베버의 일반적 이해사회학은 경험적 이해사회학의 '근본개념들', '범주들'을 해명함을 목표

---

15) 가핑클의 민속방법론을 초월론적 현상학적 사회학으로 분류할 수 있는 가능성 역시 충분히 있으나, 필자는 그것을 잠정적으로 경험적 현상학적 사회학으로 분류하였다. 그것이 경험적 현상학적 사회학에 해당하는지, 초월론적 현상학적 사회학에 해당하는지 하는 점은 앞으로 더 검토해보아야 할 문제이다.

로 한다. 이 경우 '근본개념들', '범주들'이란 사회현상을 파악하기 위한 근본틀을 의미하는 것으로서, 이러한 근본틀이 다름 아닌 사회현상의 본질구조라 할 수 있다. 그런데 이러한 본질구조를 파악하기 위해서 우리는 경험적 현상학적 사회학적 환원을 수행한 후 형상적 환원을 수행해야 한다.

비록 베버가 명시적으로 언급하고 있지는 않지만, 그는 일반적 이해사회학을 전개시켜나가면서 실제로 암묵적으로 경험적 현상학적 사회학적 환원과 형상적 환원을 수행했다고 할 수 있으며,[16] 이러한 이유에서 베버의 일반적 이해사회학은 존재론적 현상학적 사회학의 한 유형에 해당한다. 존재론적 현상학적 사회학으로서의 베버의 사회적 행위론은 형상적 차원에서 전개되는 이해사회학으로서, 그것은 그의 종교사회학을 비롯하여 경험적 차원에서 전개되는 다양한 유형의 이해사회학의 존재론적 정초토대가 된다.

베버의 일반적 이해사회학뿐 아니라 피어칸트의 형식적 사회학, 거비치의 사회학, 슈츠의 사회학, 파슨스의 이론사회학 등도 정당하게 존재론적 현상학적 사회학이라 불릴 수 있다. 앞서 살펴본 '사회적 존재론'의 구상에서 알 수 있듯이, 후설 역시 여러 차례 존재론적 현상학적 사회학을 정립시키고자 하였다.

• 초월론적 현상학적 사회학의 가능성

기존의 현상학적 사회학 논쟁에서 제시된 다양한 유형의 현상학적 사회학 가운데 엄밀한 의미에서 후설이 발전시킨 초월론적 현상학적

---

16) 베버의 존재론적 이해사회학이 참다운 의미에서 존재론적 현상학적 사회학으로 정초될 수 있기 위해서 그것은 경험적 현상학적 사회학적 환원의 방법과 형상적 환원의 방법에 대한 명시적인 논의를 통해 보충되어야 한다.

사회학에 해당하는 사회학은 거의 찾아볼 수 없다. 그 이유는 후설이 발전시킨 초월론적 현상학적 사회학은 본질적인 초월론적 현상학의 일종이며, 그러한 점에서 그것은 사회학자들의 일차적인 관심사가 아니기 때문이다.

그러나 현상학적 사회학 논쟁에서 현상학적 사회학의 한 유형으로 제시된 다양한 유형의 사회학 가운데 사실적 초월론적 현상학적 사회학으로 분류될 수 있는 것이 있는데, 그것은 만하임의 지식사회학이다. 만하임에 따르면 지식사회학은 "지식의 존재구속성"(Mannheim 1985, 267)을 연구하는 학문이다. 지식이 존재에 의해 구속되어 있다는 사실을 해명하기 위해서 우리는 일차적으로 우리가 몸담고 있는 역사적 세계, 사회적 세계 등 '세계'의 구조를 해명하여야 하며, 세계의 구조를 그 뿌리에서부터 해명할 수 있기 위해서는 사실적 초월론적 현상학적 환원을 수행해야 한다. 만하임은 지식사회학을 전개시켜나가면서 지식의 존재구속성을 "현상학적으로 보여줄 수 있는 사실"(Mannheim 1985, 295)이라고 말하고 자신의 사회학적 관점을 "사유의 현상학적 관점"(Mannheim 1985, 298)이라고 부르는데, 이 경우 '현상학'이란 사실적 초월론적 현상학적 사회학을, 그중에서도 사실적인 발생적 현상학을 의미한다고 할 수 있다. 지식사회학은 역사적 세계, 사회적 세계의 제약을 받아가면서 구체적인 지식이 형성되어가는 과정, 즉 지식의 '발생과정'을 해명함을 목표로 하는 학문이라 할 수 있다.

• 현상학적 사회학의 다양한 가능성

이처럼 다양한 유형의 사회학이 현상학적 사회학으로 규정될 수 있지만 지금까지 살펴본 것 이외에도 다양한 유형의 현상학적 사회학이 전개될 수 있다. 예를 들어 현상학적 사회학은 일차적으로 경험적 현상학적 사회학의 차원과 존재론적 현상학적 사회학의 차원에서 다방면으로 전개될 수 있다. 이 점을 이해하기 위해서 우리는 우선 존재론적 현상학적 사회학이 경험적 현상학적 사회학을 정초해주듯이 양자는 서로 분리될 수 없는 것이라는 사실에 유의할 필요가 있다. 이러한 사실은 앞서 베버의 이해사회학을 논하는 과정에서도 드러났는데, 존재론적 현상학적 사회학으로서의 일반적 이해사회학과 경험적 현상학적 사회학으로서의 경험적 이해사회학은 정초관계에 있으며 언제나 쌍을 이루는 것으로서 존재한다.

이처럼 존재론적 현상학적 사회학과 경험적 현상학적 사회학이 쌍을 이루면서 존재하기 때문에 존재론적 현상학적 사회학이 존재하는 곳에는 그에 대응하여 경험적 현상학적 사회학이 존재할 수 있다. 앞서 살펴보았듯이, 베버의 일반적 이해사회학 이외에도 피어칸트의 형식적 사회학, 거비치의 사회학, 파슨스의 사회학, 슈츠의 사회학 등 다양한 유형의 존재론적 현상학적 사회학이 존재한다. 베버의 일반적 이해사회학에 대응해 경험적 이해사회학이 전개될 수 있듯이 앞으로 여타 유형의 존재론적 현상학적 사회학에 대응해 경험적 현상학적 사회학이 다각도로 전개될 수 있다. 예를 들어 파슨스의 일반사회학에 대응해 사회체계 및 구조에 대한 경험적 차원의 현상학적 사회학이 전개될 수 있다.

이와 동일한 이유에서 이미 경험적 현상학적 사회학이 존재하는 곳에는 그에 대응하여 존재론적 현상학적 사회학이 정립될 수 있다. 이 점과 관련해 우리는 앞서 살펴본 다양한 유형의 경험적 현상학적 사회학 가운데 그에 대응하는 존재론적 현상학적 사회학이 아직 정립되지 않은 경험적 현상학적 사회학들이 존재한다는 사실에 유의할 필요가 있다. 이 경우 우리는 경험적 현상학적 사회학에 대응하는 존재론적 현상학적 사회학을 모색해볼 수 있을 것이다. 예를 들어 가핑클의 민속방법론에 대응하는 존재론적 현상학적 사회학은 아직 등장하지 않았는데, 우리는 앞으로 그에 대응하는 존재론적 현상학적 사회학의 가능성을 모색해볼 수 있다.

두말할 것도 없이 우리는 그와 관련해 아직까지 존재론적 현상학적 사회학도 정초되지 못했고 경험적 현상학적 사회학도 정초되지 못한 다양한 사회현상의 영역들도 현상학적으로 해명하면서, 이 영역들과 관련된 다양한 유형의 존재론적 현상학적 사회학과 경험적 현상학적 사회학의 가능성도 모색해볼 수 있다. 현상학적 사회학이 다루어야 할 사회현상의 영역은 다양하며, 이처럼 다양한 영역을 체계적으로 해명하면서 다양한 유형의 경험적 현상학적 사회학과 존재론적 현상학적 사회학이 정립될 수 있을 것이다.

더 나아가 현상학적 사회학은 초월론적 현상학적 사회학의 차원에서도 다양한 방식으로 전개될 수 있다. 후설이 초월론적 현상학적 사회학의 분야에서 수없이 많은 분석을 남긴 것이 사실이지만, 이 분야에서도 앞으로 해명해야 할 과제가 수없이 산적해 있다. 후설이 초월론적 현상학을 모든 학의 최종적인 정초토대로 간주하고 있듯이 초월론적 현상학적 사회학은 경험적 현상학적 사회학과 존재론적 현상학적 사회학의 정초토대이다. 따라서 이 두 유형의 현상학적 사회학이 참다운 의미의 현상학적 사회학으로 전개될 수 있기 위해서는 앞으로 초월론적 현상학적 사회학에 대한 논의가 활발하게 이루어져야 한다.

2 현상학적 질적 연구의 지평

우리는 제1절의 논의를 통하여 사회학의 영역에서 현상학적 질적 연구가 다양한 방식으로 수행될 수 있다는 사실을 살펴보았다. 그러나 현상학적 질적 연구가 사회학의 경우에만 한정되어 전개될 수 있는 것은 아니다. 앞서 제9장에서 우리는 현상학적 질적 연구의 대상으로서의 질적 세계가 무수히 다양한 부분세계들을 포함하고 있다는 사실을 살펴보았는데, 이 모든 부분세계 각각에 대해서도 다양한 방식으로 현상학적 질적 연구가 수행될 수 있다. 이 점과 관련해 우리는 다음 몇 가지 사실을 지적하면서 이 책의 전체적인 논의를 마무리하고자 한다.

첫째, 그동안 현상학적 사회학 이외에도 다양한 학문분야에서 현상학적 질적 연구가 수행되어왔다. 2009년에 발표된 한 논문(L. Embree 2009, 4)에 따르면, 2009년 당시 사회학을 포함하여 다음과 같이 약 30개의 학문분야에서 현상학적 질적 연구가 다방면으로 수행되고 있다. 고고학·건축학·인지과학·언론정보학·상담학(Counseling)·문화인류학·생태학(Ecology)·경제학·교육학·인종학(Ethnic Studies)·동물행동학·민속방법론·영화학·음악학·지리학·의료인류학·역사학·언어학·법학·문학·의학·간호학·정치학·정신의학(Psychiatry)·심리학·종교학·신학·사회복지학 등. 물론 이 목록도 완벽한 것은 아니다. 예를 들어 이 목록에는 행정학·미학·보건학·디자인학·환경학·아동가족학·체육학 등이 빠져 있는데, 이들 분야에서도 그동안 현상학적 질적 연구가 수행되어왔다.

둘째, 현상학적 사회학을 살펴보면서 확인할 수 있었듯이 다양한 차원의 현상학적 사회학이 존재하며, 각각의 차원에서도 다양한 유형이 존재한다. 이와 마찬가지로 앞서 살펴본 다양한 현상학적 분과학문들 각각의 경우에도 다양한 차원의 현상학적 질적 연구가 가능하며, 또 각각의 차원에서도 다양한 유형의 연구가 가능하다. 이러한 논의를 통하여 우리는 현상학적 질적 연구가 무한한 가능성을 지니고 있다는 사실을 확인할 수 있다. 그 이유는, 앞서 살펴보았듯이 양적 연구방법을 통해서는 파악될 수 없는 질적 세계가 무수히 다양한 부분세계를 가지고 있기 때문이다. 그리고 현상학적 질적 연구의 무한한 지평과 비교해볼 때 지금까지 실제로 수행된 현상학적 질적 연구는 빙산의 일각에 불과하다고 할 수 있다.

셋째, 앞서 우리는 현상학적 사회학을 살펴보면서 현상학적 사회학의 정체·방법·이념 등에 대해 다양한 방식으로 의견의 대립이 존재한다는 사실을 살펴보았다. 그러나 이러한 현상은 비단 현상학적 사회학에만 국한되어 나타나는 현상이 아니라, 현상학적 분과학문들 전반에서 확인할 수 있는 보편적인 현상이다. 바로 이러한 상황에서 우리는 각각의 현상학적 학문들에 대해서 우리가 앞서 현상학적 사회학과 관련하여 수행했던 방식의 연구를 수행할 필요가 있다. 이를 위해서는 각각의 현상학적 분과학문과 관련하여 우선 지금까지 어떤 유형의 현상학적 질적 연구들이 수행되었고, 그러한 연구들에 대해 연구자들이 어떤 의견을 보이고 있는지 점검해야 한다. 그리고 난 후 그들의 의견을 비판적으로 검토하면서 현상학적 질적 연구의 다양한 가능성을 제시할 필요가 있다.

넷째, 더불어 현상학적 사회학 이외의 분야에서도 현상학적 환원을 비롯해 다양한 유형의 연구방법에 대해 활발하게 논의할 필요가 있다. 앞서 우리는 현상학적 사회학의 방법과 관련해 현상학적 환원의 문제만 살펴보았지만, 현상학적 사회학을 구체적으로 전개하기 위해서는 현상학적 환원 이외의 다른 다양한 방법들에 대한 논의도 필요하다. 이러한 논의는 현상학적 사회학뿐 아니라 모든 유형의 현상학적 분과학문과 관련해서도 진행되어야 한다. 이처럼 현상학적 분과학문의 다양한 방법에 대해 논의하려면, 앞서 제6장에서 살펴보았듯이, 각각의 분과학문과 관련해 그 철학적 정초의 문제를 천착할 필요가 있다.

다섯째, 제6장에서 사실적 현상학적 심리학적 체험연구의 철학적 정초문제를 다루면서 지적하였듯이, 현재 양적 연구의 경우 ① 관찰 및 실험의 방법, ② 수리화의 방법, ③ 자연인과적 설명의 방법 등 표준화된 양적 연구방법이 통용되고 있다. 그러나 질적 연구의 경우에는 다양한 질적 연구방법이 제안되고 있기는 하지만 양적 연구의 경우처럼 표준화된 연구방법이 확실하게 정립되어 있지 않다. 그러나 양적 학문의 경우에도 그 발생과정을 추적해보면 우리는 아직 표준화된 양적 연구방법이 정립되지 못하여 그에 대한 논의가 무성했던 시기가 있었음을 확인할 수 있다. 그 시기란 다름 아닌 양적 연구의 태동기라 할 수 있는 르네상스부터 과학혁명의 시대에 이르는 기간을 말한다. 이 기간 동안 양적 과학의 방법론에 대한 풍부한 논의를 통해서 표준화된 양적 연구방법이 정립될 수 있었던 것이다. 현재 질적 연구방법에 대한 논의는 과학혁명기를 전후한 시기에 양적 연구방법에 대한 논의가 처한 것과 유사한 상황에 있다고 할 수 있다. 앞으로 질적 연구방법에 대한 논의를 지속적으로 전개해나갈 때 언젠가는 표준화된 질적 연구방법이 정립될 수 있을 것이다. 물론 표준화된 양적 연구방법과 비교해볼 때 표준화된 질적 연구방법은 훨씬 더 다양한 모습을 보일 것이다. 그 이유는 양적 연구의 대상인 양적 세계가 수학적 기투를 통해 구성된 단 하나의 세계인 데 반해 질적 연구의 대상인 질적 세계는 질적으로 서로 구별되는 무수히 다양한 부분 세계를 포함하고 있기 때문이다.

여섯째, 현상학적 질적 연구의 무한한 지평과 비교해볼 때 지금까지 실제로 수행된 현상학적 질적 연구는 빙산의 일각에 불과하다. 이러한 점에서 앞으로 다양한 학문분야에서 다양한 유형의 현상학적 질적 연구가 활발하게 수행되어야 할 필요가 있다. 그렇게 될 때 우리는 현대인류가 처한 전반적인 위기상황을 극복할 수 있을 것이다. 이 점과 관련해 우리는 현대의 위기상황이 양적 연구방법만을 유일하게 참된 연구방법으로 간주하는 물리학적 실증주의와 일면적인 양적 연구경향에서 비롯되었다는 사실에 유의할 필요가 있다. 현대인류가 처한 위기를 극복하기 위해서는 양적 연구방법이 지닌 권리와 더불어 질적 연구방법이 지닌 고유한 권리 역시 인정하는 열린 자세를 가질 필요가 있다. 그때 우리는 비로소 생활세계의 다양한 영역에서 만나는 무수한 문제들을 해결하고 현대인류가 처한 위기상황을 극복하면서 모두가 복된 삶을 살아갈 수 있는 이상적인 사회를 건설하는 데 한 발 더 가까이 다가설 수 있을 것이다.

감사의 말

이 책을 출간할 수 있도록 그동안 도움을 주신 국내외의 여러 연구자들과 연구단체들을 소개하고 감사의 말을 전하고자 한다.

한국질적연구센터 소장인 이화여자대학교 간호학과의 신경림 교수님은 2003년 4월 11일 '현상학의 이념'에 대해 강연하도록 필자를 초청해주었고, 같은 해 7월 12~13일에는 '현상학과 해석학의 철학적 이해'를 주제로 이틀 동안에 걸쳐 워크숍을 개최할 수 있도록 해주었다. '현상학의 이념'에 대한 강연은 필자에게 현상학과 질적 연구에 대한 연구를 수행할 수 있도록 강한 동기를 부여했다. 특히 워크숍은 질적 연구를 수행하는 여러 연구자들과 만나 직접 토론하면서 이 책을 구상할 수 있는 토대를 마련해주었다.

서울대학교 교육학과 조용환 교수님은 한국교육인류학회 회장으로 재직하던 때, 2004년 6월 5일 열린 학술대회에 '현상학과 질적 연구방법'에 대해 강연하도록 초청해주었고, 2008년 12월 6일에는 '현상학과 해석학'에 대해 특별강연을 하도록 해주었다. 한국교육인류학회 회장인 한국체육대학교 조정호 교수님과 함께 2012년 10월 19-20일에 개최된 한국교육인류학회·한국현상학회의 공동학술대회에 필자를 초청해 19일 오전 '현상학과 질적 연구방법'에 대해 강연하고 오후에는 발표된 연구논문들에 대해 논평할 수 있는 기회를 주었다. 이 세 차례의 강연은

'현상학과 질적 연구'의 구상을 더욱 구체화할 수 있는 계기가 되었다.

　서울대학교 사회과학연구원 원장인 정치학과 김세균 교수님은 2009년 4월 23일 '학문간 경계를 넘어'라는 주제로 학술대회를 개최하면서 발표자로 초청해주었다. 필자는 이 자리에서 '인문학과 자연과학은 어떻게 만날 수 있는가? 통섭개념에 대한 비판을 토대로 삼아'라는 주제로 발표하였다. 이 논문을 명지대학교 인문학연구소가 2009년 10월 15일 '인문학의 소통과 대중화'라는 주제로 개최한 학술대회에서도 발표하였다. 서울대학교 행정대학원 김광웅 교수님은 2009년 9월 10일 '융합의 핵심과 매개체들'이라는 주제로 학술대회를 개최하면서 발표자로 초대해주었는데, 이 자리에서 필자는 '철학과 학제적 연구'에 대해 발표하였다. 이 세 차례의 학술대회 역시 현상학과 질적 연구에 대해 성찰할 수 있는 기회를 주었다.

　교육철학회 회장인 신라대학교 목영해 교수님이 2009년 11월 4일 '현상학적 교육학의 회고와 전망'을 주제로 개최한 학술대회의 초청을 받아 '현상학적 교육학'을 주제로 발표하였다. 이 역시 현상학적 교육학을 비롯해 현상학과 질적 연구 전반에 대해 폭넓게 생각할 수 있는 기회를 주었다.

　대한질적연구학회 회장인 서울대학교 간호대학의 이명선 교수님은 2010년 12월 4일 '현상학적 연구방법의 이론과 실제'라는 제목으로 제9차 추계학술대회를 개최하면서 필자를 기조강연자로 초대해주었다. 이 날 오전 '현상학과 질적 연구방법'에 대해 강연하고 오후에는 다양한 발표를 들을 수 있었다. 학술대회는 현상학과 질적 연구에 대한 구상을 보다 더 구체화할 수 있는 또 한 번의 중요한 기회였다.

　행정언어연구회 회장인 서울대학교 행정대학원 김병섭 교수님이 초청해준 2010년 12월 18일에 열린 행정언어연구회 월례발표회에서는 '행정현상학'을 주제로 발표하였다. 이 자리에서 현상학과 행정학의 관계를 비롯해 현상학과 질적 연구의 관계에 대해 참석자들과 많은 대화를 나누며 많은 것을 배우고 생각해 볼 수 있었다.

한국체육철학회 회장인 한양대학교 생활무용예술학과 오율자 교수님은 2012년 3월 17일 한양대학교에서 춘계학술대회를 개최하면서 '현상학과 인지과학'을 주제로 기조강연을 하도록 초청해주었다. 이 강연에서 필자는 현상학과 인지과학의 문제뿐 아니라 현상학과 질적 연구에 대해서도 다루었으며, 참석자들과 토론하였다.

그밖에 여러 분들께서 현상학과 질적 연구와 관련된 주제의 강연자로 필자를 초청해주었다. 홍익대학교 미술대학의 변청자 선생님은 2008년 10월 18일 홍익대학교에서 개최된 '예술학미술비평연구회'에서 '후설의 초월론적 현상학과 메를로-퐁티의 지각의 현상학'을 주제로 강연할 수 있게 해주었다. 서울대학교 교육학과 BK21 사업단의 오헌석 교수님은 2010년 1월 11일 서울대학교 교육학과 제3차 BK21 연구방법론 워크숍에서 '현상학적 연구방법론'을 주제로 강연할 수 있게 해주었고, 서울대학교 물리교육과 BK21 사업단의 이경호 교수님은 2012년 2월 9일 '후설의 현상학'을 주제로 강연할 수 있게 해주었다. 서울대학교 건축학과 백진 교수님은 2012년 4월 26일 '현상학으로 세상보기'라는 주제로 강연할 수 있게 해주었으며, 미학과의 오종환 교수님과 신혜경 교수님은 2012년 10월 26일 '예술본능의 현상학 ─ 셸러와의 대화를 통해 전개함'을 주제로 강연할 수 있게 해주었다.

이 모든 강연들 역시 현상학과 질적 연구의 관계, 질적 연구와 양적 연구의 관계 등에 대해 다방면으로 생각할 수 있는 기회였다.

한국현상학회에서도 2000년 이후 월례발표회 또는 신춘세미나 등에서 질적 연구와 관련해서 여러 연구자들의 많은 발표들이 있었다. 이러한 발표성과 역시 필자에게 도움이 되었다.

필자는 2003년부터 약 4년에 걸쳐 여러 연구자들과 함께 서울대학교에서 질적 연구집담회를 개최하였다. 질적 연구에 관심 있는 서울대학교 교수들뿐 아니라 외부의 교수들도 많이 참석하였는데, 이 집담회는 현상학과 질적 연구에 대한 필자의 견해를 확장·심화시키는 데 큰 도움을 주었다.

국내학자들뿐 아니라 해외학자들과의 공동연구 역시 이 책을 집필하는 데 크게 도움이 되었다.

일본 도쿄 대학의 사카키바라(T. Sakakibara) 교수님은 2009년 2월 19일 도쿄 대학 철학과에서 'Phenomenology and Qualitative Research Method'(현상학과 질적 연구방법)를 주제로 강연할 수 있도록 해주었다. 현상학과 질적 연구에 대한 일본 학계의 동향을 파악할 수 있는 좋은 기회였다.

일본 리츠메이칸 대학의 타니(T. Tani) 교수님은 2009년 2월 21일 '현상학과 언어학'을 주제로 국제학회를 개최하면서 'Phenomenology of Language beyond the Deconstructive Philosophy of Language'(해체론적 언어철학을 넘어선 언어의 현상학)를 주제로 강연할 수 있도록 해주었다. 언어현상과 관련된 '현상학과 질적 연구'의 문제를 성찰할 기회가 되었다.

미국 세인트루이스 대학의 바버(M. Baber) 교수님은 2011년 5월 24일 'Phenomenology and the Other Disciplines'(현상학과 다른 학문분야들)를 주제로 개최한 학술대회에 초청해주었다. 필자는 'Phenomenological Sociology'(현상학적 사회학)에 대해 발표했는데, 참석자들로부터 좋은 의견을 들었으며, '현상학과 질적 연구'와 관련된 다른 주제들에 대해서도 많은 것을 배울 수 있었다.

필자는 한국현상학회 회장으로 재직하던 2009년 9월 18~21일 'Applied Phenomenology'(응용현상학)를 주제로 국제학술대회를 개회하였다. 국내외 학자 30여 명의 발표가 있었고, 필자는 'What Is Applied

Phenomenology?'(응용현상학이란 무엇인가?)를 주제로 발표하였다. 또한 참석자들과 많은 의견을 나누었으며, 다른 발표자들의 논문을 통해 '현상학과 질적 연구'와 관련해 배우고 생각할 수 있는 좋은 기회를 가졌다.

이 모든 분의 도움이 없었다면 이 책의 집필은 불가능하였을 것이다. 이외에도 필자에게 도움을 주신 분들이 수없이 많지만 지면의 제약 때문에 일일이 밝히지 못함을 대단히 유감스럽게 생각한다. 이 자리를 빌려 모든 분께 감사드린다.

이 책의 초고를 검토해주신 김완진 교수님, 강상진 교수님, 김태희 박사, 이종주 박사, 이영국 박사, 전가일 교수, 교정작업을 위해 수고해준 신호재, 박지영, 최일만, 이종우, 한혜연 등 서울대학교 철학과 대학원생들과 학부생들에게도 고마움을 전한다. 철학과 인문학을 사랑하는 마음으로 후원해 주시는 ㈜아모의 육경영 사장님, ㈜세건의 김성수 사장님, 친구 김천호 군에게 깊은 감사의 뜻을 전한다. 이 책의 출판을 기꺼이 맡아주신 한길사의 김언호 사장님과 박희진 편집부장님을 비롯한 편집진에게도 감사한다.

참고문헌

국내에서 출간된 현상학적 질적연구 관련 문헌을 참고문헌에 모두 수록할 계획이다. 2쇄를 출간하면서 빠진 문헌들을 찾아 추가하였다. 앞으로도 보완해나갈 계획이니 본인의 것이든 타인의 것이든 빠진 문헌이 있을 경우 이메일(naminleemil@naver.com)로 연락 바란다.

강미선(1995),「메를로 퐁띠의 현상학적 관점에서 보는 생춤 체험」, 한국체육학회, 『한국체육학회지』34/2.

강수택(1981),「현상학적 사회학의 사회구조적 연구를 위한 시론」, 서울대학교 석사학위 논문.

강여주·윤여탁(2004),「요가 수행자들의 수행경험에 대한 현상학적 분석」, 한국체육학회, 『한국체육학회지』43/4.

고금자(1999),「만성질환자의 강인성에 관한 현상학적 연구」, 대한성인간호학회, 『성인간호학회지』, 11/1.

고문희(2004), 『만성 정신질환자의 희망체험에 대한 이해』, 한국학술정보.

_____(2005),「만성정신분열증환자의 희망체험에 대한 현상학적 이해」, 한국간호과학회, *Journal of Korean Academy of Nursing* 35/3.

고민경(2008), 『유아의 숲 체험에 대한 해석학적 현상학 연구』, 숙명여자대학교 박사학위 논문.

공병혜(2003),「간호학문의 현상학적 연구에서의 미학적 사유」, 대한성인간호학회, 『성인간호학회지』15/3.

_____(2004),「간호연구에서의 현상학」, 한국현상학회, 『철학과 현상학 연구』23.

_____(2006),「메를로-퐁티의 몸의 현상학과 간호에서의 실천적 지식」, 한국현상학회, 『철학과 현상학 연구』31.

_____(2007),「현상학적 접근과 임상 윤리」, 질적연구학회, 『질적 연구』8/1.

_____(2009), 「메를로 - 퐁티의 신체의 현상학과 간호에서의 질병체험」, 한국현상학회, 『철학과 현상학 연구』 40.

_____(2010), 「중환자실에서의 몸의 현상학과 내러티브」, 경북대학교 동서사상연구소, 『동서사상』 8.

_____(2002), 「후설 현상학에서 보는 교육의 방법론」, 새한철학회, 『철학논총』 30.

김광기(2000), 「고프만, 가핑켈, 그리고 근대성」, 한국사회학회, 『한국사회학』 34.

_____(2002), 「왜 사회세계엔 '전형'이 반드시 필요할까?」, 한국사회학회, 『한국사회학』 36.

_____(2003), 「양가성, 애매모호성, 그리고 근대성」, 한국사회학회, 『한국사회학』 37.

_____(2005), 「알프레드 슈츠와 '자연적 태도'─철학과 사회학의 경계를 넘어서」, 한국현상학회, 『철학과 현상학 연구』 25.

곽수영 · 이병숙(2013), 「말기암 환자의 호스피스 수용 경험 : 현상학적 연구」, 한국간호과학회, *Journal of Korean Academy of Nursing* 43/6.

권오륜(1997), 「양명학(陽明學)과 현상학(現象學)에서의 신체관 비교 연구」, 한국체육학회, 『한국체육학회지』 36/3.

권욱동 · 김호상 · 여인성 · 임재구(2000), 「여가경험의 실존현상학적 고찰 - Merleau Ponty와 Gabriel Marcel의 철학을 중심으로 -」, 한국체육철학회, 『움직임의 철학: 한국체육철학회지』 8/1.

김경은 · 장연집(2008), 「취업모의 첫 자녀 양육경험에 관한 해석학적 현상학 연구」, 질적연구학회, 『질적연구』 9/1.

김문정(2007), 「손자녀를 양육하는 할머니의 양육부담에 관한 현상학적 연구」, 한국간호과학회, *Journal of Korean Academy of Nursing* 37/6.

김방출(2005), 「후설의 생활세계 현상학의 심신일원론적 함축과 체육활동 경험과의 연관성에 대한 탐구」, 한국체육학회, 『한국체육학회지』 44/3.

김방출 · 이영국(2011), 「신체활동의 묵시적 측면에 대한 현상학적 탐색」, 체육과학연구원, 『체육과학연구』 22/4.

김분한 · 김금자 · 박인숙 · 이금재 · 김진경 · 홍정주 · 이미향 · 김영희 · 유인영 · 이희영(1999), 「현상학적 연구방법의 비교고찰」, 한국간호과학회, *Journal of Korean Academy of Nursing* 29/6.

김선명(2005), 「공공부문 혁신의 접근방법에 관한 인식론적 비평: 현상학적 접근방법을 중심으로」, 한국행정학회, 『한국행정학보』 39/4.

김선희 · 권오륜(2011), 「생활체육지도자의 필라테스 운동체험에 관한 현상학적 탐구」, 한국체육철학회, 『움직임의 철학: 한국체육철학회지』 19/3.

김성배(2008), 「청소년기 체험학습의 현상학적 연구」, 한국체육철학회, 『움직임의 철학: 한국체육철학회지』 16/2.

김숙영(1995), 「성인병 환자들의 건강과 관련된 자기조절에 대한 현상학적 연구」, 한국간호과학회, *Journal of Korean Academy of Nursing* 25/3.

김식(2006), 「체육학에서의 현상학적 연구에 있어 유아론적 사적 언어의 무의미」, 한국체육학회, 『한국체육학회지』 45/6.

김영경·김영혜·양진향·유연자·태영숙(2004), 「한국 여성 노인의 학대경험에 관한 현상학적 연구」, 질적연구학회, 『질적연구』 5/1.

김영경·김은하(2009), 「간호학생의 체중조절 경험에 관한 현상학적 연구」, 대한성인간호학회, 『성인간호학회지』, 21/6.

김윤희(2004), 「신체경험에 관한 현상학적 연구의 이론적 및 방법론적 근거」, 한국체육철학회, 『움직임의 철학: 한국체육철학회지』 12/2.

김윤희(2007), 「체육학분야에서 현상학적 연구의 한계와 문제점에 관한 고찰」, 한국체육철학회, 『움직임의 철학: 한국체육철학회지』 15/3.

김윤희·신현군(2002), 「살풀이 춤 체험의 해석학적 현상학 연구」, 한국체육철학회, 『움직임의 철학: 한국체육철학회지』 10/1.

김은영·이명선(2000), 「HIV 감염자의 생활 경험에 관한 현상학적 연구」, 대한성인간호학회, 『성인간호학회지』, 12/4.

김은하·박형숙·배경의(2012), 「결혼이주여성이 임신·출산과정에서 체험한 갈등경험」, 질적연구학회, 『질적 연구』 13/1.

김정선·공수자·김현숙·노영희·김옥현·박경숙·선정주(2006), 「노년의 복 있는 삶에 대한 현상학적 연구」, 질적연구학회, 『질적연구』 7/1.

김정은·신현군(2003), 「발레무용수의 신체현상학 -Gabriel Marcel의 실존-현상학적 신체관을 중심으로-」, 한국체육철학회, 『움직임의 철학: 한국체육철학회지』 11/1.

김정화·유인숙·김명희(1995), 「신(腎)공여자 경험의 현상학적 연구」, 한국간호과학회, *Journal of Korean Academy of Nursing* 25/2.

김종술(1991), 「대학과 중용을 통해서 본 공무원의 윤리관 – 현상학적 해석 –」, 한국행정학회, 『한국행정학보』 25/4.

김지혁(2009), 「태권도시범 활동 경험에 대한 현상학적 접근」, 한국체육철학회, 『움직임의 철학: 한국체육철학회지』 17/1.

김지혁·임일혁(2009), 「태권도 경기 양상의 현상학적 고찰」, 한국체육철학회,

『움직임의 철학: 한국체육철학회지』17/4.

김채영(1988), 「교육현상학의 동향과 전망」, 한국현상학회, 『철학과 현상학 연구』3.

김청훈·윤여탁(1999), 「스포츠 수행에 따른 체험의 본질과 의미화에 관한 실존현상학적 접근」, 한국체육철학회, 『움직임의 철학: 한국체육철학회지』7/1.

김춘일(1999), 「질적 연구를 위한 현상학적 접근의 한 모형」, 한국교육인류학회, 『교육인류학연구』2/2.

김홍식(2012), 「체육철학과 현상학의 만남」, 한국체육학회, 『한국체육학회지』 51/6.

김홍우(1999), 『현상학과 정치철학』, 문학과 지성사.

남지원(2010), 「기존 행정학자들의 새로운 학문체계의 담론에 관한 연구: 행정언어연구회 회원들의 현상학적 모멘트를 중심으로」, 한국행정학회, 『한국행정학보』44/1.

문민정·장연집(2011), 「성인 지적 장애 자녀 어머니들의 양육 체험」, 질적연구학회, 『질적 연구』12/1.

박광훈(1998), 「메를로 퐁티의 현상학을 통한 신체에 대한 해석」, 한국체육철학회, 『움직임의 철학: 한국체육철학회지』6/2.

박광훈(2000), 「체험 연구를 위한 현상학적 해석학 접근」, 한국체육철학회, 『움직임의 철학: 한국체육철학회지』8/1.

박은영·이명선(2009), 「페미니스트 현상학을 이용한 한국 유방암 환자의 질병체험」, 대한성인간호학회, 『성인간호학회지』, 21/5.

박정혜·전인숙(2008), 「신규간호사의 임상적응 경험에 관한 현상학적 연구」, 질적연구학회, 『질적 연구』9/2.

배소심·최경실(2005), 「몸의 현상학을 통한 춤예술의 존재론적 본성」, 한국체육학회, 『한국체육학회지』44/6.

배은주(2008), 「질적 연구의 최근 동향과 그 의미」, 한국교육인류학회, 『교육인류학연구』11/2.

변영순·김미영(2009), 「간호사의 대인관계 갈등 경험」, 질적연구학회, 『질적 연구』10/2.

빙원철·석주일·김학덕(2009), 「대학농구 동아리 선수들의 카타르시스 경험에 관한 현상학적 이해」, 한국체육철학회, 『움직임의 철학: 한국체육철학회지』17/1.

성민경·장연집(2006), 「십대 여학생들의 외모관리 체험에 대한 현상학적 이해와 의미 분석」, 질적연구학회, 『질적연구』7/2.

성재형(2009), 「메를로 퐁티의 '몸의 현상학'과 무용의 신체관」, 한국체육철학회,

『움직임의 철학: 한국체육철학회지』17/3.

소영진(2004), 「행정학에 있어서 현상학적 방법의 가능성 탐색」, 한국행정학회, 『한국행정학보』38(4).

손천택(2003), 「미국대학생 무술수행 태도의 현상학적 분석 – 태권도를 중심으로 –」, 한국체육학회, 『한국체육학회지』42/2.

손천택·강신복·Patt Dodds(2003), 「체육교사 양성프로그램의 현상학적 분석」, 한국체육학회, 『한국체육학회지』42/4.

손천택·최환영·고문수(2007), 「교육대학 체육심화과정에 관한 현상학적 분석」, 한국스포츠교육학회, 『한국스포츠교육학회지』14/1.

신경림(1995), 「유방암 절제술을 경험한 중년여성의 체험연구」, 한국간호과학회, *Journal of Korean Academy of Nursing* 25/2.

_____(1996), 「간호학생의 첫 학기 임상실습 체험연구」, 성인간호학회, 『성인간호학회지』8/1.

_____(1997), 『질적간호연구방법』, 이화여자대학교출판부.

_____(1998), 「중년기 여성의 폐경으로 인한 몸의 변화에 관한 체험연구」, *Journal of Korean Academy of Nursing* 28/2.

_____(2003), 「현상학적 연구의 이론과 실제」, 연세대학교 간호대학 간호학연구소, 『간호학탐구』2/1.

신경림·조명옥·양진향 외(2004), 『질적 연구방법론』, 이화여자대학교출판부.

신재신·안혜경·김향미·유연자·김경희·정인경·이윤미(2001), 「골관절염 여성노인의 아픔경험에 대한 현상학적 연구」, 한국간호과학회, *Journal of Korean Academy of Nursing* 31/2.

신충식(2009), 「왈도와 후설: 실증주의 행정학 비판과 현상학」, 한국거버넌스학회, 『한국거버넌스학회 학술대회자료집 2009』.

신충식 외(2010), 「생활세계 관점으로 본 맞춤형 경찰복지: 경찰업무 특수성에 따른 복지의 차별화」, 한국행정학회, 『한국행정학보』44/3.

신충식·이광석, 「질적 연구방법의 현상학적 토대」, 서울행정학회, 서울행정학회 학술대회 발표논문집, 2009. 2.

신현군·이학준(2004), 「오토바이 폭주 청소년들의 심리분석: 여가현상학적 접근」, 한국체육철학회, 『움직임의 철학: 한국체육철학회지』12/2.

심경순(2005), 「취업한 정신장애인의 자조집단에 대한 현상학적 연구」, 질적연구학회, 『질적연구』6/2.

심영희(1972), 「사회과학 방법론에의 현상학적 접근에 대한 일고찰」, 서울대학교 석사학위 논문.

양종희(1988), 「사회학에 있어서 실증주의적 전망의 대안으로서 현상학적 조망」, 한국현상학회, 『철학과 현상학 연구』 3.

양진향(2012), 「영구적 결장루를 가진 환자의 적응경험」, 질적연구학회, 『질적 연구』 13/2.

양진향·신경림(2003), 「현상학적 방법 적용 논문분석 및 바람직한 글쓰기」, 질적연구학회, 『질적연구』 4/2.

오병남(1983), 「현상학과 미학의 문제」, 한국현상학회, 『철학과 현상학 연구』 1.

오복자·강경아(2001), 「영성(Spirituality) 체험 : 기독교인 중심의 현상학적 접근」, 한국간호과학회, *Journal of Korean Academy of Nursing* 31/6.

유태균(2005), 「대학 농구 동아리 활동 경험의 질적 가치: 현상학적 탐구」, 한국체육철학회, 『움직임의 철학: 한국체육철학회지』 13/1.

유태균·정은영(2009), 「비보이댄스 체험의 현상학적 접근」, 한국체육철학회, 『움직임의 철학: 한국체육철학회지』 17/3.

유혜령(1998), 「교수매체 환경과 유아의 경험양식에 대한 현상학적 연구: 자유선택 활동을 중심으로」, 한국유아교육학회, 『유아교육연구』 18/1.

_____(1999), 「소수 민족 유아의 유치원 생활 경험: 현상학적 이해」, 한국교육인류학회, 『교육인류학연구』 2/2.

_____(2005), 「아동교육 연구의 현상학적 접근: 역사와 과제」, 한국교육인류학회, 『교육인류학연구』 8/1.

_____(2012), 「현상학적 질적 연구에 대한 오해와 이해: 연구논리와 연구기법 사이에서 길 찾기」, 한국현상학회·한국교육인류학회, 『현상학과 질적 연구』, 2012년도 공동학술대회 자료집.

유혜령·허숙 엮음(1997), 『교육현상의 재개념화 ― 현상학, 해석학, 탈현대주의의 이해 ―』. 교육과학사.

윤견수(2001), 「약자의 설득전략 : 어느 하위직 지방공무원의 개혁활동에 대한 현상학적 보고서」, 한국행정학회, 『한국행정학보』 35/1.

윤재현·김영경(2009), 「보훈대상 입원노인을 돌보는 배우자의 경험」, 질적연구학회, 『질적 연구』 10/2.

이경혜·고명숙(1994), 「여성의 유산경험에 대한 현상학적 연구」, 한국간호과학회, *Journal of Korean Academy of Nursing* 24/2.

이계영(2012), 「여가경험에 관한 연구; 메를로-퐁티의 현상학을 중심으로」, 한국체육학회, 『한국체육학회지』 51/4.

이광석(2013),「해석현상학적 분석(Interpretative Phenomenological Analysis)의 의의와 적용가능성에 관한 연구」, 질적연구학회,『질적연구』14/2.

이규형·이영국(2012),「태권도 교수와 학습 체험에 대한 반성과 해석」, 한국스포츠교육학회,『한국스포츠교육학회지』19/1.

이근호(2007),「질적 연구 방법론으로서의 현상학: 독특성과 보편성 사이의 변증법적 탐구 양식」, 한국교육인류학회,『교육인류학연구』10/2.

이기주·이도형(1989),「행정철학의 정립을 위한 현상학·비판이론 연구」, 충북대학교 사회과학연구소,『사회과학연구』6/2.

이남인(2004),『현상학과 해석학』, 서울대학교출판부.

_____(2005a),「경제적 합리성 개념에 대한 철학적 반성」, 서울대학교 인문학연구원,『인문논총』, 53.

_____(2005b),「현상학과 질적 연구방법」, 한국현상학회,『철학과 현상학 연구』24.

_____(2007),「현상학적 사회학」, 한국현상학회,『철학과 현상학 연구』33.

_____(2009),「인문학과 자연과학은 어떻게 만날 수 있는가? 통섭개념에 대한 비판적 검토를 토대로 삼아」, 철학연구회,『철학연구』87.

_____(2011),「현상학적 교육학」, 한국교육철학학회,『교육철학』47.

_____(2012a),「현상학적 환원과 현상학의 미래」, 한국현상학회,『철학과 현상학 연구』54.

_____(2012b),「양적 연구와 질적 연구의 구별에 대한 현상학적 해명—Aristoteles, Descartes, Husserl을 중심으로」, 한국현상학회,『철학과 현상학 연구』55.

_____(2013),『후설과 메를로-퐁티 지각의 현상학』, 한길사.

_____(2013),「현상학의 창시자 후설」, 철학아카데미 엮음,『처음 읽는 독일 현대철학』, 파주: 도서출판 동녘.

이명선(1994), "Phenomenological Study on Psychosocial Nursing Care in Korea", 한국간호과학회, *Journal of Korean Academy of Nursing* 24/2.

_____(1997),「위암환자 가족들의 경험세계에 관한 연구」, 한국간호과학회, *Journal of Korean Academy of Nursing* 27/2.

_____(2003),「임종환자를 돌보는 병원간호사의 경험」, 한국간호과학회, *Journal of Korean Academy of Nursing* 33/5.

_____(2005),「한국 간호학문에서의 페미니즘」, 한국간호과학회, *Journal of Korean Academy of Nursing* 35/5.

이명선·이봉숙(2004),「페미니즘과 질적간호연구」, 한국간호과학회, *Journal of Korean Academy of Nursing* 34/3.

이명선·황순찬(2011), 「자살을 시도한 젊은 여성들의 삶의 경험에 관한 페미니스트 현상학」, 대한성인간호학회, 『성인간호학회지』, 23/2.

이민규·원영신(2013), 「생활체육 프로그램 참여 노인의 건강증진 형성과정에 대한 현상학적 연구」, 한국체육학회, 『한국체육학회지』 52/1.

이민정(2002), 「유아 음악활동의 의미에 대한 현상학적 이해」, 한국교육인류학회, 『교육인류학연구』 5/2.

이상호(2010), 「검도에서 깨달음의 구조에 대한 현상학적 연구」, 동아대학교 박사학위논문.

이상호·이동건(2009), 「검도에서의 무의식행위—Husserl의 발생론적 현상학을 중심으로—」, 한국체육철학회, 『움직임의 철학: 한국체육철학회지』 17/4.

이소현(2004), 「무용에서의 신체의 미적 체험: 현상학적 이해」, 한국체육철학회, 『움직임의 철학: 한국체육철학회지』 12/1.

이영국(2008), 『초등신임교사의 체육수업 전문성 신장을 위한 멘토링 체험연구』, 서울대학교 박사학위 논문.

＿＿＿＿(2009), 「체육교사교육체험에 대한 해석과 반성」, 한국스포츠교육학회, 『한국스포츠교육학회지』 16/4.

＿＿＿＿(2010), 「체육수업에 대한 현상학적 비평」, 한국체육학회, 『한국체육학회지』 49/6.

＿＿＿＿(2012), 「태도 변경을 통한 체육수업전문성의 탐색」, 한국체육학회, 『한국체육학회지』 51/2.

이영국·이재용(2013), 「경쟁 활동의 학습과 교수 체험에 대한 현상학적 셀프연구」, 한국스포츠교육학회, 『한국스포츠교육학회지』 20/1.

이옥자(1995), 「말기 암환자의 체험에 관한 현상학적 연구」, 한국간호과학회, *Journal of Korean Academy of Nursing* 25/3.

이정수·이철원·송성섭(2005), 「여성 무용수의 여가 경험에 관한 현상학적 해석」, 한국체육학회, 『한국체육학회지』 44/2.

이종관, "Phenomenology of Body and Fashion Design", 한국현상학회, 『철학과 현상학 연구』 38.

이창범(1984), 「행정학-현상학적 접근방법」, 『고시계』 29/6.

이철진·김정명(2000), 「한국전통춤 해석에 관한 연구 : 현상학적 분석」, 한국체육학회, 『한국체육학회지』 39/3.

이혁규(2004), 「질적 연구의 타당성 문제에 대한 고찰」, 한국교육인류학회, 『교육인류학연구』 7/1.

_____(2005), 「교과서 쓰기 체험에 대한 현상학적 연구」, 한국교육인류학회, 『교육인류학연구』 8/1.

이호철·권오륜(2005)), 「초등 체육수업에서 소외학생의 행동전략에 대한 현상학적 접근」, 한국체육학회, 『한국체육학회지』 44/4.

이효선 외(2005), 『질적 연구: 해석과 이해』, 학현사.

장연집(2000), 「건강을 위한 심리학과 현상학적 질적 연구」, 질적연구학회, 『질적연구』 1/1.

임의영(1995), 「과학적 방법론과 현상학적 방법론의 이질동형성(異質同形性)(isomorphism)비판 − 대립적인 방법론에 나타나는 이성의 독재성을(獨裁性) 중심으로」, 한국행정학회, 『한국행정학보』 29/4.

장정윤(2004), 「체육미학의 현상학적 조명」, 한국체육철학회, 『움직임의 철학: 한국체육철학회지』 12/1.

전가일(2013), 『자유놀이에서 유아의 관계맺기에 대한 현상학적 연구』, 서울대학교 박사학위논문.

전현욱·조순묵·정영정(2009), 「초등학교 남자 아이들의 일상 속 축구 경험에 관한 현상학적 연구」, 한국스포츠교육학회, 『한국스포츠교육학회지』 16/4.

정연수·정예수(2014), 「안무가의 몸에 관한 현상학적 소묘」, 한국체육철학회, 『움직임의 철학: 한국체육철학회지』 22/2.

정의권·최충환(1994), 「체육의 현상학적 전개를 위한 기본 탐색」, 한국체육학회, 『한국체육학회지』 33/1.

정혜경(2001), 「고등학교 청소년의 흡연경험에 대한 현상학적 접근」, 한국간호과학회, Journal of Korean Academy of Nursing 31/4.

정희정·장연집(2007), 「여중생들이 경험하는 동성 친구와의 갈등에 대한 현상학적 체험연구」, 질적연구학회, 『질적연구』 8/2.

조미혜·김무영(2005), 「남자 대학생 댄스스포츠 수업 참여 태도의 현상학적 분석」, 한국체육학회, 『한국체육학회지』 44/3.

조상식(2002), 『현상학과 교육학: 현상학적 교육학에서 육체의 문제』, 도서출판 원미사.

조영숙(1994), 「이민 임산부의 스트레스와 분만경험에 대한 현상학적 연구」, 한국간호과학회, Journal of Korean Academy of Nursing 24/3.

조용환(1995), 「대학교육의 의미와 기능에 관한 문화기술적 연구─여대생들의 '홀로서기'를 중심으로─」, 『교육학연구』 33/5.

_____(1999), 『질적 연구─방법과 사례』, 교육과학사.

_____(2004), 「질적 연구와 질적 교육」, 한국교육인류학회, 『교육인류학연구』 7/2.

_____(2006), 「문화기술지에 대한 이해」, 대한질적연구학회 학술발표논문집 5.

_____(2011), 「다문화교육의 교육인류학적 검토와 존재론적 모색」, 한국교육인류학회, 『교육인류학연구』 14/3.

_____(2012), 「교육인류학과 질적 연구」, 한국교육인류학회, 『교육인류학연구』 15/2.

조쟁규(2003), 「현상학적 신체관념이 학교체육에 주는 의미」, 한국체육철학회, 『움직임의 철학: 한국체육철학회지』 11/1

조주연·이미라(1996), 「여성들의 임신관에 대한 현상학적 연구」, 한국간호과학회, *Journal of Korean Academy of Nursing* 26/1.

조지프 르두(2005), 강봉균 옮김, 『시냅스와 자아: 신경세포의 전달방식이 어떻게 자아를 결정하는가?』, 도서출판 소소.

주현아·여인성(2003), 「남성 직업무용수의 무용경험에 관한 해석학적 현상학 연구」, 한국체육학회, 『한국체육학회지-인문사회과학』 42/6.

주형일(2008), 「직관의 사회학, 나의 사회학 그리고 현상학적 방법」, 한국언론학회, 『커뮤니케이션 이론』 4/1.

최윤정·소현(2004), 「현대무용에서의 완전한 순간: 현상학적 접근」, 한국체육철학회, 『움직임의 철학: 한국체육철학회지』 12/1.

최의창(1998), 「학교교육의 개선, 교사연구자, 그리고 현장개선연구(action research)」, 이용숙·김영천 편, 『교육에서의 질적 연구―방법과 적용』, 교육과학사.

최재식(2000), 「익명성에 관한 철학적(현상학적) 고찰: 정체성의 기반으로서의 익명성」, 한국현상학회, 『철학과 현상학 연구』 16.

하현애(1996), 『종교와 음악에 대한 현상학적 접근: Mircea Eliade의 종교현상학과 Joseph Smith의 음악현상학을 중심으로』, 서울대학교 석사학위 논문.

한경자(1987), 「간호연구를 위한 현상학적 접근법」, 한국간호과학회, *Journal of Korean Academy of Nursing* 17/2.

_____(1991), 「한국인 영아초기 수유시 모아상호작용 행동형태에 관한 현상학적 연구」, 한국간호과학회, *Journal of Korean Academy of Nursing* 21/1.

한전숙(1984), 『현상학의 이해』, 민음사.

_____(1996), 『현상학』, 민음사.

홍성하(2010), 「다문화 상담이론에서의 방법론적 토대로서 현상학」, 한국철학회, 『철학』 105.

_____(2011), 「간호학에서의 ‘돌봄’(caring)에 대한 현상학적 연구」, 한국현상학회, 『철학과 현상학 연구』 50.

_____(2012), 「다문화 상담에서의 감정이입에 대한 현상학적 고찰」, 한국철학회, 『철학』 112.

홍성하·정혜경(2001), 「간호학에서의 질적 연구방법에 대한 현상학적 고찰」, 한국현상학회, 『철학과 현상학 연구』 18.

홍혜정·장연집(2012), 「미술치료 석사 과정생의 미술치료 체험연구: 호스피스 대상자를 중심으로」, 질적연구학회, 『질적 연구』 12/1.

황경숙(2011), 「몸의 호흡: 필라테스 체험에 대한 현상학적 접근」, 한국체육철학회, 『움직임의 철학: 한국체육철학회지』 19/3.

황미숙·권오륜(2003), 「현상학적 신체의 살의 해석과 춤 움직임의 특성」, 한국체육철학회, 『움직임의 철학: 한국체육철학회지』 11/1.

황미숙·권오륜(2003), 「통영검무의 현상학적 해석과 미적 연구」, 한국체육철학회, 『움직임의 철학: 한국체육철학회지』 11/2.

황익주(2004), 『질적 연구의 방법론』, 서울대학교 교수학습개발센터 글쓰기교실.

황혜민·이명선·박은영·권은진(2012), 「여성 척수장애인의 체험에 대한 현상학적 연구」, 한국간호과학회, *Journal of Korean Academy of Nursing* 42/4.

Aguirre, A.(1970), *Genetische Phänomenologie und Reduktion: Zur Letztbegründung der Wissenschaft aus der radikalen Skepsis im Denken E. Husserl*, Den Haag: Martinus Nijhoff.

Annells, M.(1996), "Hermeneutic phenomenology: philosophical perspectives and current use in nursing research", in: *Journal of Advanced Nursing* 23.

Aristoteles(1960), *On the Heavens*, trans. by W.K. Guthrie, Cambridge, MA: Harvard University Press.

_____(1962), *The Categories*, in: *The Categories. On Interpretation. Prior Analytics*, trans. by H.P. Cook, Cambridge, MA: Harvard University Press.

_____(1969), *On the Soul*, in: *On the Soul. Parva Naturalia. On Breath*, tans. by W.S. Hett, Cambridge: Cambridge University Press.

_____(1980), *The Physics*, trans. by P.H. Wicksteed/P.M. Cornford, Cambridge, MA: Harvard University Press, 1980.

Aristoteles(2003), *Metaphysics*, trans. by H. Tredennick, Cambridge, MA: Harvard University Press.

Becker, G.S.(1976), *The Economic Approach to Human Behavior*, Chicago and London: The University of Chicago Press.

Benner, P.(1984), *From Novice to Expert: Excellence and Power in Clinical Nursing Practice*, Menlo Park, Calif.: Addison-Wesley Pub. Co.

Berger, P.L.(1966), "On Existential Phenomenology and Sociology(II)", in: *American Sociological Review* 34.

Buchnan, J.M./G. Tullock(1974), *The Calculus of Consent: Logical Foundations of Constitutional Democracy*, Michigan: The University of Michigan Press.

Cohen, M.Z.(1987), "A historical overview of the phenomenological movement", in: *Image: Journal of Nursing Scholarship* 19/1.

Cohen, M.Z./A. Omery(1994), "Schools of phenomenology: implications for research", in: J.M. Morse(ed.), *Critical Issues in Qualitative Methods*, Thousand Oaks: Sage Publications.

Cohen, M.Z./D.L. Kahn/R.H. Steeves(2000), *Hermeneutic phenomenological research: a practical guide for nurse researchers*, Thousand Oaks: Sage Publications, 2000.

Colaizzi, P.F.(1973), *Reflection and Research in Psychology: A Phenomenological Study of Learning*, Dubuque, IA: Kendall Hunt Publishing.

_____(1978), "Psychological research as the phenomenologists view it", in: R. Valle/M. King(eds.), *Existential Phenomenological Alternatives for Psychology*, Oxford: Oxford University Press.

Creswell, J.W.(1998), *Qualitative Inquiry and Research Design. Choosing among Five Traditions*, Thousand Oaks: Sage Publications(조흥식 외 옮김, 『질적 연구방법론: 다섯 가지 전통』, 학지사, 2005).

Crotty M.(1996), *Phenomenology and Nursing Research*, Melbourne: Churchill Livingston.

Debreu, G., *Theory of Value. An Axiomatic Analysis of Economic Equilibrium*, New Haven/London: Yale University Press, 1959

Denzin, N.K./Y.S. Lincoln(eds.)(2000), *Handbook of Qualitative Research*, Thousand Oaks: Sage Publications.

Descartes, R.(1973), *Discours de la méthode, Ouevres de Descartes VII*, publiées par C. Adam & P. Tannery, Paris: J. Vrin,

_____(1984), *Meditations on First Philosophy*, in: *The Philosophical Writings of*

Descartes II, trans. by J. Cottingham/R. Sroothoff/D. Murdoch, Cambridge: Cambridge University Press.

_____(1985a), *Principles of Philosophy*, in: *The Philosophical Writings of Descartes I*, trans. by J. Cottingham/R. Sroothoff/D. Murdoch, Cambridge: Cambridge University Press.

_____(1985b), *Rules for the Direction of the Mind*, in: *The Philosophical Writings of Descartes I*, trans. by J. Cottingham/R. Sroothoff/D. Murdoch, Cambridge: Cambridge University Press.

Diekelmann, N.(1988), "Curriculum revolution: A theoretical and philosophical mandate for change", in: *Curriculum Revolution: Mandate for Change*, New York: The National League for Nursing Press.

_____(1989), "The nursing curriculum: Lived experiences of students", In: *Curriculum Revolution: Reconceptualizing Nursing Education*, New York: The National League for Nursing Press.

Diekelmann, N./D. Allen/C. Tanner(1989), *The NLN Criteria of Appraisal of Baccalaureate Programm: A Critical Hermeneutic Analysis*, New York: National League for Nursing Press.

Draucker, C.B.(1999), "The Critique of Heideggerian Hermeneutical Nursing Research," in: *Journal of Advanced Nursing* 30/2.

Dreyfus, H./Dreyfus, S.(1980), *A five-stage model of the mental activities involved in directed skill acquisition: Unpublished report supported by the Air Force Office of scientifis Research(AFSC), USAF(Contract F49620-79-C-0063)*, University of California at Berkeley.

_____(1987), "From Socrates to expert systems: the limits of calculative rationality", in: P. Rabinow/W. Sullivan(eds.), *Interpretive Social Science: A Second Look*, Berkley: University of California Press.

Embree, L.(2009), "Interdisciplinarity within Phenomenology", in: *Applied Phenomenology*, Proceedings for The 3rd PEACE International Conference, September 18-21, 2009, Seoul National University, organized by The Korean Society for Phenomenology/The Institute of Philosophy, Seoul National University.

Gadamer, H.-G.(1986), *Wahrheit und Methode: Grundzüge einer philosophischen Hermeneutik*, Tübingen: J.C.B. Mohr(Paul Siebeck).

Giddens, A.(1984), *The Constitution of Society*, Glasgow: Bell and Bain Limited.

Giorgi, A.(1967), "The experience of the subject as a source of data in a psychological experiment", in: *Review of Existential Psychology and Psychiatry* 7/3.

_____(1975a), "An Application of Phenomenological Method in Psychology", in: A. Giorgi/C. Fischer/E. Murray(eds.), *Duquesne Studies in Phenomenological Psychology II*, Pittburgh: Duquesne University Press.

_____(1975b), "Convergence and Divergence of Qualitative and Quantitative Methods in Psychology", in: A. Giorgi/C. Fischer/E. Murray(eds.), *Duquesne Studies in Phenomenological Psychology II*, Pittburgh: Duquesne University Press.

_____(2000a), "The status of Husserlian phenomenology in caring research", in: *Scandinavian Journal of Caring Science* 1.

_____(2000b) "Concerning the application of phenomenology to caring research", in: *Scandinavian Journal of Caring Science* 1.

_____(ed.)(1970), *Psychology as a Human Science: A Phenomenologically Based Approach*, New York: Harper and Row.

_____(1985), *Phenomenology and Psychological Research*, Pittsburgh: Duquensne University Press.

Glaser, B.G./A.L. Strauss(1967), *The Discovery of Grounded Theory: Strategies for Qualitative Research*, New York: Aldine de Gruyter.

Heap, J.L./P.A. Roth(1973), "On Phenomenological Sociology", in: *American Sociological Review* 38.

Heap, S.H.(1989), *Rationality in Economics*, London: Basil Blachwell Ltd.

Heidegger, M.(1972), *Sein und Zeit*, Tübingen: Max Niemeyer.

Husserl, E.(1911), "Philosophie als strenge Wissenschaft", *Logos*(1)(『엄밀학으로서의 철학』).

_____(1941), "Phänomenologie und Anthropologie", in: *Philosophy and Phenomenological Research* II/1.

_____(1950a), *Cartesianische Meditationen und Pariser Vorträge*, Den Haag: Martinus Nijhoff(Hua I, 『데카르트적 성찰』).

_____(1950b), *Die Idee der Phänomenologie: Fünf Vorlesungen*, Den Haag: Martinus Nijhoff(Hua II, 『현상학의 이념』).

_____(1954), *Die Krisis der europäischen Wissenschaften und die transzendentale Phänomenologie: Eine Einleitung in die phänomenologische Philosophie*, Den Haag:

Martinus Nijhoff (Hua VI, 『위기』).

_____(1959), *Erste Philosophie(1923/24). Zweiter Teil. Theorie der phänomenologischen Reduktion*, Den Haag: Martinus Nijhoff(Hua VIII, 『제일철학』제2권).

_____(1962), *Zur phänomenologischen Psychologie: Vorlesungen Sommersemester 1925*, Den Haag: Martinus Nijhoff(Hua IX, 『현상학적 심리학』).

_____(1966), *Zur Phänomenologie des inneren Zeitbewußtseins(1893-1917)*, Den Haag: Martinus Nijhoff, 1966(Hua X, 『내적 시간의식의 현상학』).

_____(1972), *Erfahrung und Urteil*, Hamburg: Felix Meiner.

_____(1973a), *Zur Phänomenologie der Intersubjektivität. Texte aus dem Nachlaß. Erster Teil 1905-1920*, Den Haag: Martinus Nijhoff, 1973(Hua XIII, 『상호주관성』제1권).

_____(1973b), *Zur Phänomenologie der Intersubjektivität. Texte aus dem Nachlaß. Zweiter Teil: 1921-1928*, Den Haag: Martinus Nijhoff, 1973(Hua XIV, 『상호주관성』제2권).

_____(1973c), *Zur Phänomenologie der Intersubjektivität. Texte aus dem Nachlaß. Dritter Teil: 1929-1935*, Den Haag: Martinus Nijhoff, 1973(Hua XV, 『상호주관성』제3권).

_____(1974), *Formale und transzendentale Logik. Versuch einer Kritik der logischen Vernunft*, Den Haag: Martinus Nijhoff, 1974(Hua XVII, 『논리학』).

_____(1975), *Logische Untersuchungen, Erster Band*, Den Haag: Martinus Nijhoff (Hua XVIII, 『논리연구』제1권).

_____(1976), *Ideen zu einer reinen Phänomenologie und phänomenologischen Philosophie. Erstes Buch: Allgemeine Einführung in die reine Phänomenologie. 1. Halbband. Text der 1.-3. Auflage*, Den Haag: Martinus Nijhoff(Hua III/1, 『이념들』제1권).

_____(1984), *Logische Untersuchungen, Zweiter Band: Untersuchungen zur Phänomenologie und Theorie der Erkenntnis. Erster Teil*, Dordrecht/Boston/London: Kluwer Academic Publishers(Hua XIX/1, 『논리연구』제2권 1).

_____(1987), *Aufsätze und Vorträge, 1911-1921*, Den Haag: Martinus Nijhoff (Hua XXV).

_____(2002), *Zur phänomenologischen Reduktion. Texte aus dem Nachlass (1926-1935)*, Dordrecht/Boston/London: Kluwer Academic Publishers, 2002.(Hua XXXIV, 『현상학적 환원』)

Kern, I.(1962), "Die drei Wege zur transzendental-phänomenologischen Reduktion in der Philosophie Edmund Husserls", in: *Tijdschrift voor Filosofie* 24/1.

Koch T.(1995), "Interpretive approaches in nursing research: the influence of Husserl and Heidegger", in: *Journal of Advanced Nursing* 21.

Kolaja, J.(1966), "On Existential Phenomenology and Sociology (I)", *American Sociological Review* 34(1966).

Kondora, L.L.(1993), "A Heideggerian hermeneutical analysis of survivors of incest", in: *Image: Journal of Nursing Scholarship* 25.

_____(1994), "Heidegger and analysis questions from Janette Packer-Lori Kondra responds", in: *Image: Journal of Nursing Scholarship* 26.

Lee, N.-I.(1993), *Edmund Husserls Phänomenologie der Instinkte*, Dordrecht: Kluwer Academic Publishers.

_____(2002), "Static-Phenomenological and Genetic-Phenomenological Concept of Primordiality in Husserl's Fifth Cartesian Meditation", *Husserl Studies* 18.

_____(2006), "Phenomenology of Intersubjectivity in Husserl and Buber", *Husserl Studies* 22.

_____(2009), "What is Applied Phenomenology", in: Proceedings for the 3rd PEACE International Conference, 2009.

_____(2010), "Phenomenology of Language beyond the Deconstructive Philosophy of Language", *Continental Philosophy Review* 42/4.

Lohmar, D.(2002), "Die Idee der Reduktion. Husserls Reduktionen und ihr gemeinsamer, methodischer Sinn", in: H. Hüni/P. Trawny(eds.), *Die erscheinende Welt. Festschrift für Klaus Held*, Berlin: Duncker & Humboldt.

Mannheim, K.(1985), *Ideology and Utopia. An Introduction to the Sociology of Knowledge*, San Diego/New York/London: A Harvest Book.

Merleau-Ponty, M.(1945), *Phénoménologie de la perception*, Paris: Gallimard(류의 근 옮김, 『지각의 현상학』, 문학과 지성사, 2002.)

Merriam, S.B.(1998), *Qualitative Research and Case Study Applications in Education*, San Francisco: Jossey-Bass Publishers.

Moustakas, C.(1994), *Phenomenological Research Methods*, Thousand Oaks: Sage.

Newton, I.(1960), *Mathematical principles of natural philosophy and his system of the world*, trans. by Andrew Motte, Berkeley : University of California Press.

Paley, J.(1997), "Husserl, phenomenology and nursing", in: *Journal of Advanced Nursing* 26.

_____(1998), "Misinterpretive Phenomenology: Heidegger, Ontology and Nursing Research," in: *Journal of Advanced Nursing* 27.

Psathas, G.(1977), "Ethnomethodology as a Phenomenological Approach in the Social Sciences", in: D. Ihde/R.M. Zaner(eds.), *Interdisciplinary Phenomenology*, The Hague: Martinus Nijhoff.

Radnitsky, G./Bernholz, P.(1987), *Economic Imperialism*, New York: Paragon House.

Reed, E.S.(1991), "Descartes' Corporeal Ideas Hypothesis and the Origin of Scientific Psychology", in: G.J.D. Moyal(ed.), *René Descartes, Critical Assessments VI*, London/New York: Routledge.

Sallis, J.(1971), "On the Limitation of Transcendental Reflection or Is Intersubjectivity Transcendental?", in: *Monist* 55.

Schütz, A. (1957), "Das Problem der transzendentalen Intersubjektivität bei Husserl", in: *Philosophische Rundschau* 5(1957).

_____(1967), *The Phenomenology of the Social World*, Evanston, Ill.: Northwestern University Press.

_____(1970), *On phenomenology of social relations. Selected Writings*, Chicago: University of Chicago.

Spiegelberg, H.(1975), *Doing Phenomenology: Essays on and in Phenomenology*, The Hague: Martinus Nijhoff.

_____(1982), *The Phenomenological Movement*, The Hague: Martinus Nijhoff.

Staiti, A.(2009), "Systematische Überlegungen zu Husserls Einstellungslehre", in: *Husserl Studies* 25.

Stewart, H.(1995), "A Critique of Instrumental Rationality", in: *Economics and Philosophy* 11.

Strauss, A./J. Corbin(1998), *Basics of Qualitative Research. Techniques and Procedures for Developing Grounded Theory*, Thousand Oaks: Sage Publications.

Taylor, C.(1971), "Interpretation and the sciences of man", in: *The Review of Metaphysics* 25/1.

Tedlcok, B.(2000), "Ethnography and Ethnographic Representation", in: N.K. Denzin/Y. S. Lincoln(eds.), *Handbook of Qualitative Research*, Thousand Oaks/

London/New Delhi: Sage Publications.

Tiryakian, E.A.(1965), "Existential Phenomenology and the Sociological Tradition", in: *American Sociological Review* 30.

_____(1966), "Reply to Kolaja and Berger", in: *American Sociological Review* 34.

van Kaam, A.(1966), *Existential Foundations of Psychology*, Pittsburgh: Duquesne University Press.

van Manen, M.(1990), *Researching Lived Experiences: Human Science for an Action Sensitive Pedagogy*, London: The Althouse Press(신경림·안규남 옮김, 『체험연구』, 동녘, 1994).

von Eckhartsberg, R.(1998), "Existential-phenomenological research", in: R. Valle(ed.), *Phenomenological Inquiry in Psychology: Exstential and Transpersonal Dimensions*, Plenum Press: New York/London.

von Neumann, J./O. Morgenstern(1990), *Theory of Games and Economic Behavior*, Princeton: Princeton University Press.

Waldenfels, B.(1971), *Das Zwischenreich des Dialogs: Sozialphilosophische Untersuchung in Anschluß an Edmund Husserl*, Den Haag: Martinus Nijhoff.

Walras, L.(1954), *Elements of Pure Economy or The Theory of Social Wealth*, trans. by W. Jaffe, London: George Allen and Unwin LTD.

Walsh, V.(1996), *Rationality, Allocation, and Reproduction*, Oxford: Clarendon Press.

Walters A.J.(1994), "The comforting role in critical care nursing practice: a phenomenological interpretation", in: *International Journal of Nursing Studies* 31/6.

_____(1995a), "A Heideggerian hermeneutic study of the practice of critical care nurses", in: *Journal of Advanced Nursing* 21.

_____(1995b), "The phenomenological movement: implications for nursing research", in: *Journal of Advanced Nursing* 22.

Weber, M.(1988), *Gesammelte Aufsätze zur Wissenschaftslehre*, Tübingen: J.C.B. Mohr(Paul Siebeck).

Zeltner, H.(1959), "Das Ich und die Anderen. Husserls Beitrag zur Grundlegung der Sozialphilosophie", in: *Zeitschrift für philosophische Forschung* 13.

찾아보기

이남인 李南麟

1958년 충남 천안에서 태어났다. 서울대학교 철학과를 졸업하고 같은 학교 대학원에서 철학석사 학위를, 독일 부퍼탈대학교 대학원에서 철학박사 학위를 받았다. 1995년부터 지금까지 서울대학교 철학과 교수로 있다. 한국현상학회 회장, 한국철학회 편집위원장을 지냈으며, 2008년 국제철학원(IIP) 정회원으로 선출되었다. 대한민국학술원상(인문사회과학분야, 2005), 철학연구회 논문상(1994), 독일 부퍼탈대학교 최우수 박사학위논문상(1992)을 수상했다. 『철학과 현상학 연구』『철학』을 비롯해 다수의 국내 학술지 편집위원을 역임했고, 『Continental Philosophy Review』『Phenomenology and Cognitive Sciences』 등 다수의 국제 학술지 및 학술총서의 편집위원과 자문위원으로 활동하고 있다.

한길사에서 펴낸『후설과 메를로-퐁티 지각의 현상학』(2013), 『현상학과 질적 연구』(2014)를 비롯해『후설의 현상학과 현대철학』(2006), 『현상학과 해석학』(2004), 『Edmund Husserls Phänomenologie der Instinkte』(1993) 등의 저서가 있으며,「현상학적 사회학」, "Experience and Evidence", "Problems of Intersubjectivity in Husserl and Buber" 등 다수의 논문을 발표했다.